창조의 신학

〈개정증보판〉

창조의 신학
나는 창조의 하나님을 믿습니다 〈개정증보판〉

2018년 7월 23일 초판 1쇄 발행
2023년 2월 28일 개정증보판 1쇄 발행
2023년 5월 31일 개정증보판 2쇄 발행

지은이   박영식
펴낸이   김영호
펴낸곳   도서출판 동연
등 록   제1-1383호(1992. 6. 12)
주 소   서울시 마포구 월드컵로 163-3
전화/팩스   (02)335-2630 / (02)335-2640
이메일   yh4321@gmail.com
인스타그램   http://www.instagram.com/dongyeon_press

ISBN 978-89-6447-888-1 93200

이 연구는 2018년도 서울신학대학교 교내연구비 지원에 의한 연구임.

창조의 신학

나는 창조의 하나님을 믿습니다

〈개정증보판〉

박영식 지음

동연

개정증보판에 부쳐

　2018년에 출간된 『창조의 신학』이 그동안 많은 사랑을 받아 약간의 교정을 거쳐 다시 출간될 수 있어 무척이나 감사하다. 또한 과학과 신학의 대화 분야에 훌륭한 학자들이 많이 배출되고 있는 상황도 반갑고, 이와 관련해서 좋은 저서들도 출간되고 있어 기쁘다.

　창조와 진화를 넘어 과학기술 시대의 다양한 도전에 신학적으로 응답하려는 시도들은 매우 중요하다. 지구 생명 전체를 위협하는 기후 위기 앞에 생태신학 또는 생명신학의 이름으로 시도되는 다양한 신학적 오리엔테이션이 지속되어야 하고, 크리스퍼 가위로 인한 유전자 편집 기술이 보편화되어 가는 시대에 신학적 관점에서 생명 윤리의 길을 모색하는 시도도 계속되어야 한다. 빅데이터, 딥러닝, 인공지능과 연관된 트랜스 휴머니즘의 열풍은 새로운 관점에서 인간 본질에 대한 신학적 숙고를 요구하고 있다. 걷잡을 수 없이 발전하는 과학기술의 도전 앞에서 신앙의 전통들을 되새김질하며 우리 시대에 통찰력 있는 혜안을 새롭게 제시해야 하는 신학자의 소명과 책임이 참으로 무겁다.

　하지만 여전히 한국교회는 새로운 도전에 직면하여 '두려움'을 빌미로 너무나 재빨리 문자주의와 근본주의의 터전에 고개를 파묻고 있는 건 아닌지 묻고 싶다. 2,000년이란 긴 역사 속에서 기독교 신앙은 다양한 시대적 물음들과 소통하며 설득력 있는 응답을 제시해 왔지만, 여전히 적지 않은 이들은 이를 간과하고 '이것이 허용되면 다 무너진다'는 공포심을 되레 전염시키며 협소하고 폐쇄적인 방어막으로 차폐함으로써 자신을 지켜낼 수 있으리라 믿는 듯하다.

이 책이 출간된 이후의 예기치 못한 반응들을 여기에 서술할 필요가 있겠다. 지극히 개인적인 경험이지만, 동시대 신학자들의 보편적인 경험일 수도 있기 때문이다. 몇몇 독자들은 차분한 신학적 논의 대신에 정치력을 이용한 선동적인 공격을 일삼았는데, 그 덕분에 나는 창조주 하나님과 그분의 창조를 더 깊이 생각할 수 있었다. 이들은 내가 '무로부터의 창조'를 부정한다고 소문을 내기도 하고, 진화론을 옹호하는 무신론자라고 프레임을 씌우기도 했다. 예컨대 "유신 진화론[1]은 하나님이 필요 없다는 이신론(deism)인데, 박 교수가 이를 주장하고 있으니 박 교수는 무신론자"라는 낭설을 퍼뜨리는 이도 있었다. 분명하게 말하지만 유신 진화론은 이신론(deism)이 아니다. 무신론도 아니다. 오히려 유신 진화론 또는 진화적 창조론은 무신론의 비판에 맞서 살아계신 하나님, 창조의 하나님을 말하고자 한다. 또한 유신 진화론은 어떤 특정한 신학적 이데올로기도 아니며, 어떤 특정 단체의 주장도 아니다. 유신 진화론은 진화론이나 무신론이 아니라, 창조와 관련하여 다른 모델과 구분되는 특징을 드러내고자 도입된 개념일 뿐이다. 즉, 창조과학과

---

1 유신 진화론(theistic evolutionism)의 개념과 의미에 대해서는 Ted Peters and Martines Hewlett, *Evolution from Creation to New Creation. Conflict, Conversation, and Convergence* (Nashville: Abingdon Press, 2003), 116 참조.

지적 설계론과 함께 하나님의 창조 행위를 설명하는 하나의 모델이지만, 이들과는 달리 우리 시대를 대표하는 세계적인 신학자들이 지지하는 신학적 창조론이며, 우주와 생명의 진화에 대한 과학적 설명을 현대 과학의 성과로 긍정적으로 수용하면서도 과학주의 무신론에 대항하여 하나님의 창조와 섭리를 설득력 있게 제시하는 신학적 구상이다. 주류 과학의 우주론에 반대하는 창조과학이나 주류 생물학적 진화론에 반대하는 지적 설계론과는 달리, 과학적 측면에서 주류 과학의 성과를 긍정하면서도 또한 과학의 한계를 직시하고 신학적 관점에서 포괄적인 대안을 제시하는 신학적 흐름을 총칭하여 유신 진화론이라 불렀던 것이다.[2]

분별력 있는 독자들은 어렵지 않게 이 책의 내용을 명확하게 인지했을 것이다. 기독교 신학은 이미 오래전부터 '무로부터의 창조'를 고백해 왔다.[3] 무로부터의 창조는 비록 성서에서 직접적인 언급을 찾기 어렵다고 해도[4] 하나님의 창조 행위에 대한 고백과 설명으로 적합하며 유효하다. 다만 나는 이 책에서 무로부터의 창조를 구약성서가 증언하는 '혼돈으로부터의 창조'와 연관시켜 브루그만의

---

2 유신 진화론에는 축자영감설을 주장했던 벤야민 워필드로부터 세계적인 복음 전도자 빌리 그레함도 포함된다.

3 무로부터의 창조에 관해서는 Gerhard May, *Schöpfung aus dem Nichts. Die Entstehung der Lehre von der creatio ex nihilo* (Berlin/New York: de Gruyter, 1978)를 참조. 영어 번역으로는 *Creation ex Nihilo. The Doctrine of 'Creation out of Nothing' in Early Christian Thought*, trans. by A. S. Worrall (Edinburgh: T&T Clark, 1994).

4 마치 '삼위일체'나 '섭리'라는 신학적 개념을 성서에서 직접적으로 찾을 수 없는 것과 마찬가지 다. 만약 '무로부터의 창조'라는 직접적인 언급을 성서에서 찾으려고 한다면, 개신교에서는 정경으로 인정하지 않는 마카베오하 7:28("하나님께서 무언가를 가지고 이 모든 것을 만들었다고 생각하지 마라")을 인용해야 한다. 하지만 이 부분의 주제도 창조가 아니라 사실은 부활이 다. 아울러 이와는 다른 견해에 대해서는 지혜서 11장 17절 참조 바람.

지적대로 하나님의 창조 행위를 추상적이고 사변적인 주제가 아닌 삶의 구원으로 이해하고자 했다. 이러한 의도로 태초의 창조보다는 계속적 창조에 주목하며, 창조와 구원, 창조와 섭리의 연관성과 연속성을 강조하고자 했다.

어떤 신학자는 '계속적 창조'라는 개념을 현대 신학자 몰트만 같은 분이 창안한 새로운 개념으로 알고 있지만 그렇지 않다. 이미 17세기 개신교 정통주의자들은 하나님께서 창조 세계를 보존하고 돌보신다는 의미를 '계속적 창조'(creatio continua 또는 creatio continuata)라는 개념으로 표현했다.5 나는 계속적 창조라는 전통적인 신학적 개념이 오늘날에는 '우주와 생명의 진화 과정'을 신학적으로 수용하고 발전시키는 데 도움이 될 것이라고 생각한다. 특히 우리가 믿는 창조의 하나님은 세상과 역사와 인간과 자연을 새롭게 하시는 분이시기 때문이다.

진화론과 관련해서는 이 책을 주의 깊게 읽어본 사람이라면, 신학자로서 내가 진화론을 설명하거나 해명하지 않는다는 사실을 눈치챘을 것이다. 내겐 그럴 만한 능력도, 그래야 할 이유도 없다. 나는 신학자로서 우리 시대의 책임적인 과학자들이 주장하는 진화과학을 수용할 뿐이다. 다만 우리는 진화과학과 진화론적 세계관을 분

---

5 우리말로 번역된 책 중에는 하인리히 헤페/이정석 옮김, 『개혁파정통교의학』(서울: 크리스챤다이제스트, 2007), 371 이하를 참고 바람. 또 어떤 이는 '계속적 창조'라는 전통적인 개념 대신 '재창조'(recreation)라는 단어를 사용하여 "하나님은 재창조를 지금도 하고 계신다"고 표현했는데 이는 신학 전통을 몰라서 그런 것이겠지만, 개념상으로도 적합하지 않다. 재창조는 재건축처럼 허물고 다시 짓는다는 뜻을 갖기 때문이다. 하나님은 자신이 만드신 세상을 모두 허물고 다시 짓는 파괴와 재건의 행위를 반복하시는 분이 아니다. 재창조는 종말론적 완성과 관련해서 말할 수는 있어도, 재창조를 계속하고 있다는 말은 어불성설이다.

명하게 구분하고, 방법론적 자연주의와 철학적(형이상학적) 자연주의의 차이를 명확히 할 필요가 있다. 또한 창조와 진화, 신학적 언어와 과학적 언어가 서로 다른 관점과 층위에서 사용되고 있음을 염두에 둘 필요가 있다. 과학이 물리적, 화학적 연관성 안에서 우주와 자연에 대해 말한다면, 신학은 하나님과의 관계성 안에서 말하고자 한다. 창조주 하나님은 어떤 형태로든 물리적 인과관계에 놓여 있는 피조물 중 일부가 아니기에 하나님이 과학의 방법론에서는 결코 포착될 수 없으며 또 포착되지 않는 것이 옳다.

안타깝게도 '젊은 지구론'을 옹호하는 신학자들 중에는 리처드 도킨스와 같은 과학주의 무신론자의 주장—"진화론을 인정하면 무신론자가 될 수밖에 없다"—을 그대로 수용하여 자신의 논지로 삼는 이들이 있다. 이는 마치 지동설을 수용하면 무신론자가 된다거나 중력을 인정하면 하나님의 능력을 부정할 수밖에 없다는 식의 허무맹랑한 주장인데, 흥미롭게도 몇몇 신학자들은 도킨스식의 무신론을 비판하면서도 이러한 그의 선동적 주장을 그대로 반복하고 있다. 이런 오해는 신학과 과학의 연구 주제가 교차하면서도 서로 다른 차원에 놓일 수 있다는 사실을 인지하지 못할 뿐 아니라, 과학자들이 인정하는 진화생물학과 무신론적 진화주의를 구분하지 못하기 때문에 생긴다. 동시에 이러한 주장은 진화생물학을 수용하면서도 기독교 신앙에 깊이 헌신하고 있는 과학자와 신학자 그리고 수많은 신앙인을 무신론자로 내몰아 버리는 몰지각하고 비신앙적 언설에 불과하다.

미국에서는 2005년에 "성직자 서한 프로젝트"(Clergy Letter Project)

라는 제목으로, 메일에 1만 명 정도의 성직자가 서명으로 동의한 일이 있었다고 한다. 이 메일은 성서를 과학 교과서로 볼 필요가 없고, 종교적 진리와 과학적 진리는 성격이 다르며, 기본적인 과학적 진리로서의 진화론을 부정함으로써 하나님이 주신 이성의 능력을 거부해서는 안 된다는 것 그리고 과학과 종교는 다르지만 보완적이라는 내용이 담겨 있었다.6

2008년 4월 1일에 독일개신교교회협의회(EKD)는 공식 문서를 발간했다. 이 문서는 미국의 특정 지역의 일부 기독교인들이 주장하는 '창조주의'(Kreationismus: 창조과학과 지적 설계)를 학교 종교 교육에서 공식적으로 소개하지 못하게 했는데, 그 이유는 이들의 문자주의적 성서 읽기에 기반한 성서 해석이 실제로 성서가 증언하는 창조 신앙을 곡해하기 때문이라고 밝히면서 '과학주의 무신론'과 마찬가지로 '창조주의'도 "그릇된 길"(Irrwege)이라 규정했다.7

나는 성결교회 목사이기 때문에 '웨슬리안 사중복음'에 토대 위에 있는 우리 교단의 전통도 잠시 언급하는 점을 양해해 주길 바란다. 서울신학대학교에서 오랜 시간 조직신학을 가르쳤던 전성용 교수는 창조-진화 논쟁과 관련해서 "진화론은 과학적인 이론이고, 창조론은 종교적인 이론"이라고 말하면서 "진화론이 맞느냐 틀리느

---

6 테드 피터스·마르티네즈 휼릿/천사무엘·김정형 옮김, 『하나님과 진화를 동시에 믿을 수 있는가』 (서울: 동연, 2015), 156-157.

7 *Weltentstehung, Evolutionstheorie, und Schöpfungsglaube in der Schule* (EKD Texte 94), 14. 독일개신교회(EKD)는 독일 공립학교에서 시행되는 종교 교육을 책임지고 있다.

냐 하는 것은 창조론과 아무런 직접적인 상관이 없다. 그것은 과학의 문제이다"[8]라고 명확하게 밝혔다. 더 나아가 그는 신학과 과학의 상이한 층위를 무시해 버린 창조과학과 문자주의적 성서 해석에 대해 강한 불만을 토로한다.[9]

우주는 130억 년 전부터 존재하기 시작하였다고 보아야 한다. 창조과학회에서 성서문자주의에 빠져 있는 동안 기독교의 반지성성은 더욱 더 현저하게 폭로될 것이고 그것은 기독교 선교를 위해서 바람직하지 않다고 본다. 과학이 발전하기 이전에는 성서문자주의가 설득력을 가졌을지 몰라도 과학적 지식이 상식이 된 현대에 이런 주장을 하는 것은 넌센스가 아닐 수 없다.

이러한 신학적 입장은 "진화론과 기독교 근본정신 사이에는 아무런 충돌도 없다. 과학은 우주에 있는 하나님의 법칙과 경륜, 질서를 밝히는 데 도움이 된다"는 내용으로 이미 1920년대에 「기독신보」에 여러 차례 게재된 한국교회 초기의 신앙 전통과도 연결된다.[10]

오늘날 과학과 신학의 대화를 마뜩잖게 생각하는 이들이 있다면, 일찍이 '창조의 문자적 해석'에 주의를 기울였던 아우구스티누스의 말에도 귀를 기울이길 바랄 뿐이다. 아우구스티누스의 말이라

---

8 전성용, 『성령론적 조직신학』(서울: 세복, 2008, 2012), 171.
9 앞의 책, 267; 이러한 전성용 교수의 주장은 앞선 교단의 선배 신학자들인 이명직, 조종남의 논지와도 연속선상에 있다.
10 이에 대해서는 <옥성득 교수의 한국기독교역사> (https://koreanchristianity.tistory. com/category/주제/과학과%20기독교) 참조.

서가 아니라, 시대의 도전에 책임적으로 응답하고자 하는 신학의
과제를 여기서 들을 수 있기 때문이다.[11]

통상적으로, 비그리스도인도 땅과 하늘, 이 세상의 다른 요소들, 별의 운동
과 궤도, 별의 크기와 상대적 위치, 일식과 월식의 예측, 해와 계절의 순환,
동물과 나무와 돌 등에 관해서 얼마간의 지식을 갖고 있으며, 이 지식이
이성과 경험으로부터 확실하다고 생각한다. 이때 혹 어떤 그리스도인이
성서의 의미를 제시한다고 하면서 이러한 주제에 관해서 말도 안 되는 이야
기를 하는 것을 어떤 불신자가 듣게 된다면, 그것은 부끄럽고 위험한 일이
다. 사람들이 그리스도인의 무지를 드러내 보여주면서 조롱하고 경멸하는
그러한 당혹스러운 상황을 만들지 않기 위해서 우리는 모든 수단을 강구해
야 한다.

또한 이 책에서 나는 하나님의 창조와 삶의 구원을 긴밀하게 연
결시키고자 했는데, 이것은 어느 신학자의 근거 없는 발언처럼 자
유주의 신학에서 비롯된 것이 아니라, 이미 성서의 강조점[12]이며
루터의 대교리문답과 하이델베르크 교리문답에서도 쉽게 찾아볼
수 있는 생각이다. 유독 우리나라 신학자 중에는 자신과 다른 신학
적 생각에 대해서는 '자유주의'라는 딱지를 붙이고 자신의 입장을

---

11 St. Augustine, *The Literal Meaning of Genesis*, trans. John Hammond Talyor
(New York: Paulist, 1982), 42-43; 김정형,『창조론』(서울: 새물결플러스, 2019), 18에
서 재인용.

12 성서에서 하나님의 '창조'와 '구원'이 함께 등장한다. 대표적으로 시편 8, 33, 121, 124,
134, 136, 139, 145, 148, 149편과 이사야 43:1-7, 44:21-24, 45:14-19 그리고 마태복음
6:25-34과 요한계시록 21:1-5.

'보수주의'나 '복음주의'라고 주장하면서 기독교 진리의 보편성을 포기하고, 자신의 협소하고 옹졸한 사유를 되레 절대화하는 이들도 있다. 때로는 후원금이나 받을 요량으로 대형 교회의 구미에 맞는 글이나 쓰는 삯꾼 신학자도 있다. 이 책에서 간략하게 소개한 창조과학, 지적 설계론, 유신진화론의 범주 중 하나를 선택하는 것보다 더 중요한 작업은 성서적이고 신학적인 창조론을 구성하는 일이다. 책임적인 신학자는 성서적 메시지와 시대의 상황을 가교를 놓아 우리 시대의 교회와 세상을 비판적으로 진단함으로써 향후 나아갈 생명의 길을 제시해야 한다. 성서의 메시지와 이에 대한 해석의 지평으로서의 신학 전통을 살피고, 우리 시대의 도전에 귀 기울이며, 책임적이고 창조적인 사유의 길을 걸어갈 용기를 갖지 않으면, 신학은 한 걸음도 전진할 수 없다.

이번 개정판에는 오해의 소지가 있는 문장이나 오기를 바로 잡았고, 내용적으로 이전의 글들과 연관성이 짙은 두 편의 논문을 추가했다. 어려운 출판 사정 속에서도 묵묵히 신학 저서를 출간하여 교회와 사회에 크게 기여하고 있는 도서출판 동연 대표님께 머리 숙여 감사를 드린다.

여타의 모든 학문과 마찬가지로 신학은 진리의 보편성을 거부하지 않는다. 더구나 신학이 말하는 진리는 궁극적으로 하나님의 진리이기 때문이다. 그분은 보이는 것과 보이지 않는 만물을 창조하신 창조주이시며 피조물인 인간이 그분의 세계에 대해 탐구하는 학문적 노력을 기쁘게 받으시는 분이다. 이를 통해 우리 각 사람에게 가까이 계시는 하나님을 더듬어 찾을 수 있을 것이다(행 17:24-27).

신학자로서 나는 자연 세계의 연구자들이 발견한 법칙과 질서가 하나님이 정해주신 법칙과 질서(시 148:6)의 발견이 되기를 바라면서 하나님이 지으신 만물 속에서 모두가 그분의 능력과 신성을 깨닫고 찬양과 영광을 그분께 돌리기를 기도한다.

2023년 1월
서울신학대학교 연구실에서
박영식

머리말

우리 시대에 창조는 매우 중요한 신학적 주제가 되고 있다. 물론 이 책은 창조라는 단어 자체에 깊이 천착하여 그 개념사나 영향사를 서술하고 있지는 않다. 다만 본인은 이 책을 통해 성서와 기독교 신학이 지시하고 있는 하나님의 창조와 창조적 활동의 다양한 의미 지평을 드러내고자 했다. 이 책은 앞서 본인이 서술한 두 권의 책, 『고난과 하나님의 전능』과 『그날, 하나님은 어디 계셨는가』와 연속 선상에 있으며, 그동안 관심해 왔던 주제들인 신정론, 창조론, 섭리론, 과학과 신학의 대화 등을 한데 아우르는 작업의 결실이라 할 수 있다. 따라서 이 책에는 그동안 이곳저곳에서 발표했던 글들도 그 일부나 전부를 수정, 심화하여 책 전체의 구성에 걸맞게 재배치해 놓았다.

나에게 신학은 그저 형이상학적인 작업일 수는 없으며, 항상 우리의 일상적 삶과 깊은 연관성을 가진 학문으로 생각된다. 이런 점에서 신학의 언어는 그것이 비록 형이상학적인 언어와 사유 방식 속에서 표현되어 있다고 하더라도 우리의 구체적인 삶의 일상과 괴리되는 의미로 읽혀서는 안 된다고 생각한다. 창조를 말하고 생각할 때도 이를 간과해서는 안 된다. 하나님은 우리의 삶 한복판에서 창조의 하나님이시며, 하나님의 창조 활동은 바로 지금 여기서도 구체적으로 경험되는 현실이라고 생각한다.

이 책을 서술하는 데 여러모로 도움을 준 사람들이 있다. 학교에서 늘 대화의 파트너가 되어 준 학생들과 선후배, 동료 교수들에게 감사를 표하고 싶다. 무엇보다도 어려운 출판 환경 속에서도 출간을 독려해 주신 동연 김영호 대표님에게도 감사를 드린다. 또한 창조라는 주제로 여러 차례 교회에서 설교할 수 있도록 용기를 주신 대구수성교회 김종두 목사님과 성도님들께도 깊이 감사를 드린다.

창조의 하나님을 생각하고 그분의 활동을 기억할수록 우리 삶에 창조의 기쁨이 가득하게 될 것이다. 우리 삶에 풍성한 기쁨을 주시는 하나님께 영광을 돌린다.

2018년 7월
성주산 아래 연구실에서
박영식

차례

서 론

오래전 일이다. 전도사 시절, 신촌의 한 대학 동아리에서 매주 말씀을 나누고 방학 때는 학생들과 함께 시골 교회로 가서 여름 성경학교와 같은 프로그램을 진행하는 일을 했다. 어느 날 고려대학교 언어학과를 다닌다는 여학생이 누군가의 소개로 나를 찾아왔다.

"저는 교회를 다니지 않는데요. 언어학 과제를 위해 도움을 받고자 왔어요. 성경에 하나님이 아담과 하와랑 이야기를 나눴잖아요."

"네."

"성경을 믿는… 아니, 성경을 기록한 사람들… 어쨌든 그런 사람들이 히브리어를 썼다면서요?"

"네."

"그렇다면 하나님이 아담과 하와랑 이야기할 때 사용한 언어도 히브리어인가요? 아담이 인류 최초의 사람이니까 히브리어가 인류 최초의 언어인가요?"

인류 최초의 사람인 아담은 히브리어를 사용했으며, 하나님도 아담에게 히브리어로 이야기를 하셨다? 아니, 히브리어가 아니라고 하더라도 하나님이 아담에게 그리고 아담이 하나님에게 말했을 때 도대체 어떤 언어가 사용된 것일까? 그 언어가 인간이 발설한 최초의 언어가 아니겠는가? 학생의 질문은 흥미로우면서도 당황스러웠다. 뭘 어디서부터 말해야 할지 잠시 망설여졌다. 나는 짧지도 가볍지도 않은 이야기를 이어가야 했다.

이처럼 우리는 성서의 창조 이야기와 관련해서 무언가를 말하려고 할 때, 항상 '태초'의 상황에 대해 생각하는 데 익숙하다. 하나님께서 세상을 만드신 그 태초의 상황은 어땠을까? 태초에 있었다는 에덴동산은 어디였는가? 중국의 어느 곳(나는 어린 시절 부흥회에서 그렇게 들었다) 아니면 아프리카의 어느 곳? 태초의 인간인 아담과 하와의 피부색은? 그들의 언어는? 그들도 배꼽이 있었을까? 하나님께서 아담에게 말을 거셨을 때 사용했던 태초의 언어는 무엇이며, 하와에게 다가와 말을 걸었던 태초의 그 뱀은 (저주받아 기어 다니기 전에) 과연 다리를 가지고 있었을까? 아담과 하와가 낳은 자녀들은 가인과 아벨이며, 아벨이 죽은 후에 주신 자녀는 셋인데, 추방된 가인이 만났다는 사람들은 어디서 온 것일까?

성서의 창조 이야기는 이런 질문을 던지기에 적합할 정도로 흥미롭다. 우리가 쏘아대는 질문의 화살은 '태초'라는 과녁을 향해 순식간에 날아간다. 그러나 이 질문의 화살은 과연 의도했던 과녁에 꽂힐 수나 있는 걸까? 이 화살은 '태초'를 향해 쏜살같이 날아가지만 되돌아오진 않는다. 흥미롭긴 하지만 왠지 공허한 느낌? 정답에 정확히 꽂혔는지 확인하기 위해서는 질문의 화살만이 아니라 우리 자신이 '태초'를 향해 시간 여행을 떠나야만 한다. 하지만 과연 우리가 태초라는 그 시공간으로 떠날 수 있는가?

태초를 향한 질문들과 함께 성서의 창조 이야기는 순식간에 고고학적 사변과 추론을 위한 자료로 변모해 버린다. 오늘날엔 '기원'에 관한 물리학적, 생물학적 담론과도 연결시키곤 한다. 과연 성서의 창조 이야기는 우리를 태초의 상황으로 초대하고 있는가? 성서의 안내와는 무관하게 우리 자신의 호기심이 굳게 닫혀 있는 '태초'의 문을 마구잡이로 두드려대는 일은 온당한 태도인가?

다른 한편 태초에 관한 호기심과는 달리 진정 하나님의 '창조'에 대해서는 무관심한 것처럼 보인다. 예기치 않게 '창조경제'라는 단어가 정치권에서 나왔을 때 불교계는 국가가 특정 종교의 단어를 사용한다고 비판하는 일이 있었다. 그렇다! 창조는 기독교의 독특한 사상이 담겨 있는 개념이다. 정확히 말하면 기독교 신앙은 처음부터 하나님의 창조를 언급하며, 하나님의 창조를 전제하고 있다. 성서를 펼치면 하나님께서 하늘과 땅을 만드셨다는 말씀을 제일 먼저 만나게 된다. 주일학교에서 처음 듣는 이야기도 하나님이 세상을 만드셨다는 이야기이다. 주일학교에서 배우는 교재도 창조 이야기부터 시작한다. 하지만 주일학교 졸업과 동시에 교회 생활에서 창조 이야기는 더 이상 들리지 않는다. 주일예배에서 창조에 대한 설교를 듣는 경우도 드물다. 창세기 1장부터 전개되는 창조와 인류의 타락 이야기는 주일학교용임에 틀림없다. 오랫동안 신앙생활을 했지만, 성서의 창조 신앙에 대한 우리의 지식이 더 넓혀지거나 깊어지지도 않았다. 이렇게 성서의 창조 이야기는 어린 시절의 이야기로, 아주 먼 옛이야기로 치부되곤 한다.

하지만 하나님께서 세상을 창조하셨다는 오래된 그리고 자명한 신앙고백에 무엇인가를 더하고 빼는 것 자체가 불신앙적인 태도처럼 여겨진다. 하나님의 창조에 대한 신앙고백은 너무나 자명하고 분명하다. 성서의 첫 장을 넘기면 창조가 등장하고, 예배 시간에는 사도신경을 통해 창조주 하나님에 대한 신앙을 고백한다. 하지만 '배우고 확신한 일에 머물러' 있을 뿐 더 이상 발전이 없었다. 그러다 보니 위에서 소개한 에피소드의 질문이 나올 수밖에 없다. 교회를 다닌 적이 없는 학생만이 아니라 교회 생활을 꽤나 열심히 한 친구들도 마찬가지의 질문을 던진다. 왜 창조는 교회와 신학의 현장에서 중심 주제가 되지 못했는가?

개신교 강단에서는 창조의 하나님보다는 구원의 하나님이 강조되어왔다. 물론 간혹 교회 밖 산과 들에서 예배를 드릴 때는 창조의 하나님을 찬양하곤 하지만, 이를 제외하면 구원의 하나님이 주된 주제임에 틀림없다. 창조는 타락 이전의 단계, 즉 구원의 필요성과는 거리가 먼 이전 시기와 연관될 뿐, 타락 이후의 시기를 살아가는 오늘날과는 무관하다고 생각되어 온 것이다.

교회의 설교 현장뿐 아니라 신학의 주제에서도 창조는 오랫동안 망각되어 왔다. 중세의 형이상학적 신학 대신에 죄인의 구원에 초점을 맞춘 새로운 신학적 패러다임을 전개했던 종교개혁 신학 이후 하나님의 창조는 여전히 신학의 주제로 채택되지 못했고, 교회와 삶의 현장과는 아무런 관련이 없는 이야기로 치부되었다. 신학의 역사 속에서 개인과 영혼의 구원에 대한 강조는 창조 망각의 역사와 비례한다. 개인(영혼)의 구원을 강조할수록 창조는 점점 잊혀 갔다.

하지만 정말 창조는 타락 이전의 시기와 관련된, 지금의 현실과는 아무런 상관없는 주제인가? 생태계의 위기로 인해 하나님의 피조물로서의 자연에 대한 관심이 고조되고 있다. 또한 20세기 들어 구약성서학의 부흥과 더불어 그동안 깊이 있게 파악되지 못했던 창조라는 주제가 재발견되고 있다. 이제 하나님의 창조는 20세기 들어 신학의 중심 주제로 자리매김하고 있다. 20세기 초에 구약성서학자 폰 라트(Gerhard von Rad)가 창조는 구약성서에서 독립된 주제가 되지 못하고 구원신앙에 귀속된다고 말했던 것과는 달리 오늘날은 창조가 구약성서의 주변적 주제가 아니라 핵심 주제라는 주장이 등장한다. 여기에는 그동안 소홀히 다뤘던 성서의 창조에 대한 반성과 더불어 '자연신학'의 새로운 가능성에 대한 논의가 자리하고 있다.[1]

이제 하나님의 창조를 다시 기억하고 묵상함으로써 인간에 의해 파괴된 생태계의 현실을 통렬하게 반성하며, 하나님의 창조에 대한 지난날의 오해를 수정하고, 진정으로 하나님의 창조를 찬양하는 성서적 의미가 무엇인지를 깊이 숙고해야 할 때가 왔다.

하나님의 창조와 창조의 하나님을 새롭게 숙고해야 할 이유를 몇 가지 열거하면 다음과 같다. 첫째, 19세기 이후로 생물학의 눈부신 발전과 더불어 과학계의 정설로 자리 잡고 있는 진화생물학이나

---

1 Christoph Schwöbel, *Gott in Beziehung* (Tübingen: Mohr Siebeck, 2002), 131-132.

빅뱅이론을 기반으로 한 천체물리학으로 인해 기존의 창조에 대한 이해가 공격을 받고 있는 시점에서 성서의 창조 이야기를 새롭게 이해할 필요가 있다. 무엇보다도 학생들 사이에 창조와 진화 사이의 양자택일이 오랜 숙제처럼 놓여 있다. 학교에서는 진화론에 기초해서 생명 현상을 이해하는데, 교회에서는 이와는 아무런 접점도 없는 창조론을 제시함으로써 학생들은 혼란에 빠진다. '창조냐 진화냐'의 양자택일은 '신앙이냐 불신앙이냐'의 양자택일로 수용되고 있다.

1859년 『종의 기원』이 발표된 이후로 계속된 '창조 vs. 진화'의 논쟁에 종지부를 찍어야 할 때가 되었다. 창조론이냐 진화론이냐 하는 소모적인 대립에서 탈피하여 성서의 창조 이야기가 담고 있는 풍성한 차원들을 발굴해야 한다. 여기서는 진화론에 대해 맹목적인 공격이나 어설픈 동화(同化)가 중요한 것이 아니라, 성서의 창조 신앙을 신학적으로 올바로 이해하여 자연과학의 도전에 정직하게 응답하고, 인류를 위한 협력의 길을 모색하는 것이 중요하다.

둘째, 우리의 생활 현실이 창조를 새롭게 이해하도록 촉구하고 있다. 우리가 살아가고 있는 세계는 자연을 기반으로 하고 있는데, 인간이 살아가는 삶의 조건인 자연환경이 심각하게 훼손되고 파괴되는 현실 속에서 성서가 증언하는 하나님의 창조 명령에 대한 의문이 들기 마련이다. 예를 들면 성서는 "생육하고 번성하여 땅에 충만하라. 땅을 정복하라"(창 1:28)라는 창조 명령을 담고 있다. 하지만 과연 이러한 창조 명령이 오늘날에도 여전히 유효한지 의심스러울 수 있다. 인간에 의해 자연이 황폐화되고 있는 현실에서 땅의 정복이라는 키워드는 파괴적으로 이해될 수밖에 없기 때문이다. 뿐만 아니라 성서는 인간을 하나님의 형상이라고 말했는데, 이것은 자연에 대한 인간의 우월성이나 탁월성 그리고 지배 가능성을 담고 있는 것인지도 되묻지 않을 수 없다. 과연 인간은 생명체의 삶의 조건이 되는 피조 세계와 어떤 관계에 놓여 있는가? 인간은 자연의 주인인가? 만물의 영장인가? 창조의 꽃인가? 피조물의 지배자이며, 만물의 척도인가?

여기서 우리는 땅의 통치(dominium terrae)가 무엇을 의미하는지, 인간과 자연은 어떤 관계에 놓여 있으며 하나님의 형상은 무엇을 뜻하는지를 명확하게 서술함으로써 생태계의 파괴와 위기 앞에서 기독교 신앙의 과제가 무엇인지를 생각해 보려고 한다.

셋째, 고통당하는 삶의 현실이 하나님의 창조 세계와 창조주 하나님에 대한 물음을 제기한다. 예기치 못한 숱한 자연재난을 염두에 둘 때 과연 이 세상이 질서 잡힌 아름답고 선한 세계라고 할 수 있는지 의문이 들며, 창조 세계에 대한 의문은 창조주 하나님의 존재에 대한 의문으로 이어지기 마련이다. 하나님께서 세상을 창조하셨고, 이 세계를 아름답다고 선하다고 하셨는데, 우리는 왜 아름답고 선한 창조 세계 안에서 볼썽사나운 악을 직면하게 되는가? 상상을 초월하는 자연의 재해는 어디서 오는 것이며, 무엇 때문에 일어나는가? 인간이 직면한 모든 고통과 슬픔의 근원이 악이라고 할 때 도대체 악은 어디서 오며, 왜 일어나는가? 선하신 하나님이 만든 선한 세계에 어떻게 해서 악은 들어오게 되었는가? 하나님은 악도 창조하셨는가? 하나님은 왜 악을 허용하시는가?

이러한 물음들은 '신정론'이라는 이름으로 오랜 기간 동안 기독교 신학의 역사에 가시처럼 날카롭게 존재해 왔고, 섣불리 대답하기 어려운 질문들이었다. 여기서 우리는 신정론의 지난한 역사를 세세하게 되짚어 보지는 않을 것이다.[2] 하지만 기독교 신학이 그동안 제시했던 답변들을 간략하게 정리하고, 자연재해와 같은 악이 창조 세계 안에서 어떻게 발생할 수 있는지 그리고 이와 함께 창조 세계와 창조주 하나님은 어떻게 이해되어야 하는지를 살펴볼 것이다.

넷째, 창조보다는 구원이 강조되어 왔던 개신교의 역사를 비판적으로 응시하면서 창조와 구원의 연속성을 숙고할 필요가 있다. 흔히 구원을 강조할 때 이는 인간 개인의 구원을 말하는 것이었고, 그것도 영혼의 구원으로 협소하게 생각되었다. 하지만 이와 같은 영혼 중심적 구원의 교리는 몸과 영혼의 통전적 인간을 올바르게 직시하지 못하게 할 뿐 아니라, 인간의 근원적인 자연성을 주목하지 못하게 함으로써 자연과 괴리된 인간만의 천국을 꿈꾸게 했다. 이런 신학적 편향성의 결과는 자연의 파괴와 더불어 인간성의 파괴를 가져오며, 하나님이 "좋다"고 하신 하나님의 창조 세계를 간과하거나 부정하는 결과를 가져온다.

하지만 하나님의 구원은 인간에게만 한정되며, 창조와 타락에 대해 시간적으로 이후에 전개되는 하나님의 활동으로 이해되어야 할 것인가? 우리는 여기서 하나님의 구원을 창조주 하나님의 활동으로 이해하며, 구원의 대상을 피조 세계 전체로 이해하고자 한다. 다시 말하면 창조의 하나님을 구원의 하나님으로 이해하며, 구원을

---

2 이에 대해서는 박영식, 『고난과 하나님의 전능』 개정증보판 (서울: 동연, 2019) 참조.

하나님의 창조 활동으로 이해한다. 창조와 구원은 분리되지 않고 동근원적인 것으로 파악된다. 타락을 분기점으로 삼아 창조와 구원을 시간순으로 이해하기보다는 파괴의 위험에 직면한 피조 세계 전체를 향한 파루시아적인 하나님의 사건으로 파악하고자 한다. '파루시아'는 우리말 성경에서는 재림으로 번역되어 있으나 원래적 의미는 현존과 다가옴이라는 두 가지 의미를 모두 함의하고 있다. 하나님의 창조로 시작한 성경은 만물을 새롭게 하시는 하나님의 창조(계 21장)를 언급하며, 주 예수의 은혜가 우주 만물에 가득하기를 희망하는 기도 "주 예수여 오시옵소서!"(계 22:20)로 끝난다. 창조는 회상되는, 그러면서도 지금 여기서 발생하는 하나님의 사건이면서도 동시에 기대되는 미래적 사건이다.

1 장
성서의 창조 해석

1. 전체적 맥락

고대의 다양한 종교들은 우주와 세계의 기원에 대한 이야기들을 갖고 있다. 성서도 예외는 아니다. 여기서 우리는 다양한 창조 기사들을 서로 비교하진 않을 것이다. 오히려 성서에 등장하는 창조 이야기를 어떻게 이해하고 해석해야 할 것인지 하는 문제에 집중하고자 한다.

"태초에 하나님이 하늘과 땅을 창조하셨다." 구약성서는 하나님께서 하늘과 땅을 창조하셨다는 찬양과 고백으로 시작하고 신약성서는 "새 하늘과 새 땅"의 창조를 언급하면서 매듭을 짓는다(계 21-22장). 이런 점에서 성서는 철두철미 창조의 하나님과 하나님의 창조를 증언하고 있다.[1] 만물을 창조하신 하나님이 만물을 새롭게 하신다. 그렇다면 예수

---

1 마크 해리스/ 장재호 옮김, 『창조의 본성』(서울: 두리반, 2016)은 성서의 중심 주제가 창조라는 측면에서, 즉 창조의 주제가 창세기 1-2장에만 국한되지 않는다는 관점에서 현대 과학,

그리스도의 구원 사건도 하나님 창조의 절정으로 이해되어야 하지 않을까? 그렇다면 창조는 구약과 신약을 연결하는 중심 주제가 될 것이다. 생명을 창조하시고 생명의 충만을 명령하셨던 하나님(창 1:22, 28)은 예수 그리스도를 통해 생명을 주시고 더욱 충만(요 10:10)하게 하신다.

구약성서는 여러 곳에서 창조를 언급하고 있다. 창조주 하나님과 그의 창조 세계에 대한 언급은 창세기 1장 1절에서 3장 24절의 두 단편(P문서와 J문서)뿐 아니라, 시편 8편, 19편, 74편 12-17절, 89편 11-12절, 93편, 104편 24절 이하에도 잘 드러나며, 특히 지혜문학인 욥기 38장과 잠언 8장에도 나타난다.

특히 창조와 구원을 동근원적 사건으로 이해하고자 하는 우리가 주목해 보아야 할 점은 창조를 언급하면서 이를 구원과 연결시키고 있는 구절들이다. 특히 제2이사야서에서는 하나님의 창조를 세상의 기원에 관한 이야기가 아니라 하나님의 통치와 역사의 주되심과 연관시킨다.[2] 다시 말하면 창조를 말하면서 하나님의 통치와 다스림, 즉 구원을 언급하고 있다. 여기서 창조와 구원은 분리되지 않고 결합되어 있다(사 40:12 이하, 44:21 이하, 45:7-19; 또한 시 136:4-9, 10-24). 또한 이사야 41장 20절, 45장 8절, 48장 7절, 55장 10절에서는 옛 창조가 아니라 구원으로서의 새 창조에 대해 언급하고 있다. 여기서 구원은 단순히 옛것의 재건을 뜻하지 않는다. 새로운 현실의 창조, 새

고통과 악의 문제 등과 대화를 시도한다. 특히 3장과 4장은 창조를 다루고 있는 성서의 본문들을 세심하게 살펴보고 있다.

2 이에 대해서는 Gerhard von Rad, *Theologie des Alten Testaments Bd. 1. Die Theologie der geschichtlichen Überlieferungen Israels* (München: Chr. Kaser Verlag, 10. Aufl., 1992), 151 이하. 하지만 창조와 구원의 연결은 제2이사야의 특징만은 아니다. 시편 74편과 89편에도 그러한 특징이 나타난다.

로운 출발을 의미한다. 더 나아가 창조는 혼돈의 세력과의 투쟁을 포함하고 있다. 특히 시편 74편 13-14절, 89편 10-11절, 이사야 51장 9-10절, 욥기 26장 12-13절은 이를 잘 드러내고 있다.[3]

그렇다면 구원으로서의 창조라는 주제가 소위 제2이사야에만 국한되는가? 그렇지 않다. 창세기 1장에 기술된 태초의 창조 역시 하나님께서 혼돈을 제압하고 새로운 질서를 구축하는 것으로 이해할 수 있다. 카오스의 위협은 창조 이후에도 계속되지만, 카오스는 하나님이 창조하신 세계의 질서를 무너뜨리지 못한다. 하나님의 창조는 곧 혼돈과 공허로부터의 구원의 시작을 뜻한다.[4]

구약성서에 비해 신약성서는 직접적으로 하나님의 창조 활동을 묘사하고 있지 않다. 하지만 신약성서는 이미 자신들의 삶의 세계가 하나님의 피조 세계이며, 하나님이 창조주라는 사실을 이미 전제하고 있다(마 19:4-6). 또한 마태복음 6장 25-32절은 하나님께서 피조 세계를 돌보신다는 사실을 말하고 있다. 뿐만 아니라 그리스도는 창조의 중재자로 고백되며(요 1:3; 골 1:12-20; 엡 1:3-14; 고전 8:6; 히 1:1-4), 그리스도 안에 있는 자는 새로운 피조물(고후 5:17)이라고 선언한다. 그리고 새로운 피조물에 대한 비전은 온 우주로 확대되어 요한계시록에서는 '새 하늘'과 '새 땅'(계 21:1-6)을 희망한다.[5]

---

3 Bernd Janowski, Art. "Schöpfung II," *RGG*, 4. Aufl. (2007), Bd. 7. 970-972.
4 이에 대해 왕대일 교수는 그의 책, 『창조 신앙의 복음, 창조 신앙의 영성』(서울: 대한기독교서
  회, 2016), 16에서 다음과 같이 명확하게 말한다. "창조 신앙의 속내는 혼돈으로부터의 창조
  (chaos out of creation)입니다. '아무것도 아닌'(no-thing) 혼돈과 공허를 하나님이 코스
  모스(cosmos)로 바꿔놓으셨습니다. 창조는 구원입니다. 창조는 해방입니다. 창조주 하나님
  은 '우주의 구원자'(Cosmic Redeemer)이십니다."

성서는 전체적으로 볼 때 창조를 주음(主音)으로 하는 하나님의 거대한 역사에 대한 증인이다. 성서가 증언하는 하나님의 거대한 역사는 창조로 시작해서(창 1-3장) 창조로 끝난다(계 21-22장). 더구나 이때 창조는 저 과거에 있었던 흘러간 옛 추억거리에 대한 보도를 넘어 현재적이며 구체적인 하나님의 구원 활동과 연결될 뿐 아니라, 아직 일어나지 않은 미래적 사건과도 연결되어 있다.

이처럼 우리가 창조와 구원을 분리시키지 않는 것과는 달리 교회의 역사 속에 이단으로 낙인찍혔던 마르시온주의와 영지주의를 양자를 극단적으로 분리시켰다. 마르시온주의는 구약의 하나님과 신약의 하나님, 창조자와 구원자를 대립시켜 구약성서가 묘사하는 분노와 심판의 하나님은 예수 그리스도의 하나님, 즉 사랑의 하나님일 수 없다고 주장한다.

마르시온주의가 기독교 내의 운동이었던 반면 플라톤의 이원론에 영향을 받았으며, 초기 기독교 문서와 밀접한 연관성을 가지고 있는 영지주의는 세상이라는 물질을 만든 데미우르고스는 참된 신이 아니라고 주장한다. 세상과 물질은 악하며, 이를 만든 신 또한 악하다. 이에 반해 참 신은 그노시스(영적인 지식)를 통해 자신의 백성들을 구원한다고 보았다. 이원론은 물질과 정신, 세상적인 것과 영적인 것을 대립시킨다.

창조와 구원을 분리시키고 창조 망각에 빠질 때 영혼과 몸, 인간과 세계가 분리되며, 창조의 역사는 삶의 현실과는 무관한 신화나

---

5 Theodor Schneider (Hg.), *Handbuch der Dogmatik* Bd. 1 (Düsseldorf: Patmos Verlag, 3. Aufl., 2006),143-151.

형이상학적 사변으로 전락해 버린다. 하지만 우리는 창조의 하나님을 믿으며 그분의 창조를 신앙한다. 성서의 하나님은 영적 세계만을 만들지 않았다. 그분은 하늘만 창조하신 분이 아니라 땅도 창조하셨다. 그리고 땅과 바다와 그분이 만드신 만물에 생명이 가득하도록 하셨다. 물질 세상을 기뻐하셨고 복 주셨다. 성서는 세상이 하나님의 피조물임을 고백하며, 창조의 하나님과 구원의 하나님을 분리시키지 않는다.

4세기 기독교가 고백했던 신앙고백 속에는 하나님의 창조 영역을 보이는 것들과 보이지 않는 것들로 나누어 말하며 양자 모두 하나님의 피조 세계임을 분명히 명시하고 있다.[6] 보이지 않는 것들, 그것은 오늘날 과학자들에게조차 수수께끼로 남아 있는 암흑물질과 암흑에너지로 이해해야 할 것인가? 아니면 그것은 인간의 지적 결핍 때문에 감춰진 것이 아니라 하나님의 창조의 비밀에 속하기 때문에 감춰져 있는, 그래서 영원히 우리는 알 수 없는 그 어떤 것을 뜻하는가? 암흑물질과 암흑에너지는 언젠가는 밝혀질 비밀일지 모른다. 하지만 우리의 생활세계 속에 일어나는 수없이 많은 사건은 모두 보이는 것들의 인과 관계로 해명될 수 있을까? 아니다. 하나님의 창조는 보이는 것들뿐 아니라 보이지 않는 것들도 포괄한다. 우리는 보이는 것과 보이지 않는 우주 만물을 창조하신 하나님 앞에 더욱 겸허할 수밖에 없다.

---

6 니케아-콘스탄티노플 신조는 하나님을 "전능하신 아버지, 하늘과 땅, 보이는 것과 보이지 않는 것을 만드신 분"으로 고백한다. 니케아-콘스탄티노플 신조의 라틴어 본문과 번역은 토마스 아퀴나스/손은실 번역·주해, 『사도신경 강해설교』 (서울: 새물결플러스, 2015), 266-269 참조.

동시에 우리의 질문은 이것이다. 성서는 무엇 때문에 창조 이야기를 성서 전체에 펼쳐 놓는 것일까? 인류의 시작과 기원에 대한 궁금증 때문일까? 성서의 창조 이야기에서 우리는 무엇을 읽을 수 있을까? 그 말씀은 오늘날 우리에게도 여전히 유효한가?

2. 다양한 세계 기원론과 창조

만물의 기원에 대한 질문은 인류의 역사만큼이나 오래되었다. 말하자면 인간은 자신뿐 아니라 자기를 둘러싸고 있는 세상이 도대체 어떻게 생겨났는지 궁금해했다. 따라서 동서를 막론하고 우주 또는 세상의 기원에 대한 다양한 이야기들이 등장하는데 이 모든 것들은 오늘날의 우주 생성과 전개에 대한 천체물리학에서는 하등의 관심거리가 되지 않지만, 당시에는 인간의 삶을 둘러싼 수수께끼를 푸는 열쇠의 역할을 했을 것이다.

고대 중국에는 반고신화를 통해 세계의 기원을 설명했다. 태고 시대에 거대한 별이 있었다. 그 별에서 거대한 거인인 반고(盤古)가 엄청나게 큰 도끼로 그 별을 둘로 쪼갠다. 그래서 가벼운 쪽은 하늘이 되고, 무거운 쪽은 땅이 되었고, 반고의 키가 엄청나게 커가자 하늘도 높아지게 되었다고 한다. 이렇게 1만 8천 년이 지나 하늘은 엄청 높아졌고, 땅은 매우 두터워졌으며, 반고가 죽고 나서 그의 시신은 해, 달, 별, 산, 강, 숲 등으로 변했다고 한다. 또 다른 출처에 따르면 반고는 별이 아니라 달걀 껍데기 같은 곳에서 잠들

어 있다가 깨어났다고 한다.7

인도의『리그베다』에서는 존재와 비존재를 뛰어넘는 원시 바다로부터 신이 나왔고, 자신을 둘로 쪼개어 남신과 여신을 만들었고, 그로부터 신들이 태어났고, 그들로부터 세상이 나왔다고 한다.8

하지만 이런 고대 신화들과는 달리 성서의 창조에는 신들이 등장하지 않으며, 남신과 여신의 결합을 통한 다산과 풍요를 기원하던 농경사회의 자연 신앙도 등장하지 않는다. 성서에 따르면 하나님 홀로 창조의 주님이시며, 우주 만물은 신들의 몸의 일부가 아니라 그의 피조물일 뿐이다. 따라서 자연이 신성을 품고 있어 자연을 숭배할 수 있다는 신앙관이 철저히 배척되며, 자연을 통해 신의 모습을 형상화하는 일도 금지된다. 하나님 홀로 창조의 주님이시다.

서구 정신사의 모체인 고대 그리스에서 소크라테스의 제자이며 서구 철학의 위대한 출발점이 된 플라톤(Platon, 주전 427~347)도 세계 기원에 대해 말한다. 플라톤은 그의 책,『티마이오스』(*Timaios*)에

---

7 풍국초/이원길 옮김,『인물과 사건으로 보는 중국 상하오천년사』제1권 (서울: 신원문화사, 2005), "반고가 천지를 창조한다."

8 "비존재도 존재도 그때는 없었다. 그 위에 우주도 하늘도 없었다. 무엇이 가고 오는가? 누구의 처소에서? 심연의 끝없는 깊은 바다란 무엇인가? 죽음도 죽지 않음도 그때는 없었다. 낮과 밤의 표시도 전혀 없었다. 바람도 없이 그저 자신의 법칙대로 일자는 숨을 쉴 뿐이었다. 그와는 다른 무언가가 존재하지 않았다. 태초에 어둠은 어둠 안에 숨어 있었고, 이 모든 것은 알 수 없는 흐름이었을 뿐. 삶의 기운은 텅 비어있음에서 흘러나와 그의 뜨거운 격정의 힘을 통해 일자로 태어났다. 누가 그것을 확실히 알며, 누가 여기에서 그것을 전달할 수 있는가? 그것은 어디서 오며, 어디에서 이러한 창조는 시작되었는가? 신들은 세상의 창조를 통해서 비로소 왔는데. 누가 이를 안단 말인가? 그것이 어디에서 전개되었는지를. 이러한 창조가 어디에서 전개되었는지, 그가 창조했든 하지 않았든 간에, 이 세상을 가장 높은 하늘에서 감독하는 자, 그만은 알고 있겠지 아니면 그도 모르고 있을지도." Werner Trutwin (Hg.), *Weltreligionen* (Düsseldorf: Patmos Verlag, 1971), 17-18에서 재인용; 이은구,『인도의 신화』(서울: 세창미디어, 2003).

서 세계의 제작자로서 데미우르고스(Demiurgos)가 질서 정연한 아름다운 세상을 만들었다고 말한다(30a-39c). 하지만 그는 무로부터 세상을 만든 것이 아니라 형태 없이 혼란하게 있는 질료(hyle)에 질서와 형상을 부여함으로써 세계를 만든다(52c). 데미우르고스는 무로부터 세계를 창조하는 전능자가 아니라 이미 주어진 태초의 물질들을 법칙에 따라 조화롭고 질서 있게 다듬는 세계 건축가의 모습으로 묘사된다.9

스토아 철학(주전 3세기 이후)에서는 신적인 것과 피조된 만물 사이의 하나됨을 강조하였는데, 이 사상의 주요 대표자들에 따르면 이성적이고 영원한 신성은 불 또는 영혼(프뉴마)으로서 물질을 관통하며 살아있게 만든다. 이러한 생각은 궁극적으로 범신론적인 것으로, 신과 세계의 일치성을 형성한다. 여기서 주목할 점은 신성은 만물의 원리이며, 세계와 삶의 과정은 불변하는 필연성 안에서 완전하게 결정되어 있다는 사실이다.10

신플라톤주의자인 플로티누스(Plotinus, 204~270)는 모든 만물은 일자(Hen)로부터 흘러나왔다는 유출설을 제시했다. 일자는 절대적 통일성과 충만 속에 머물러 있으며, 그로부터 모든 존재와 아름다움이 흘러나오기 때문에 일자와 관련 없는 존재는 없다고 보았다. 일자로부터 정신(nous)이 나오고, 정신으로부터 세계영혼(psyche)이, 세계영혼으로부터 사물들이 나온다. 따라서 여기서는 신적인 것으로서의 일자와 만물 사이에 어떤 질적인 차이가 존재하

9 Konrad Schmid(Hg.), *Schöpfung* (Tübing: Mohr Siebeck, 2012), 187.
10 앞의 책.

지 않으며, 단지 존재론적인 계단이 형성되고 있을 뿐이다.[11]

플라톤과 이후의 철학자들과는 달리 성서의 창조주 하나님은 영원한 물질로서 세상을 만든 제작자가 아니다. 성서는 세상의 재료가 되는 영원한 물질에 관심이 없다. 또한 하나님과 세계 사이의 존재론적 연속성도 언급되지 않는다. 성서는 세계 자체가 아니라 하나님과 세계의 관계를 주목되며, 세상과 관계하는 하나님의 창조 행위를 중시한다. 사도신경에 따르면 홀로 창조주이신 하나님은 단순히 세상의 제작자가 아니라 창조 세계의 영광과 아픔을 자신의 것으로 받으시는 아버지이시다.

이레네우스(Irenaeus, 140~203)에 의해 이단 사상으로 찍혀 경계의 대상이 되었던 영지주의에 따르면, 신적인 것과 피조 세계인 물질 사이의 이원론이 뚜렷하게 나타난다. 영적인 세계는 신에 의해 창조되었지만, 물질 세계는 데미우르고스라고 명명된 악한 존재에 의해 만들어졌다. 따라서 신의 피조물인 인간의 영혼은 물질 세계 속에 갇혀 있다가 신적 '불꽃'에 의해서만 영혼의 감옥에서 해방될 수 있다.[12] 하지만 성서의 하나님은 영적 세계만을 창조하신 분이 아니며, 물질 세계를 악하다고 규정하신 분도 아니다. 기독교 신앙은 하늘과 땅, 보이는 것과 보이지 않는 우주 만물을 창조하신 하나님을 신앙한다.

중세를 거쳐 근대에 이르러 세계를 하나의 기계로, 창조주를 기계의 제작자로 이해하려는 경향이 농후해졌다. 창조주 하나님의 완

---

11 앞의 책, 188.
12 앞의 책, 189-190.

전성은 그 작품에 관한 완전한 설계와 시행이라는 의미로 읽히게
되었고, 이때 창조주 하나님은 시계공(watchmaker)으로 비유되
며, 세상은 시계로 비유된다. 완전하신 창조주가 마치 시계공처럼
완벽하게 제작된 시계와 같은 세상을 만들었기 때문에 문제없이 잘
돌아가는 시계가 더 이상 시계공의 간섭을 필요로 하지 않듯이 세
계도 더 이상 창조주의 간섭이나 개입이 필요하지 않다고 주장하는
이신론(理神論, Deism)이 등장한다. 대표적으로 라이프니츠(Leibniz,
1646~1716)는 신이 세상을 만든 것을 부인하지 않았다. 오히려 그
는 세상을 만드실 때 실현 가능한 가장 좋은 세상을 계획하고 만들
었다고 주장한다. 과거와 현재와 미래를 아는 하나님이 가장 좋은
세상을 현실화했다면, 완전한 하나님이 마치 무언가 오류가 있다는
듯이 이 세상의 과정에 개입할 필요는 없다. 그에게 신은 가장 완전
한 우주라는 기계를 만든 완벽한 건축가이다.13 이신론의 신 또한
성서의 창조주와는 거리가 멀다. 성서의 창조주 하나님은 창조와
함께 세상과 거리를 두고 계신 분이 아니라 세상의 아픔을 듣고 보
고 알고 참여하시는 구원자이시다. 기독교 신앙은 창조주 하나님이
곧 구원자 하나님이심을 믿는다.

근대에 이르러 기독교의 창조 신앙에 가장 큰 위협을 가한 것은
무엇보다도 찰스 다윈(Ch. Darwin, 1809~1882)의『종의 기원』(1859)
이라 할 수 있다.14 다윈의 진화론은 세계가 단번에 완전하게 창조
되었다는 기존의 생각과는 다른 것이었기에 충격적이었다. 하지만

---

13 고트프리트 빌헬름 라이프니츠/이근세 옮김, 『변신론』(서울: 아카넷, 2014).
14 찰스 다윈/송철용 옮김, 『종의 기원』(서울: 동서문화사, 2009).

발전과 진화의 도식으로 세계를 이해하는 것 자체보다는 신적 간섭이 배제된 자연선택(natural selection)이라는 단순한 메커니즘을 통해 생명체의 다양성과 변화를 설명할 수 있다는 점이 더 놀라웠다. 새로운 생명과 종의 기원이 창조주의 창조 활동의 결과물이 아니라 자연적 과정의 결과물이라는 점이 기존 종교의 생각과 차이였다. 다윈은 개체들 간의 차이가 오랜 시간을 거치면서 점점 벌어질 뿐 아니라 자연환경의 변화 속에서 생존경쟁에 유리한 개체들이 살아남아 후손에게 동일한 형질을 남긴다는 사실을 지적한다. 여기서 자연선택은 개체의 다양한 변이를 가능케 할 뿐 아니라 개체의 생존과 소멸도 가져오는 중요한 동력으로 작용하고 있다. 다윈의 진화론은 이후에 오스트리아 수도사였던 멘델에 의해 발견된 유전의 법칙과 결합되었고, 현대의 DNA 연구가 더해진 새로운 다위니즘으로 수정, 보완되어 자연과학의 기초 지식으로 자리하고 있다.15 앞으로 우리는 과연 창조의 하나님이 진화 세계의 하나님일 수 있는가를 묻게 될 것이다. 세계가 하나의 원리와 법칙 아래 작동되는 기계로 파악되기보다는 살아 움직이며 새로운 것들이 생겨나는 세계라는 인식이 보다 성서적 세계 이해에 적합하지 않을까? 생육하고 번성하여 땅에 충만하라는 하나님의 창조 명령이 진화론적 관점을 배제할 필요가 있을까?

세계와 생명의 기원에 대해 물음은 오래전부터 있었고, 오늘날

---

15 진화생물학이 자연과학의 기초 지식에 속한다는 말은 어쩌면 굉장히 축소된 표현일 수 있다. 오늘날 진화생물학은 자연과학을 넘어 철학, 역사학, 문화학, 심리학, 종교학, 사회학 등과 만나 활발하게 새로운 학문분과로 분화되어 나가고 있다.

엔 과학적 탐구의 주제가 되었다. 근대로 넘어오면서 사람들은 세상의 기원에 대한 해답을 성서의 창조 이야기에서 찾지 않는다. 또한 오늘날의 신학에 따르면, 성서의 창조 이야기는 우주 또는 생명의 기원에 자연과학적 해명과 무관하다. 성서의 창조 이야기는 세계와 생명의 기원과 과정이 아니라 창조주 하나님의 피조물인 세계와 생명의 의미가 무엇인지를 말하고 있다. 또한 성서의 언어는 객관적이고 사실적인 언어가 아니라 하나님과 세상의 관계성을 전제로 한 희망과 약속을 담은 그림 언어라 할 수 있다. 하지만 과거를 보여주는 성서의 그림 언어 안에는 창조 이야기를 전승하던 당대의 현실이 반영되어 있으며, 동시에 희망과 약속의 미래가 담겨 있다. 따라서 특히 창세기 1장의 창조 기사는 당대에 익숙했던 고대 근동의 신화들이 배경이 되며, 이를 통해 이스라엘 하나님의 창조 행위의 독특성과 고유성을 드러내며, 창조주 하나님이 약속하신 세상의 미래에 관해 희망의 노래를 들려준다. 과연 성서는 창조주 하나님과 하나님의 창조에 관한 무슨 이야기를 하고 있을까?

3. 성서의 창조 이야기와 신화

창세기 1-11장의 이야기를 원역사(原歷史, Urgeschichte)라고 부른다. 이는 모든 역사적 사건보다 단순히 시간적으로 앞서 일어난 사건임을 의미하는 것이 아니다. 원역사는 과거의 사건이 아니라 모든 사건의 전제와 토대가 되는 사건으로서 역사 속에서 언제나 일어나는 사건이라는 점에서 보편적이며 역사적이다. 따라서 원역사는 모든 역사적 사건에 대한 해석학적 전제와 원리로서 작용한다.

현대 구약학자들의 견해에 따르면 원역사 중에서 특히 창세기 1장의 창조 이야기는 고대 근동의 창조 이야기들과 유사한 점이 많다. 유사한 점이 많다고 해서 다른 점이 전혀 없는 것은 아니다. 오히려 유사성 속에서 차이성이 돋보인다고 할 수 있다. 성서의 창조 이야기가 고대 근동의 다른 창조 이야기들과 유사하다는 사실이 충격으로 다가올 수도 있다. 성서의 창조 이야기를 하늘에서 뚝 떨어진 것으로 또는 하나님께서 직접 들려준 이야기를 모세가 받아 적은 것으로 생각하고 있었다면 충격일 수도 있을 것이다. 하지만 성서의 이야기들은 하늘의 천사들이 들려준 이야기도 아니며 또 그것을 곧바로 종이에 받아쓰기한 것도 아니다. 도대체 누가 하나님의 창조를 직접 목도하며 받아 적을 수 있었단 말인가?

성서의 창조 이야기에는 하나님에 대한 살아있는 신앙의 경험과 숙고와 찬양이 농축되어 있다. 고대 이스라엘 백성들이 신앙하며 동행했던 하나님의 경험과 그분에 대한 고백과 찬양이 여러 층으로 켜켜이 쌓이고 다져지며 형성된 것이 오늘 우리가 읽고 있는 성서 본문이다. 우리가 읽고 있는 단편적인 이야기도 여러 시대를 거쳐 전승되어 형성된 것이며, 그 속에는 여러 시대의 다양한 신앙적 경험들이 층층을 이루며 쌓여 있다. 하나의 완성된 이야기 단위들은 통시적 관점에서는 다양한 이야기들을 담고 있으며 최종적으로 지금의 형태를 갖추게 된 것이다. 이러한 전승과 형성의 과정 속에서 성서의 기록자들은 당대 자신들에게 익숙한 다양한 이야기, 노래, 시 등을 통해 자신들의 고유한 신앙고백을 표현하게 된다. 창조의 이야기도 마찬가지다. 우리가 믿는 하나님이 곧 창조주이시다는 고백을 이들은 익히 알고 있던 다른 창조 신화를 빌려 표현하였다. 그러나 빌려 표현하는 그 과정 속에서 이들은 자신들의 고유한 신앙고백을 특징적으로 드러낸다.

이러한 시각은 대표적으로 구약학자 폰 라트를 통해 잘 설명된다. 그에 따르면 창세기 1장의 창조 이야기와 고대 근동의 창세신화에 유사한 단어들이 등장한다. 그런데 창세기 1장의 창조 기사는 이런 고대 근동의 창세신화보다 기록 연대가 훨씬 후대의 것이기 때문에 성서의 창조 이야기가 고대 근동의 창세 신화들의 개념을 가져와 새롭게 의미를 부여했다고 볼 수 있다. 하지만 이스라엘이 바빌론의 신화들을 알게 된 포로기 이후에야 비로소 창조 신앙을 고백하게 되었다고 생각해서는 안 된다. 폰 라트에 따르면 오히려 이스라엘은 오래전에 창조 신앙을 고백하고 있었지만, 이것을 하나님의 구원 사건과 연결시킬 필요가 있었기 때문에 창조와 관련된 본문이 후대에 기록되었고, 이 과정에서 창조를 구원 사건으로 해석하게 되었다.[16]

우리가 읽고 있는 창세기 1장의 창조 이야기는 P문서(제사장 문서)에 속하며, 포로기 시절을 거치면서 형성된 것으로 본다. 창세기 1장에는 포로기 시절에 접할 수 있었던 고대 근동의 신화들이 반영되어 있다. 특히 창세기 1장과 연관된 고대 근동의 신화로는 대표적으로 바

---

16 G. von Rad, *Theologie des Alten Testaments* Bd. 1., 149 이하.

벨론의 창조 신화인 에누마 엘리쉬(Enuma Elish)가 있다.[17]
에누마 엘리쉬의 이야기는 이렇게 시작된다.

> 높은 곳에서 하늘이 이름지어지지 않았을 때,
>
> 아래의 굳은 땅이 이름 붙여지지 않았을 때,
>
> 그들을 낳은 자인 태초의 압수와
>
> 그들 모두를 낳은 뭄무-티아맛 외에는 아무도 없고,
>
> 그들의 물이 한 덩어리로 섞여 있을 때,
>
> …
>
> 바로 그 때에 신들이 그들 안에서 형성되었다.[18]

압수(지하수, 담수를 뜻함)와 티아맛(바닷물을 뜻함) 사이에 계속해서 자식들이 태어나는데, 아버지 압수는 자식들이 많아지자 시끄럽다며 이들을 죽이려고 한다. 이러한 정보를 미리 알게 된, 압수의 아들이며 지혜의 신인 에아는 압수를 잠들게 한 후 그를 살해한다. 그리고 에아는 아내 담키나와 결합하여 폭풍우의 신 마르둑을 낳는다. 하지만 남편을 잃은 티아맛은 킹구의 제안을 받아들여 에아에게 복수하기 위해 군대를 소집하고, 킹구를 군대 장관으로 내세워 에아와 싸움을 벌인다. 신들의 싸움에서 에아 측이 불리해지자 신

---

17 강성열,『고대 근동 세계와 이스라엘 종교』(2003), 19-27; Karl Löning/Erich Zenger, *Als Anfang schuf Gott. Biblische Schöpfungstheologien* (Düsseldorf: Patmos, 1997), 20-28. 고대 근동의 신화에 대한 새로운 분석은 존 H. 월튼/강성열 옮김,『창세기 1장과 고대 근동 우주론』(서울: 새물결플러스, 2017), 특히 141-142 참조.
18 강성열,『고대 근동 세계와 이스라엘 종교』(2003), 19-20; *ANET*, 60-61.

들은 힘이 세다는 이유로 그동안 지하 감옥에 가둬놓았던 마르둑에게 도움을 요청한다. 마르둑은 이 싸움에서 자신이 이기면 자신을 최고의 신으로 섬길 것을 제안한다. 결국 마르둑은 이 싸움에서 증조모인 티아맛을 제압하고 신들의 왕으로 등극한다. 마르둑은 티아맛의 몸을 양분하여 하늘과 땅을 만들고, 킹구의 피와 흙을 섞어 인간을 만들어 신들을 섬기도록 한다.[19]

이처럼 에누마 엘리쉬는 다신론과 신들의 전쟁을 전제한다. 신들의 전쟁이라는 혼란의 소용돌이를 통해 세상이 창조되며, 세상과 인간은 신적 몸의 일부분으로 형성되었다. 하지만 성서의 창조 이야기는 이와는 다르게 전개된다. 여기에는 신들의 전쟁이 없다. 창조는 한 분 하나님의 단독적인 행위로 묘사되고 있다. 또한 피조 세계는 전쟁의 부산물이나 결과물이 아니다. 피조 세계는 하나님의 창조 작품이다. 인간도 신의 심부름꾼이나 노예로 창조된 것이 아니다.

이스라엘의 창조 신앙에 담겨 있는 독특성에 대해서는 앞으로 찬찬히 살펴보도록 하자. 우선 우리가 알아야 할 것은 창세기 1장의 창조 이야기는 바빌론 포로 시기에 기록되었다는 사실이다. 창조 이야기가 비록 세상이 창조되었을 시초를 배경으로 하고 있지만, 이 이야기를 전승하고 기록한 시점이 바빌론에서 포로 생활을 하고 있던 시기였다는 사실은 무엇을 의미하는가? 이 이야기는 세상의 첫 시작에 대해 말하고 있지만, 이러한 표현의 기저에 놓여 있는 진정한 의도는 자신이 살고 있는 시대의 당면한 현실, 포로 생활

---

19 에누마 엘리쉬의 이야기는 이길용, 『고대 팔레스타인의 종교세계』(서울: 프리칭아카데미, 2008), 30-38에 재치 있게 요약되어 있다.

이라고 하는 삶의 위기와 관련되어 있는 것이 아닐까?

사실 창세기 1장 1절을 독립절로 볼 것이냐, 2절에 대한 종속절로 볼 것이냐의 문제도 있지만, 이런 미묘한 논의와는 별도로[20] 만약 우리가 창세기 1장의 창조 이야기를 이스라엘 신앙공동체가 당면한 삶의 위기 상황과 연관해서 이해한다면, 창세기 1장 1절의 "태초에"는 '아주 먼 옛날에'나 '단 한 번 있는 시초에'로 해석하기보다는 반복 가능한 '모든 시작 중의 첫 시작'으로 읽을 수 있다. 즉, '아주 먼 옛날에' 또는 글자 그대로 '태초에' 하나님은 하늘과 땅을 만드셨다는 의미로 읽을 수도 있겠지만, 하나님께서 하늘과 땅을 만드시기 '시작'하셨다는 뜻으로 읽을 수도 있다는 말이다. 달리 말하면 창세기 1장의 창조 이야기는 먼 옛날을 겨냥하기보다는 신앙공동체의 삶의 정황과 깊이 연관되어 있으며, 이렇게 볼 때 바로 지금 여기서 불가능한 시작을 가능케 하실 하나님의 창조의 '시작'을 고백하며 선언하고 있는 셈이다.

아우구스티누스는 시간의 본질을 물으면서 시간도 하나님의 피조물임을 고백한다. 우리는 하나님이 창조하신 그때가 '언제'인지를 물을 수 있을 것이다. 또 다르게 표현하면 하나님은 창조 '이전'에 '어디'에 계셨는지를 물을 수도 있다. 이에 대해 아우구스티누스를 비롯한 전통 신학은 창조 '이전'이란 것이 존재할 수 없다는 답변을 제시한다. 왜냐하면 시간도 하나님의 피조물이기에 하나님의 창조와 더불어 시간이 창조되었기 때문이다. 따라서 엄밀한 의미에서 창조 '이전'이란 존재하지 않는다. 마찬가지로 창조 이전의 '어디'라

---

20 남대극, "창세기 1장 1절의 번역과 의미," 「구약논단」 2 (1997): 7-23.

는 것도 존재할 수 없다. 공간도 하나님의 창조 행위의 결과이기 때문에 창조 '이전'에 하나님이 '어디' 계셨는지를 묻는 것은 이미 논리적 모순이다.[21]

하지만 우리는 여기서 성서의 창조 이야기를 형이상학적 논의의 관점에서가 아니라 신앙공동체의 삶의 위기와 연관해서 이해할 때, 창조의 '시점'을 형이상학적으로 영원과 시간의 관계 속에서 파악하기보다는 새로운 삶의 현실이 태동되는 시점으로 파악할 수 있다. 창조의 시점은 사변적으로 추론되어야 할 과거의 어느 시간이 아니라, 여기서 새롭게 개방될 창조적 현실의 '시작점'으로 경험될 수 있을 것이다.

2절은 하나님께서 세상 창조를 시작하기 전 세상이 어떠했는지를 묘사하고 있다. 하지만 이를 객관적인 세계에 대한 서술로 보거나 과학적 이론을 대체하는 것으로 이해해서는 안 된다. 여기에는 고대 신앙인들이 바라보는 삶에 대한 이해가 함축되어 있다. 고대 근동의 창조 신화들과 마찬가지로 창세기 1장의 창조 이야기도 홍수나 강의 위협처럼 농경사회에서 발생하는 자연적 순환의 위협을 전제하고 있다. 이들은 오늘날 우리의 관심사처럼 우주론적인 형이상학을 구성하고자 한 것이 아니라, 당시 생생하게 체험했던 삶의 위협들에 대한 대답을 제시하고자 한다.

2절의 "혼돈과 공허"(tohuwabohu), "흑암", "깊음"(tehum), "수면" 등은 고대 근동의 창조 신화에 등장하는 혼돈의 세력을 상징한

---

21 창조 '이전'과 창조 이전의 '공간'에 대한 형이상학적 논의에 대해서는 위르겐 몰트만/김균진 옮김, 『창조 안에 계신 하느님』(서울: 한국신학연구소, 1987), 제5장과 제6장을 참조.

다고 할 수 있다. 특히 혼돈과 공허의 땅은 삶에 위협하는 세계를 의미하며, 어둠은 위협적인 재앙의 힘을, 깊음으로 번역된 원시바다와 수면은 에누마 엘리쉬의 압수와 티아맛과 연관되는 카오스적 형태를 의미한다. 이러한 카오스의 세계는 하나님의 창조에 대항하는 세계이며, 하나님은 이러한 카오스의 세계로부터 조화와 질서의 세계를 창조하신다. 하나님은 빛을 창조함으로써 흑암을 물리치시며, 물의 경계를 정하시고, 물(바다)을 생명의 거주지로 바꿔놓으신다. 이로 인해 혼돈과 공허로 뒤덮였던 땅은 생명이 거주하는 집으로 변화하게 된다.[22]

이처럼 창조 이야기의 핵심은 생명의 창조에 있으며, 반생명적인 세계를 생명의 시공간으로 전환하는 하나님의 활동의 시작을 지시한다. 하나님의 창조 활동에 의해 생명이 거주할 수 있는 시공간이 창조된다. 그런데 이 시작은 저 태곳적 시간을 가리키기보다는 삶이 위협받고 있는 바로 지금 여기에서 일어난다.

창세기 1장에 기술된 하나님의 창조가 혼돈의 세력과의 투쟁을 전제로 하는 반면, 교의학적 전통에서는 '무로부터의 창조'(creatio ex nihilo)를 말해 왔다. 사실 '무로부터의 창조'를 성서 구절에서 직접적으로 증빙하기는 어렵다. 개신교에서는 외경으로 취급하는 마카베오 2서 7장 28절에서 그러한 언급을 찾아볼 수 있고 로마서 4장 17절도 이와 관련해서 해석할 수 있지만, 명확한 근거는 될 수 없다. 기독교 신앙의 전통은 오래전부터 무로부터의 창조를 고백해 왔다. 이러한 전통은 참으로 소중하고 오늘날에도 적절하고 유용하다. 무로부터의

---

22 Karl Löning/Erich Zenger, *Als Anfang schuf Gott* (1997), 30-31.

창조가 갖는 교의학적 중요성을 언급하자면 다음과 같다.

무로부터의 창조는 하나님의 창조 이전에는 그 무엇도 없었다는 사실을 말한다. 이는 하나님과 비등한 어떤 존재도 있을 수 없음을 뜻하면서 하나님만이 유일한 창조주이시며, 우주 만물의 창조주이심을 뜻한다. 만약 창조 이전에 무언가가 있었다고 한다면, 이는 하나님의 창조가 전체적이지 않고 부분적인 것이었음을 의미할 뿐 아니라, 창조 이전에 하나님으로부터 오지 않은 그 무엇이 존재한다는 것이며, 이는 세상에는 일치되지 않는 두 가지 근원적 원리가 있다는 이원론으로 귀결된다.

또한 무로부터의 창조는 세상 만물이 하나님에 의해서만 창조될 수 있으며, 창조주 하나님께 의존적이라는 사실을 말해준다. 세계는 하나님 없이 존재할 수 없다. 이에 반해 하나님은 세상으로부터 독립적이다. 하나님은 창조 이전에도, 세상이 없어도 존재하셨다. 무로부터의 창조를 부정하면, 하나님에 대한 세상의 전적인 의존성을 부정하게 된다. 즉, 무로부터의 창조를 부정하면 하나님 없이도 존재하는 것들이 있었다는 말이 된다. 이처럼 무로부터의 창조는 하나님의 유일성, 자유와 전능 및 주재권을 담지하고 있다.

하지만 무로부터의 창조를 형이상학적 전통의 제1원인과 밀착시켜 하나님의 창조를 인과율적으로만 이해하며,[23] 인과율적으로 이해된 제1원인을 성서의 하나님과 동일시할 수 있다는 점을 비판

---

23 레비나스에 따르면 "신학이 흔히 범하는 죄는 불가해한 수수께끼인 하느님의 창조를 마치 현상인 것처럼 원인과 결과 도식을 적용해 말하는 데 있다." "하나님은 원인과 결과 도식에 사용될 수 없는 분이다. 그분은 불가해하고 헤아릴 수 없는 분이다." 강영안, 『타인의 얼굴 — 레비나스의 철학』(서울: 문학과지성사, 2008), 270.

적으로 숙고한다면, 무로부터의 창조를 그저 형이상학과만 연관시키지 말고 삶의 현실 속에서 새롭게 해석하는 방식을 모색해야 하지 않을까?[24]

---

24 이에 대해서는 이 책의 12장 "창조와 삶의 신학"을 참조

2장
하나님과 세계와 인간

1. 창조와 사랑

비록 성서의 창조 이야기가 혼돈과의 투쟁의 모티브를 가지고 있다고 하더라도 여러 가지 면에서 고대 근동의 창조 신화들과는 다른 점이 있다. 무엇보다도 성서에는 신들의 전쟁도 묘사되지 않고, 세계가 신들로부터 유래했다고 말하지도 않는다. 다양한 고대 근동의 신들에게 신의 위치를 부여해 주지 않을 뿐 아니라 세계와 하나님 사이의 존재론적 연속성을 전제하지도 않는다. 하나님은 유일한 창조주이시며 우주 만물은 그의 피조물일 뿐이다.

창조 이야기에 반영되어 있는 하나님에 대한 신앙은 구약성서 전체에 나타난 이스라엘의 하나님 신앙과 상통한다. 자세히 살펴보면 구약성서는 다신론적인 배경을 전적으로 부정하진 않는다. 예컨대 하나님 신앙의 배타성을 강조하는 출애굽기 20장 3절의 말씀 "너는 나 외에는 다른 신들을 섬기지 말라"라는 명령도 '다른 신들'

을 이미 전제로 하고 있음을 알 수 있다. 또한 구약성서의 하나님 신앙의 차원은 오늘날 종교철학적 관점에서 논의할 수 있는 유일신론이냐 다신론이냐 하는 논쟁과는 다르다는 점도 기억해 둘 필요가 있다. 구약성서에서는 유일신론으로 다신론을 부정하려고 하지 않는다. 구약성서의 유일신 사상은 다른 신들의 부정에 그 목적을 두고 있는 것이 아니라, 야웨 하나님에 대한 전적인 순종과 집중에 그 목적을 두고 있다.[1]

어쨌든 구약성서의 배타적인 하나님 신앙은 다른 신들에게 창조주 하나님에게 버금가는 신적 지위를 부여하지 않는다. 더 나아가 궁극적으로 이스라엘의 하나님을 모든 신 중의 하나의 신이나 그들 중에서 가장 힘이 센 신으로 묘사하지도 않는다. 이스라엘의 하나님은 다른 신들과 비교의 대상이 되지 않으며 모든 신들의 심판자(시 82편)이며, 유일한 창조주 하나님이다(느 9:5 이하; 왕하 4:15; 사 43:10, 45:5-8, 18).

구약성서의 창조 신앙의 독특성은 신과 세계의 관계 속에서도 드러난다. 하나님과 세계는 존재론적으로 연결된 것이 아니라 오직 말씀을 통해서 관계한다. 하나님은 말씀을 통해 세계를 창조하셨다. 주도권이 전적으로 하나님 자신에게 있다. 하나님께서 뭔가 부족해서 세상을 창조한 것도 아니며, 세상에 의존된 존재도 아니다. 하나님은 자기 밖에 놓여 있는 그 무엇 때문에 세상을 창조한 것이

---

1 이에 대해서는 Frank Crüsemann, *Bewahrung der Freiheit. Das Thema des Dekalogs in sozialgeschichtlicher Perspektive* (Gütersloh: Kaiser, 2. Aufl., 1998), 42 이하 참조.

아니다. 만약 하나님께서 세상을 창조하신 이유를 말한다고 하면 그것은 오직 하나님 자신에게서 찾아야 할 것이다. 그렇다면 하나님은 왜 세상을 창조하셨을까?

개혁신학 전통은 하나님의 창조 행위를 하나님 자신의 의지, 곧 결의에 근거한 것으로 이해했지만, 신플라톤주의적 견해는 모든 피조물이 하나님의 창조적 근원에서 유출되어 나온다고 본다. 몰트만에 따르면 현대 신학에서 개혁신학 전통은 칼 바르트에 의해, 신플라톤주의적 유출설의 입장은 파울 틸리히를 통해 계승되었다.[2] 전자의 경우 하나님의 존재와 그분의 의지는 구분되지만, 하나님의 의지는 하나님의 존재에 상응한다. 하나님의 의지는 창조를 통해 자기 자신을, 곧 자신의 영광을 드러내시기로 결정한다. 따라서 창조는 하나님의 영광이 계시되는 하나님의 나라를 향해 있으며, 하나님 자신의 종말론적 계시를 그 목적으로 삼는다. 따라서 피조된 세계는 영광의 나라를 향한 지속적인 과정 속에 놓인다. 하나님의 결의에 의한 창조는 하나님의 절대적 자유를 옹호한다. 즉, 하나님은 창조를 결의하지 않을 수도 있었다. 더구나 바로 이러한 세상이 아닌 다른 세상을 창조할 수도 있었다. 하지만 하나님께서 바로 이 세상을 창조하신 것은 그분의 자유로운 주권에 속하며 동시에 은혜로운 결정이라는 것이다. 하지만 몰트만은 다음과 같이 비판한다. 하나님의 존재와 결의 사이를 구분하는 개혁신학 전통에는 결의 이전과 이후로 구분하게 되며, 결의 이전의 하나님의 존재와 결의 이후의 하나님의 존재 사이에 균열이 생겨날 수 있다. 즉, 창조 이전에

---

2 이하의 설명은 위르겐 몰트만/김균진 옮김, 『창조 안에 계신 하느님』, 104-112 참조.

하나님은 영광 가운데 스스로 만족하고 계셨으나 창조의 결의 이후 하나님은 십자가와 고난에 깊이 통감해야 하는 존재가 된다. 또한 창조에 대한 결의가 영원 전부터 있었다면, 하나님은 정말 자신의 내적 영광 안에서 스스로 만족하고 계셨을까?3

개혁신학 전통이 하나님의 의지에 의해 창조된 피조 세계를 주목했다면, 신플라톤적 유출설은 신적 존재의 생동감에 주목한다. 현대 신학자 틸리히에 따르면 하나님은 영원히 창조적이다. 여기서 하나님의 존재와 행위는 분리되지 않는다. 달리 말하면 하나님은 창조하는 하나님이다. 따라서 하나님은 창조를 결의하신 것이 아니라 언제나 창조주이시다. 이제 창조는 하나님에게 우연이나 필연이 아니라 하나님의 '운명'이다. 하나님은 창조 활동을 통해 세상을 창조할 뿐 아니라 자기 자신도 새롭게 드러낸다. 따라서 몰트만의 지적대로 "하나님은 영원히 자기 자신을 창조하신다"라는 문장은 틸리히에게 타당하다. 더 나아가 그는 이렇게 묻는다. "하나님이 세상을 창조하셨을 뿐 아니라 본질적으로 영원히 창조적이라면 도대체 안식이라는 것이 그에게 있을 수 있는가? 또한 하나님의 피조물과 하나님 자신의 창조가 깔끔하게 구분될 수도 없지 않겠는가?" 몰트만의 이 물음은 정당한 듯 보인다.4

몰트만은 하나님의 본질을 삼위일체적 사랑으로 파악하고, 하나님의 창조 행위는 내재적 삼위일체의 사랑의 풍성함에 근거한 것으로 이해한다.

---

3 앞의 책, 107.
4 앞의 책, 109-110.

하나님 안에 있는 의지와 본질의 통일은 **사랑의 개념으로 적합하게 파악될 수 있다: 하나님은 영원히 자기 자신인 그 사랑으로 세상을 사랑하신다.**[5]

몰트만과 같이 우리는 사랑이신 하나님께서 사랑의 풍성함 가운데서 세상을 창조하셨다고 고백할 수 있을 것이다. 하나님의 창조는 곧 하나님의 사랑이며, 피조 세계는 하나님의 창조적 사랑 안에 동참함으로써 창조의 궁극적 목적에 도달하게 될 것이다. 이처럼 성서의 창조는 그 주도권이 하나님에게 놓여 있다. 하나님이 세상을 사랑하셨고, 하나님이 세상을 창조하셨다. 하나님과 세상의 관계는 존재론적 연속성에서 찾을 것이 아니라 그분의 말씀과 사랑의 행위 속에서 찾아야 할 것이다. 따라서 구약성서의 하나님 신앙은 인간과 세계로부터 유추되는 모든 신상을 우상으로 심판한다(사 44:9-20, 21 이하).

성서가 보여주는 하나님과 세계의 관계가 존재론적 연속성에 근거하지 않고 하나님의 주도적인 사랑에 놓여 있다는 사실로 인해 세계의 신성화에 대한 모든 시도는 거부된다. 세계는 그 자체로 신성하지 않으며 신적인 속성을 지니지 않는다. 구약성서에서는 하나님 외에 다른 신을 숭배하지 말라고 하며, 하늘 위에 있는 것이나 땅 아래 있는 것이나 물속에 있는 것이나 어떤 것으로도 하나님의 형상을 만들지 말라고 한다(출 20:4). 이처럼 강력한 형상 금지 명령은 자연을 신성화하여 숭배하는 모든 종교적 행태에 대한 날카로운 비판을 담고 있다. 성서의 창조 신앙은 자연 만물에 신성이 깃들

---

5 앞의 책, 111(본문의 번역은 원문에서 직접 했음).

어 있다는 범신론적 사유도 거부하지만, 오늘날 팽배해 있는 물신(物神)숭배도 거부한다. 세상은 하나님의 몸도 아니며, 세상의 그 무엇도 인간이 숭상해야 할 대상이 아니다. 세상과 세상의 모든 것은 그저 하나님의 피조물일 뿐이다.

그렇다면 이처럼 자연과 하나님을 철저히 분리시키는 창조 신앙은 자연에 대한 인간의 착취를 옹호하거나 어머니로서의 대지(terra mater)를 인간이 마음대로 착취할 수 있는 재원(material)으로 간주하는 것을 용인하는 것은 아닌가?6

그렇지 않다. 오히려 하나님은 창조주로서 당신의 피조 세계를 사랑하시며 생명의 근원을 보호하신다. 인간에게 풍성한 양식을 허락하시지만, 그 한계를 설정하셔서 생명의 씨를 말려 죽지 않게 하신다(예: 창 2:16, 9:4-5). 하나님은 당신이 만드신 생명들이 풍성해지기를 원하신다. "땅은 푸른 움을 돋아나게 하여라. 씨를 맺는 식물과 씨 있는 열매를 맺는 나무가 그 종류대로 땅 위에서 돋아나게 하여라"(창 1:11). 또 하나님은 "물은 생물을 번성하게"(창 1:20) 하시며, 온 세상의 생명들이 생육하고 번성하여 생명의 터전에 충만하도록 하셨다(창 1:22). 하나님은 생명의 창조자이시며 또한 생명을 번성케 하시는 분으로 묘사되어 있다.

그뿐만 아니라 하나님은 피조 세계의 아픔을 자신의 아픔으로 받으시며, 인간의 범죄로 인해 피조 세계가 혼란에 빠질지라도 피

---

6 material이라는 단어 안에는 mater(어머니)라는 단어가 내재해 있음에 주목하자. 산업혁명 이후로 우리에게 어머니로서의 대지는 인간이 마음대로 처분할 수 있는 자원의 수준으로 이해되고 있다.

조 세계를 향한 사랑을 결코 포기하지 않으시겠다고 선언하신다(창 8:21-22). 노아 홍수의 이야기를 우리는 범죄한 인간에 대한 하나님의 심판으로만 이해할 것이 아니라, 인간의 범죄로 말미암아 썩고 무법천지가 된 세상에 대해 창조주 하나님께서 그럼에도 여전히 피조물을 향한 자신의 돌봄을 결코 포기하지 않으시겠다는 사랑의 다짐으로 읽어야 하지 않을까? 하나님은 피조 세계와 자신을 분리시키는 분이 아니라 마치 부모가 자식을 대하듯이 창조의 활동 안에서 자신을 세상과 결합시킨다.

플라톤적 이원론에서 현실 세계는 이데아의 모방에 불과한 그림자의 세계이지만, 성서에서는 하나님은 이 세상을 "좋다"고 긍정하셨다. 물론 하나님 없는 이 세상은 무의미하고 허무하지만, 하나님과 더불어 하나님 앞에서 이 세상은 긍정된다. 세상이 아무런 신성을 품고 있지 않다고 하더라도 성서는 하나님과의 관계 속에서 세상과 세상적 삶을 긍정한다. 창조 신앙은 세상을 등지고 세상으로부터 도피하라고 말하지 않는다. 오히려 "생육하고 번성하여 땅에 충만하라"라고 말한다. 창조의 세상은 하나님이 주신 축복의 선물이다.

2. 하나님의 형상인 인간

일반적으로 창세기 2장 4절 하반절("주 하나님이 땅과 하늘을 만드실 때에")에서 3장 24절까지의 창조 기사는 J문서('야위스트 문서'라고 하며, 신명[神名]으로 엘로힘이 아니라 야웨가 사용된다)라고 하며, 창세기 1장 1절에서 2장 4절 상반절(하늘과 땅을 창조하실 때의 일은 이러하였다)까지 이어지는 P문서와 구분한다. 창세기 2-3장의 창조 이야기는 다윗-솔로몬 왕조(주전 10/9세기) 때 형성된 것으로 추정한다.

창세기 2장의 창조 순서는 창세기 1장과는 다르다. 2장에 기록되어 있는 창조의 두 번째 이야기에 따르면 나무나 풀이 자라나기 이전에 마침 온 땅이 물에 적셔 있을 때 하나님께서 인간을 창조하신다(2:5-6). 그리고 인간이 창조된 이후에 나무가 자라나고 동산이 만들어진다(2:8-9). 인간은 흙으로 만들어지고 생명의 기운을 하나님이 불어넣어 생명체(nefesh haya)가 된다.

인간과 마찬가지로 동물들도 땅의 흙으로 만들어진다. 인간과 동물이 흙으로 만들어졌다는 것은 이들이 함께 자연에 속한 것으로 이해될 수 있다. 즉, 식물과 동물 그리고 인간은 모두 흙을 기반으로 삼고 있으며, 하나님의 동산 에덴의 구성원으로 친밀한 관계에 놓이게 된다. 아담은 동물의 이름을 붙여주며(19절), 동산을 맡아서 돌보게 된다(15절).[7] 인간은 자연의 지배자가 아니라 자연과 더불어 살아가는 동료 피조물이며, 자연을 돌보는 책임을 맡았다고 할 수 있다.[8]

하나님은 남자를 돕는 자가 없어 여자를 만드신다(20절). 여기

---

7 2:15을 개역한글판은 "여호와 하나님이 그 사람을 이끌어 에덴 동산에 두사 그것을 다스리며 지키게 하시고"로 번역했고, 개역개정판은 "여호와 하나님이 그 사람을 이끌어 에덴 동산에 두어 그것을 경작하며 지키게 하시고"로, 그리고 표준새번역 개정판은 "주 하나님이 사람을 데려다가 에덴 동산에 두시고, 그곳을 맡아서 돌보게 하셨다"로 번역했다(필자 강조).

8 강사문, 『구약의 자연 이해』(서울: 대한기독교서회, 2005), 67-85.

서 돕는 자는 남성의 여성에 대한 지배를 뜻하는 단어가 아니다. 즉, 남성이 지배하고 여성이 도와주는 보조 역할을 한다는 의미가 아니다. 돕는 자는 서로를 도와주는 짝의 개념으로 이해되어야 하며, 두 인격체지만 한 몸을 이루는 관계를 의미한다. 더구나 여자를 아담의 몸의 한 부분으로 만들었다는 것은 여자가 남자의 부속품이라는 통속적인 이해와는 달리 인격적 동등성을 의미하는 것이다. 이는 여자에 대한 남자의 고백에서도 분명히 나타난다. "이는 내 뼈 중에 뼈요 살 중에 살이로다"(23절).

그런데 성서는 인간이 하나님의 형상으로 창조되었다고 말한다. 그렇다면 하나님의 '형상'은 무엇인가? 출애굽기 20장에 의하면 인간은 세상 그 무엇의 형상으로도 하나님을 형상화하지 못하게 되어 있다. 하나님의 형상대로 인간을 창조하신 하나님과 형상 금지 명령을 내리신 하나님 사이에는 어떤 모순이 존재하는 것이 아닐까? 하나님의 형상은 도대체 무엇을 의미하는 것일까? 인간의 외형이 하나님을 닮았다는 것일까? 아니면 인간이 어떤 신적 능력을 가졌다는 것일까? 인간은 이 땅에서 하나님을 대신해 주인 노릇을 해야 한다는 뜻일까?

인간을 하나님의 형상으로 만드시는 본문은 자연에 대한 인간의 관계를 규정하는 구절을 포함하고 있다. 성서는 인간에게 "생육하고 번성하여 땅에 충만하라. 땅을 정복하라. 바다의 고기와 공중의 새와 땅 위에 살아 움직이는 모든 생물을 다스려라"(창 1:28)라고 말한다. 이 구절은 자연에 대한 개발과 착취를 정당화하는 성경 구절로 언급되어도 좋은가? 자연에 대한 인간의 우위를 언급하는 것으로 이해할 수 있는가? 자연과 인간의 관계에서 인간은 자연의 지배자로, 자연의 정복자로 언급하고 있는 것이 아닌가? 그렇다면 산업혁명 이후에 자연을 파괴하여 온 인간중심주의에 대해 성서는 긍정할 뿐 아니라 이것을 가능케 하는 정신적 토대를 마련해 주지 않았는가? 자연의 신성화를 전제하지 않았던 구약성서의 독특한 창조 신앙을 여기에 덧붙인다면, 이 구절은 자연에 대한 근대적 의미의 정복과 지배를 정당화해 주는 구절로 볼 수 있지 않을까? 그렇다면 하나님의 형상은 신의 대리자로서 이 세상에 대한 인간의 통치권을 의미하는가? 그리고 이러한 통치권은 파괴적이고 부정적인 의미로 파악되어야 하는가?

먼저 우리는 하나님의 형상이 특별한 인간에게만 귀속되지 않았다는 사실을 주목해 보아야 한다. 그리고 성서는 인간의 어떤 속성만을 하나님의 형상이라고 말하지도 않는다. 오히려 성서는 인간 자체를 하나님의 형상이라고 한다.

구약학자 쳉어(E. Zenger)는 창세기 1장 26-27절의 번역을 중요하게 본다. 그에 따르면 하나님의 형상을 "본따서"(nach), 하나님을 닮은 인간이 창조된 것이 아니라 인간의 외형적 모습이나 특징과는 상관없이 하나님께서 인간을 자신의 형상"으로"(als) 창조하셨다. 이는 하나님과 인간 사이의 독특한 관계를 의미하며, 쳉어와 마찬가지로 오늘날 대다수의 성서학자는 하나님의 형상 개념에는 "하나님이 원하셨던, 다른 생명체와 땅 전체에 대한 인간의 관계"가 표현되고 있다고 본다. 따라서 인간이 하나님의 형상이라고 할 때, 동물에겐 없고 인간에게만 부여된 어떤 신적 유사성을 여기에서 찾아내려는 노력은 타당하지 않으며, 여자와는 구분되는 남성의 특권과 자질을 말하는 것도 타당하지가 않다.9

고대 근동이나 고대 이집트에서는 신의 형상들은 신적 생명력을 상징한다. 이러한 전통에 따라 성서에서 인간을 하나님의 형상이라고 말할 때는 인간이 이 땅에서 창조주 하나님의 신적 생명력을 상징하는 살아있는 형상임을 암시한다고 볼 수도 있다. 하지만 구약성서에서는 형상 금지 명령과 함께 하나님의 신적 비밀이 어떤 형상으로 표현될 수 있다는 사실을 거부한다. 즉, 신적 비밀이 인간안에 내재해 있거나 인간을 통해 신적 비밀이 대신 드러나는 식으로 이해될 수는 없다. 더구나 하나님의 형상은 인간의 속성에 대한 형이상학적 개념으로 이해될 것이 아니다.

전통적으로 기독교 신학에서는 하나님의 형상을 인간이 가진 어떤 능력이나 특성에서 파악하려고 했다. 예를 들면 인간의 이성이나 언어능력, 책임감, 도구 사용의 능력 등을 하나님의 형상으로 이해되었다. 이런 인간중심주의적 하나님 형상 이해는 인간과 동물, 인간과 자연 사이의 차별성을 전제로 하고 있을 뿐 아니라, 자연 세계에 대한 인간의 우월성과 자의적 통치 가능성을 암암리에 전제하며, 하나님의 형상을 "인간에게 주어진 신적 유사성", "다른 피조물을 다스리는, 본래의 저항 받지 않는 지배력"으로 이해했다.10

---

9 Karl Löning/Erich Zenger, *Als Anfang schuf Gott* (1997), 146-148참조, 146-147 인용.

10 하인리히 헤페/이정석 옮김,『개혁파정통교의학』(고양: 크리스챤다이제스트, 2011), 345, 346; 이러한 경향은 현대신학에서도 다소 변형된 형태로 계속 된다. Walter Neidhart/ Heinrich Ott, *Krone der Schöpfung? Humanwissenschaft und Theologie* (Stuttgart: Kreuz Verlag, 1977), 23: 인간의 인격성을 중시했던 하인리히 오트도 하나님

우리는 하나님의 형상을 인간의 속성으로 이해하기보다는 하나님과의 관계 안에서 파악하고자 한다. 인간이 자신을 하나님의 형상이라고 한 것이 아니라 하나님께서 인간에 대해 '하나님의 형상'이라고 하셨다는 사실(창 1:25-26)을 주목하고자 한다. 마치 아담이 자신의 형상과 같은 자녀를 생산하듯이(창 5:3), 하나님은 인간을 자신의 형상으로 창조하셨다. 이것은 물론 외형의 닮음을 뜻하지 않는다. 자녀에게서 자신의 형상을 보는 것은 사랑을 전제로 한다. 마찬가지로 하나님은 인간을 향한 무한한 사랑 안에서 자신의 형상을 보신다. 하나님과 인간의 닮은 점을 비교할 수 있는 제3자는 존재하지 않는다. 오직 인간을 향한 하나님의 애정 어린 관계 안에서 하나님은 인간을 자신의 형상으로 보신다. 하나님은 인간에게서 자신의 형상을 보시기를 원하시며, 인간의 전인격과 활동이 하나님 자신에게 상응하기를 원하신다. 이런 점에서 하나님은 인간의 창조와 더불어 소위 '땅의 통치'(dominium terrae)를 말씀하신다.

하지만 앞서 말하자면 여기서 "생육하고 번성하여 땅에 충만하라. 땅을 정복하라"고 하신 말씀은 피조 세계에 대한 자의적이고 파괴적인 정복과 착취와는 거리가 멀다. 하나님의 형상인 인간의 땅의 통치는 하나님 자신의 창조를 닮아 있기 때문이다. 하나님의 창조가 혼돈을 정리하여 질서를 부여하여 생명체의 충만을 가능케 했다면, 인간의 땅의 통치도 생명의 풍성을 위한 창조의 협력과 무관할 수 없다. 하나님께서 창조를 통해 생명이 풍성한 공간을 만드셨

의 형상을 인간 본질에 대한 규정으로 이해하고, 이를 책임성, 의미에 대한 질문, 언어성의 측면에서 파악한다.

듯이 하나님의 형상인 인간도 자신과 생물체들이 거주해야 하는 땅의 통치를 통해 이 땅을 생명이 충만한 공간으로 가꾸어 나가야 한다.

고대 근동에서는 왕만을 신의 형상으로, 신의 대리자로 지칭된 것과는 대조적으로 성서는 모든 인간이 하나님의 형상으로 창조되었다고 한다. 그렇다면 고대 근동에서 왕에게만 부여되었던 특정한 권한을 성서는 하나님의 피조물인 모든 인간에게 부여한 것으로 이해할 수 있다.[11] 또한 고대의 왕들은 자신들이 정복한 곳에 자신의 흉상을 세워 둠으로써 그 지역에 대한 자신의 통치권을 드러냈다. 성서에서도 하나님의 형상인 인간의 창조와 다스림이라는 주제가 연결되고 있는 것을 볼 수 있다(창 1:26). 이어지는 구절에서 '다스리다'(rādāh)와 더불어 '정복하다'(kābasch)가 추가된다(창 1:28). 하나님의 형상은 왕과 같은 특정 계층에만 국한된 것도 아니며, 남자에게 한정된 것도 아니다. 남자와 여자, 인간 전체가 곧 하나님의 형상이다(창 5:1-2).[12] 그리고 그들에게 땅의 통치권, 곧 땅을 왕처럼 '정복'하고 '다스려라'라는 명령이 주어진다.

그동안 땅의 통치는 정복과 착취, 파괴의 의미로 오해를 받아 왔다. 실제로 정복(kābasch)이라는 단어는 성서 속에서 부정적인 의미로 사용되고 있다. 예컨대 전쟁을 통한 정복, 거주민을 노예로 삼는 행위, 여성에 대한 폭력의 의미를 내포하고 있다(민 32:22; 수

---

11 강성열,『고대 근동 세계와 이스라엘 종교』(2003), 90-91.
12 하나님의 창조와 관련해서 남자와 여자의 차별을 말한다는 것은 난센스다. 신약성서에서도 그리스도 안에서 새롭게 태어난 자들에게는 남자나 여자의 차별이 없으며, 종이나 자유인, 유대인과 그리스인의 차별도 존재할 수 없다고 말한다(갈 3:26 이하). 그렇다면 성직과 관련해서 여성에 대한 차별은 도대체 어디에 근거한 것일까?

18:1; 삼하 8:11; 느 5:5; 대하 28:10; 렘 24:11, 16; 에 7:8).[13] 또한 '정복'이라는 단어는 고대 근동과 성서 내에서 '무엇 위에 발을 두다'는 의미를 가진다. 즉, 왕이 자신의 적들을 굴복시킨다는 의미로 사용되며, 자신의 발아래 놓인 백성들에 대한 통치권을 지시한다.[14] '다스림'은 성서 속에서 어떤 저항도 없는 한없는 지배를 의미한다고 보는 견해도 있다.[15] 그렇다면 하나님의 형상인 인간은 하나님의 피조 세계를 마음대로 개발하고 착취해도 괜찮다는 의미일까?

구약학자 쳉어(E. Zenger)에 따르면 '다스리다'(rādāh)는 단어도 1) 구약성서 내에서도 억압적인 의미로 사용되었기 때문에 폭력(레 25:43, 46, 53) 또는 분노(사 14:6)라는 단어가 덧붙여지기도 하지만, 창세기 1장 26절과 28절에는 이런 단어들이 첨가되지 않았으며, 문맥상으로도 폭력적인 의미로 읽을 필요가 없다. 2) 또한 rādāh(다스리다)는 아카디아어 redū와 언어사적으로 연결되어 있는데, redū는 '조정하다', '이끌다', '명령하다'로 번역될 수 있다. 신(新)앗시리아왕조의 문서에서는 태양신의 능력으로 왕은 자신의 영토와 생명체들을 공의와 정의로 이끌어야 했다. 이를 위해 그는 권한과 힘을 지녔지만, 이것은 파괴적이고 폭력적인 통치와는 다른 의미였다. 창세기의 본문도 이런 의미로 이 단어를 사용하고 있다. 3) 또한 창세기 1장 26절과 28절에는 단순히 생물들의 다양성만을 언급하고 있는 것이 아니라 이들의 거주지를 바다, 하늘, 땅으로 분

---

13 김균진, 『생태학의 위기와 신학』 (서울: 대한기독교서회, 1991), 102.
14 Karl Löning/Erich Zenger, *Als Anfang schuf Gott*(1997), 149.
15 앞의 책, 152. 여기서는 W. H. Schmidt, *Die Schöpfungsgeschichte der Priesterschrift* (WMAT 17), Neukirchen 3. Aufl., 1973, 174를 인용한다.

류해 놓고 있다. 이런 점에서 다스림은 특정한 통치 행위를 뜻하기보다는 "인간의 보편적인 질서유지의 기능"(B. Janowski)을 서술하고 있다고 보아야 한다. 4) 따라서 다스림의 위임은 하나님처럼 생명체들의 공간을 돌보고 보호하고 정돈하는 일에 대한 책임이 창조주 하나님의 대리자로서 인간에게 주어졌음을 의미한다. 이런 점에서 하나님의 형상인 인간은 창조주 하나님의 생명체를 돌보는 '목동'의 역할을 수행한다고 할 수 있다.[16]

우리는 하나님의 형상과 '정복'과 '다스림'의 두 단어를 분리시키지 않고 함께 이해하고자 한다. 하나님의 형상은 전통적으로 교의학에서 생각했던 인간의 이성, 언어, 책임성, 영혼 등으로 이해할 것이 아니라 하나님과 인간 사이의 관계를 의미하는 말로 이해해야 한다. 고대 근동에서 왕이 신의 형상으로서 신의 뜻을 대리했듯이 대리한다는 것이 대체한다는 뜻이 아니라면 하나님의 형상인 인간은 이 세상에서 하나님의 뜻을 대리하는 자로, 하나님과의 관계 속에 있는 자로 이해되어야 한다.

특히 이러한 관계성은 인간 자신이 자신에게 부여한 것이 아니라 하나님이 인간을 바라볼 때 주어진 관계성이라는 사실도 주목해야 할 것이다. 즉, 하나님의 형상이 우리가 소유하고 있는 우리 안의 어떤 특성을 의미하는 것이 아니라면, 하나님의 형상은 또한 우리가 자신을 보면서 스스로를 신의 대리자로 내세울 수 있다는 것을 의미하는 것도 아니다. 오히려 하나님께서 인간을 자신의 형상으로서, 이 땅에서 하나님의 뜻을 대리하는 자로 세우셨다는 의미이다.

---

16 Karl Löning/Erich Zenger, *Als Anfang schuf Gott* (1997), 149-155.

그렇다면 하나님의 형상인 인간의 땅에 대한 통치(dominum ter-rae)는 정복과 착취가 아니라 자신이 만드신 세상에 대한 창조주 하나님의 뜻과 연결해서 이해되어야 할 것이다. 창조주 하나님의 창조 사역이 혼돈과의 투쟁, 조화와 질서의 창조로 이해될 수 있다면, 하나님의 형상인 인간에게 부여된 땅의 통치도 이와 동일한 방식으로 이해되어야 한다.

하나님께서 인간에게 생명체들이 거주할 수 있는 집을 건설하라는 임무를 맡기심으로써 하나님은 인간이 비록 자연 세계와 동일한 피조물이지만, 동시에 창조의 동역자로서의 역할을 하도록 허락하셨다. 인간은 피조 세계와의 관계에서는 공동피조물이지만, 하나님과의 관계에서는 창조의 동역자로 서게 된다. 하지만 창조의 동역자로서의 역할은 인간이 창조 세계를 자기 마음대로 할 수 있다는 식의 특권이 아니라 하나님의 창조를 유지하고 보존하는 일에 해당되며, 생명체 전체를 위한 사역을 뜻한다. 생명을 위협하는 세력에 대해 인간은 하나님의 창조의 동역자로서 생명체를 보호하고 돌보는 일을 해야 한다.

따라서 인간을 창조의 동역자라고 할 때, 이것은 인간을 자연 위에 드높이는 개념으로 이해해서는 안 된다. 인간이 하나님처럼 무엇인가를 새롭게 창조할 수 있다는 의미로 이해되어서도 안 된다. 생명의 보존과 증가를 위해 창조 세계를 섬기는 직책을 의미할 뿐이다. 인간은 창조 세계에 하나님의 통치를 중재하여 모든 피조물이 조화와 질서 안에서 각각의 다양성을 풍성히 가질 수 있는 창조의 완성을 향한 도우미 역할을 해야 한다.[17]

하나님의 형상인 인간에게 주어진 다스림, 정복으로 번역된 단어들은 하나님께서 혼돈의 세력을 묶으시고 질서와 조화의 우주를 추동하셨듯이 인간도 황무지처럼 버려진 땅을 개간하여 혼돈과 무질서를 정복하고 생명이 움트고 살아갈 수 있는 장소로 가꾸라는 의미로 이해되어야 한다. 정복하고 다스리라는 명령을 인간'에게' 주셨지만, 인간을 '위해' 정복하고 다스리라는 명령은 아니다. 다스림과 정복은 우리 인간만을 위해서가 아니라 생명 세계 전체를 위해 인간에게 주어진 자연 돌봄과 섬김의 명령이다.

하나님께서 인간을 피조물 중에서 창조의 동역자로 부르셨다면, 하나님은 피조된 세상을 홀로 만들어 가시는 것이 아니다. 하나님은 창조된 피조 세계의 생성과 변화와 더불어 그리고 하나님의 창조 행위에 상응하는 인간의 창조 행위를 통해서 피조 세계를 다스리신다. 이제 하나님의 창조는 소위 태초의 창조(creatio orignalis)를 넘어 계속되는 창조(creatio continua)와 새 창조(creatio nova)를 포괄하는 것으로 이해되어야 한다.

---

17 버나드 W. 앤더슨/최종진 옮김,『구약신학』(서울: 한들출판사, 2012), 161-163: "이런 관점에서 보면 아담은 임의로 폭력적으로 이 땅을 마음대로 다스리는 자율적인 존재가 아니다. 이와는 반대로 인간의 지배는 이 땅에 대한 하나님의 지배가 땅을 돌보고 공의를 수행하는 데 있어 드러나도록 지혜롭고 자비롭게 수행되어야만 한다"(163).

3장
과학과 종교의 대화 가능성

1. 논쟁과 대화의 약사

흔히들 오늘날 창조 신앙에 가장 큰 도전은 자연과학으로부터 주어진다고 생각한다. 하지만 19세기 이후로 확연하게 불거진 종교와 과학의 갈등과 대립은 다소 과장된 점이 없지 않다. 서구에서는 드레이퍼(John William Draper)가 쓴 『종교와 과학 사이의 갈등사』(*History of the Conflict between Religion and Science*, 1874)와 화이트(Andrew Dickson White)의 『기독교 시대의 신학과 과학의 전쟁사』(*A History of the Warfare of Science with Theology in Christendom*, 1896)로 인해 종교와 과학은 불구대천의 원수지간이라는 이미지가 굳어지게 되었다고 한다. 하지만 과학과 종교가 서로 적대적이라는 생각은 실제 역사를 주목해 볼 때 잘못된 편견이나 고정관념에 지나지 않으며, 실제로 양자는 역사 속에서 굉장히 다양하고 폭넓은 관계를 설정해 왔다.[1]

실제 서구의 역사를 들여다보면 초대교회의 교부들은 오늘날의 의미에서 자연과학에 관심을 가진 것은 아니지만, 당시의 그리스의 과학 지식을 보존하고 전달하는 데 기여했다고 볼 수 있다. 불합리하기 때문에 믿는다고 주장한 것으로 유명한 터툴리아누스(155~230)의 경우에도 신의 의도가 이성을 통해 이해되어야 한다는 사실을 분명히 했으며, 아우구스티누스(354~430)는 비록 진리를 이성보다는 신앙에 의해 파악해야 한다고 강조했음에도 신앙은 이해를 추구해야 한다고 주장했다.

초기의 교부들은 아리스토텔레스의 철학보다는 플라톤 철학을 선호했지만, 13세기 이후로 점차로 기독교 신학은 아리스토텔레스의 자연철학을 도입하였고, 그의 기본적인 형이상학적 개념들과 우주론을 수용하였다.[2] 또한 중세의 많은 학자가 자연과학을 마술적인 것으로 생각하고 있을 때, 기독교는 이미 과학을 중시했을 뿐 아니라 자연에 대한 연구를 통해 하나님께 영광을 돌리려 했다는 사실을 알 수 있다.[3] 비록 기독교와 당대의 과학이 간혹 갈등을 빚을 때가 있다고 하더라도 이것이 교회사나 과학사 전체를 지배하지는 않았다.

중세를 지배하고 있었던 아리스토텔레스의 자연철학에 기반을 둔 우주론은 지구를 중심으로 우주의 천체들이 원운동을 하고 있다고 보았다. 천상계와 지상계를 구분하여 지상계는 불완전하며 변화

---

1 이에 대해서는 데이비드 린드버그·로널드 넘버스 엮음/이정배·박우석 옮김,『신과 자연. 기독교와 과학, 그 만남의 역사』(서울: 이화여자대학교 출판부, 1998)를 참조.
2 앞의 책, 33.
3 앞의 책, 22.

무쌍한 반면, 천상계는 영원하고 완전하며 등속으로 원운동을 한다고 보았다. 하지만 코페르니쿠스는『천구의 회전에 관하여』(1543)에서 기존의 지구 중심설 대신에 태양 중심의 우주론을 주장하면서 기존의 우주론을 완전히 대체하는 새로운 패러다임을 제시했다. 그는 신학과 천문학, 교회법을 공부했고, 후에 의학 공부도 하게 된다. 성직자의 길을 가면서 주교의 비서와 주치의로 일했고, 부활절과 같은 교회의 축일을 정확하게 계산하고자 노력했다. 그의 지동설은 이러한 노력의 결실이었다. 그는 기존의 주전원과 이심 없이도 행성의 역행 운동을 설명할 수 있는 지동설이 태양 중심의 모델보다 우주의 비례와 조화에 더 적합하다고 보았다. 하지만 그의 주장은 교회로부터 지지를 받지 못했다. 비텐베르크의 루터교 대학에 소속된 천문학자들은 새롭게 제기된 태양중심설을 거부하기 시작했다.

신학과 철학뿐 아니라 수학과 천문학을 공부해서 22살에 그라츠 대학의 교수가 된 케플러(1571~1630)는 코페르니쿠스의 이론을 지지하며 태양 주위를 도는 행성의 운동에 관한 몇 가지 법칙들을 첨가한다. 그는 태양 주위의 행성이 원운동이 아니라 타원궤도를 그린다는 사실과 등속운동이 아니라 부등속운동을 하며, 태양에서 행성까지의 평균 거리의 세제곱이 주기의 제곱에 비례한다는 것을 밝혀낸다.

이후 갈릴레이는 자신이 발명한 망원경을 통해 달의 울퉁불퉁한 표면과 태양의 흑점을 관찰함으로써 아리스토텔레스에 의해 주장되었던 완전한 천상계라는 관념에 이의를 제기한다. 또한 목성 주변을 회전하는 달들을 발견하였고, 코페르니쿠스의 주장처럼 태양을 중심으로 지구가 회전한다는 사실을 지지한다. 그는 『두 개의 주요한 세계 체계에 관한 대화』(1632)에서 코페르니쿠스의 우주론을 대표하는 살비아티와 아리스토텔레스의 우주론을 옹호하는 심플리치오 그리고 두 사람 사이를 중재하면서 은근히 살비아티를 지지하는 베네치아의 귀족 사그라도를 등장시켜 이들의 대화를 통해 코페르니쿠스의 우주론을 지지한다. 이미 1616년 제1차 종교재판에서 경고를 받았던 갈릴레이는 이 책으로 인해 1633년 교황 우르바노 8세에 의해 유죄선고를 받고 종신 가택 연금형을 받는다. 이로 인한 충격인지 아니면 태양을 망원경으로 관측한 것 때문인지 노년의 갈릴레이는 오른쪽 눈의 시력을 잃는다. 하지만 그는 다시 1638년 『두 가지 새로운 과학에 관한 수학적 증명과 논증』이라는 책을 가톨릭교회의 금서령이 미치지 않는 네덜란드 암스테르담에서 출간하였지만, 이 책이 자신의 손에 있을 때 그는 이미 두 눈의 시력을 모두 잃었다고 한다.

갈릴레오 갈릴레이(1564~1642)와 가톨릭교회의 논쟁은 과학과 종교 간의 관계를 대결과 갈등 구조로 이해하게끔 하는 선례가 되었다. 비록 종교개혁의 도전으로 경직되었던 가톨릭교회가 문자주의의 입장에서 갈릴레이의 우주론을 배척하고 그를 종교재판에 회부했지만, 이 사건을 단순히 과학과 종교의 갈등으로만 이해하기에는 보다 복잡한 상황들이 놓여 있다. 갈릴레이 재판에는 아리스토텔레스의 우주론에 입각한 기존의 과학과 코페르니쿠스의 우주론을 지지하는 새로운 과학 사이의 갈등, 성서와 우주에 대한 기존의 종교적 해석과 새로운 종교적 해석 사이의 갈등이 놓여 있다. 갈릴레이를 조롱하며 "갈릴리 사람들아 어찌하여 서서 하늘만 쳐다보느냐"라고 성서를 인용하며 비꼬는 도미니크 수도회의 카치니 같은 이들도 있었지만, 다른 한편 카스텔리, 브루노처럼 성서 해석의 자유를 외치며 새로운 우주론을 지지하는 이들도 있다. 갈릴레이는 종교와 신앙을 등지고 자신의 우주론을 전개하지 않았다. 그는 성서의 목적이 하늘 가는 길을 가르쳐 준다면, 과학의 목적은 하늘의 운행을 알려 주는 것이라고 하면서 성서와 자연을 하나님이 주신 두 책으로 이해했다.[4]

갈릴레이 이후 17세기에 아이작 뉴턴(1642~1727)에 의해 천상계와 지상계의 구분은 무의미하다는 사실이 밝혀졌다. 뉴턴이 『프린키피아』(1687)를 통해 제시한 힘의 원리들은 지상에서나 천상, 그 어디에서나 보편적인 힘의 원리로 작용한다. 프랑스의 라플라스는 하나님이라는 가설 없이도 세계를 설명할 수 있다고 주장한 반면, 뉴턴을 비롯한 과학자들은 세계를 기계론적인 법칙 아래에서 이해했지만 여전히 신의 존재와 창조를 믿고 있었다. 이들 중 어떤 이들은 신이 세계라는 시계를 완벽하게 창조한 후에 더 이상 간섭하지 않는 시계공(watchmaker)과 같다고 생각했다. 소위 이신론

---

4 이는 갈릴레이가 1613년 자신의 옛 제자 베네데토 카스텔리에게 보낸 편지에 등장한다. 갈릴레이에 따르면 자연의 책과 성서의 책 모두가 하나님의 말씀에서 나온 것으로, 성서는 성령의 부으심이며, 자연은 하나님의 명령에 대한 순종적 수행자이다. 인간의 구원을 위해 기록된 성서의 진리는 문자적으로 이해되어서는 안 되고 해석의 영역이 남아 있는 반면, 자연은 있는 그대로 취급되어야 한다. 따라서 성서의 문자적 의미에 집착하여 성성의 메시지를 자연현상의 설명에 대립시켜서는 안 된다. Rochus Leonhardt, *Grundinformation Dogmatik* (Göttingen: Vandenhoeck & Ruprecht, 4. Aufl., 2009), 243-244.

자들이라고 불리는 이들의 우주론이 반(反)종교적이지는 않지만,
엄밀한 의미에서 성서적이라고 말하기도 어렵다.

지금까지의 종교와 과학의 관계는 단순히 대립이나 갈등으로만
이해될 수는 없다. 하지만 19세기 찰스 다윈(1809~1882)이『종의
기원』(1859)을 통해 종의 다양성과 변이를 자연선택이라는 메커니
즘을 통해 설명하게 되자 종교와 과학의 대립은 극에 달했고, 전승
된 내용이 정확한 사실인지는 모르나 어쨌든 널리 구전된 윌버포스
와 헉슬리의 논쟁은 이런 점에서 이목을 끌었다. 20세기 들어 미국
의 근본주의자들은 진화론을 반성서적이며 반종교적인 것으로 이
해해 전면적으로 거부하지만, 다른 한편 자연의 세계와 신앙의 세
계 사이의 분리를 주장하는 신정통주의를 비롯하여 창조 신앙과 진
화론의 양립 가능성 내지는 포용과 대화를 추진하는 신학 노선까지
다양한 관계 설정이 등장했다.5 하지만 교회가 다윈의 진화론을 모
두 반대하고 나선 것은 아니다. 다윈의 진화론을 신학적으로 이해
하여 "원수로 변장한 친구의 작업"이라고 여긴 이도 있다.6 이와 같
이 오늘날에도 적지 않은 신학자들이 또한 진화를 신이 세상을 창
조하는 방법으로 수용하고 있다.

---

5 데이비드 린드버그, 로널드 넘버스 엮음/이정배 · 박우석 옮김, 『신과 자연. 기독교와 과학,
  그 만남의 역사』, 33-38.

6 John Polkinghorne, *Faith, Science & Understanding* (New Heaven: Yale
  University Press, 2000), 197에서 재인용. 폴킹혼에 따르면 성공회 신학자인 Charles
  Kingsley, Aubrey Moore, Frederick Temple은 진화론을 환영했다. 본문의 인용은
  Moore가 쓴 *Lux Mundi* (1889)에 나오는 말이다.

2. 이안 바버의 모델

간략한 통시적 고찰을 넘어 과학과 종교의 관계를 유형별로 소개할 때 이안 바버(Ian G. Barbour)의 선구적 연구가 도움이 된다. 바버는 종교와 과학의 관계유형을 갈등, 독립, 대화 그리고 통합의 네 가지 모델로 요약했다.7 아래에서는 이안 바버의 관계 유형을 간단히 소개한다.

이안 바버는 갈등이론의 첫 번째 예로 1633년에 있었던 갈릴레오의 재판을 언급하며, 두 번째 갈등의 예로 19세기에 있었던 다윈이론을 둘러싼 논쟁을 언급한다.8 하지만 실제로 갈릴레오의 재판은 우리가 상식적으로 알고 있는 종교와 과학의 대표적인 갈등과는 다른 면모를 지니고 있다.9 물론 표면적으로는 교권주의자들과 갈릴레오의 대결로 이해될 수 있다. 하지만 당대의 과학자들도 갈릴레오의 이론을 순순히 받아들이지 못했다. 왜냐하면 당대의 지배적인 사상의 근간은 아리스토텔레스의 철학이었고, 아리스토텔레스의 철학에 따르면 지구가 우주의 중심이어야 했기 때문이다. 따라서 갈릴레오의 새로운 과학 이론은 당대의 종교계와의 갈등 이전에 기존의 과학 이론과의 갈등이었다. 더 나아가 갈릴레오는 자신의 이론을 통해 신앙을 비판하고자 했던 것도 아니다. 오히려 갈릴레

---

7 이안 바버/이철우 옮김, 『과학이 종교를 만날 때』(서울: 김영사, 2002).
8 앞의 책, 28-29.
9 이에 대해서는 데이비드 린드버그, 로널드 넘버스 엮음/이정배 · 박우석 옮김, 앞의 책, 161-191; 로널드 넘버스 엮음/김정은 옮김, 『과학과 종교는 적인가 동지인가』(서울: 뜨인돌, 2010), 109-124.

오 자신은 충실한 신앙인이었고, 자연을 성서와 더불어 하나님께서 주신 책이라고 보았다. 계시의 책과 자연의 책은 서로 모순되지 않는다는 것이 당시 갈릴레오의 생각이었다.

두 번째 갈등의 예로 지목된 19세기의 과학과 신앙의 갈등도 절반의 진리라고 할 수 있다. 다윈의 『종의 기원』이 1859년 11월에 출간된 이후 1860년 6월 30일에 옥스퍼드 대학의 자연사 박물관에서 열린 영국 과학진흥협회에서 새뮤얼 월버포스와 토마스 헉슬리 사이에 오갔던 혹독한 논쟁도 후대 집필자에 의해 과장되었고 실제 사실과는 다르게 회자되었다는 것이 오늘날 역사학자들의 주장이다.[10] 뿐만 아니라 다윈의 주장을 신학적 관점에서 환영하는 신학자도 있었다. 이에 대해서는 다음 장에서 살펴보도록 하겠다.

어쨌든 이안 바버에 따르면 갈등이론은 오늘날에도 등장하는데 "과학적 유물론"과 "성서문자주의"라는 양극단에서 일어난다.[11] 과학적 유물론은 모든 것을 물질로 환원시키는 관점이며, 모든 것을

---

10 로널드 넘버스 엮음/김정은 옮김, 『과학과 종교는 적인가 동지인가』, 233-246. 이 글을 작성한 리빙스턴에 따르면 월버포스를 종교계의 대표로, 헉슬리를 과학의 대표로 상정하는 방식 자체가 이미 당시의 상황과는 맞지 않다. 왜냐하면 성직자들 중에는 현대적 성서 비평을 수용하면서 다윈의 진화론을 수용하고자 하는 인물들도 있었고 또한 과학계에서도 다윈의 진화론이 철저히 귀납적이지 않다며 비판하는 자들도 있었기 때문이다. 리빙스턴은 두 사람 사이의 논쟁이 과학과 종교 간의 충돌이 아니라 "과학을 연구하는 서로 다른 방식 그리고 다른 무리 사이의 충돌"(243)이라고 결론짓는다.

11 이안 바버/이철우 옮김, 『과학이 종교를 만날 때』, 32-42. 바버는 과학적 유물론을 다음과 같이 비판한다. "과학자들은 대중적인 책들을 쓸 때조차 실제로 과학의 일부가 될 수 없는 생각에까지 과학의 권위를 내세우려는 경향이 있다"(38). "우리는 물질만이 실재하는 것이라거나 마음, 목적 그리고 인간적 사랑 따위가 운동하는 물질의 부산물에 지나지 않는다고 결론지을 필요는 없다. 간단히 말해 유신론은 본래 과학과 갈등을 빚는 것이 아니라 유물론이라는 형이상학과 갈등을 빚는 것이다"(39).

과학이 다 설명해 낼 수 있다는 관점이다. 여기서는 오직 물질이 우주를 구성하는 유일한 실재이며, 정신은 물질로부터 파생되어 발생했으며, 물질에 의존해 있고 물질과 함께 소멸되어 버린다고 생각한다. 오늘날 칼 세이건이나 리처드 도킨스, 에드워드 윌슨 등의 저술에서 볼 수 있는 과학적 유물론이 과학 측에서 종교에 대해 가지는 공격적인 입장이라면, 성서문자주의는 종교가 과학에 대해 가지는 공격적 입장으로, 성서가 모든 것의 최종적인 대답이라고 생각할 뿐 아니라 성서의 문자적 해석에 집착하여 글자 그대로의 의미를 신봉한다. 따라서 여기서는 성서의 문자에 근거하여 과학 이론을 비판하고, 자신들 만의 창조과학을 주장한다.

독립 이론12은 과학과 종교 두 영역을 철저히 분리시켜 각각의 고유성과 자주성을 확보하여 불필요한 오해를 제거하고자 한다. 독립 이론은 과학이 인간의 관찰과 이성에 근거한다면, 종교는 하나님의 계시에 의존한다고 주장한다. 과학은 '어떻게'를 물으며, 종교는 '왜'를 묻는다. 과학은 객관적 데이터에, 종교는 내적 경험에 의존한다. 특히 모든 언어는 그 언어가 사용되고 통용되는 삶의 기반 안에서만 제대로 이해될 수 있다. 과학의 언어로 종교적 언어를 판단해서도 안 되며, 그 역도 안 된다. 과학적 언어는 자연현상과 관련된 관찰과 규칙, 예측 등을 표현하는 데 유용하다. 이에 반해 종교의 언어는 공동의 삶의 태도와 입장, 신에 대한 경험과 경배를 표현하는 데 유용하다. 이 둘은 서로

---

12 앞의 책, 43-52. 바버는 독립 이론의 장점을 충분히 인정하면서도 비판적 실재론의 입장에서 과학과 종교가 완전히 독립적일 수 없으며 하나의 실재에 대한 상보적인 인식적 주장이라고 생각한다(51).

상반된 언어 영역을 가지고 있기에 불필요한 충돌과 간섭은 무익하다. 이와 관련해서 스티븐 제이 굴드(Stephen Jay Gould, 1941~2002)는 비중첩 교도권(NOMA: Non-overlapping magisteria)을 주장했는데, 이는 과학과 종교가 서로 무관하다는 의미가 아니라 각각 자신의 고유한 영역이 있음을 간과해서는 안 된다는 사실을 지시한다.

우리가 보편적인 선을 식별하지 못하는 것은 통찰력이나 창의력이 부족해서가 아니라 단지 자연은 인간의 언어로 표현되는 어떠한 도덕적인 메시지도 담고 있지 않기 때문이다. 도덕성은 철학자, 신학자, 인문학 연구자를 비롯하여 모든 생각하는 인간들을 위한 주제이며 자연으로부터 수동적으로 그 답을 얻어낼 수는 없다. 과학적 데이터로부터 나오지도 않고 나올 수도 없는 답이기 때문이다. 실제 세상은 인간이 선과 악을 행하는 능력으로 어떻게 세상을 가장 도덕적인 방식으로 바꾸거나 유지해야 하는지 가르쳐 주지 않는다.[13]

이안 바버가 제시하는 세 번째 유형은 대화 이론이다.[14] 독립 이론이 과학과 종교의 차이점에 강조를 둔다면, 대화 이론은 유사성을 강조한다. 과학과 종교는 세계의 합리성과 신비로움을 전제로 한다. 물론 과학이 객관적이고, 종교는 주관적인 듯하지만, 과학의 관찰이나 종교의 경험도 해석되어야만 그 의미를 명료화할 수 있다

---

13 알리스터 맥그래스/정성희 · 김주현 옮김, 『과학과 종교. 과연 무엇이 다른가?』(서울: 린, 2010), 14-15 재인용.
14 이안 바버/이철우 옮김, 『과학이 종교를 만날 때』, 52-59.

는 점에서 주관과 객관의 경계는 절대적이지 않다. 이러한 관점은 무엇보다도 토마스 쿤이 『과학 혁명의 구조』[15]에서 과학 연구도 특정한 해석의 틀인 패러다임 안에서 수행된다는 사실을 제시함으로써 더욱 분명해졌다. 과학과 신학 모두 실재를 있는 그대로 인식하기보다는 자신의 해석학적 틀 안에서 실재를 이해하고 설명한다. 이런 점에서 과학의 진리와 신학의 진리는 결코 무시간적으로 절대적이지 않으며, 상대적이며 상호보완적이라고 할 수 있다.

대화 모델과 관련해서 실재 이해의 상보성에 대해 말할 때에도 종교와 과학은 동일한 실재에 대해 서로 다른 차원의 언어를 사용한다는 점을 염두에 두어야 한다. 겉보기에 모순되고 대립되는 종교와 과학의 언어는 각각의 언어적 특성을 숙고할 때 비로소 이해될 수 있다. 양자물리학과 관련해서 상보성의 원리를 강조한 닐스 보어도 종교와 과학이 서로 다른 언어를 사용하고 있다는 유익한 지적을 제공한다.

종교에서 사용하는 언어는 과학에서와는 전연 판이하게 사용되고 있다는 것을 분명하게 해둘 필요가 있습니다. 종교의 언어는 과학의 언어보다는 시의 언어에 가깝다고 말할 수 있습니다. 사람들은 흔히 과학에서는 객관적인 사실에 대한 정보가 중요하며 시에서는 주관적인 감정의 환기가 중요하다고 생각하는 경향이 있습니다. 그런데 종교에서는 객관적인 진리가 문제되고 있기 때문에 과학적인 진리규준을 따라야 한다는 얘기가 됩니다. 그러나 나에게는 세계를 객관적인 면과 주관적인 면으로 완전히 구분하는 것은

15 토마스 쿤/김명자 · 홍성욱 옮김, 『과학 혁명의 구조』 (서울: 까치, 2013).

지나친 강제성을 띤 것으로 생각됩니다. 모든 시대의 종교에서 상징, 비유 그리고 역설이 말해지고 있는 것은 종교에서 말하고자 하는 진실을 파악하는 다른 가능성이 존재하지 않는다는 것을 의미합니다.[16]

물론 보어는 과학의 언어는 세계를 객관적이고 정확하게 드러내며, 이에 반해 종교의 언어는 주관적이고 모호한 표현에 지나지 않는다고 말하고자 하는 것이 아니다. 객관과 주관은 칼로 베어내듯이 깔끔하게 분리될 수 없다는 점을 염두에 두고 있는 보어는 다만 종교의 언어가 과학의 언어에 비해 좀 더 주관적이며 감성적이며 시적이라는 점을 강조할 뿐이다. 더 나아가 객관적 언어를 사용하는 과학도 실재를 전적으로 객관적으로 드러내지 못하며, 언제나 해석자의 주관과 연관해서 실재를 설명할 수밖에 없다.

이안 바버의 네 번째 모형인 통합 이론[17]은 과학과 신학을 상호 연관시키면서 전통적인 신학의 내용을 새롭게 구성한다. 여기에는 자연의 조화와 치밀한 구성에 감탄하면서 설계자로서의 하나님을 유추하는 1) 설계 논증으로서의 자연신학이 있다. 설계 논증으로서의 자연신학에는 고전적인 윌리엄 페일리(William Paley)의 자연신학만이 아니라 리처드 스윈번(Richard Swinburne)의 종교철학도 해당된다. 현상세계의 질서정연함에 근거하여 유신론적 가설이 더 개연성이 있다고 주장하며, 과학은 의식적 존재가 왜 현존하는지를 설명할 수 없다고 보았다. 의식적 존재의 현존을 설명하기 위

---

16 하이젠베르크/김용준 옮김, 『부분과 전체』(서울: 지식산업사, 1982), 118-119에서 재인용.
17 이안 바버/이철우 옮김, 『과학이 종교를 만날 때』, 59-73.

해서는 유신론이 무신론보다 더 개연성이 있다고 본다. 더 나아가 인간주의 원리(anthropic principle)에 근거하여 신의 설계를 주장하기도 한다. 2) 하지만 통합 이론에는 현대 과학이 발견한 자연의 우연성과 불확정성을 근거로 하여 신학적 내용을 재구성하는 시도도 포함된다. 자연법칙과 우연성, 불확정성과 관련해서 하나님은 자연과 역사 속에서 어떻게 활동하는지를 해명한다. 또한 환경의 문제와 관련하여 과학과 대화하면서 생태신학을 구성하기도 한다. 3) 통합 이론에는 과학과 종교의 대화를 통해 포괄적인 형이상학을 구성하려는 시도도 포함된다. 예컨대 과정 사상은 양자물리학을 깊이 이해하여 실재 개념을 새롭게 형성하고, 이에 바탕을 둔 형이상학을 구성한다.

3. 칼슨의 모델

이안 바버와는 달리 리차드 칼슨은 과학주의, 창조론, 설계 이론, 상호 독립 이론, 동역 관계로 모델을 분류하고 여기에 속하는 다양한 과학자들의 의견을 상호 비교할 수 있도록 책으로 엮었다.[18] 과학주의 또는 과학적 유물론은 이안 바버의 분류대로 충돌 유형에 속한다. 여기에는 기독교 신앙과 대화할 수 있는 가능성이 완전히 배제되어 있다. 창조론 또는 창조과학회의 입장은 비록 신앙과 과학의 관계가 갈등의 관계라고 보지만, 과학적 연구나 이론을 사용

18 리차드 칼슨 편저/우종학 옮김,『현대과학과 기독교의 논쟁』(서울: 살림, 2003).

하며 결코 부정하지 않는다. 다만 과학적 결론만을 부정한다. 이들은 성경에 최종적인 권위를 두며, 성경을 문자적으로 이해하며, 과학이 신앙을 지지할 때는 과학을 수용하지만, 충돌이 생길 경우에는 성경의 문자적 해석에 근거하여 과학을 비판한다. 이들에게 "성경은 과학교과서"(헨리 모리스)이며 우주 만물은 문자 그대로 6일 동안 창조되었으며, 진화론에 근거한 생명 기원이나 발생 이론은 잘못이라고 선언한다.[19]

그러나 창조론의 발전을 통해 지구와 우주의 나이를 비롯하여 진화를 어떻게 수용할 것인가에 대해 다양한 견해들이 등장한다. 소위 젊은 지구론과는 대비가 되는 오래된 지구론과 지적 설계론이 등장한다. 여기에는 필립 존슨(Philip Johnson)과 마이클 베히(Michael Behe) 그리고 윌리엄 뎀스키(William Demski), 스티븐 마이어(Stephen C Meyer), 휴 로스(Hugh Ross)가 대표적이다. 휴 로스는 그의 책 『신의 지문』(*The Fingerprint of God*)에서 "성경은 최근의 천체물리학의 발견들과 완전히 일치하는 우주론을 가르치는 유일한 종교 문서"라고 말한다.[20] 이들은 과학적 연구 결과들을 부분적으로 수용하면서 자연과학의 연구 결과들이 신이라는 지적 설계자가 자신의 설계에 따라 세계를 창조했다는 사실을 지지하고 있다고 주장한다. 칼슨은 이들의 주장에 '조건적 일치'(qualified agreement)라고 이름 붙인다. 이들은 주로 현대 우주론과 물리학에 대해서는 긍정적인 반면, 다윈주의와 화학 진화 이론에 대해서는 비판

---

19 앞의 책, 116.
20 앞의 책, 116에서 재인용.

적이다.

칼슨이 소개하는 그다음 모델은 상호 독립 유형이다. 이 유형에서는 과학과 기독교 신앙은 각각 소중하며, 서로 평행 관계에 있으며 결코 대립이나 상호작용이 일어날 필요가 없다고 본다. 다른 유형으로는 동역 관계라고 명명되는 모델이 있다. 창조와 진화, 신앙과 과학의 관계를 지적 설계론이 취한 태도보다 더 통합적으로 보는 모델이 있다. 과학과 신앙은 서로 적대적일 필요가 없으며, 오히려 서로에게 유익하다고 보는 입장이다. 칼슨이 엮은 책이 흥미로운 것은 여기에는 지적 설계의 입장을 대변한 마이어 교수를 제외하면 과학자들이 자신의 입장을 대변하고 있다는 것이며, 그것도 어설픈 과학자가 아니라 과학 분야에서 저명한 상을 수상하거나 두드러진 연구 업적이 있는 과학자들이 등장한다는 점이다.

그 외에도 과학과 종교의 관계를 다양하게 분류하는 방식이 있다.[21] 종교와 과학의 관계를 분류하는 것 자체가 중요한 것은 아니다. 이러한 분류는 다양한 길들을 손쉽게 볼 수 있도록 돕는 역할을 할 뿐이다. 때로는 지나치게 단순화된 분류로 인해 그 세부적으로는 서로 다른 생각의 길들을 덮어버리는 수도 있다.

앞서 제시한 다양한 모델들 중에서 우리는 대화 유형을 지지하지만, 진정한 대화를 위해서는 과학과 종교의 상이성을 간과해서는

---

21 존 호트는 과학과 종교의 관계 설정을 4개의 C로 표시한다. 그는 이를 갈등(Conflict), 분리(Contrast), 접촉(Contact), 지지(Confirmation) 모델로 구분한다. 존 호트/구자현 옮김, 『과학과 종교, 상생의 길을 가다』(서울: 코기토, 2003); 테드 피터스는 이 관계를 보다 더 구체적으로 여덟 가지로 나눈다. 테드 피터스 엮음/김흡영 외 옮김, 『과학과 종교, 새로운 공명』(서울: 동연, 2002), 29-76.

안 된다는 입장이며, 현대 과학과의 대화를 통해 기존의 신학적 내용을 수정하고 변형시켜야 한다는 입장이다.

종교는 우주와 세상, 사물에 대해 말하지만, 무엇보다도 이를 인간의 존재 문제(구원 문제)와 연관해서 질문하며 이에 대한 보편타당한 답변을 제시하고자 한다. 과학도 우주와 세상, 사물의 이치와 생명의 현상과 그 변화의 과정에 대해 묻는다. 그리고 인간존재의 구성 물질과 신체 내부에서 일어나는 여러 가지 변화에 대해 묻는다. 하지만 과학은 구체적인 대상을 한정하여 그에 대한 답변을 제시하고자 하는 한편, 종교는 총체적이고 보편적인 대답을 제시하고자 한다. 예컨대 과학이 별의 움직임과 생성을 관측하고 그에 대해 답변을 제공하고자 한다면, 종교는 별의 움직임과 생성을 포함하여 우주 만물, 즉 존재 전체의 보편적 의미를 답변으로 제공하고자 한다. 과학이나 종교가 모두 존재하는 모든 것을 대상으로 한다면, 과학은 일차적으로 구체적이고 부분적인 답변을, 종교는 궁극적으로 총체적이고 보편적인 답변을 제시하고자 한다.

천체물리학의 경우 우주의 기원과 역사와 그 미래적 향방을 물으며, 그 안에 놓여 있는 사물들과 그 안에서 탄생된 생명 현상의 변화를 추적한다. 과학이 묻는 대상은 눈에 보이거나 설령 눈에 보이지 않는 것이라 하더라도 내 밖에 놓여 있는 객관적인 사물이라면, 종교는 그 대상이 설령 가시적인 것이라고 하더라도 궁극적으로는 비가시적인 것을 염두에 두고서 말하며, 그 대상이 내 밖에 있는 것이라고 하더라도 나의 존재 문제와 분리시켜 말하려 하진 않는다. 종교의 질문은 자기 자신의 존재와 맞물려 있기 때문에 실존적이고 관계적이다. 예컨대 하나님의 존재 여부에 대한 종교적 질문은 단순히 하나님이 있다, 없다는 대답을 넘어 근본적으로 내 삶의 방식에 대한 물음과 연결되어 있다. 이에 반해 과학의 질문은 자신의 삶의 태도와는 일단 거리를 두고자 하는 방식, 객관화하고 대상화하는 방식을 택한다. 과학자는 질문하는 대상에 대해 언제나 객관적으로 거리를 두고자 한다. 예컨대 지구가 태양 주위를 도는지, 태양이 지구를 중심으로 해서 도는지 하는 문제는 과학자에게는 지식의 문제이지 자기 삶의 근본 태도와는 무관하다. 이런 점에서 과학의 시야가 대상 중심적이고 객관적이라면, 종교의 시야는 실존적이고 관계적이다. 과학이 말하는 우주는 신학에서는 피조 세계이며, 과학이 말하는 우주의 시작은 종교에서는 창조주의 활동으로서의 창조이다. 종교가 궁극적으로 인간 또는 생명 세계의 구원을 추구한다면, 과학은 사물의 이치를 있는 그대로 밝히고자 한다.

하지만 상이한 방향과 방식으로 전개되는 두 영역의 질문은 한 인격 속에서 서로 마주하게 된다. 우주의 기원과 생명의 변화를 살피는 과학자의 답변에 귀 기울이는 자가 동시에 창조와 생명의 의미를 곱씹는 신학자의 답변을 들 수 있다. 과연 이 양측의 대답은 서로 조화를 이룰 수 있을까? 아니면 두 대답은 대립하고 갈등할 수밖에 없는가? 우주와 생명에 대한 과학적 설명은 창조와 구원에 관한 기독교 신앙과 양립할 뿐 아니라 서로 상통할 수 있을까?

앞서 말했던 과학과 신학, 과학과 종교의 차이는 오늘날 다시 의문시되고 있다. 예컨대 우리가 앞서 말했듯이 과학은 물리적 측면을, 종교는 영적 측면을 다룬다거나 과학은 객관성에 근거하고, 종교는 주관성에 근거한다는 생각은 오늘날 진부한 문제적 표현으로 비판받기도 한다.[22] 그렇지만 우주와 자연에 대한 이해와 설명에 있어 과학과 종교의 차이를 간과해서도 안 된다. 과학은 관찰 가능하고 경험 가능한 영역을 통해 비가시적이고 비경험적인 부분을 추론해 나가는 방식을 택한다면, 종교는 일반적인 감각으로는 볼 수 없고 언급할 수 없는 신비의 영역을 통해 관찰 가능하고 경험 가능한 세계를 설명하고자 한다. 그러나 이러한 뚜렷한 차이를 인지하면서도 과학과 종교의 인식과 언설 방식이 완전히 배타적이지는 않다. 왜냐하면 과학과 종교, 과학과 신학은 이를 수행하는 인간의 생각 속에서는 완전히 분리될 수 없기 때문이다. 다시 말하면 자연을 관찰하고 서술하는 과학자에게도 자신의 실존을 묻는 종교적 질문이 등장할 뿐 아니라, 그에 대한 대답을 자신이 신앙하는 종교로부터 그리고 자신의 과학적 경험으로부터 유추할 수 있으며, 기독교 신앙을 설명하고자 하는 신학자의 경우에도 오늘날 자연과학의 연구 결과와 무관하게 기독교 신앙을 사유하고 표현할 수는 없다. 즉, 과학과 종교는 우주와 생명을 이해하고 그것의 존재 의미를 생각하고 설명하고자 하는 한 인격 안에서는 별개의 두 영역으로 동떨어져 있을 수만은 없다.

---

22 전철, "'자연의 신학'의 현대성 연구," 「신학연구」 70 (2017): 45-73, 52 각주 16.

4 장
창조와 진화

1. 19세기 진화론의 등장

앞서 언급했듯이 기독교(신학)와 과학의 관계를 흔히 대립적으로 이해하고 있지만, 양자의 갈등은 19세기 이후에 비로소 전면에 부각되었을 뿐이다.[1] 그 이전에는 양자의 관계를 갈등과 대립으로 볼 수만은 없다. 비록 갈릴레오에게 시행된 종교재판 때문에 그런 오해가 있긴 하지만, 갈릴레오의 지동설 주장은 성서적 신앙에 모순된 것이 아니라 당시 지배적이었던 아리스토텔레스와 프톨레마이오스의 우주론에 반대되는 것이었다. 따라서 갈릴레오의 종교재판은 단순히 종교와 과학의 대결로 이해되어서는 안 되며, 당대에 지배적인 과학적 우주론과 새로운 우주론의 대결로 이해되어야 한다. 즉, 코페르니쿠스로부터 시작된 우주론의 새로운 패러다임이

---

1 이 단원의 본문은 박영식, "자연과학과 기독교 신학의 창조적 만남을 위해," 「신학과 선교」 36 (2010): 1-17에서 일부를 발췌하고 수정하여 여기에 다시 옮겼다.

케플러를 거쳐 갈릴레오에 이르기까지 여전히 기존의 패러다임에 의해 배척되고 있었다는 사실을 상기할 필요가 있다. 하나의 새로운 패러다임이 기존의 패러다임을 대체하기 위해서는 꽤 많은 시간이 요구된다.

17세기 이래로 천체물리학과 신학의 관계가 주목되어졌다면, 19세기에는 다윈의 진화론이 등장하면서 생물학과 신학의 관계가 주목을 받는다. 물론 진화론과 창조론 사이의 새로운 논쟁에 대해서도 성서 해석이 중심에 놓이는 것은 간과할 수 없는 사실이다. 소위 창조 신앙에 대한 성서 구절을 문자적으로만 취급할 경우 진화나 진화와 관련된 인류의 역사는 도무지 수용할 수 없는 것이 사실이다. 그러나 성서의 문자적 해석에 집착하기보다는 보다 유연한 자세에서 비평적인 견해를 수용하고자 했을 때는 다윈의 진화론 자체가 그리 큰 문제는 아니었다. 진화 자체가 아니라 자연선택이라는 메커니즘이 진화의 유일한 동력으로 하나님의 섭리를 배제하느냐 아니면 진화의 과정 속에서도 하나님의 개입의 여지가 있느냐 하는 물음이 오히려 신학적으로는 중요했다.[2]

무엇보다도 오늘날 분명한 것은 그 누구도 코페르니쿠스적 전회, 곧 천동설에서 지동설로의 변화를 되돌릴 수 없듯이 진화의 개념을 제거하고는 생명체의 탄생과 변이, 발전의 과정에 대해 아무것도 말할 수 없는 시대에 살고 있다는 사실이다.[3] 따라서 오늘날

---

2 데이비드 C. 린드버그& 로널드 L. 넘버스 엮음/박우석 옮김, 『신과 자연. 기독교와 과학, 그 만남의 역사』하권(1999), 501 이하에 소개되고 있는 영미 신학자들의 견해를 참조.
3 이와 관련하여 바이젝커(C.F. v. Weizsäcker)는 자연과학의 발전에 의해 기존의 자연에 대한 종교적 의미가 더 이상 유효하지 않음을 지적하면서 다음과 같이 말한다: "어떤 선한

신학이 피조물인 자연의 생성과 변화와 더불어 생명권 전체의 보편적인 삶과 죽음에 대해 언급할 때 진화론적인 사유와 소통하지 않으면 신학의 언어는 시대착오적이며 독단적이라는 지적을 면하기 어렵다.

일찍이 다윈과 동시대에 살았던 생물학자들과 신학자들은 성서의 창조 신앙을 진화론으로 대체하든가 아니면 진화론을 창조 신앙의 지평에서 이해하는 작업을 시도했다. 물론 진화론의 등장과 관련해서 과학과 신학, 진화와 창조의 관계를 결코 대립과 갈등 또는 화해와 소통의 도식으로 단선적으로만 규정할 수는 없다.4 오히려 다양한 국면들이 전개되었고, 지금도 전개되고 있다. 그러나 이러한 다양한 국면을 신학의 자연과학에 대한 반응과 자연과학의 신학에 대한 반응으로 대비시키면 다소 불균형이 드러나는 듯하다. 즉, 신학자는 자연과학적 연구에 귀동냥이라도 해 보려고 노력하는 반면, 이에 비교하면 자연과학자들의 신학에 대해 무관심은 비교할 수 없이 크다고 하겠다.

이러한 태도는 다윈의 진화론과 관련된 초기의 반응과도 유사하다. 독일의 동물학자이며 다윈 진화론의 추종자였던 해켈(Ernst Haeckel, 1834~1919)은 전통적인 창조 개념은 이제 더 이상 불필요하게 되었다고 판단했고, "앞으로는 창조 개념을 더욱 엄격한 진

의지와 종교적 열성도 이러한 발전을 되돌릴 수는 없을 것이다." Falk Wagner, *Zur gegenwärtigen Lage des Protestantismus* (Gütersloh: Chr. Kaiser, 2. Aufl., 1995), 90 재인용.
4 데이비드 C. 린드버그 & 로널드 L. 넘버스 엮음/박우석·이정배 옮김, 『신과 자연. 기독교와 과학, 그 만남의 역사』 하권 (1999), 14, 15장.

화 개념으로 대체하는 것이 훨씬 낫다"라고 생각했다.[5] 그는 만약 창조의 신이 있다면 "일등급의 엔지니어 박사"라고 비꼬아 말하면서 "신과 세계는 하나의 존재"라는 범신론을 전개한다.[6]

동물학자였던 해켈과는 달리 루터파 개신교 목사였던 오토 쬐컬러(Otto Zöckler, 1833~1906)는 진화론과 창조 신앙 사이를 조화시키려고 한다. 특히 그가 루터교 정통주의 신학의 창조(creatio), 보존(conservatio), 통치 또는 조종(gubernatio)의 이론을 통해 진화론을 수용했다는 점을 주목해야 한다. 창조 행위에 피조물의 보존과 통치는 불가분 연결되어 있다는 것으로 파악하면서 다음과 같이 주장한다.

창조, 보존, 통치는 서로의 속 깊이 주고받는 신적 행위와 더불어 작용하는 신적 행위를 형성한다. 이것은 결코 서로 분리될 수 없다.[7]

19세기 생물학이 새롭게 제기한 신학과의 논쟁은 오늘날에도 진화를 통해 창조 개념을 폐기해 버리는 해켈식의 무신론으로 귀결되기도 하고, 전통적인 창조 개념을 통해 진화를 포용하려는 쬐클러 식의 접근 방식도 계속되고 있다.[8] 이처럼 자연과학과 신학과의

---

5 Günter Altner, *Schöpfungsglaube und Entwicklungsgedanke in der protestantischen Theologie zwischen Ernst Haeckel und Teilhard de Chardin* (Zurich: EVZ-Verlag, 1965), 3.

6 앞의 책, 5에서 재인용.

7 앞의 책, 7에서 재인용.

8 오늘날 리차드 도킨스(Richard Dawkins)나 에드워드 윌슨(Edward O. Wilson) 그리고 부케티츠(Franz M. Wuketits) 같은 이들은 잘 알려진 과학자이면서 무신론자들이다. 이들

지속적인 논쟁과 대화를 위해서는 신학의 측면에서는 그동안 오해되었던 창조와 관련된 진술들을 해명하고 바로잡는 일이 필요하다. 창조 신앙에 대한 잘못된 오해를 바로잡고 새로운 방향을 정립해야만 자연과학과의 불필요한 갈등을 피하고 상호 비판적이며 상생적인 대화를 지속적으로 전개할 수 있기 때문이다. 이러한 측면에서 새로운 자연과학적 결과들을 성서 해석의 유연성을 통해 신학 내에 수용하고 양자의 새로운 공존을 모색하는 시도가 자연과학과 신학 양자의 발전을 위해서도 반드시 요구되는 사안이다. 따라서 자연과학의 그늘 아래 놓인 오늘날의 세계 속에서 성서의 창조 신앙을 과연 어떻게 이해하고 풀어낼 수 있는지가 관건이다. 즉, 과학과 종교의 충돌의 원인이 되는 종교적 언어상징에 대한 몰이해를 극복하고, 창조 신앙에 대한 창의적 해석을 제시하는 것이 무엇보다도 중요하다.9

그렇다면 오늘날 진화론에 대해 기독교는 어떤 입장을 취하고 있는가? 대다수의 한국교회 그리스도인들은 창조와 진화가 양립 불가능한 서로 상충되는 주장이라고 생각하고, 양자택일이 유일한 대안이라고 생각한다. 하지만 이러한 견해는 '한국' 기독교의 특수

은 창조 세계의 섭리나 목적, 방향과 같은 것을 과학적으로는 난센스에 지나지 않는다고 말한다. 그러나 진화의 개념을 신학적으로 수용하여 창조론을 구상하는 일군의 신학자들도 있다. 대표적으로는 몰트만(J. Moltmann)과 판넨베르크(W. Pannenberg), 알리스터 맥그라스(Alister McGrath), 폴킹혼(J. Polkinghorne), 존 호트(John Haught), 아서 피콕(Arthur Peacocke) 등을 들 수 있다.

9 이화여대의 양명수 교수도 과학과 종교의 충돌 원인을 종교상징에 대한 몰이해로 본다. 이에 대해서는 "과학과 종교," 최재천 엮음, 『과학 종교 윤리의 대화』(서울: 궁리, 2006), 188-199를 참조.

한 상황과 연관된다. 주지하다시피 한국 기독교는 미국에서 선교
활동을 하러 온 선교사들에 의해 시작되었으며, 예나 지금이나 여
전히 미국 기독교의 영향을 많이 받고 있다. 그런데 한국에 복음을
들고 선교 활동을 전개했던 선교사들은 미국에서 일어난 근본주의
적 복음주의 운동의 영향을 받았던 사람들이며, 이들은 성서 무오
설이나 문자주의적 해석에 입각하여 창조 신앙과 진화를 양자택일
로 생각했던 인물들이다.[10] 따라서 이들에 의해 신앙의 기초를 닦
게 된 한국교회가 오래전부터 창조와 진화를 대립적으로 이해한 것
은 쉽게 납득이 되는 부분이다. 다만 여전히 이러한 입장에 서 있어
야 할 것인지는 깊이 생각해 봐야 할 주제이다.[11]

2. 젊은 지구론과 창조과학회

창조과학이라는 말은 미국에서 1970년대부터 사용되었으며,
창조과학회[12]가 주장하는 내용은 공학자였던 헨리 모리스가 1974
년에 발행한 『과학적 창조론』(*scientific creationism*)이란 소책자에
근거하고 있다.[13] 모리스의 창조과학이 전 세계적으로 알려지게 된

---

10 배덕만, 『한국 개신교 근본주의』(서울: 대장간, 2010) 참조.
11 아래의 다양한 입장들은 박영식, "창조와 진화의 관계설정에 관한 다양한 견해들," 「기독교와
   교육」 21(2016): 47-64를 약간 수정해서 옮김.
12 미국의 창조론 논의와 창조과학회에 대해서는 데이비드 린드버그, 로널드 넘버스 엮음/박우
   석·이정배 옮김, 『신과 자연, 기독교와 과학, 그 만남의 역사』 하권(서울: 이화여자대학교출
   판부, 1999), 521-565 참조; 또한 모어랜드·레이놀즈 편집/박희주 옮김, 『창조와 진화에
   대한 세 가지 견해』(서울: IVP, 2001), 52-54에는 창조과학 관련 단체들과 연구소, 학자들을
   간략하게 나열하고 있다.

계기는 캘리포니아 샌디에이고에 세운 창조과학연구소(Institute for Creation Research)를 통해서였다.[14] 창조과학은 진화론을 거부하고 창조론을 옹호하고자 하는 교회 내에서 큰 영향력을 발휘하고 있으며, 현재 미국인의 약 45퍼센트가 이들의 이론을 믿는 것으로 조사되었다.[15] 1980년대 한국에도 한국창조과학회가 설립되어 2014년 10월 기준으로 유료 회원만 1,000명이 넘는다.[16] 창조론자들은 젊은 지구론자들과 오랜 지구론자들로 구분할 수 있다. 젊은 지구론자들은 우주의 역사가 고작 6천 년에서 1만 년 정도밖에 되지 않는다고 믿는 자들이며, 오랜 지구론자들은 지구의 나이가 더 오래되었다고 믿으며 창세기 1장의 하루를 24시간으로 보지 않든가, 창세기 1장 1절과 2절 사이에 엄청난 시간적 간격이 있다고 본다. 젊은 지구론자들의 연대추정은 제임스 어셔 주교가 1650년대에 지구가 주전 4004년 10월 23일에 창조되었다고 말한 것으로 거슬러 올라간다. 오랜 지구론자들은 젊은 지구론자들의 주장과는 달리 우주의 진화에 대해서는 어느 정도 수용하여 우주의 역사를

---

13 Henry Morris, *Scientific Creationism* (San Diego: Creation Life Publishers, 1974).

14 우종학, 『무신론 기자, 크리스천 과학자에게 따지다』 (서울: IVP, 2014), 138-139.

15 프랜시스 콜린스/이창신 옮김, 『신의 언어』 (파주: 김영사, 2009), 175.

16 한국창조과학회 홈페이지(http://www.creation.or.kr) 참조; 최근에 창조과학회에 오랫동안 몸담고 있던 양승훈 교수가 이를 탈퇴하고 창조론 포럼을 형성함으로써 창조과학 내부의 갈등이 공개되기도 했다. http://www.christiantoday.co.kr/view.htm?id=194758 참조 또한 그는 기존의 창조과학회가 안고 있는 문제점을 첫째로 우주의 기원이나 생명의 기원에 대한 전문성 부족이라고 꼬집는다. 즉, 창조과학회에 석·박사들이 대거 운집해 있지만 거기에는 진정 우주 기원에 대해 연구하는 사람은 없다는 것이다. 더 나아가 자신들의 구미에 맞게 잘라먹는 편향된 인용, 근본주의에 뿌리를 두고 있는 편향된 신학 그리고 자신들의 오류 가능성을 인정할 줄 모르는 소통의 문제를 지적하고 있다. 창조과학회 노선에서 탈퇴한 양승훈 교수는 노아 방주에 의한 단일격변설 대신에 다중격변설을 주장하고 있다.

현대 물리학자들과 마찬가지로 130억 년 정도까지 끌어올리면서 생명체의 복잡성과 질서, 우주 전체의 조화에 주목하기도 한다. 하지만 오늘날의 진화론에 비판적인 입장을 여실히 드러낸다.[17]

젊은 지구론자들의 주장은 진화론을 철저히 부정하며 진화론과 창조 신앙을 전혀 양립할 수 없는 것으로 여긴다. "진화론은 '나쁜 소식'이며, 즉 먼 후세대의 인류에게 환상적 유토피아를 제공해 준다는 사단의 미혹이며, 현금 생존자에게는 무의미한 실존과 임박한 사망을 뜻할 뿐이다."[18] 이들은 성서의 축자영감설을 믿고 성서를 문자적으로 이해할 뿐 아니라 성서의 창조 기사를 과학적 정보로 읽고 있다. 이들에 따르면 지구의 환경은 노아 홍수로 인해 급격하게 탈바꿈되었다고 본다. 노아 홍수로 인해 기존에 존재하던 많은 생물종이 멸망하게 되고 오늘날의 생태 환경으로 탈바꿈되었다고 생각한다. 이들에게 노아 홍수는 전(全) 세계적으로 일어난 대홍수 사건이기 때문에 다양한 민족들의 전설 속에 홍수 이야기가 나오는데 이것이 노아 홍수의 증거라고 한다. 노아 홍수 이전에는 지구는 전체적으로 아열대 기후였다고 한다. 하지만 홍수로 인해 지구의 기후도 변화하였고, 사람들의 수명도 10분의 1로 줄어들었다.[19]

---

17 양승훈, 『프라이드를 탄 돈키호테』, (서울: SFC, 2009) 229 이하에 따르면, 젊은 지구론자들과는 달리 이들은 자신의 창조론을 "진행적 창조론"(Progressive creationism)이라고 부르며 빅뱅이론 등을 수용하지만 생물학적 대진화는 부정한다. 따라서 진화생물학을 전적으로 긍정하는 유신진화론과는 구분된다고 한다.

18 윤석태·유환수·고영구·김주용 편저, 『노아홍수』(광주: 전남대학교, 1999), 269.

19 창조과학은 이에 대한 증거를 다음과 같이 제시한다. 산호는 적어도 섭씨 20도의 물에서 살 수 있는데, 산호화석이 극지역에서 발견되며, 석탄층이 극지역에서 발견되는 것도 노아 홍수 전에는 극지방에도 아열대성 초목이 무성했음을 증거한다. 또한 따뜻한 기온에 살 수 있는 공룡화석이 각처에서 발견되는 것과 시베리아의 냉동 매머드는 노아 홍수 이전에

비록 창조론 또는 창조과학회가 창조 신앙과 진화생물학의 관계를 갈등의 관계라고 보지만, 그렇다고 과학적 연구나 이론을 모두 부정하는 것은 아니다. 경험과 실험이 가능한 경험과학과 기원을 연구하는 기원 과학을 구분하고 경험과학은 인정한다. 하지만 진화론과 같은 기원 과학은 창조론과 충돌이 불가피하며 이러한 충돌은 세계관의 충돌이라고 말하기도 한다. 즉, 창조과학은 성서적 유신론에 근거하지만, 진화생물학은 무신론에 기초하기 있기에 양립이 불가능하다는 것이다. 그런 점에서 이들은 과학의 '방법론적 자연주의'를 철학의 '형이상학적 자연주의'와 동일시해 버린다. 과학의 방법론적 자연주의가 과학 연구의 방법에서 초자연적인 것과 초자연적인 것의 개입을 배제하는 것이라면, 형이상학적 자연주의는 단순히 방법적 절차와 과정이 아니라 궁극적이고 최종적인 측면에서 초자연적인 것을 제거하는 것이라 할 수 있다. 창조론자들의 경우에는 이 양자를 동일시함으로써 방법론적 자연주의를 인정하면 무신론으로 귀결될 수밖에 없다고 주장한다.[20]

하지만 우주와 인류의 역사를 6천 년에서 1만 년 사이로 보는 견해는 오늘날 과학의 입장에서 보면 우주의 크기를 초등학교 운동장 정도로 말하는 것처럼 터무니없는 이야기가 된다. 따라서 프랜시스 콜린스는 이러한 젊은 지구론자들의 논리대로라면 신은 거대

그 지역의 기온이 따뜻했다는 증거라고 한다. 윤석태·유환수·고영구·김주용 편저, 앞의 책, 275.
20 이러한 생각은 모어랜드·레이놀즈 편집/박희주 옮김, 『창조와 진화에 대한 세 가지 견해』, 307-320에 서술된 필립 존슨의 글에 잘 나타나 있다. 또한 그의 책 『심판대 위의 다윈』 (서울: 까치, 2006)과 『위기에 처한 이성』 (서울: IVP, 2000) 참조.

한 속임수를 쓰는 꼴이 된다고 지적한다. 예컨대 우주에서 관찰 가능한 많은 별과 은하는 1만 광년 이상 떨어져 있기에 우리가 지금 관측하고 있는 빛은 적어도 1만 년 이상 된 것이어야 한다. 하지만 젊은 지구론자들의 논리대로라면 창조한 은하와 별들의 빛은 모두 다 이제 막 도달하도록 창조된 셈이다. 콜린스는 신을 이렇게 "위대한 사기꾼"으로 만들어 버리는 젊은 창조론은 과학의 영역뿐 아니라 신학의 영역에서도 "지적 파멸"과 "지적 자살"을 감행하게 만든다고 지적한다.[21]

창조과학이 과학자들에게 배척될 뿐 아니라 신학자들에게도 수용되기 어려운 것은 그들이 성서의 창조 기사를 오해하고 있기 때문이다. 성서의 창조 기사는 앞에서도 살펴보았듯이 우주와 인류의 기원연대를 말하지 않으며, 과학적 정보를 제공하려는 의도를 가지고 있지 않다. 창세기의 창조 이야기는 객관적이고 과학적인 정보를 전달하는 보고서나 논문이 아니다. 창세기에 등장하는 창조 기사나 노아 홍수 이야기는 성서가 기록되기 이전의 고대 근동에 널리 퍼져 있던 이야기들을 자료로 활용하고 있다. 성서의 기록자들은 그들에게 익숙했던 다양한 이야기들을 수용하고 변형시켜 당대의 독자들에게 하나님과 관련된 메시지를 전달하고자 했다. 하지만 기록 이전에 오랫동안 구전으로 전해 내려온 내용들이 있었고, 입에서 입으로 전달되었던 구전 전승은 세대를 거치면서 새로운 내용으로 첨삭되어 전달되었다는 사실도 기억할 필요가 있다. 즉, 하나님의 창조 이야기는 우선은 입에서 입으로 전달되고 선포되었으며,

---

21 프랜시스 콜린스/이창신 옮김, 『신의 언어』, 179-180

나중에 신학적인 관점에서 문학적인 형태로 기록되어 우리 앞에 놓이게 된 것이다.[22] 따라서 창조 이야기가 정확하고 객관적인 과학적 정보를 주려고 기록되었다고 가정하는 것은 너무나도 순박한 생각이다.

사실 성서의 독자는 세상의 기원과 생성, 우주 창조의 순서나 연대기를 성서를 통해 알아내려고 해서는 안 된다. 이는 성서의 의도와는 전혀 다른 것이기 때문이다. 오히려 창조 이야기의 독자는 성서의 의도를 따라 우리가 믿는 하나님이 누구이며 어떤 분인지 파악하고, 창조의 하나님을 고백함으로써 깊고 깊은 절망 가운데서도 새로운 삶의 시작을 열어주시는 하나님의 창조의 역사에 동참하도록 독려받고 있다. 이런 점에서 성서의 창조 이야기는 정보 전달의 보고서가 아니라 하나님의 창조를 고백하는 신앙의 대서사시이며 하나님의 창조에 참여하기를 독려하는 잘 디자인된 설교라고 할 수 있다.

3. 지적 설계론

창조과학회의 젊은 지구론자들과는 달리 지적 설계론자들은 생명체의 복잡성과 정밀함이 지적인 설계자에 의해 생명체가 설계되었다는 사실을 지시하고 있다고 주장한다. 지적 설계론은 물론 오

---

22 W. 브루그만 외/차준희 옮김,『구약신학과의 만남』(서울: 프리칭아카데미, 2013), 1장과 2장 참조.

늘날 나타난 새로운 창조과학이지만, 이들이 창조를 과학적으로 증거하려고 한다는 점에서 소위 자연신학의 유형에 속한다. 그렇다면 이런 자연신학의 역사는 더듬어 보면 뉴턴과 케플러 그리고 더 멀리는 아퀴나스에까지 다다르며, 지적 설계론은 칸트에 의해 실패로 판정된 우주론적 증명(칼람 증명)과 목적론적 증명을 자연과학의 연구 결과들에 의존하여 새롭게 수정하고 발전시키고 있다고 보아야 할 것이다. 이들은 자연과학적 연구들이 더 이상 내디딜 수 없는 지점에서 신 가설(God Hypothesis)이 필요하다고 보며, 이것이 단순히 도약이나 신앙적 결단이 아니라, 보다 개연성 있는 과학적이며 합리적인 설명을 제시한다는 점을 강조한다. 따라서 이들은 자신들의 지적 설계론이 전체적으로는 더 나은 과학이라고 주장한다.

> 지적 설계이론 주창자들은 맹목적인 자연선택(과 여기에 수반된 장구한 시간)은 유기체와 세포의 놀라운 복잡성을 설명할 수 없는 공허한 개념이라고 주장한다. 더 나은 과학적 설명은 '지적 설계'라는 것이다.[23]

지적 설계론의 역사는 1970년대로 거슬러 올라갈 수도 있지만[24] 지적 설계라는 개념 자체는 1989년 『판다와 인간: 생물학적 기원의 핵심문제들』(*Of Pandas and People: The Central Question of Biological Origins*)에서 처음으로 사용되었으며, 다음과 같이 정의

---

23 존 호트/김윤성 옮김, 『다윈 안의 신』 (서울: 지식의 숲, 2005), 192.
24 오늘날 지적 설계론의 유래에 대해서는 래리 위덤/박희주 옮김, 『생명과 우주에 대한 과학과 종교논쟁, 최근 50년』 (서울: 혜문서관, 2008), 7장 참조.

되었다.

　　어떤 대상의 특정 행위, 기능 혹은 구조의 생성 원인을 인격적인 존재의
　　창조적이고 지적인 능력에서 찾는 이론, 생물학에서는 유기체의 기원을
　　선재(先在)하는 지능체에서 찾는 이론을 말함.[25]

　　오늘날 지적 설계의 대표자로는 필립 존슨(Philip Johnson)과
마이클 베히(Michael Behe) 그리고 윌리엄 뎀스키(William Demski)
그리고 스티븐 마이어(Stephen C. Meyer)를 들 수가 있다. 이들은
진화를 전적으로 부정하지 않지만, 전적으로 긍정하지도 않는다.
그렇다면 지적 설계론에서 수용하지 못하는 '진화'는 무엇인가? 그
것은 '진화'라는 용어가 어떤 의미로 사용되었는지에 따라 다르다.
　　지적 설계론의 홈페이지에는 지적 설계론이 수용할 수 없는 진
화와 진화론이 무엇인지 다음과 같이 밝히고 있다.

　　만일 진화가 단순히 '시간에 따른 변화' 내지는 '유전자 풀에서의 빈도수의
　　변화'와 같은 의미라면 지적 설계는 진화와 아무런 충돌도 일으키지 않는다.
　　심지어 '진화'가 모든 생물들이 공통 조상을 갖고 있다는 의미라고 하더라도
　　지적 설계는 진화와 양립 가능하다. 하지만 만일 '진화'가 '세상의 모든 생물
　　들은 오로지 자연선택과 돌연변이에 의한 메커니즘에 의해서 만들어졌다'
　　는 의미라면 지적 설계는 진화와 충돌하게 된다. 이러한 의미의 '진화'를
　　주장하는 사람들은 진화가 모든 생물학적 복잡성을 설명할 수 있다고 주장

---

25 존 호트/김윤성 옮김, 『다윈 안의 신』 (서울: 지식의 숲, 2005), 194 재인용.

하는 반면에, 지적 설계를 주장하는 사람들은 진화로는 설명이 불가능한 생물학적 복잡성이 존재한다고 생각한다. 지적 설계이론에서는 현재 관찰되는 진화의 증거로는 '모든 생물학적 복잡성이 진화로 설명된다'는 명제를 보여줄 수가 없으며, 이러한 과도한 주장의 이면에는 과학적 증거보다는 철학적 자연주의가 내포되어 있다고 주장한다.[26]

위에서 길게 인용한 문장에 따르면 지적 설계론은 생물체의 진화를 꽤나 적극적으로 수용하는 듯 보인다. 하지만 신적 개입을 전적으로 배제한 채 오직 자연선택과 돌연변이를 생물체의 변이와 탄생에 유일한 메커니즘으로 수용하는 입장은 거부한다.

그렇다면 지적 설계론을 이끌고 있는 생화학자 마이클 베히(Michael Behe)의 『다윈의 블랙박스』를 통해 지적 설계론의 핵심 사상을 좀 더 세밀하게 살펴보자. 그가 주장하는 지적 설계론의 핵심 사상을 한마디로 요약하자면 '환원 불가능한 복잡성'이다. 그는 이 개념을 통해 진화론적으로는 설명할 수 없는 유기체의 구조가 있음을 지적한다.

베히에 따르면 어떤 시스템이 여러 부분으로 구성되어 있고, 그 부분들이 전체 시스템의 기능에 필연적으로 기여하면서 그중에 하나도 없어서는 안 되며 그리고 그 각각의 부분들이 시스템에서 분리되었을 경우에는 개별적으로 아무런 기능도 발휘하지 못할 때 그 시스템은 환원 불가능한 복잡성을 지닌다.[27]

---

26 지적 설계연구회 홈페이지(http://www.intelligentdesign.or.kr/)의 FAQ에서 확인 가능(2018. 6. 10.).

베히는 세포의 섬모(또는 편모, flagellum)를 환원 불가능한 복잡성의 대표적인 예로 설명한다. 섬모를 통해 이동하는 세포의 경우 이 섬모가 제대로 작동하기 위해서는 미세소관이라는 실낱같은 가닥이 필요하고 이를 작동시키는 모터가 필요하다. 또한 섬모의 운동을 원활하게 해주는 연결부가 필요하다. 그리고 박테리아의 모터의 경우 "모터 구조를 위해 30여 개의 서로 다른 단백질 부품들, 모터의 감지기와 제어 회로를 위한 10여 개의 단백질 부품들 그리고 모터를 조립하기 위한 10여 개의 추가적인 단백질"을 필요로 한다.[28]

베히는 "이 모든 부품은 섬모 운동이라는 하나의 기능을 위하여 필요하다"고 말하며, 다음과 같이 결론짓는다.

미세소관, 연결부 그리고 모터가 없는 섬모운동이란 존재하지 않는다. 그러므로 우리는 섬모는 환원 불가능한 복잡성을 지닌다고 결론지을 수 있으며, 이것은 지금까지 추정해온 점진적인 다윈적 진화에 엄청난 장애물이 된다.[29]

베히는 이런 섬모가 어떻게 생겨났는가를 묻고는 리처드 도킨스와 같은 진화 생물학자들의 견해를 다음과 같이 평가한다.

리차드 도킨스 같은 몇몇 진화 생물학자들은 풍부한 상상력을 지니고 있다.

27 마이클 베히/김창완 외 옮김, 『다윈의 블랙박스』(서울: 풀빛, 2001), 71.
28 스티븐 마이어 외/이승엽 · 김웅빈 옮김, 『생명의 진화에 대한 8가지 질문』(파주: 21세기북스, 2010), 117.
29 마이클 베히/김창완 외 옮김, 『다윈의 블랙박스』, 100.

그들은 출발점만 주어지면 여러분이 바라는 어떤 생물학적 구조라도 그것이 생성되는 이야기를 거의 항상 만들어낼 수 있다. 그런 능력은 가치가 있지만, 양날의 칼과 같다. 그들은 다른 사람들이 생각지 못한 가능한 진화 경로를 생각할 수 있지만, 또한 자신들의 시나리오를 가로막는 세부 사항과 장애물들을 무시하는 경향이 있다. 그렇지만 궁극적으로 과학은 연관된 세부 사항을 무시할 수 없으며, 분자 수준에서는 모든 '세부 사항'이 중요하다. 만약 분자로 된 볼트와 너트가 없다면, 전체 시스템은 무너질 것이다. 섬모는 환원 불가능한 복잡성을 지니기 때문에 어떤 직접적이며 점진적인 방법으로 생성될 수 없다. 그래서 섬모를 진화론적으로 설명하기 위해서는 아마도 원래 다른 목적으로 사용되던 부분을 이용하는 등의 우회적인 경로를 생각해야 할 것이다.[30]

베히에 따르면 우리는 생화학을 통해 세포는 "기계   문자 그대로 분자기계   에 의해 작동하는 것을 알게 되었다."[31] 그가 말하는 분자기계는 복잡한 단백질의 구성 조직을 의미한다. 생명체 활동에 필수 성분인 단백질은 약 오십에서 천 개의 아미노산으로 사슬처럼 결합되어 있다. 각각의 단백질은 서로 다른 기능들을 수행한다. 이처럼 하나의 세포를 온전히 활동하기 위해서는 서로 다른 기능을 하는 단백질의 복잡한 구성이 전제되어야 한다. 물론 하나의 단백질은 수많은 아미노산의 복합적 결합으로 이루어져 있다. 이처럼 하나의 세포는 우리가 생각하는 것보다 훨씬 더 복잡한 구성 요소

---

30 앞의 책, 101.
31 앞의 책, 83.

들의 복합적 산물인데, 이들 각각의 구성 요소들이 개별적으로 진화되어 하나의 세포를 구성했다고 보기는 어렵다.[32]

　그러나 브라운 대학의 생물학자 케네스 밀러는 편모 모터에서 발견하는 단백질 부품들의 상당수가 더 간단한 시스템에서도 발견된다고 지적한다. 그리고 편모 모터의 일부 단백질은 다른 기능들을 수행하고 있다가 박테리아 편모 모터를 위해 상호적으로 적응해 나갔다고 주장한다. 즉, 쓰임새가 다른 단백질 선구체들이 새로운 기능을 위해 서로 협력하면서 발전되어 나간 셈이다.

　　펌프의 단백질들은 이미 어떤 기능을 가지고 있기 때문에 자연선택은 그것들을 유지할 수 있었을 것이다. 일단 그것들은 모터 조립을 위해 빌려온 뒤에 또 다른 기능을 가질 수 있었을 것이고, 또다시 자연선택에 의해 선택될 수 있었던 것이다. 이러한 방식으로 박테리아 모터는 이미 존재하는 단백질 부품들로부터 발전되어 올 수 있었고, 그것은 더 이전의 더 간단한 기계들에 의해 사용되었던 것들이다. 그래서 상호적응 지지자들은 다음과 같이 결론을 내린다. 편모 모터가 단지 겉보기에만 '수많은 연속적이고 작은 변형을 통해서 생길 수 없는 어떤 복잡한 기관'으로 보일 뿐이다. 따라서 자연선택과 돌연변이는 상호적응 과정을 통해 단백질 기계부품들을 임시변통해서 어떤 복잡한 분자기계를 만들어낼 수 있다.[33]

　이처럼 복잡한 시스템도 진화의 과정을 통해 발생할 수 있음이

32 앞의 책, 84-85.
33 스티븐 마이어 외/이승엽 · 김웅빈 옮김,『생명의 진화에 대한 8가지 질문』, 120.

밝혀지자 베히는 이에 대한 답변으로 자신의 주장이 "균형을 상실"했다고 고백했다.[34] 하지만 지적 설계의 입장에서 신다윈주의 생물학자들에 대한 반론도 만만치 않다.[35]

생물학의 전문적인 분야이기에 비전문가의 입장에서 따라잡기가 쉽지 않지만, 베히의 환원 불가능한 복잡성은 여전히 논쟁 중에 있음을 알 수 있다. 지적 설계에 반대하는 사람들은 지적 설계가 과학적이지도 않으며, 그 추론의 근거가 최상의 것이라고 생각하지도 않는다. 왜냐하면 지적 설계는 과학적 증거들 중 자신들의 견해에 부합하는 것만 조건적으로 취하기 때문에 과학적이지 않다고 한다. 또한 과학 자체가 지적 설계자의 존재라는 형이상학적 결론으로 안내하지 않기 때문에 지적 설계의 논증은 과학적이라기보다는 이미 신앙적이라고 해야 옳을지도 모른다. 또한 과학적 연구가 계속되고 있는 상황에서 어떤 특별한 결론을 바탕으로 하여 지적 설계자를 추론하는 논증이 과연 최상의 설명인지도 의심스럽다. 왜냐하면 과학의 더 깊은 연구가 지적 설계론이 수용하기 어려운, 생명 탄생에 대한 최상의 설명을 제시한다면 지적 설계론이 주장하는 최상의 설

---

34 Michael Behe, "Reply to my Critics," *Biology and Philosophy* 16 (2001. 11.), 695. 존 벨라미 포스터 · 브렛 클라크 · 리차드 요크/박종일 옮김, 『다윈주의와 지적 설계론』(고양: 인간사랑, 2008), 222 재인용; Michael Behe, "Reply to my Critics" (http://www.iscid.org/papers/Behe_ReplyToCritics_121201.pdf).

35 스티븐 마이어 외/이승엽 · 김웅빈 옮김, 『생명의 진화에 대한 8가지 질문』, 121-122: 비판은 다음과 같다. 1) 상호작용 가설은 실제로 분자들의 상호 배열의 문제를 너무 쉽게 생각하고 있다. 앨런 오르의 지적처럼 "자동차의 변속장치의 절반이 갑자기 에어백 부분에 유용하게 쓰이기를 바라는 편이 낫겠다"고 말할 정도다. 2) 세포 펌프와 박테리아 섬모의 유전자와 단백질을 분석해 보니 모터의 단백질이 펌프의 단백질보다 더 오래된 것으로 추정된다는 지적이다. 그렇다면 진화는 거꾸로 일어난 것이 된다. 3) 일부 단백질을 빌려왔다고 하더라도 섬모 단백질 중 절반 이상이 섬모에만 유일하게 나타나는데, 이것들은 어디서 빌려 온 것인가?

명은 최악의 설명이 될 수도 있기 때문이다.

진 폰드(Jean Pond)는 지적 설계론에 반대하면서 로버트 페녹의 말을 인용한다.

> 지적 설계 이론가들은 페일리의 케케묵은 논증을 과학적으로 꾸며서 우리에게 제시했다. 즉 신은 하늘의 큰 시계공, 신적인 유전공학 기술자, 고성능화된 '지성'이 되었다. … 신을 자연화해서 신의 지적 설계를 추론하려고 시도하면서 지적 설계 창조론자들은 신을 기계의 일부로 만들고 있다.[36]

지적 설계론의 맹점은 과학의 한계선상에서 그 틈새를 메우는 신에게로 점프한다는 것이다. 물론 이런 점프의 가능성이 터무니없는 것은 아니라 하더라도 언제까지 신은 이렇게 소위 "작업가설"로 설정되어야 하는 것일까? 지적 설계론은 한편에서는 이성적이고 합리적인 방법으로 신 존재에 도달하려는 자연신학적인 방법론을 추구하지만, 결국엔 작업가설로 설정된 신을 도입하여 자신의 이론을 뒷받침하게 만든다. 그러나 과학 이론이란 언제나 수정될 수밖에 없는데, 그렇다면 그 결과에 따라 신의 존재는 항상 위태위태해야만 하는가?[37]

---

36 Robert T. Pennok, *Tower of Babel: The Evidence Against the New Creationism* (MIT Press, 1999), 308. 리차드 칼슨 엮음/우종학 옮김,『현대과학과 기독교의 논쟁』(2003), 234에서 재인용.

37 호남신대의 정기철 교수는 과학과 종교의 관계를 논하면서 본회퍼가『옥중서간』에서 기계장치의 신, 작업가설의 신이 성인된 현대사회에 더 이상 설득력이 없을 뿐 아니라, 비기독교적이라고 주장한 것을 적절하게 상기시킨다. "도킨스의 무신론에 대한 신학 변증,"「한국기독교신학논총」64 (2009): 143-164.

지적 설계론의 또 다른 대표자 윌리엄 뎀스키는 자신의 책『지적 설계』에서 틈새의 신을 옹호하며, 이를 자연주의에 대한 대안으로 제시한다. 그는 설계자의 존재와 활동을 언급하는 '탐지 가능성 문제'와 설계자의 활동이 어떻게 가능한지를 설명하는 '양상 문제'를 구분하면서 양상 문제가 제대로 해결되지 않는다 해도 탐지 가능성이 문제시되는 것은 아니라고 한다. 예컨대 우리는 스트라디바리우스가 바이올린을 어떻게 만들었는지를 모르지만(양상 문제), 그가 이렇게 훌륭한 바이올린을 만들었다는 사실(탐지 가능성 문제)을 알 수 있다. 더 나아가 현대 생물학이 양상 문제에서 더 이상 자연주의적으로 설명할 수 없는 경우에는 예외적인 설명인 초자연주의적 설명을 제시할 수 있다고 주장한다. 뎀스키는 인과율적 자연주의로 설명될 수 없는 부분에 대해서는 초자연적 존재의 개입을 주장한다고 해서 이것이 과학의 영역을 벗어난 것이라고 할 수 있는가를 묻는다.

어떤 이상한 현상 M이 관측되었다고 가정하재M은 기적(miracle)을 의미한다]. M에 대해서 과학적으로 수용할 수 있는 일상적인 설명을 발견하기 위해 탐구를 수행했다. 그런데 그 탐구가 실패했다. 결론은 다음과 같다. 과학적으로 받아들일 수 있는 일상적인 설명은 존재하지 않는다. 여기에 문제가 있는가?[38]

38 윌리엄 뎀스키/서울대학교 창조과학연구회 옮김,『지적 설계』(서울: IVP, 2002), 310. 틈새의 신에 대한 반론과 방어는 303-312.

결국 지적 설계론은 과학적 설명이 한계에 부딪혔을 때 그것을 돌파하고자 하는 하나의 추론이라고 말할 수 있다. 이는 기존의 방법론적 자연주의에 대한 지적 설계론의 비판과도 상통한다. 지적 설계론에 따르면 방법론적 자연주의만으로는 자연 세계에 대한 비밀을 다 해결할 수 없다. 생명과 자연의 신비 앞에 인간의 무지를 고백하고 인정하는 겸허한 자세야 말로 과학 탐구의 전제이다. 하지만 이러한 겸허한 자세가 경험과학적 탐구를 통해서는 결코 발견되거나 확인될 수 없는 지적 설계자의 존재를 필연적으로 요청해야 하는가? 지적 설계론이 환원 불가능한 복잡성을 언급하면서 지적 존재의 필요성을 주장할 때, 과연 지적 설계론은 여전히 과학일 수 있는가? 방법론적 자연주의가 끝나는 지점 그리고 환원 불가능성을 선언하는 지점은 과학의 한계 영역이다. 하지만 과학은 이 한계 영역을 치밀하게 파고들어 한 걸음 더 나아가려고 하는 인간의 노고이지, 여기서 멈춰 서서 갑작스럽게 지적 설계자를 요청하는 안일한 태도일 수는 없다. 더 이상 과학적으로 해명될 수 없는 지점, 즉 과학의 한계에 대한 인식 자체는 과학 연구의 결과라고 할 수 있지만, 그러한 한계를 돌파하기 위해 지적 설계자를 끌어들이는 태도는 과학이라 할 수 없다. 과학의 한계를 돌파하기 위해서는 계속적인 연구가 필요할 뿐이다. 실제로 지적 설계론자들이 환원 불가능한 복잡성이라고 부르는 부분이 오늘날 진화론적으로 해명되고 있다.[39] 이후에 살펴보겠지만 생물학적 진화 이론으로 신의 존

---

[39] 제리 코인, "지적 설계는 왜 과학이론이 아닌가?," 존 브록스만 엮음/김명주 옮김, 『왜 종교는 과학이 되려 하는가』 (서울: 바다출판사, 2017), 29(15-38).

재를 부정하려는 진화주의가 과학일 수 없듯이 과학의 한계를 지적하면서 신의 존재를 끌어들이려는 지적 설계론도 과학일 수 없다. 이런 점에서 과학은 가치중립적이라고 할 수 있다.[40]

기독교 신앙의 관점에서 하나님의 존재는 신비이다. 하지만 여기서 신비란 인간의 무지와 지적 한계로 인한 것이 아니라, 인간의 지성과 기술이 아무리 발달해도 영원히 해명할 수 없는 영역으로서의 신비를 뜻한다. 더구나 하나님의 신비에 대한 고백은 신앙이지 과학의 결과일 수 없다. 마찬가지로 지적 설계론이 지적 설계자를 요청하는 행위는 종교적 태도이지 과학적 연구의 일환이라고 할 수는 없다. 더 나아가 지적 설계자가 누구이며, 무엇인지가 명확하게 규정되지 않는 한, 초자연적 지적 설계자를 기독교 신앙의 하나님과 일치시킬 수 있을지도 의문이다.[41]

4. 유신진화론

생명체의 진화와 관련해서 기독교 신앙이 취할 수 있는 세 번째 입장은 유신진화론이다. 창조과학회나 지적 설계학회와는 달리 유신진화론자들은 따로 어떤 학회를 만들지 않았기 때문에 유신진화론이라는 딱지를 누구에게 붙여야 하는지 명확하지 않으며 또 우리

---

40 우종학, 『과학시대의 도전과 기독교의 응답』, 84.
41 제리 코인은 약한 형태의 지적 설계론과 강한 형태의 지적 설계론을 구분하면서 윌리엄 뎀스키의 경우 지적 설계자와 기독교의 신을 일치시키는 강한 형태의 지적 설계론을 대표하고 있다고 본다. 제리 코인, 앞의 글, 30.

가 설명하려는 유신진화론의 입장에 있으면서도 스스로는 유신진화론자가 아니라고 말할 수도 있다.

그렇다면 유신진화론의 입장은 어떻게 요약될 수 있을까? 유신진화론은 신의 존재와 활동을 믿으면서 현대진화론을 수용하고 과학으로서의 진화론과 창조 신앙 사이에 아무런 모순이 없다는 입장이라고 요약할 수 있다. 유신진화론자들은 창조과학회의 입장처럼 성서를 문자적으로 해석하지 않고, 성서의 상징성과 의미를 중시한다. 또한 과학 이론과 세계관적 이념을 구분하여 우주와 생명의 진화를 과학 이론으로 수용하지만, 그것을 세계의 의미와 목적을 이해하는 세계관적 이념으로 받아들이지 않는다. 즉, 진화 이론이 자칫 세계관적인 신념으로 전환되어 진화론적 무신론으로 오용되어서는 안 된다고 한다. 진화 이론은 진화에 대한 과학적 설명일 뿐 그 자체가 특정한 형이상학적인 이념과 동일시될 필요는 없다고 본다.[42]

이처럼 유신진화론은 우주와 생명의 탄생과 전개 과정을 설명하는 과학 이론으로서의 진화를 긍정하면서 이 진화의 메커니즘 자체가 하나님의 거대한 섭리와 계획 속에 있다고 본다. 즉, 진화 이론은 하나님께서 세상을 만드시고 이끌어 가시는 그 과정을 과학적으로 드러내고 있을 뿐이다.

예컨대 평생을 무신론자로 살다가 2000년대 들어 유신론을 긍정한 앤터니 플루(Antony Flew, 1923~2010)도 최근 과학 이론과 관련해서 다음과 같이 자신의 생각을 밝혔다.[43]

---

42 우종학, 『무신론기자, 크리스챤 과학자에게 따지다』, 40. 물론 우종학 교수 자신은 스스로를 유신진화론자로 인정하지 않는다.

신의 존재를 지지하는 논증 중 가장 대중적으로 설득력 있게 다가오는 것은 이른바 '설계논증'일 것이다. 이 논증에 따르면, 자연에서 볼 수 있는 설계의 모습은 우주적 설계자의 존재를 암시한다. 나는 이 논증이 실제로는 질서에서 설계로 가는 논증이라는 점을 자주 강조했다. 이런 논증은 자연에서 볼 수 있는 질서에서 출발해 설계의 증거, 더 나아가 설계자의 증거를 제시하기 때문이다. … 특히 두 영역의 발전이 나를 이런 결론으로 이끌었는데, 첫째는 자연법칙의 기원에 대한 물음 및 그와 관련된 저명한 현대 과학자들의 통찰이고, 둘째는 생명과 생식의 기원의 문제다.

앤터니 플루는 과연 지적 설계를 지지하는가 아니면 유신진화론의 입장에 서 있는가? 이에 대한 대답은 쉽지 않다. 왜냐하면 지적 설계나 유신진화론 모두 자연 세계 내에 신적 존재의 설계 또는 계획이 내재해 있다는 사실을 긍정하기 때문이다. 다만 설계라는 개념을 우주와 생명의 진화 과정 중 특정한 영역에 한정하느냐 아니면 진화의 전 과정과 연관시키느냐에 따라 지적 설계론과 유신진화론은 구분된다.

물리학자이면서 성공회 사제인 폴킹혼(John Polkinghorne)[44]이나 인간게놈 프로젝트의 총책임자였던 프랜시스 콜린스,[45] 생물학 박사학위를 소유한 신학자 알리스터 맥그라스[46]와 같은 유신진화론의 지지자

---

43 앤터니 플루/홍종락 옮김, 『존재하는 신』 (서울: 청림출판, 2011), 107.

44 우리말로 소개된 대표작 중 일부로는 존 폴킹혼/이정배 옮김, 『과학시대의 신론』 (서울: 동명사, 1998); 우종학 옮김, 『쿼크 카오스 그리고 기독교』 (서울: SFC, 2009); 현우식 옮김, 『양자물리학과 기독교신학』 (서울: 연세대학교출판부, 2009)

45 프랜시스 콜린스/이창신 옮김, 『신의 언어』 (파주: 김영사, 2009)는 과학자로서 유신진화론을 대변하고 있다. 또한 콜린스의 홈페이지(http://biologos.org/)도 참고.

들[47]도 진화하는 자연 세계 내에 있는 인류 원리(Anthropic Principle)나 미세 조절과 같은 개념에 주목한다. 인류 지향의 원리란 자연 세계의 진화 과정을 면밀히 검토하면, 이러한 진화의 과정에서 조그마한 오차라도 용인한다면 지금의 지구의 모습이 불가능하며, 오늘날과 같이 생명체가 출현하고 인류가 생존하기 위해서는 모든 조건이 미세하게 조절(fine tuned)되어야만 한다는 것을 의미한다. 즉, 우주는 인류 탄생을 위해 세밀하게 설계되어 있었다고 추정해 볼 수 있다.[48] 만약 우주가 세밀하게 조정되어 있지 않았다면 생명과 인류의 탄생을 가져오지 못했을 것이다.

이처럼 우주가 세밀하게 조정되어 있지 않았다면 생명과 인류의 탄생을 가져오지 못했을 것이다. 그리고 이러한 추론은 유신론적 신앙에 기여하는 듯하다. 물리학자인 폴 데이비스는 우주의 합리성

---

46 알리스터 맥그라스/박규태 옮김, 『우주의 의미를 찾아서』 (서울: 새물결플러스, 2003); 박세혁 옮김, 『과학신학』 (서울: IVP, 2011); 정성희 · 김주현 옮김, 『과학과 종교 과연 무엇이 다른가』 (서울: LINN, 2013); 전의우 옮김, 『기독교 변증』 (서울: 국제제자훈련원, 2014).

47 유신진화론에 대한 가톨릭의 입장은 오경환 신부의 홈페이지(http://www.ohkh.net/)를 참조.

48 프랜시스 콜린스/이창신 옮김, 『신의 언어』, 77-78. 빅뱅우주론과 관련된 미세 조절의 예: 1) 대폭발 후 1초의 1000분의 1이라는 시간 동안 쿼크와 반쿼크는 완전히 응축되면서 소멸하고 에너지를 지닌 광자를 방출했다. 이때 물질과 반물질이 정확하게 대칭을 이루지는 않아, 쿼크와 반쿼크 약 10억 쌍 중에 1쌍 꼴로 쿼크가 하나 더 많았다. 이러한 비대칭이 없었다면 오늘날의 우주는 형성되지 않았다. 2) 대폭발이 일어나고 1초 뒤의 팽창률이 10^{-17}이라도 작았다면, 우주는 현재의 크기에 도달하기도 전에 다시 붕괴했을 것이다. 반면에 그 팽창률이 100만 분의 1만큼이라도 컸다면 별과 행성은 생겨나지 않았을 것이다. 3) 양성자와 중성자를 한데 묶는 강한 핵력이 아주 조금만 더 약했어도 우주에는 오직 수소만 존재했을 것이다. 반대로 핵력이 조금만 더 강했어도 대폭발 초기의 수소가 100퍼센트 모두 헬륨으로 바뀌었을 것이다. 그렇다면 별의 융합이나 중원소의 생성이 불가능했을 것이다. 반대로 핵력이 조금만 더 컸더라도 탄소의 부족으로 생명체가 탄생할 수 없었을 것이다.

에 대한 과학적 발견이 신적 존재를 긍정하도록 만든다고 고백한다.

과학은 우주가 구석구석까지 완벽히 합리적이고 논리적이라는 가설에 기초해 있다. 기적은 허용되지 않는다. 그렇다면 물리적 우주를 통제하는 특정한 자연의 법칙들에는 어떤 이유가 있어야 한다는 말이 된다. 무신론자들은 법칙이 존재하는 이유는 없으며 우주는 궁극적으로 부조리하다고 주장한다. 과학자로서 나는 이 말에 동의하기 힘들다. 우주의 논리적이고 질서정연한 본질이 뿌리를 박은 불변의 합리적인 기반이 틀림없이 있을 것이다. 이 합리적인 기반이 아우구스티누스가 말한 신이 아닐까? 그럴지도 모른다.[49]

과학적 진화론을 수용하면서 확고한 창조 신앙을 말하는 프랜시스 콜린스는 1990년부터 시작된 30억 개의 인간 유전자를 해독하는 인간 게놈 프로젝트의 총책임자로서 2003년에 이 프로젝트를 완수하여 인간게놈지도를 완성했고, 소위 맞춤형 치료를 위한 오바마 케어를 위해 2015년에는 미국국립보건원의 수장으로 임명되어 100만 명의 게놈을 분석하는 작업을 지휘하고 있다. 그는 대학 시절 무신론자였지만 의사 생활을 하면서 독실한 신자가 되었고, 자신의 신앙과 진화론의 양립 가능성을 말하면서 자신의 유신진화론을 다음과 같이 6가지로 요약했다.[50]

---

49 폴 데이비스 "대폭발 이전에는 어떤 일이 있었나?," 러셀 스태나드 엮음/이창희 옮김,『21세기의 신과 과학 그리고 인간』(서울: 두레, 2002), 32-35, 34-35에서 인용.
50 프랜시스 콜린스/이창신 옮김,『신의 언어』, 202.

1. 우주는 약 140억 년 전에 무에서 창조되었다.

2. 확률적으로 대단히 희박해 보이지만, 우주의 여러 특성은 생명이 존재하기에 적합하게 짜여졌다.

3. 지구상에 처음 생명이 탄생하게 된 경위는 정확히 알 수 없지만, 일단 생명이 탄생한 뒤로는 대단히 오랜 세월에 걸쳐 진화와 자연선택으로 생물학적 다양성과 복잡성이 생겨났다.

4. 일단 진화가 시작되고부터는 특별한 초자연적 존재가 개입할 필요가 없어졌다.

5. 인간도 이 과정의 일부이며, 유인원과 조상을 공유한다.

6. 그러나 진화론적 설명을 뛰어넘어 정신적 본성을 지향하는 것은 인간만의 특성이다. 도덕법(옳고 그름에 대한 지식)이 존재하고 역사를 통틀어 모든 인간 사회에서 신을 추구한다는 사실이 그 예가 된다.

그리고 그는 여기서 유신진화론이 신을 증명하려는 과학이 아님을 또한 분명히 한다. 즉, 유신진화론의 주장은 과학적 진화론을 신앙적으로 수용한 것이지 과학도 아니며, 신 존재 증명도 아니다. 과학적 진화론에 의해 규명되는 생명의 변이와 변천을 신앙의 입장에서 충분히 수용할 수 있음을 유신진화론은 말하고자 한다. 창조와 진화는 대립되거나 상충될 필요도 없으며, 무관하게 병렬될 필요도 없다. 창조 신앙은 과학적 설명으로서의 진화를 수용하고 대화할 수 있다.

하지만 유신진화론은 과학적 진화 이론을 철학적으로, 형이상학적으로 확장시켜 우주의 기원과 삶의 의미까지 모두 해명하려는 사이비 과학에 대해서는 경계심을 늦추지 않는다. 즉, 유신진화론은 이러한 유물론적 진화주의와는 대립한다. 또한 진화를 맹목적이고 전적으로 우연적이라고 해석하는 견해에 대해서도 반대한다. 왜냐하면 신앙의 안목으로 봤을 때 진화 과정의 우연성은 피조 세계에 허락된 자유이면서 신의 계획 속에 있기 때문이다.

5. 유신진화론의 과제와 전망

우주와 생명의 진화를 창조 신앙과 양립 가능하다고 보는 견해를 유신진화론에서 발견할 수 있다. 물론 유신진화론도 세부적으로는 다양한 형태로 전개되고 있다. 그렇다면 기독교 신학과 과학의 관계에 도움을 주는 유신진화론의 과제와 전망은 무엇인가?[51] 기독교 신학의 전통에서 볼 때, 하나님과 전체로서의 자연을 동일시하는 범신론적 입장(deus sive natura: 신은 곧 자연)을 지지하기는 매우 어렵다. 왜냐하면 여기서는 하나님의 초월성과 인격성이 무시되기 때문이다. 따라서 진화 과정 자체를 하나님의 계획으로 인정한다고 하더라도 하나님 자신은 진화 과정 속에 매몰되지 않고 자연을 초월해 계시면서 이를 이끌어 가시는 분으로 이해되어야 한다. 그러나 다른 한편 진화가 하나님의 창조의 과정이라고 한다면 이제 하나님은 더 이상 '초자연적으로', '강제적으로' 자연 세계 내

---

51 박영식, "창조와 진화에 관한 개신교 신학의 입장," 「공동선」 101 (2011): 29-35에서 31 이하를 수정하여 옮겼다.

에 개입한다고 말할 수도 없다. 그렇게 되면 하나님은 자신이 정해 놓은 법칙을 스스로 붕괴해 버리게 될 것이다. 그렇다면 하나님은 창조 이후엔 이 세상과는 무관한 존재로 남겨져야 하는가?

1) 하나님은 영원 전부터 영원 안에서 자연 세계의 진화 과정을 계획하시고 예정하셨다. 따라서 하나님은 진화가 제멋대로 일어나 도록 내버려 두신 분이 아니라, 그분의 영원한 예정 안에서 이미 진화의 과정을 통해 인간의 출현을 예견하셨고, 그렇게 이끌어 오셨다. 우리의 협소한 시각에서 보는 우연성과 맹목성, 잔인성은 모두 영원하신 하나님의 예정 안에서 가장 탁월하게 설계된 것들이다.

2) 하나님은 자연 세계 내에 초자연적으로 개입하지는 않지만, 그의 영을 통해 자연적으로 진화의 과정에 내재하신다. 이때 하나님의 영은 진화 과정의 새로움을 야기하는 추동력으로, 창조적 에너지로 피조 세계 내에 역동하는 생명력으로 묘사될 수 있다. 하나님은 초월적 존재이지만, 그의 영을 통해 내재적으로 일하신다.

3) 하나님은 사랑을 통해 피조 세계를 창조하셨고, 창조와 더불어 피조 세계에 자율성을 부여함으로써 이 세계와의 사귐 안에 들어오셨다. 이 과정에서 하나님은 자신의 힘을 스스로 제한하셨다. 하나님께서 자신을 제한하고 축소하지 않았다면 피조 세계를 위한 창조의 공간이 마련되지 않았을 것이다. 창조는 피조물을 향한 하나님의 사랑이며 진화는 하나님과의 사귐을 향한 피조물의 사랑이

다. 하나님은 진화 과정 속에 일어나는 새로움을 무한히 긍정하며 여기에서 파생하는 부정적인 것 또한 자기 스스로 감내하신다.

4) 우리의 부분적인 시각에서 볼 때, 진화는 우연적이고 맹목적이고 무작위로 일어나는 듯하지만, 진화의 전체 과정을 고려해 볼 때 분명 특정한 방향과 질서를 가지고 있으며 세밀한 초기 조건들에 의해 제약되고 있음을 알 수 있다. 이처럼 하나님은 진화의 과정을 파괴하지 않으면서 진화를 하나님이 원하는 방향으로 유도하신다. 이때 하나님은 모든 것을 마음대로 하는 폭군도 아니며, 단번에 변화시키는 마술사도 아니다. 하나님은 진화의 길고 느린 과정을 동반하며 진화의 과정을 유도하고 설득하신다.[52]

5) 진화의 우연성과 새로움의 출현을 염두에 둘 때, 이 세계는 결정론적으로 닫힌 체계가 아니라 비결정적이며 개방된 체계로서 하나님의 창조적 사랑을 수용하고 표현한다.

위의 다섯 가지 설명은 사실 엄밀하게 구분되는 모델은 아니다. 유신진화론의 입장에서 서술된, 공통점을 지니면서도 관점이 약간씩 다른 생각들이다. 1)이 전통적인 예정론의 입장에서 생각된 것이라면, 2)에서 5)는 피조 세계의 자율성과 하나님의 사랑의 모험에 대한 오늘날의 신학적 생각들이다. 오늘날 진화와 창조의 연관

---

52 이런 생각은 화이트헤드의 유기체 철학에 의존하고 있다. 데이비드 레이 그리핀/김희헌 옮김, 『위대한 두 진리』(서울: 동연, 2010), 220-236.

성을 보다 자연과학적으로 해명하고자 하는 신학자들은 우주와 생명의 진화 과정에 내재하는 하나님의 섭리를 카오스 이론이나 양자 이론과 연관시켜 설명하기도 한다. 이때 지금까지 전통적으로 생각되어 왔던 하나님의 '초자연적 간섭'을 대신하여 하나님의 내재적 활동을 성령론적으로 설명할 수 있어야 할 것이다. 또한 자연의 법칙과 같은 우주적 질서를 토대로 일어나는 생명의 변주들을 해명하기 위해서는 삼위일체론적인 관점의 접근도 요구될 것이다. 또한 예정론적 관점을 공고히 붙들 경우 유신진화론은 이신론(理神論)적 성격을 지울 수 없을지도 모른다. 결정론적 예정론에서 벗어나 하나님의 창조적 섭리론을 우주와 생명의 진화와 연결시키는 신학적 상상력이 필요하다.

그렇다면 유신진화론은 지적 설계론과 어떤 점에서 다른가? 지적 설계론은 진화생물학이 해결하지 못하고 있는 부분에 집중한다면, 유신진화론은 과학이 밝혀주고 있는 사실을 긍정적으로 수용한다. 지적 설계론의 입장에서는 진화생물학의 한계선은 지적 설계자를 개입시킴으로써만 돌파될 수 있으며 다른 방법이 없다. 하지만 유신진화론은 과학의 한계점을 아직 과학이 밝혀내지 못한 부분이지, 영원히 밝혀내지 못할 부분으로 해석하진 않는다. 하지만 이들이 과학을 맹신하진 않는다. 다만 과학은 하나님의 세계를 밝히는 도구이며 하나님의 창조 활동을 이해 가능하도록 할 뿐이다.

하나님의 창조 활동은 객관적으로 검증이 가능한가? 지적 설계론에 따르면 하나님의 활동은 과학적으로 해명될 수 있는 객관적 자리를 가진다. 하지만 유신진화론은 오직 신앙의 눈으로만 하나님의 창조 활동을 인식할 수 있으며, 이러한 신앙의 인식과 과학의 발견은 서로 대립하지 않고 공명한다고 주장한다. 이처럼 지적 설계론이나 유신진화론 모두 신앙과 과학의 상관성을 강조하지만, 지적 설계론은 두 분야를 동일한 층위에 두고 비교한다면, 유신진화론은 상이한 층위에 두고 있다.

5 장
과학주의 무신론의 도전

여기서 우리가 말하는 무신론은 프리드리히 니체를 비롯하여 지그문트 프로이트나 포이어바흐, 칼 마르크스, 사르트르로 대표되는 고전적 무신론과는 달리 오늘날의 과학적 연구를 바탕에 둔 무신론으로 과학적 유물론 또는 유물론적 과학주의라고 이름을 붙일 수 있다. 이 책에서는 리처드 도킨스와 에드워드 윌슨의 저서를 통해 이들이 전개하는 과학주의 무신론을 서술하고 과연 이들의 주장이 기독교 신앙을 파괴할 정도로 철저한 것인지를 살펴보고자 한다.

1. 리처드 도킨스

1) 신이라는 망상

오늘날 도킨스는 무신론의 대표자 역할을 자처하고 있다. 그는 자신의 과학적 연구를 종교와 철학 분야까지 확대시켜 대중적인 반향을 얻고 있다. 옥스포드대학에서 '대중적 과학 이해를 위한 찰스 시모니 석좌교수'직을 맡고 있는 리처드 도킨스(Richard Dawkins, 1941~)는 지금은 다소 자제하는 중이지만, 몇 년 전만 해도 저술과 강연뿐 아니라 인터넷과 팸플릿, 버스광고 등을 통해 과학의 이름으로 가장 활발하게 무신론 운동을 전개하던 인물이다. 그는 거침 없이 종교는 악이며, 신은 망상일 뿐이라고 주장한다.[1]

"상상해 보라, 종교 없는 세상을. 자살 폭파범도 없고, 911도, 런던폭탄테러도, 십자군도, 마녀사냥도… 이스라엘과 팔레스타인의 전쟁도, 세르비아와 크로아티아와 보스니아에서 벌어진 대량 학살도 없는 세상을."[2] 존 레넌의 노랫말에 빗대어 종교를 비판한 후 로버트 퍼시그의 말을 인용한다. "누군가 망상에 시달리면 정신 이상이라고 한다. 다수가 망상에 시달리면 종교라고 한다."[3] 하지만 그는 무엇에 근거하여 이런 주장을 펼치는 것일까? 그의 비판은 정당한가?

도킨스는 실제적인 측면에서 현실 종교를 통해 일어나는 여러 가지 부정적인 상황들을 지적하며, 종교가 일종의 악의 축이라고 꼬집을 때도 있다. 하지만 단순히 실제 일어나는 부정적인 사건들만을 예로 든다면 종교가 문제가 아니라 더 근원적인 측면에서는 인간 자체가 악의 화신이라고 해야 하지 않을까? 결국 종교든 뭐든

1 도킨스의 홈페이지, http://www.richarddawkins.net/.
2 리처드 도킨스/이한음 옮김, 『만들어진 신』 (파주: 김영사, 2007), 7.
3 앞의 책, 14.

세상 속에 악을 생산하는 존재는 결국 인간이니 말이다. 인류가 겪는 수많은 고통 중 대부분은 인간에 의해 자행된 일들의 결과이다. 선을 행하는 존재도 악을 행하는 존재도 결국엔 인간인데, 결국 종교 공동체 속에서 인간은 사회적 선을 생산하기도 하고 악을 생산하기도 한다. 종교가 악의 축이라고 말하기 이전에 인간이 악의 근원이라고 말해야 옳을 것이며, 종교가 악의 축이기 때문에 사라져야 한다면 악의 근원인 인간의 종말을 주장하는 것이 오히려 더 설득력이 있을 것이다.

하지만 도킨스의 종교비판은 보다 치밀하고자 한다. 종교가 사회 속에서 빚어내는 여러 해악들에만 집중한다면 그런 비판은 흔해빠진 것에 불과할 것이다. 한 발짝 더 나아가 도킨스는 이제 이론적인 측면에서, 즉 과학적 시각으로 종교를 비판하고자 한다. 문제는 그가 비판의 대상으로 삼고 있는 기독교가 과연 어떤 모습의 종교인가 하는 점이다. 과학으로 무장해서 종교의 환상을 박살내고자 했던 그가 문제 삼고 있는 기독교는 특정한 형태의 왜곡된 기독교이지, 오늘날 건전한 이성을 지닌 신앙인과 신학자들이 믿는 기독교는 아니다. 그는 일종의 허수아비 논쟁을 하고 있는 셈이다. 그는 오늘날의 신학과 폭넓게 대화하지 않았다. 오히려 기독교 전통에 속하지만 이미 내부적으로 결점과 오류를 지적받았던 기독교 전통의 특정 부분을 소환해 마치 자신이 처음으로 비판하는 것처럼 행동한다. 하지만 이미 오래전부터 비판되었던 그 부분을 그는 아마추어 신학자처럼 들춰내고 기뻐하고 있는 셈이다. 그중에서 그가 비판의 칼날을 날카롭게 들이대고 있는 부분은 창조과학과 지적 설

계론의 논리이다.[4]

　도킨스가 진화주의의 입장에서 "신 자신은 진화 과정의 최종 산물"일 뿐이라고 비꼬아 말한 점에 우선 주목해 보자.

　진화된 존재인 창조적 지성은 우주에서 나중에 출현할 수밖에 없으므로, 우주를 설계하는 일을 맡을 수 없다. 이 정의에 따르면, 신은 착각이다. 그리고 앞으로 드러나겠지만, 그것은 유해한 착각이다.[5]

　그는 왜 신이 진화의 최종 산물이라고 생각하는가? 이를 통해 그가 말하려고 하는 주제는 무엇인가? 1) 지적 설계론이 말하는 신적 존재는 지적인 존재로서 복잡하다. 2) 복잡한 지성적 존재는 진화주의의 관점에서 보면 진화 과정의 최종 산물이다. 3) 따라서 신이 존재한다면, 그는 진화 과정의 최종 산물이다. 4) 진화의 최종 산물일 신은 창조주가 될 수 없으며, 오히려 피조물일 수밖에 없다.
　하지만 설령 신이 진화의 최종 산물이라고 하더라도 창조주가 될 수 없는 것은 아니다. 예컨대 인간은 진화 과정에서 후발주자이며, 복잡한 지성적 존재이다. 하지만 인간은 단순한 기계나 심지어

---

4 테리 이글턴/강주헌 옮김, 『신을 옹호하다』(서울: 모멘토, 2009)는 현대무신론의 대표적 주자인 리처드 도킨스와 히친스를 합쳐서 '디치킨스'라고 부르며 이들의 무신론 주장이 이들이 독선적이고 교조적이라고 비판하는 기독교보다 더 독선적이고 교조적이라고 비판한다. 테리 이글턴은 우주와 생명의 기원에 관해 기독교와 논쟁을 벌이려는 도킨스의 주장이 궁극적으로는 범주의 오류에 빠졌다고 지적한다. 즉, 기독교를 과학과 동일한 수준에 놓는 오류를 범하고 있다는 지적이다(17). 그는 마치 기독교가 진화의 과정을 설명하는 종교인양 착각하고 있는데, 이런 오해는 창조론자들이나 지적 설계자들이 만들어낸 왜곡된 기독교의 이미지 때문이다.
5 리처드 도킨스/이한음 옮김, 『만들어진 신』, 51-52.

복잡한 인공지능과 로봇까지 만들어 내고 있다. 따라서 설령 복잡한 지성적 존재가 진화의 최종 산물일 수는 있지만, 최종 산물이 무엇인가를 만들어 내는 창조자 또는 제작자가 되지 말라는 법은 없다.

물론 신은 진화 과정의 최종 산물일 뿐이라는 표현을 통해 도킨스는 신은 진화의 과정 속에서 정신적 존재에 의해 이런저런 이유로 결국엔 '만들어진' 존재일 뿐이라고 주장하고자 한다. 하지만 이는 진화라는 생물학적 과정이 정신과 문화의 영역까지도 사실적으로 발생하게 했다는 형이상학적 전제에 의거할 때만 가능한 추론이다. 그런데 이러한 전제는 과연 과학적으로 뒷받침될 수 있을까? 아니면 무신론적 확정에 의거한 추론일 뿐인가?

도킨스는 자신의 주된 비판의 대상인 지적 설계론의 허상을 벗기고자 한다. 이때 그가 주목한 것은 지적 설계론의 생물학적 토대로 여겨지고 있는 생명체의 '환원 불가능한 복잡성'이다. 지적 설계론에 따르면 생명체에서 발견되는 환원 불가능한 복잡성은 어떤 지적 설계자의 의도가 없이는 이런 복잡성이 생겨날 수 없었을 것이라는 추론을 가능하게 해 준다. 하지만 도킨스는 우주와 생명체가 초자연적인 지성의 설계에 따른 것이라는 신 가설(God Hypothesis)이 왜 설득력이 없는지를 논증하고 다윈의 자연선택만이 유일한 해답임을 입증하고자 한다.[6]

창조론의 '논리'는 언제나 똑같다. 일부 자연현상은 우연을 통해 존재하게 되었다고 보기에는 통계적으로 너무나 가능성이 희박하고, 너무나 복잡하

---

6 지적 설계론에 대한 비판은 앞의 책, 174 이하에서 전개된다.

고, 너무나 아름답고, 너무나 경이롭다. 저자들이 상상할 수 있는 우연의 대안은 오로지 설계뿐이다. 따라서 그 일은 설계자가 한 것이 틀림없다. 그리고 이 잘못된 논리에 대한 과학의 대답도 언제나 똑같다. 설계는 우연의 유일한 대안이 아니다. 자연선택이 더 나은 대안이다.[7]

그렇다면 소위 말하는 환원 불가능한 복잡성에 대한 리처드 도킨스의 대안은 무엇인가?

답은 자연선택이 누적적인 과정이며, 그 과정이 비개연성이라는 문제를 작은 조각들로 나눈다는 사실이다. … 진화는 산을 돌아가서 완만한 비탈을 따라 정상까지 천천히 올라가는 것에 비유된다. 쉽지 않은가![8]

지적 설계론이 아직 해명하지 못한 인간의 무지에 기초하고 있다면, 과학은 바로 이러한 무지를 해명하고자 한다. '아직 알 수 없는 것'과 '영원히 알 수 없는 것'은 구분되어야 한다. 아직 알 수 없는 것 때문에 곧장 신적 존재의 개입으로 도약해서는 안 된다. 그런 점에서 도킨스의 주장은 옳다. 언젠가 해명될 수 있는 틈새를 신적인 개입으로 메우려는 지적 설계론은 무지가 해명될 때 자신의 실패를 깨닫게 될 것이다. 도킨스의 말처럼 과학은 아직 밝혀지지 않는 것들을 밝히고자 하는 노력이다. 지적 설계론이 딛고 있는 무지의 사실이 밝혀질 때, 지적 설계론에 의존했던 신앙도 무너지게 될 것이다.

---

7 앞의 책, 188.
8 앞의 책, 189.

하지만 도킨스가 생물체의 진화 과정을 전적인 우연으로 환원시켜 버리는 태도는 과연 과학적이라고 할 수 있을까? 아직 알 수 없는 것뿐 아니라 어쩌면 영원히 알 수 없는 것을 그는 단순히 우연으로 환원해 버림으로써 그가 전제하고 있는 무신론의 증빙자료로 이용하고 있는 듯하다. 과학이 멈춰서야 할 지점에서 그는 모든 것을 삼키는 우연의 신을 가정하고 역설적으로 무신론이라는 종교로 점프해 버린 것은 아닐까?

도킨스는 신적 존재가 존재할 확률이 복잡한 생물체의 우연적 출현보다 더 개연성이 없다고 맞받아친다. 그에게 한 생물체의 진화는 굉장히 오랜 세월 동안 축적된 결과물이기 때문에 개연성이 희박한 것은 아니다. 로또 1등에 당첨될 확률이 매우 희박하지만, 로또를 수억 년간 계속 구매해서 의미 있는 번호들이 남게 된다고 가정한다면, 아무리 길고 복잡한 숫자라도 당첨될 확률은 점점 높아질 것이다. 이처럼 생물체의 진화는 오랜 세월 동안 우연적 과정들에 의해 축적된 결과로 이루어진 것이며, 따라서 진화하는 생명체의 세계에는 사전에 준비된 어떤 의도도 목적도 존재하지 않는다. 도킨스에 따르면 최초의 자기복제자는 "우연히", "갑자기" 생겼다. 그의 말대로 "매우 불가능한 일"이었지만 어쨌든 단 한 번 생겨나는 것으로 충분했다.9

그가 말하는 우연은 어떤 의미인가? 더 이상은 어떤 방식으로도 해명할 수 없다는 의미일까? 그렇다면 그는 갑자기 우연히, 매우 불가능한 일이지만 단 한 번 일어나는 것으로 충분하다는 식의 불

---

9 리처드 도킨스/홍영남 옮김, 『이기적 유전자』 (서울: 을유문화사, 2008), 62-63.

굴의 신앙을 역설하는 것은 아닌가? 재현할 수도, 검증할 수도 없는, 오직 상상적으로 가정할 수밖에 없는 최초 자기복제자의 탄생에 대한 도킨스의 생각은 과연 과학적인가? 아니면 진화과학을 위한 하나의 추론, 신념, 종교인가?

도킨스는 생명 진화의 우연성을 강조함으로써 우주적 '질서'나 생명체의 '조화'는 도무지 없는 것처럼 착각하도록 만들기도 하지만, 사실 생명체 진화에서 '우연'이라는 범주는 더 큰 범주인 질서 안에 놓여 있는 것이 아닐까? 마치 장기판의 말들을 자유롭게 둘 수 있지만, 장기 룰 안에서만 게임이 자유로울 수 있듯이 말이다. 물고기가 물속에서 자유롭다고 하지만, 그렇다고 하늘을 날아다닐 수는 없지 않은가? 생물체의 진화가 우연적으로 일어나지만, 우연은 아무런 조건도 없이 마구잡이식으로 일어나는 것은 아니다. 우연에도 분명 그러한 우연이 일어날 만한 어떤 조건이 필요하고, 우연으로 일어나는 사건들이 궁극적으로 조화와 질서를 만들어 낸다. 비록 그 조건들이 우연의 결과를 만들어 내는 충분조건은 아니라고 하더라도 말이다.

도킨스는 생명체의 발생과 변이, 생존 가능성은 모두 우연이라고 말한다. 그는 우연성의 개념을 앞세워 소위 신적인 필연성을 배제한다. 모든 것이 우연이라면 설계자가 어디 있으며, 도대체 누가 섭리한단 말인가? 하지만 물리학자들은 우연과 우연이 만들어 내는 복잡성 안에 어떤 질서가 놓여 있다고 말한다. 남녀의 성비의 결정은 전적으로 우연에 내맡겨져 있지만, 항상 거의 비슷하다. 또한 우연이나 불확실성에도 방향이 있는 듯 보인다. 진화 자체가 보여주듯이 단순성에서 복잡성으로 진화는 이루어진다. 우주의 역사를 고찰해 볼 때 우주의 한 모퉁이에 생명이 살아가기에 적합한 환경이 조성되었고, 결국 생명체가 탄생하여 지구 위에 수많은 종이 살고 있다. 즉, 우연은 아무런 인과관계도 성립되지 않는, 밑도 끝도 없는 상태가 아니라 생명체를 탄생시키며 자연 세계를 이끌어가는 탁월한 계기로 이해할 수도 있다.[10]

우연과 필연은 양자택일의 문제가 아니다. 신은 주사위 놀이를 하지 않는다고 했지만, 주사위 놀이도 막무가내로 아무 숫자나 나오는 것이 아니다. 한정된 숫자와 틀이 있다. 주사위 놀이는 우연적 사건을 가능케 한다. 하지만 이 주사위 놀이가 신의 손에서 이뤄진다면, 마냥 우연이 아니라 그 안에 삶의 의미와 신비가 놓여 있다고 할 수 있지 않을까? 이처럼 생명 현상을 무질서와 우연성보다 질서와 조화의 관점에서 볼 때 우리의 삶은 고독과 무의미가 아니라 풍성한 의미와 아름다움이 가득한 것으로 이해될 수 있지 않을까?[11]

2) 이기적 유전자

도킨스에 따르면 생명체 진화의 중심에는 유전자가 있다. 그리고 생명체는 유전자에 의해 조종되는 일종의 기계로 파악된다. 도킨스에 따르면 겉보기에 이타적인 개체의 행동은 실제로는 유전자

---

10 러셀 스태나드 엮음/이창희 옮김, 『21세기의 신과 과학 그리고 인간』 (서울: 두레, 2002), 183.
11 한스 큉/서명옥 옮김, 『한스 큉, 과학을 말하다』 (왜관: 분도출판사, 2011), 196-203에 따르면 우연과 필연의 문제는 궁극적으로는 삶의 무의미성과 유의미성에 관한 "실존적 선택"에 직면하게 된다.

의 생존을 위한 전략일 뿐이다. 유전자에 의해 움직여지는 모든 생물 개체의 이타성 역시 유전자를 다음 세대에 전달해 주기 위한 목적으로 허용되는 것이며, 여기에는 생존을 위한 이기성이 자리하고 있다.

이 책이 주장하는 바는 사람을 비롯한 모든 동물이 유전자에 의해 창조된 기계에 불과하다는 것이다. 성공한 시카고의 갱단과 마찬가지로 우리의 유전자는 치열한 경쟁 세계에서 때로는 몇백만 년이나 생을 계속해 왔다. 이 사실은 우리의 유전자에 특별한 성질이 있다는 것을 기대하게 한다. 이제 부터 논의하려는 것은, 성공한 유전자의 기대되는 특질 중에 가장 중요한 것은 '비정한 이기주의'라는 것이다. 이러한 유전자의 이기주의는 보통 이기적인 개체 행동의 원인이 된다.[12]

우리는 다음의 말에 주목하게 된다. 1) 개체는 유전자에 의해 창조된 기계에 불과하다. 아니, 더 나아가 유전자에 의해 조작되고 작동되는 기계이다. 2) 유전자는 치열한 생존경쟁에서 살아남기 위해 이기적인 전략을 사용한다. 3) 이러한 유전자의 이기성은 개체 행동의 원인이 된다. 하지만 정말 그런가? 정말 인간은 유전자에 의해 조작되고 조정되고 있는가?

실제로 도킨스는 '이기적 유전자'라는 명칭을 통해 진화가 어떤 수준에서 일어나는지를 해명하고자 한 것이다. 과연 생존경쟁이라는 진화의 살벌한 과정 속에서 살아남아 진화를 가능케 하는 것은

---

12 리처드 도킨스/홍영남 옮김, 『이기적 유전자』, 42.

무엇인가? 도킨스의 대답은 진화는 개체나 집단이 아니라 유전자 수준에서 일어난다는 것이다. 그리고 유전자의 이러한 생존 전략을 '비정한 이기주의'라고 표현한다.

물론 유전자만 이기적인 것은 아니다. "자연선택의 과정을 보면 자연선택에 의해 진화되어 온 것은 무엇이든 이기적일 수밖에 없다는 것을 알게 된다."[13] 왜 그런가? 그가 사용하는 '이기성'이란 표현은 어떤 행동의 동기(動機)가 아니다. "우리는 여기서 의식적인 동기에 관계하는 그 무엇도 말하고 있지 않다는 것을 기억해야 한다."[14] 도킨스에게 '이기적'이란 단어는 동기가 아니라 생존경쟁에서 살아남은 실제적인 결과와 관련된다. 진화가 최적자(the fittest)의 생존을 의미한다면, 도대체 "최적자의 단위란 개체일까, 품종일까, 종일까? 아니면 다른 무엇일까?"[15] 도킨스는 기존의 개체 선택설이나 집단 선택설 대신에 유전자 선택설을 선호한다.

실제로 다윈은 개체 선택설을 옹호했지만, 인간의 도덕성과 이타성과 관련해서는 집단 선택설을 주장했다. 즉, 이타적인 인간집단이 다른 집단에 비해 생존 가능성이 높다고 본 것이다. 집단 선택설은 조류학자 에드워즈나 행동생태학자 로렌츠에 의해 동물 세계에게도 적용되었다. 이들은 맹수들이 격렬하게 싸우다가도 상대를 죽이지 않는 이유를 '종의 보존을 위해서'라고 주장했다. 하지만 조지 윌리엄스는 1966년『적응과 자연선택』에서 집단을 위한 형질들

13 앞의 책, 45.
14 앞의 책, 48.
15 앞의 책, 49.

은 빠르게 사라지기 때문에 장기적 관점에서 볼 때 진화가 거의 불가능하다는 점을 지적하면서 생물의 이타성이 집단이 아니라 개체에 더 큰 유익을 준다고 주장한다. 즉, 그의 설명에 따르면 암사자들이 집단으로 사냥하는 이유는 혼자 사냥할 때보다 집단으로 사냥했을 때 개체에게 돌아올 몫이 더 많기 때문이다.[16]

하지만 도킨스는 개체 선택이나 집단 선택을 비판하고 해밀턴의 친족 선택을 유전자의 관점에서 비판적으로 수용하여 진화를 설명하고자 한다. 그에 따르면 진화를 유전자의 수준에서 서술하면, 동물들의 상호 호혜성이나 희생도 어려움 없이 잘 이해될 수 있다. 유전자는 개체의 희생과 소멸에도 불구하고 자신의 생존 가능성을 높이는 방향으로 생존하고 진화해 나아간다. 이러한 그의 설명은 진화론자로서 탁월한 관점이라고 할 수 있다.

하지만 다음과 같이 물어볼 수 있다. 1) 진화의 과정이 특정한 방향도 의도도 목적도 없이 일어난다는 말과 2) "유전자가 이기적이다"라는 말은 서로 모순적이지 않은가? 1)은 분명히 '의향' 또는 '의지'와는 아무런 관련이 없음을 뜻하는 반면, 2)는 마치 유전자가 '의향'이나 '의지'를 가지고 있는 듯 묘사한다. 과연 유전자는 이기적인 '의지'를 가질 수 있는가? 이에 대해 가능한 대답은 앞에서 언급했듯이 도킨스가 말하는 '이기성'이 동기나 의향이 아니라 진화의 결과와 관련된 '비유적 표현'이라는 것이다. 하지만 도킨스는 자신의 글 속에서 이를 의도적인지 아닌지는 알 수 없지만, 종종 혼동하거나 망각하도록 만들었다.

---

16 장대익, 『다윈의 식탁』 (파주: 김영사, 2009), 49 이하.

사실 유전자의 '이기성'은 생존경쟁에서 살아남은 유전자만 다음 세대에 전달될 수 있다는 진화론적 가정을 그대로 되풀이하는 것에 불과한 것이 아닌가? "자연선택의 과정을 보면 자연선택에 의해 진화되어 온 것은 무엇이든 이기적일 수밖에 없다는 것을 알게 된다"라는 그의 주장대로 '이기성'은 새로운 사실의 발견이라기보다는 기존 사실에 대한 새로운 표현일 뿐이다. 그런데 이 표현에 유전자를 결합시켜 "유전자는 이기적이다"라는 주장을 만들어 내면 혼란이 가중된다. 마치 유전자가 이기적일 수도 이타적일 수도 있는데 이기적인 선택을 한 것처럼 착각하게 되며, 유전자가 그러한 의도나 의향을 지니고 있는 존재로 오해된다.

물론 도킨스의 '이기적 유전자'가 진화생물학을 설명하는 새로운 관점을 제공했다는 사실을 폄하할 필요는 없다. 다만 그가 유전자의 이기성에서 한 걸음 더 나아가 개체의 이기성을 거론할 때 문제가 발생한다. 예컨대 다음 문장들을 보자.

> 성공한 유전자의 기대되는 특징 중에 가장 중요한 것은 '비정한 이기주의'라는 것이다. 이러한 유전자의 이기주의는 보통 이기적인 개체 행동의 원인이 된다.[17]

인용된 이 문장들은 마치 유전자가 지성이나 의지를 가진 존재인 것처럼 묘사하며, 인간이 그 자체로 유전자의 집합체로서 유전자의 이기성에 조정되는 듯한 인상을 준다. 그래서 그는 또한 이렇

---

17 리처드 도킨스/홍영남 옮김, 『이기적 유전자』, 42.

게 말한다. "우리는 이기적으로 태어났다. 그러므로 관대함과 이타주의를 가르치도록 시도해 보자."[18] 뒤늦게 그는 『이기적 유전자』 30주년 기념판 서문에서 자신의 잘못을 반성한다.

> 내가 '운반자'(보통 개체)와 그 안에(실제로 유전자 2판에 첨가된 13장에 모든 문제가 설명되고 있다) 내재되어 있는 '자기복제자' 사이의 구별에 대한 생각이 뚜렷해지기 시작한 것은 1978년이 되어서였다. 여러분은 위의 틀린 문장과 그런 취지의 표현들을 마음속에서 지워버리기 바란다.[19]

그런데 도킨스는 자신의 고백과는 달리 계속해서 개체의 이타성을 유전자의 이기성 관점에서 해소해 버리기도 한다. 심지어 종교적 희생도 이기적 유전자의 관점에서 해명한다. 그는 유전자와 개체만이 아니라 유전자와 문화를 또한 이기성(즉, 생존 가능성에 유리하다)이란 관념으로 연결시켜 놓음으로써 노골적으로 종교가 어떻게 생존 가능하게 되었는지를 설명하고자 한다. 그는 문화의 진화를 설명하기 위해 모방이라는 뜻의 그리스어 mimeme와 유전자를 뜻하는 gene을 결합시켜 만든 '밈'(Meme)이라는 신조어를 만들고, 밈을 생물학적 유전자처럼 자신을 복제하는 문화적 복제자라고 명명한다. 즉 밈은 "뇌에서 뇌로 퍼져 자기복제"[20]하는 문화적 복제자이며, 도킨스는 밈을 통해 종교(또는 신)가 어떻게 급속하게

---

18 앞의 책, 43.
19 앞의 책, 10.
20 리처드 도킨스/홍영남 옮김, 『이기적 유전자』, 335.

인간 사회에 퍼져나가는지를 설명하고자 한다.

그에 따르면 신은 실제로 존재하지 않으며, 인간의 지성에서 지성으로 전달되는 문화적 복제자의 산물에 불과하다. 그렇다면 왜 신이라는 밈은 급속하게 퍼져나갔는가?

밈 풀 속에서 신의 밈이 나타내는 생존가는 그것이 갖는 강력한 심리적 매력의 결과이다. 실존을 둘러싼 심원하고 마음을 괴롭히는 여러 의문에 그것은 표면적으로는 그럴듯한 해답을 준다. 그것은 현세의 불공정이 내세에서 바로 고쳐진다고 주장한다. 우리의 불완전함에 대해서는 '영원한 신의 팔'이 구원해 준다고 한다. 이러한 심리적 상태는 마치 의사가 처방하는 위약(僞藥)과 같아서 상상에 빠져드는 데 효력이 있는 것이다. 이것은 사람의 뇌가 세대에서 세대로 쉽게 신의 관념을 복사해 가는 이유의 일부이다.[21]

도킨스는 자신이 만든 개념인 밈(문화적 유전자) 속에 과학주의 무신론을 내장하여 치열하게 자기복제를 하고 있다. 그는 종교를 자신의 밈 이론에 따라 이해하고자 했다. 즉, 종교는 생존에 유리한 문화적 유전자로서, 종교를 통해 덕을 보는 생존 기계들의 정신과 문화 속에 끊임없이 자기복제하며 생존해 나간다는 것이다. 그러나 이런 터무니없는 해석은 너무나도 멋지게 도킨스 자신의 무신론 선전에도 해당된다. 즉, 도킨스의 밈 이론과 무신론은 오늘날 세속화

---

21 앞의 책, 336; 맥그라스에 따르면 도킨스의 밈 이론은 진화론을 인간문화에 적용시키고자 하는 허버트 스펜서, E.O. 윌슨, 도널드 T. 캠벨과 같은 이들의 전통 위에 서 있다. 알리스터 맥그라스/김태완 옮김, 『도킨스의 신』 (서울: SFC, 2007), 231.

된 사회 속에서 생존경쟁에서 유리하기 때문에 그 진위 여부와는 상관없이 사람들 속에 빠른 속도로 자기복제하며 전파되고 있다고 해석할 수 있을 것이다.

도킨스의 과학주의 무신론은 전체적으로 흥미롭다. 하지만 과학적으로 입증되지 않은(또는 않을) 주장을 토대로 하고 있다. "모든 것은 유전자가 결정한다"는 유전자 결정론 또는 유전자 환원주의를 전제해 놓고 여러 사례들을 그 틀에 꿰맞춰 해석하고 있다. 해석의 정합성은 있으나 그것이 실제 참인지는 알 수 없다. 마치 어떤 허구적 이야기 또는 수사관의 추리가 그 틀 안에서는 정합성을 갖고 있지만 그렇다고 해서 그것이 사실의 참을 증명하는 것이라고 할 수 없듯이 정해진 틀 안에 여러 사례를 집어넣는 순환논법이 도킨스의 문제라 할 수 있다.[22]

종교라는 밈에 대한 도킨스의 주장은 재밌다. 하지만 종교가 심리적 안정을 주기 때문에 사람들이 종교를 선호한다는 그의 주장은 특별한 것도 새로운 것도 아니다. 하지만 이 주장은 절반만 옳다. 사람들은 종교를 통해 심리적 안정을 얻을 수 있다. 하지만 사람들이 신에 대한 신앙을 통해 심리적 안정을 얻는다고 해서 신이 위약(僞藥)이라고 할 수 있는가? 물론 '플라시보'(placebo)도 심리적 안정을 준다. 하지만 심리적 안정을 준다고 모든 것이 플라시보일 수는 없다.

더 나아가 여기에 나타난 그의 종교비판은 과학적으로 타당한

---

22 김흡영, 『현대과학과 그리스도교』 (서울: 대한기독교서회, 2010), 109에서도 동일한 문제를 지적하고 있다.

가? 정말 과학적인 근거를 갖고 있는가? 도킨스가 문화적 복제자라고 명명한 밈은 실제로 존재하는가? 유전자처럼 그 실체를 확인할 수 있는가? 물론 우리는 문화적으로 흉내 내기가 인간에겐 매우 익숙한 행위라는 사실을 이미 알고 있다. 우리의 질문은 이러한 인간의 본성적인 행위를 가능하게 만드는 밈이라고 하는 어떤 실체가 도대체 어디에 존재하는가 하는 것이다. 이러한 흉내 내기가 뇌를 통해 학습되고 전파되는 것도 옳다. 어린아이뿐 아니라 어른들도 타인의 행동을 쉽게 따라 한다. 여기서 문화가 전파되고 유행이 일어난다. 그리고 그 과정 속에서 굴절이 생기기도 하고, 새로운 생각이 덧붙여질 수도 있다. 도킨스의 언어로 하면 밈 풀(pool) 속에서 다양한 변화가 일어난다. 하지만 문화적 복제자인 밈은 과연 어디에 실재하는가?

도킨스의 주장대로 신이라는 밈이 강력한 심리적 매력을 지녔다는 사실도 인정할 수 있다. 어떤 사람들이 신이라는 단어를 무시하고 부정한다고 해도 여전히 신이라는 단어만큼 강력하게 사람들을 자극하는 단어도 없을 것이다. 하지만 신이라는 단어 또는 도킨스의 주장대로 신이라는 밈이 강력하다고 해서 신의 실재가 부정되어야 하는가? 설령 신이라는 밈의 존재는 부정될 수 있지만, 이 때문에 신적 실재가 부정될 필요는 없지 않은가? 예컨대 어떤 과학적 정보가 매력적이고 전파속도가 빠르다고 해서 이런 매력을 밈 탓으로 돌리고 과학의 실재를 부정해 버려서는 안 되듯이, 신적 실재의 매력을 허구의 밈 탓으로 돌리고 그 실재를 부정할 수는 없을 것이다.[23]

누군가가 자신과 아무 상관이 없는 사람을 물에서 건지기 위해 자신의 몸을 내던졌다고 가정해 보자. 많은 사람들은 그의 용기와 희생을 기억하며 그의 죽음을 애도한다. 하지만 도킨스의 논리로 이 사건을 보면 동기의 순수성은 일단 중시되지 않는다. 다만 희생의 효과로 인해 많은 사람들은 그를 기억하고 그의 정신을 더 높임으로써 정신적인 차원에서 그의 생존이 계속되고 있다는 점에 주목해야 할 것이다. 그리고 이것은 '이기적인 행위'의 효과로 평가될 것이다. 도킨스가 말하는 '이기성'의 관점으로 세상을 보면 세상에 일어나는 모든 일은 이기적이게 된다. 이타성도 이기성의 변형일 뿐이다. 하지만 역으로 이기성은 이타적인 결과를 만들어 낸다. 그렇다면 그것을 이기적이라고 할 수 있을까? 유전자의 관점에서 이기적 행위는 개체나 집단의 차원에서는 이타적인 결과를 양산한다면 유전자의 생존을 위한 이기적인 투쟁은 상호 간의 협력과 양보에 의해 일어난다고 평가해도 되지 않을까?[24]

밈이라는 허구적 개념에 의존해 종교를 설명하려는 시도보다는 신적 실재의 신비와 그 신비 앞에서 얻는 인간의 경험들을 통해 종교를 해명하려는 시도가 훨씬 설득력 있어 보일 뿐 아니라 현실적이다. 왜냐하면 생물학적 유전 개념에서 유추해 낸 밈이라는 개념은 생물학적인 영역 그 어디에서도 발견될 수 없지만, 신적 실재의

---

23 알리스터 맥그라스/김태완 옮김, 『도킨스의 신』, 232-263에서는 밈과 관련된 네 가지 난제를 제시하며 도킨스의 밈 개념을 비판적으로 분석한다. 1) 문화 진화를 설명하는데 진화생물학이 특별히 유용하진 않다. 2) 밈은 유전자와는 달리 객관적으로 관찰할 수 없다. 3) 유전자와 밈의 유비는 오류다. 4) 굳이 밈의 존재를 가정해 설명할 필요가 없다.
24 러셀 스태나드 엮음/이창희 옮김, 『21세기의 신과 과학 그리고 인간』, 95.

신비 앞에서 경험되는 매혹(fascinosum)과 두려움(tremendum)
은 인간의 삶 속에서 실증될 수 있기 때문이다. 만약 이러한 종교적
경험을 모두 정신질환으로 환원시켜 버리지 않는다면, 신적 실재와
그 신적 신비에 대한 경험적 사건들이 종교를 이해하는 훨씬 더 실
제적인 열쇠 역할을 할 것이다.

3) 도킨스의 과학주의에 대한 비판

우리는 내 몸의 특정 부분이 어떻게 해서 움직여지는지를 의학
적으로 설명할 수 있다. 하지만 그러한 의학적인 설명 자체는 어떤
의도로 내가 특정 부분을 움직였는지에 대한 설명은 아니다. 내가
사과를 집어 들기 위해 굽혔던 손가락을 폈다고 하자. 손가락은
어떻게 해서 펴졌는가에 대한 의학적 설명에는 사과를 먹고자 하는
나의 욕망과 의도는 빠져 있다. 다만 손가락의 움직임만 해부학적
으로 설명되고 있을 뿐이다.

진화과학은 생명체의 진화 과정을 해명하고자 한다. 하지만 진
화 과정에 대한 생물학적 설명이 생명 현상 전체를 포괄하는 총괄
적인 설명이 될 수는 없다. 생물학적 설명은 진화 과정의 생물학적
측면만을 설명할 뿐이다. 그리고 생명 현상을 설명하는 해석의 틀
로서 우연이나 맹목은 생물학적 판단이 아니라 철학적이고 형이상
학적 판단이다. 생명 현상의 거대한 드라마를 생물학적 관점에서
설명할 수 있지만 그것이 유일무이한 설명은 될 수 없으며, 생명 현
상의 거대한 드라마 전체를 아우르는 해명일 수도 없다. 예컨대 드

라마의 특정 부분을 시청했을 때 어떤 특정 장면이 무의미하거나 괴기하게 여겨질 때가 있다. 하지만 드라마 전체를 볼 때 그 특정 부분이 의미 있게 해석되는 것을 알 수 있다.

생명 현상을 설명하려는 생물학적 관점은 생명 현상 전체에 대한 전체적인 관점일 수 없다. 부분이 아니라 전체에 대한 관점은 생명 현상이라는 거대한 드라마 밖에서 볼 때만 가능한데, 이러한 시야를 형이상학이라고 말한다. 그런 점에서 특정 개체의 특정한 부분의 일시적인 변화를 관찰하고 이러한 변화들의 종합을 시도하는 진화생물학은 비록 전체론적인 관점을 추구하지만, 그럴 수 없으며 부분적 관찰과 설명의 종합에 불과하다. 다양한 생명체의 장구한 진화의 역사를 포괄하는 총괄적인 설명은 최종적으로 종교적이며 형이상학적 판단일 수밖에 없다.

과학은 일차적으로 자료를 수집하고, 관찰, 실험하여 과학적 대상이 무엇을 뜻하는지 해석해야 한다. 바로 여기 해석의 단계에서 과학자들은 순수 중립적일 수는 없다. 해석에는 언제나 자신의 종교적, 문화적, 세계관적 입장이 가미될 수밖에 없기 때문이다. 도킨스의 경우, 자신의 해석이 중립적이지 않다는 사실을 망각했을 뿐 아니라 자연에서 얻은 해석을 천편일률적으로 모든 사회 문화 현상에 적용하려고 한다. 그러나 분명 그가 이렇게 모든 현상에 대해 과학의 이름으로 해석을 시도할 때 그는 무신론적 전제에 근거하여 말하는 것이지 과학적 근거에 서서 말하는 것은 아니다.

이런 점에서 과학은 부분적이고 종교는 전체적이라는 표현은 타당하다. 과학이 생명의 진화 '과정'을 주목한다면 종교는 생명 진화의 시작과 끝, 그 전체를 포괄하고자 한다.[25] 과학이 생명 현상 안에서 사건의 부분을 본다면 종교는 생명 현상 전체를 꿰뚫어 본다. 과학이 시간 안에서 보다면 종교는 시간 밖의 영원의 관점에 서고자 한다. 과학적 관점에서 말하는 우연과 맹목은 종교의 관점에서는 필연과 섭리일 수 있다. 마치 하수의 시각에서는 고수가 왜 바둑돌을 거기에 두었는지 알 수 없는 것과 같다. 하지만 종교는 전체를 통전하고자 한다. 이미 놓여 있는 바둑돌뿐 아니라 수 하나하나의 의미와 연관성을 관통하며, 아직 두지 않은 수까지 통찰하고자 한다.

따라서 만약 과학이 생명 현상 전체를 포괄하고자 한다면, 과학은 이때 이미 자신의 자리를 떠나 종교가 되어버린다. 또한 종교가 생명 현상 전체를 포괄하는 전체적이고 통전적인 차원을 놓쳐버리고 생명 현상의 개별적 과정에 관한 설명하고자 하며 기존의 생물학적 설명과 대립하게 될 때 종교는 사이비 과학이 되어 버린다. 종교가 생명 현상 전체가 신의 섭리 속에 있다고 말할 때 이러한 주장은 과학적 시야를 뛰어넘는 형이상학적인 판단에 속한다. 이러한 형이상학적 판단은 과학적 연구와 동일한 수준에서 대립적으로 일어나지 않으며, 이를 딛고서며 동시에 이를 넘어선다. 참된 종교는 참된 과학을 반대하지 않는다. 물론 참된 과학도 참된 종교를 반대할 이유가 없다. 종교는 과학보다 멀리 그리고 깊이 보려고 한다. 과학은 종교보다 가까이 그리고 구체적으로 관찰하고자 한다. 과학

---

25 한스 큉/서명옥 옮김, 『한스 큉, 과학을 말하다』, 209에 따르면 큉은 이를 세 가지 명제로 압축한다. "종교는 진화를 창조로 해석할 수 있다. 자연과학적 인식은 창조를 진화론적 과정으로 구체화할 수 있다. 따라서 종교는 진화 전반에 의미를 부여할 수 있다. 자연과학은 진화에서 이 의미를 읽어 내지 못하며 기껏 추측할 따름이다."

은 종교가 보지 못한 것을 보게 하고 또한 종교는 과학이 볼 수 없는 것을 보게 한다. 종교의 지평은 과학의 사다리를 딛고 올라감으로써 비로소 도달되는 자리는 아니다. 하지만 종교의 지평은 과학의 지평과 연결점을 갖고 있다.

배가 어떻게 움직일 수 있는지를 과학이 설명해 준다고 하더라도 배가 이제 어디로 가야 할지는 말해 줄 순 없다. 이것은 설명의 문제가 아니라 결단의 문제이기 때문이다. 어머니가 자식에 대해 가지는 사랑을 과학적으로 설명할 수 있을까? 과학이 관찰하고 측정하고 실험의 대상으로 삼는 사랑은 기껏해야 사랑할 때 일어나는 심장박동, 호르몬 분비, 뇌파 등이지, 사랑 자체는 아니다. 이는 그저 사랑에 대한 '과학적 설명'일 뿐이다. 사랑에 대한 과학적 설명은 가능하지만, 그 설명이 사랑을 모두 설명하지는 못하듯이 생명 현상에 대한 과학적 설명은 가능하지만, 그러한 설명이 모든 것을 다 포괄하지는 못한다.

삶에는 생물학적 의미의 생명이라는 표피로는 다 해명할 수 없는 '깊이'가 있다. 그런 점에서 삶의 깊이를 망각하고 생물학적 표피의 관찰로 삶 전체를 해명하려고 하는 것은 유아적 발상이라고 할 수 있다. 삶(생명)과 자연(우주)이 우리가 알고 있는 것보다 훨씬 더 풍성하고 심오하다는 사실을 망각한다면, 설령 과학의 이름으로 신을 제거한다고 하더라도 과학 스스로가 신의 자리에 서 있는 꼴이 될 것이다. 종교가 과학의 수준으로 내려갈 필요도 없으며, 과학이 종교의 수준으로 고양될 필요도 없다. 과학과 종교는 서로 다른 수준에서 공명한다.

2. 에드워드 윌슨

에드워드 윌슨은 '사회생물학'의 창시자로 불린다.[26] 그는 동물에게서 볼 수 있는 사회성을 통해 인간사회를 해명한다. 윌슨은 종교, 예술, 도덕을 비롯하여 인간의 영혼과 정신이 진화의 산물이라 주장하며, 그 기원을 진화생물학적으로 해명하고자 한다. 그는 서구의 계몽사상에서 다양한 지식을 통합하려는 시도를 발견하며 이를 계승하고자 한다. 물론 그가 말하는 지식의 통섭은 계몽주의자들이 미처 알지 못했던 다위니즘을 통해 일어난다.

아래에서 우리는 종교에 관한 윌슨의 비판적 견해를 그의 책, 『통섭』을 통해 살펴보고자 한다.[27]

1) 두 가지 관점

에드워드 윌슨은 종교와 도덕의 '기원'에 대해 두 가지 상반된 입장이 있음을 전제로 한다. 하나는 "인간 정신 외부에 도덕적 지침들이 존재한다고 생각하는 초월론자"의 입장이고, 다른 하나는 "그것들은 단지 인간 정신의 고안물이라고 생각하는 경험론자"의 입장이다. 그에 따르면 초월론자는 "도덕적 가치들(신으로부터 나온 것이건 아니건 간에)의 독립성을 믿는다." 이에 반해 경험론자는 "도덕적 가치들이 오직 인간으로부터 나온 것일 뿐임을 믿는다."[28] 초월

---

26 에드워드 윌슨/이병훈 · 박시룡 옮김, 『사회생물학』 I, II (서울: 민음사, 1992).
27 에드워드 윌슨/최재천 · 장대익 옮김, 『통섭』 (서울: 사이언스북스, 2009).
28 앞의 책, 412.

론은 입법자로서의 신을 도덕의 근원으로 설정하는 반면, 경험론에서는 인간의 도덕적 감정(moral sentiments)과 그것에 근거한 윤리적 코드의 "생물학적 근원을 탐색하고 그 물질적 기원이나 편향을 설명"하고자 한다.[29] 월슨에 따르면 이 두 입장은 대립되며, 결코 양립할 수 없다.

2) 종교와 문명의 힘

월슨은 종교의 기원을 "인간 영혼의 가장 깊은 곳에 있는 번뇌들"이라고 말하면서도 종교가 "사랑과 헌신 그리고 무엇보다도 희망의 자양분"[30]이라고 말한다. 하지만 동시에 종교의 해악을 간과하지 않는다. 거기엔 십자군 전쟁을 비롯한 종교전쟁과 유럽의 식민주의 정책 등이 포함된다.

그러나 월슨의 관심사는 무엇보다도 "신앙들의 물질적 기원과 또 그것들이 지지하는 윤리적 체계의 물질적 기원을 새롭게 조명"하는 것이다. 즉, 진화론적 관점에서 종교의 기원을 설명하고자 하는 그는 "위대한 문명들은 정복을 통해 확장되었으며, 이 과정에서 문명들을 정당화하는 종교는 중요한 수혜자가 되었다"[31]라고 단언한다. 문명의 확장과 정복 전쟁에서 종교가 최대 수혜자라고 하는 사실은 종교가 문명의 진화 과정에서 중요한 역할을 담당했다는 사

---

29 앞의 책, 415.
30 앞의 책, 421.
31 앞의 책, 422.

실을 암시한다. 더 나아가 윌슨의 진화론적 관점에서 종교와 문명은 분리되기 거의 어려운 듯 보인다. 예컨대 기독교는 로마제국과 중세 문명과 분리되지 않는다. 제국의 확장이 곧 기독교의 확장이다. 또한 서구 열강의 식민지 정책과 선교도 분리되지 않는다. 정복자는 피정복자의 땅에 자신들의 종교를 심어놓았다. 그 과정에서 원주민의 종교들은 용인되지 않았으며 다원주의적 투쟁을 통해 도태되고 말았다.

그의 분석은 일면 타당하지만 종교와 문명의 관계는 이처럼 단순하지 않다. 예컨대 초기 기독교는 분명 유대교로부터 유래되었으며, 로마제국의 탄생과는 거리가 있다. 또한 기독교는 황제숭배와 같은 부분에서는 제국의 문명과 대립적이었고 이로 인해 박해를 받은 종교였다. 간략하게 말하면 기독교는 그 출발점에서 지배자의 종교가 아니라 억압당하는 자의 종교였다. 로마제국의 종교가 유대인들에게 이식된 것이 아니다. 오히려 유대인들의 작은 종파였던 기독교가 로마제국을 정복하여 제국의 종교가 된 것이다. 또한 세밀하게 보면 특정 종교가 하나의 문명권 안에서 세력을 확장하는 일은 단순히 기존의 종교를 억압하거나 제거하는 것이 아니라, 토착 종교들을 자기 종교 안으로 통합하는 힘을 통해서 가능하다. 종교와 문명, 종교와 제국의 관계는 긴밀하긴 하지만 단순하지 않고 복잡하다. 유교와 불교, 기독교 그리고 신흥 종교들이 공존하는 한국 땅을 한번 보시라. 왕조의 교체와 더불어 국교가 바뀌기도 하지만, 그렇다고 해서 다른 종교들이 멸절되지 않았다. 종교의 생명력은 왕조나 제국의 생명력과는 다르며, 단순히 약육강식의 논리로만 해명할 수는 없다.

3) 종교와 부족주의

윌슨은 문명의 시초가 되는 부족사회로 거슬러 올라가 부족 공동체 내에서 종교가 갖는 특징을 배타성과 편협성으로 규정한다. 그리고 "종교적 배타성과 편협성"은 "부족주의(tribalism), 즉 자기 부족의 선천적 우월성과 특권적 지위에 대한 신념에서 기인하는 것이다"라고 말한다.[32] 즉, 종교 집단은 자기 자신들을 특별한 선민으로 인식하여 다른 집단에 대해 우월의식을 가질 뿐 아니라 개개인이 신성한 집단의 종교적 이념에 복종하고 헌신하게 한다. 부족 공동체는 종교 공동체로서 자신들의 특권을 종교적 의식 속에서 확인하며, 자신들만의 유대와 결속을 강화한다. 이 과정에서 집단을 강화시키고 부족을 보호하기 위해 개별 구성원들을 희생될 수도 있는데, 윌슨은 이러한 특징이 동물의 세계에서도 발견된다고 강조한다. 그에 따르면 부족주의의 특성은 "동물계 전반에서 볼 수 있는 사회생활의 제1규칙을 표현한 것에 지나지 않는다."[33]

오늘날 진화생물학은 진화가 개체 수준에서 일어나는지, 집단 수준에서 일어나는지 아니면 혈연(친족) 수준에서 또는 유전자 수준에서 일어나는지를 놓고 논쟁을 벌이지만, 어떤 입장을 취하든 동물들도 군집 생활을 하면서 개체의 이익이 아니라 집단의 이익을

---

32 앞의 책, 423.
33 앞의 책.

위해 행동한다는 데 주목한다. 유전자 수준에서 본다면 이러한 집단을 위한 이타성은 자신과 유전적으로 가까운 집단의 개체들이 생존하게 함으로써 자기와 유사한 유전자들을 후손에 남기려는 전략으로 설명된다. 진화가 어떤 수준에서 일어나느냐는 문제와 별개로 동물계의 이타성은 결과적으로는 경쟁 관계에 있는 집단으로부터 생존의 우위를 차지하고자 전략의 일환으로 이해될 수 있는 인간사회의 부족주의와 동일한 특징을 갖는다.[34] 물론 윌슨은 다윈으로부터 강조되었던 집단 수준의 진화를 강조하며 부족주의라는 개념 아래 포착하여 동물사회와 인간사회의 유사성을 파악해 나간다.[35]

윌슨은 이처럼 종교의 기원을 부족주의에서 찾으며, 부족주의가 형성, 강화되는 과정 속에서 종교적 체계들이 필수적이라고 보았다. 즉, 종교는 부족주의를 유지하고 강화하는 데 기여하며, 이를 위해 집단에 대한 복종과 규율들이 생겨나게 되며, 세대를 거치면서 이것들은 "공식적인 신조와 개인적 신념으로 고착된다."[36] 이처럼 윌슨에게 종교는 그 사회집단의 생존에 필수적인 장치로서 부족주의와 함께 진화해 나간다.

---

34 진화론적 관점에서 종교의 기원을 설명하려는 시도를 좀 더 세분화하면, 종교를 적응의 관점에서 보는 견해(데이비드 슬론 윌슨과 에드워드 윌슨)와 비적응적 관점으로, 곧 자연선택의 우연한 부산물로 보는 견해(스티븐 핑커와 리처드 도킨스)로 나눌 수 있다. 니콜라스 웨이드/이용주 옮김, 『종교유전자』 (서울: 아카넷, 2015), 122 이하.

35 다윈도 『자서전』에서 이렇게 기술하고 있다. "높은 기준의 도덕성이 집단 내부의 각 개인과 그 자손에게 줄 수 있는 유리한 것이 거의 없거나 혹은 전혀 없다고 하더라도, 집단 내부에 뛰어난 자들이 증가하여 도덕성의 기준이 높아지면, 그 집단은 다른 집단보다 유리한 위치에 설 수 있다는 사실을 잊어서는 안 된다." 니콜라스 웨이드/이용주 옮김, 『종교유전자』, 132에서 재인용.

36 에드워드 윌슨/최재천·장대익 옮김, 『통섭』, 424.

당신은 신적인 계시가 아니라면 윤리적 격률들이 어디로부터 오는가를 묻는다. 도덕적 격률들이나 종교적 신념들이 전적으로 정신의 물질적 산물이라고 주장하는 경험론자의 대안적 가정을 고려해 보라. 수천 세대 이상의 세월을 거치는 동안 그것들은 그 부족의 신앙에 순응하는 사람들의 생존과 번식 성공 가능성을 높여 왔다. 도덕적이고 종교적인 감정들을 낳았던 후성 규칙들―정신 발달의 유전적 편향들―이 진화하기에 충분한 시간이 있었다. '교의(doctrine)를 만드는 능력'이 하나의 본능이 된 것이다.[37]

월슨에 따르면 도덕이나 종교는 하늘에서 뚝딱 떨어진 것이 아니다. 도덕과 종교의 기원은 생존에 유리하게끔 선택하는 개체의 본성과 연관되며, 그 과정에서 집단의 생존과 사회적·문화적 진화를 위해 필수적인 규율들이 발생한다. 그리고 이것들을 공고하게 만드는 과정 속에서 신의 명령과 같은 불가항력적인 신념 체계가 형성된다.

4) 협동과 배신의 역동성

부족주의에서 종교가 진화해 나가는 과정을 추론한 월슨은 앞서 언급한 대로 동물 세계의 부족주의, 곧 집단을 위한 이타성으로 눈을 돌린다. 이를 통해 월슨은 이제 "도덕적 본능의 기본적 기원"을 설명하고자 하는데, 우선 인간과 동물사회의 "협동과 배신 간의 역동적 관계"를 주목한다.[38] 협동과 배신의 역동성은 인간사회에서

---

37 앞의 책, 426.

는 죄수의 딜레마를, 동물 세계에서는 호혜적 이타주의를 예로 들어 설명되곤 한다. 예컨대 흡혈박쥐들은 피를 빨아먹어야만 살 수 있지만, 자신이 얻은 피를 다른 흡혈박쥐에게 나눠주는 놈들이 있다. 서로 도움을 주고받는 것이다. 물론 그중에는 매번 얻어먹기만 하는 놈도 있고, 그저 퍼주기만 하는 놈도 있지만, 이들은 오래가지 못한다. 이러한 과정 속에서 호의에 대한 배신과 응당한 징벌, 상호성의 알고리듬이 일어나게 된다.[39]

동물 세계에서도 볼 수 있는 이런 협동과 배신의 긴장은 인간의 도덕적 본성에 유전적으로 전달된다. 다만 인간은 "협동과 배신의 역동성에서 나타나는 긴장을 명확히 판단하고 충분히 조작할 수 있는 높은 지능"[40]을 지녔기 때문에 이를 보다 효율적으로 이용하며 문화적 진화를 이룬다. 즉, 동물 세계에서 볼 수 있었던 협동과 배신의 긴장은 인간의 지능에 의해 단순한 도덕적 감정의 수준을 넘어 보다 보편적이고 높은 차원의 도덕적 규율과 사회적 관습과 규범 그리고 권위적인 종교적 계율의 형태로 전개된다는 이야기다.

---

38 앞의 책, 435.

39 장대익, 『다윈의 식탁』, 60-64; 탁월한 진화생물학자 에른스트 마이어의 경우 인간의 도덕성과 윤리의 기원이 생물의 진화와 밀접한 관련이 있다는 점을 지적하면서도 후천적인 영향을 간과할 수 없다는 입장도 함께 수용한다. 그는 생물진화와 관련해서 '이타주의'라는 용어가 반드시 개체의 손해와 희생을 동반하는 뜻으로 이해될 필요는 없다는 점을 지적하면서, 주로 가족 집단에서 나타나는 "포괄적응도 이타주의"(inclusive fitness altruism)와 가족 아닌 집단 사이에 일어나는 "호혜성 이타주의"(reciprocal altruism)를 도덕성 진화의 양태로 파악한다. 하지만 "진정한 이타주의의 출현"은 문화집단 내에서 일어나는데, 이것은 두뇌의 발달과 함께 생각되어야 한다고 본다. 이런 점에서 그도 근본적으로는 윌슨의 주장에 상반되지 않는 견해를 전개한다. 에른스트 마이어/최재천 외 옮김, 『이것이 생물학이다』(서울: 몸과마음, 2002), 396-402.

40 에드워드 윌슨/최재천 · 장대익 옮김, 『통섭』, 435.

이처럼 윌슨에게 도덕과 종교는 인간 본성에서 기인하지만, 이 것은 오랜 진화 과정 속에서 축적된 유전적 결과물이다. 윌슨의 가 정에 따르면 진화의 과정 속에서 협동 성향과 배신 성향이 유전적 으로 인간에게 전달되고 협동 성향을 지닌 개인들이 생존하고 후손 을 남길 가능성이 커짐에 따라 "협동 행위를 하도록 만드는 유전자 들이 전체 인류에서 우세하게 되었을 것"이며 "이러한 과정이 수천 세대를 내려오면서 반복되면 도덕감정이 불가피하게"[41]되어 "인간 본성의 유전적 기초"를 형성한다.[42]

5) 종교조직과 동물 세계의 유사성

종교가 집단의 결속을 위해 반드시 필요하며, 집단의 결속을 위 한 장치로서 제의와 규율, 신적 존재에 대한 이념 등을 만들어 낸다 고 한다면 종교적 체험은 어떻게 설명할 수 있을까? 의외로 윌슨은 이에 대해 거의 말을 아끼면서 종교적 체험을 그저 뇌 기능의 장애 와 연결시킨다.[43]

다만 윌슨은 진화론적 관점에서 종교의 기원을 설명하는 방식을

---

41 앞의 책, 437.
42 앞의 책, 440; 이러한 윌슨의 생각은 이미 『사회생물학』의 첫 장에도 명확히 나타나고 있다.
　　"자의식은 뇌의 시상하부와 대뇌변연계에 있는 정서중추에 의해 제어되고 형성"되는데,
　　"이 중추들은 우리의 의식을 미움, 사랑, 죄의식, 공포 등의 모든 감정으로" 채운다. 그러면
　　"무엇이 이 시상하부와 대뇌변연계를 만들어 냈느냐 하는 의문을 제기하지 않을 수 없다.
　　그러나 이들은 바로 자연선택에 의해 진화되어 온 것이다"(19).
43 앞의 책, 446: "종교적 황홀경에 동반되는 감정은 분명 신경생물학적 원천을 가진다. 적어도
　　한 가지 형태의 뇌 기능 장애는 아주 사소한 일상을 비롯한 거의 모든 것들에 우주적 의미를
　　부여하는 광적 종교성(hyperreligiosity)과 연결되어 있다."

보다 강하게 뒷받침하기 위해 종교조직과 동물조직의 유사성으로 재빨리 관심을 돌려 종교의 희생제의가 포유동물에게서 일반적으로 나타난다고 주장한다.[44] 그에 따르면 희생제의는 위계질서에 복종하는 행위로 이해된다. 하지만 애석하게도 그의 종교 이해의 축을 구성하고 있는 '속죄와 희생을 통한 복종'은 불교나 유교에서 찾아보기 어려울 뿐 아니라 기독교에도 적용될 수 있을까 의문이다. 기독교는 예수께 속죄와 희생제물을 바치며 복종을 맹세하는 종교가 아니라 오히려 이러한 종교 행위의 마지막 희생양이 된 예수를 기억하는 종교이기 때문이다. 즉, 기독교의 십자가는 속죄와 희생제사의 종결을 의미한다. 더 나아가 그가 예시하고 있는 종교 집단 내의 위계질서(지배와 복종)는 단지 종교 집단의 특징만이 아니라 모든 인간 집단(가정, 직장, 군대, 정치권) 속에 나타나는 구조가 아닐까?

즉, 그가 예로 들고 있는 늑대나 붉은털원숭이의 서열 규정[45]은 어쩌면 오늘날 인간사회가 얼마나 비인간적이며 동물적인지를 이해하게 하는 좋은 예가 될 수는 있겠지만, 그것이 종교의 중심 메시지와 상응한다고 볼 수 없다. 물론 윌슨은 '종교의 본질적 메시지'와 '조직 체계로서의 종교'를 구분하지 못한 채, 안타깝게도 자신의 표현대로 "냉혹"한 경험론을 전개할 뿐이다[46].

윌슨의 발상을 뒤집어 보면 생존과 번식의 유리한 고지를 점령

---

44 앞의 책, 446: "종교적 관례에서 거의 보편적으로 나타나는 속죄와 희생은 지배적 존재자에게 복종하는 행위들이다. 이것들은 일종의 지배 위계로서 조직화된 포유동물 사회의 일반적 특징 중 하나이다."

45 앞의 책, 447.

46 앞의 책, 427.

하기 위한 치열한 쟁투는 신(神)조차 인간의 정신적 산물로 처분하면서 인간 자신에게 최고의 위치를 부여하려는 인본주의적 본능에도 해당되는 것이 아닐까? 하지만 윌슨에 따르면 인간지상주의나 무신론적 본능은 유전적 산물과는 무관하다. 오히려 "인간의 마음은 신을 믿는 방향으로 진화했다. 그것은 생물학을 믿는 방향으로 진화하지 않았다."[47] 이것은 무엇을 의미하는가? 사람들이 종교에 반대하는 것보다는 종교적이 되는 것이 훨씬 쉽고 생존에도 유리하다고 보는 것일까?

월슨은 동물의 복종 행위 그리고 종교와 권위에 대한 인간의 복종 행위 사이의 유사성을 "기호론적 유사성"이라고 표현한다.[48] 예를 들면 동물과 인간은 성에 관해서 그리고 사냥과 식사, 자식에 대한 애정에서도 기호론적 유사성을 지닌다. 하지만 우리는 두 행위 사이의 기호론적 유사성이 그 행위의 목적과 의미의 동일성을 보증하지는 않는다는 사실을 염두에 둬야 할 것이다. 예컨대 음식을 남김없이 먹는 행위가 침팬지나 인간에게 동일하게 발견된다고 하더라도 그러한 행동의 목적이 같다고 할 수는 없다. 침팬지는 자신의 배를 채우기 위해 남김없이 먹는다면, 인간은 환경을 생각하며 그렇게 행동할 수 있기 때문이다. 이처럼 기호론적 유사성 자체가 어떤 행동에 대한 의미와 목적을 설명해 줄 수는 없다.

---

47 앞의 책, 452.
48 앞의 책, 447.

6) 기독교 비판의 타당성 검토

종교의 기원과 전개에 대한 윌슨의 진화생물학적 설명은 흥미로운 시야를 제공하지만, 기독교와 연관해서 몇 가지 오해와 아쉬움을 남긴다. 윌슨에 따르면 종교의 부족주의는 "지배계급의 이익에 기여"하기 위해 낡은 윤리적 코드를 "강제적 규율로 탈바꿈"하며 "이즈음에 입법자로서의 신"을 창안한다.[49] 그가 과연 어떤 종교의 기원을 염두에 두고 있는지는 명확하지 않지만, 적어도 그의 설명은 기독교의 '기원'에는 해당되지 않는다. 왜냐하면 기독교는 그 기원에 있어 제국의 힘에 의존하여 설립된 종교도 아니며 지배계급의 이득에 순응하는 종교도 아니었다. 오히려 제국과 종교의 힘에 희생당한 예수의 고난과 부활을 신앙하는 종교이다. 더구나 기독교는 특정한 교리 체계를 확립하고 거기에 붙잡혀 있는 종교가 아니라, 예수에게서 드러난 하나님의 용서와 자비를 신앙하고 실천하는 삶을 말한다. 따라서 기독교는 부족주의의 틀을 깨고 보편적인 인류애를 지향한다.[50]

또한 그는 종교인이 마치 독선적인 진리의 틀에 갇혀 있다고 본다. 진정 종교인은 자신이 믿는 종교적 진리가 불변하고 확정된 것으로 생각해야 하는가? 이에 비해 과학자는 언제나 자신의 잘못에

---

49 앞의 책, 438.

50 물론 니콜라스 웨이드처럼 로마제국에서 기독교의 성공을 제국 문화에 대한 순응과 적용으로 해석할 수도 있지만(이용주 옮김, 『종교유전자』, 283-310), 이는 조직체계로서의 기독교와 기독교의 정신 사이를 날카롭게 구별하지 못한 채 종교의 조직 체계적 측면을 자신의 이론에 억지로 꿰맞춘 감이 없지 않아 있다.

대해 고백할 준비가 되어 있으며, 진리에 대한 개방성과 자유를 가지고 있는가? 오늘날 종교는 광신적 열광주의나 교조적 근본주의를 제외한다면, 개인의 자유와 선택을 존중할 뿐 아니라 진리에 대한 개방성을 인정하고 있다. 즉, 그리스도인은 과학자와 마찬가지로 미지(未知)의 진리를 찾아가는 구도자이며 수행자이다. 바울은 다음과 같이 말한다. "내가 이미 얻었다 함도 아니요 온전히 이루었다 함도 아니라 오직 내가 그리스도 예수께 잡힌 바 된 그것을 잡으려고 달려가노라"(빌 4:12) 또한 "우리가 지금은 거울로 보는 것 같이 희미하나 그 때에는 얼굴과 얼굴을 대하여 볼 것이요 지금은 내가 부분적으로 아나 그 때에는 주께서 나를 아신 것 같이 내가 온전히 알리라"(고전 13:12).

과학자와 마찬가지로 그리스도인도 자신이 믿는 것에 확신을 가지고 있다. 하지만 이 확신은 선취(先取)적이지 폐쇄적이지는 않으며, 대화와 소통을 위해 개방되어 있으며 결코 고립과 독단에 갇혀 있지 않다.

7) 초월론과 경험론의 양립 가능성

도덕과 종교의 '기원'에 대한 윌슨의 설명은 분명 '계시'에 의존한 초월론의 설명과는 다르다. 하지만 계시에 근거하여 종교와 도덕의 기원을 설명하는 것과 생물학적 추론에 근거하여 이를 설명하는 것은 전혀 양립 불가능한 것일까?[51] 진화하는 자연의 역사와 하나님

---

51 과학철학에서는 소위 "관측의 이론적재성"(theory-ladenness)이라는 용어로 사용하여

이 자신을 계시하는 역사는 서로 대립되는가? 계시의 역사는 진화의 역사를 포괄하며, 진화의 역사는 계시 사건을 진화론적으로 인지한 것이 아닐까? 예컨대 어떤 부모는 아이가 언젠가는 부모의 희생과 사랑을 알아줄 날이 올 것이라 생각하며 혼신의 힘을 다해 아이를 돌본다. 하지만 아이는 이러한 부모의 헌신을 모르고 자기 힘으로 성장했다고 생각할 수도 있다. 이때 과연 자녀의 성장과 부모의 사랑은 서로 모순되거나 대립해야 하는가? 서로 배타적인 관계에 놓여야 하는가? 그렇지 않다. 이와 같이 진화의 과정을 통해 비로소 신을 인지할 수 있는 뇌와 정신을 갖추게 된 생물체의 한 종(種)인 인간이 신을 경배하며 우주와 생명의 의미를 자각하는 수준에 도달하게 된 그 역사는 이러한 진화의 과정을 이끌어오며 인간에게 자신을 계시하는 신적 사랑의 역사와 모순될 필요가 없다. 진화생물학의 관점에서 보면 종교의 탄생은 신을 사유할 수 있는 뇌의 진화와 깊은 관련이 있다. 하지만 계시적 관점에서 보면 이러한 종교적이고 신학적인 뇌의 탄생은 신의 섭리 안에 있다. 하지만 윌슨에게 초월론과 경험론은 양립할 수 없었다. 그는 경험론을 지지하고 초월론을 폐기한다.[52]

무의미하게 보이는 관측들이 하나의 이론에 의해 유의미해지는 현상을 지적한다. 장하석, 『장하석의 과학, 과학철학을 만나다』(서울: 이비에스미디어, 2015), 63. 즉, 이론이 없으면 수많은 관측이 무의미하고 혼란스러울 수밖에 없으며, 이런 관측들이 특정 이론에 의존하여 유의미해짐을 표현한 용어다. 윌슨의 '사회생물학'도 기존의 종교 행위와 동물의 이타성에 관한 데이터들을 하나로 꿰맞출 수 있는 이론을 제시한 셈이며, 이를 통해 기존의 종교이론과는 다른 진화론적 설명을 가능하게 한 것이다. 아래 본문에서는 이론의 사실성과 정합성을 검증하기보다는 초월론과 경험론이 과연 양립 불가능한지만을 논하려고 한다.
52 에드워드 윌슨/최재천·장대익 옮김, 『통섭』, 432.

어쩌면 그가 초월론과 경험론의 관계를 양자택일로 설정해 놓은 것 자체가 잘못된 전제일 수 있다. 보다 넓은 시각에서 보면 그는 진리의 다채로운 빛 중에서 생물학의 프리즘을 통과한 가시광선만을 붙잡고 있는 것이 아닐까? 눈에 보이는 가시광선에만 집착하여 나머지 종류의 빛을 부정한다면 이는 편협한 시각이다. 마찬가지로 경험론적 추론에 근거하여 종교의 진리 주장을 근거 없는 것으로 폄하해 버린다면 오히려 독단적이다. 더구나 오로지 진화생물학만이 진리의 근원을 밝힐 수 있는 유일한 방법이며, 이로 인해 도출된 결과만이 유일한 진리라는 주장은 또 하나의 사이비 종교의 탄생에 지나지 않는다.

자신의 주장과는 별개로 흥미롭게도 윌슨은 실제 현실을 본다면 초월론과 경험론의 싸움에서 경험론이 패배할 수밖에 없을 것이라는 암울한 전망을 내놓으며, 그 이유를 인간의 본성이 초월적 존재를 지향하며 그 안에서 말할 수 없는 희열을 발견하기 때문이라고 한다.[53] 물론 윌슨에 따르면 이것은 진리를 놓치고 되레 미몽의 길에 들어서는 일이다. 왜냐하면 종교의 신비적인 합일이나 체험 등도 "뇌의 회로와 심층적인 유전자의 역사로 설명될 수 있을 것"이기 때문이다.[54]

윌슨이 오직 유물론적 과학주의를 통해 미지의 세계를 모두 다 설명할 수 있다고 고집을 부린다면 구체적으로 생물학과 종교는 대립적일 수밖에 없다.[55] 하지만 시야를 넓힌다면 윌슨의 두 범주, 경

---

53 앞의 책, 445, 452.
54 앞의 책, 450.

염돈과 조월론은 양립 가능하다. 동전의 양면처럼 진리는 양면을 지닐 수 있기 때문이다. 아니, 진리는 하나일지라도 진리를 파악하고 설명하고자 하는 인간의 진리 인식의 방식은 다양할 수밖에 없기 때문이다. 진리 인식의 다양한 방식이란 한갓 추상적이고 사변적인 개념이 아니다. 일상의 생활 속에서 우리가 종종 경험하는 방식이다. 예컨대 축구 경기에서 A팀이 1:0으로 승리를 거두었다고 하자. 그렇다면 그 골은 어떻게 해서 만들어졌는가? 승리의 기원 또는 원인은 무엇인가? A팀 개개인이 잘했기 때문에 이겼다고 할 수도 있고, X라는 선수가 결승골을 넣었기 때문에 이겼다고 할 수도 있다. 경험론자들은 A팀 선수 개개인의 활약상에 주목하며 이 선수들의 활약이 어떻게 X가 골을 넣는 데까지 이르게 되었는지를 설명해 줄 것이다. 그러나 결국 골을 넣은 것은 X가 아닌가. A팀의 수백 번에 이르는 패스가 골을 만든 것이 아니며, X의 한방이 골로 연결된 것이 아닌가. 그렇다면 결국 X가 결정지은 골의 원인은 그 이전의 수십 번의 패스에서 찾을 수만은 없지 않을까. 그러나 그 역도 생각해 볼 수가 있다. X의 골 결정력이 아무리 뛰어나다 해도 그에게 연결된 앞서 수십 번의 패스가 없었다면 골이라는 결과는 없었을 것이다. 이처럼 원인과 결과는 단순하게 규명될 수 없다. 하나의 결과는 복잡한 원인들에 의해 형성될 뿐 아니라, 그 원인들로

---

55 앞의 책, 452: "역사와 과학이 우리에게 가르쳐 온 바가 있다면, 그것은 열정과 욕망이 진리와 같은 것은 아니라는 점이다. 인간의 마음은 신을 믿는 방향으로 진화했다. 그것은 생물학을 믿는 방향으로 진화하지 않았다. 초자연적인 것을 받아들이는 것은 뇌가 진화하고 있던 선사 시대에 큰 이점을 제공했다. … 이 두 믿음 체계(종교와 생물학)가 실질적 차원에서 양립할 수 없다는 것은 불편하지만 진리이다. 그 결과 지적 진리와 종교적 진리를 동시에 열망하는 사람들은 결코 이 양자 모두를 완전하게 얻을 수 없을 것이다."

소급하고 환원될 수 없는 나머지 요인들이 있다. 물론 여기에 또 다른 요인을 중대한 원인으로 언급할 수도 있다. 승리의 결정적 요인에 감독의 작전이나 선수 교체 타이밍, 홈 관중들의 열렬한 응원 등을 포함시킬 수도 있다. 시야를 넓히면 승리를 가져다 준 결정적 원인에 대한 다양한 해석들이 가능하게 되고, 이러한 해석들이 서로 경쟁 관계에 놓일 수는 있어도 반드시 모순, 대립, 상호 배제의 관계에 놓이지는 않는다.

설령 종교의 탄생이 뇌의 진화와 연관되어 있다고 하더라도 이것이 굳이 초월론적 관점과 모순관계에 놓여 있다고 말할 수만은 없다. 인간의 뇌가 보편적인 도덕규범과 신을 사유할 수 있도록 진화했기에(A), 보편규범과 신을 사유할 수 있다(B)는 것은 옳다. 즉, 보편적인 도덕규범과 초월적 존재인 신을 사유할 수 있기(B) 위해서는 신을 사유하기에 충분히 진화된 뇌(A)를 가지고 있어야만 한다. 하지만 충분히 진화된 뇌(A)가 무조건적으로 신에 관한 사유(B)를 하는 것은 아니다. 즉, A는 B의 필요조건이지 충분조건은 아니다. 신에 관한 사유를 할 수 있을 정도로 충분히 진화된 뇌(A)가 진정 신에 관해 사유할 수 있기 위해서는 또 다른 조건이 갖춰져야 한다. 즉, 신이 자신을 알리는 신의 계시가 필요하다. 마치 내가 시력이 좋아서 Y라는 사람의 얼굴에 있는 작은 점을 볼 수 있다고 해도, Y라는 사람이 자신의 얼굴을 보여주지 않는 한, 나는 작은 점을 볼 수가 없는 것처럼 인간의 뇌가 신의 계시를 수용할 수 있도록 충분히 진화되었다고 하더라도 실제로 신의 계시가 없다면 인간은 신에 대해 전혀 알지 못할 것이다.

초월적 계시에 근거하여 종교의 '기원'을 설명하려는 전통적인 시도와 윌슨처럼 생물학적으로 진화된 인간 본성의 유전적 기초에 의존하여 설명하려는 경험론적 시도가 반드시 상충될 필요는 없다. 물론 윌슨은 종교의 긍정적인 측면을 부정하지 않는다. 하지만 그는 이러한 공동체로서의 종교(부족주의), 제의로서의 종교(종교 감정과 도덕적 계율) 그리고 체험으로서의 종교(신비적 합일)가 모두 진화론적으로 유전자의 역사로 환원되어 설명될 수 있다고 본다. 이러한 경험론적 설명은 나름의 가치가 있다. 다만 이것만으로 종교의 '기원'에 관한 설명이 다 끝났다고 말할 수는 없다. 빗물을 담고 있는 그릇이 어떻게 만들어졌는지를 설명한다고 해도 그릇의 제조에 대한 설명과는 별도로 비가 오지 않았다면 빗물을 담은 그릇은 존재하지 않았을 것이다. 경험론은 그 설명이 옳다고 해도 기껏해야 계시 내용을 담아낼 뇌라는 그릇이 어떻게 준비되었는가를 설명할 뿐이다.

만약 우리가 생물학과 종교가 가지고 있는 각각의 한계를 정직하게 인정한다면 양자의 대화는 충분히 가능하지 않을까? 이런 점을 윌슨도 어느 정도 감지하고 있는 것 같다. 그는 종교와 과학 간의 "모종의 화해"에 대해 다음과 같이 말하고 있다.

다음과 같은 결정적인 사실들을 깨닫게 된다면 모종의 화해에 이를 수도 있다. 즉 한편으로는 윤리와 종교가 여전히 너무 복잡하여 오늘날의 과학만으로는 깊이 있게 설명될 수 없다는 점과 다른 한편으로는 윤리와 종교는 대부분의 신학자들이 인정하는 것보다 훨씬 더 자율적인 진화의 산물이라는 사실이다. 과학은 윤리와 종교 속에서 가장 흥미롭고 아마도 자신을 겸허하게 만드는 도전에 직면할 것이며, 반면 종교는 자신의 신빙성을 계속 유지하기 위해 과학의 발견들을 한데 통합시키는 방법을 어떻게든 찾아내야만 할 것이다. 종교는 경험적 지식에 모순되지 않는 인류 최고의 가치들을 불후의 시적 형식 속에 집어넣을 수 있을 때 그만큼의 힘을 소유하게 될 것이다.[56]

---

56 앞의 책, 458; 윌슨에 대해 보다 비판적인 평가는 김흡영, 『현대과학과 그리스도교』, 120-122 참조. 김흡영은 여기서 윌슨의 5가지 오류, 자연주의적 오류, 범주적 오류, 언어유비적 오류, 환원주의 오류, 신화창설의 오류를 지적한다.

6 장
진화에 직면한 창조 신앙

생명의 진화와 관련된 자연과학은 과연 그리스도교 신앙과 조화를 이룰 수 있을까? 양자의 조화를 위해서는 큰 틀에서 양자 간의 관계 설정이 필요할 뿐 아니라 동시에 그리스도교 신학의 중심 주제인 창조론과 섭리론을 새롭게 논의할 필요가 있다. 아래에서 우리는 개신교 정통주의의 창조론을 바탕으로 한 진화생물학의 수용 가능성을 살펴보고, 이와 더불어 하나님의 섭리를 어떻게 이해할 수 있을지를 간략하게 제언하고 하고자 한다.

1. 진화론의 도전과 개신교 정통주의

중세의 위대한 신학자 토마스 아퀴나스는 사도신경의 제1항에 대해 언급하면서 하나님의 "이름이 의미하는 것은 (하나님이) 만물의 통치자와 섭리자라는 것 외에 다른 어떤 것도" 아님을 분명히 했다.[1] 창조주 하나님에 대한 신앙은 세상 만물을 다스리고 섭리하시는 존재에 대한 신앙과 분리될 수 없다. 또한 아퀴나스의 시대에 하나님의 섭리는 어느 정도 자명하게 인식되었던 것 같다.

> 그러나 모든 것이 우연으로 생긴다고 믿는 사람은 하나님이 존재한다는 것을 믿지 않습니다. 하지만 자연계가 통치되고 섭리되고 배열된다는 것을 믿지 않을 정도로 어리석은 사람은 아무도 없습니다. 왜냐하면 자연계는 일종의 질서에 따라 그리고 일정한 시간에 발현되기 때문입니다. 우리는 태양과 달과 별들 그리고 다른 모든 자연물이 정해진 궤도를 고수하고 있는 것을 봅니다. 만일 그것들이 우연히 존재한다면 그런 식으로 일어나지 않을 것입니다. 그러므로 어떤 사람이 하나님이 존재한다는 것을 불신한다면 그는 어리석은 사람일 것입니다.[2]

하지만 아퀴나스의 시대에 자명했던 자연 세계에 대한 섭리는 오늘날 더 이상 자명하게 받아들여지지 않는 듯하다. 자연과학의 진화론을 수용할 때, 생명체의 변이와 탄생에 중요한 메커니즘으로 작동하는 자연선택과 유전적 돌연변이는 필연성과 목적성 보다는 생명 세계의 우연성과 맹목성을 강조한다. 리처드 도킨스와 같은 무신론자들은 진화생물학의 의미에 대해 다음과 같이 말한다. 그들은 신에 의한 질서나 신이 부여한 목적과 같은 개념을 받아들이길

---

1 토마스 아퀴나스/손은실 번역·주해, 『사도신경 강해설교』, 57.
2 앞의 책, 59; 자연사와 관련하여 섭리를 말할 수 있는 반면, 아퀴나스는 인간사와 관련해서 섭리를 말하는 것은 쉽지 않다고 토로한다.

거부한다.

> 다윈 덕분에 우리가 아는 것 중 설계되지 않았으면서 설계된 듯이 보이는
> 것은 없다는 말은 더 이상 진실이 아니다. 자연선택을 통한 진화는 복잡성과
> 우아함을 경이로운 수준으로 올려놓음으로써 설계되지 않은 것도 설계된
> 것처럼 보이게 한다.[3]

이 글에서 나는 진화와 관련해서 신의 존재를 증명하고 변증하
거나 역으로 진화와 관련하여 무신론을 주장하려는 사람들의 허구
성을 드러내고 싶은 생각은 없다. 자연 세계에서 관찰되고 적용되
는 자연선택과 유전적 돌연변이의 메커니즘을 인간의 삶과 정신세
계에 적용하여 이것을 통해 삶을 해석하고자 할 때, 이들은 이미 과
학사가 아니라 철학자나 신학자 또는 삶의 멘토 자리에 서게 된 것
이다. 여기서는 과학과 신학의 대결이 아니라 서로 다른 해석들 간
의 갈등이 자리하게 된다.

우종학 교수의 표현을 빌리면 과학으로서의 진화 이론과 하나의
세계관으로서의 진화주의는 구별되어야 하며,[4] 참으로 기독교 신
앙이 중요하게 생각해야 할 점은 과학으로서의 진화 이론의 진위
여부가 아니라 과학으로서의 진화 이론이 창조 신앙을 파괴하는지,
창조 신앙을 더욱 풍요롭게 하는 것은 아닌지에 관한 물음이다.

아마 이런 질문은 여전히 계속될 것이다. '정말 창조 신앙은 진화

---

3 리처드 도킨스/이한음 옮김, 『만들어진 신』(파주: 김영사, 2010), 126.
4 우종학, 『무신론 기자, 크리스천 과학자에게 따지다』, 39.

생물학과 모순되지 않는가?' '창조 신앙은 진정 진화를 품을 수 있는가?' 다윈의 진화론이 처음 발표되었을 때 기독교 신앙에 충격과 도전을 가져다 준 것은 사실이다. 그럼에도 기독교 신학은 진화의 과정을 수렴할 수 있는 교의학적 틀을 이미 가지고 있었는데, 그것은 앞에서 이미 언급한 대로 창조에 대한 교의학적 구분이다. 교의학적으로 하나님의 창조는 1) 태초의 창조(creatio originalis), 2) 계속되는 창조(creatio continua), 3) 마지막 창조(creatio nova)로 구분하여 언급되어 왔다.[5]

의도적으로 유신론에 반기를 들려는 의도로 진화를 작위적으로 이용하지 않는다면 이러한 교의학적 개념은 과학 이론으로서의 진화를 품을 수 있는 넉넉한 틀로 수용될 수 있다. 대개의 경우 사람들은 창조를 말할 때 태초의 창조만을 생각한다. 그리고 태초의 창조와 더불어 하나님의 창조 사역은 종결되었다고 생각한다. 하지만 17세기 개신교 루터파 정통주의가 제시한 창조 개념은 이런 통속적인 의미를 훌쩍 넘어선다. 창조는 과거와 현재, 미래의 시간까지 포괄하는 하나님의 행위를 뜻하며, 완결된 행위가 아니라 완성을 향해 굽이치며 나아가는 형태를 취한다. 창조는 지속적이다. 창조는 시작과 지속 그리고 완성이라는 거대한 드라마 속에서 일어나는 하나님의 구원 활동과 분리되지 않는다. 생물체의 변이와 진화의

---

5 17세기의 개신교 루터파 정통주의는 창조를 "직접적 창조"(무로부터의 창조)와 "매개적 창조"(피조 세계의 질서부여)로 구분했으며, 창조를 시간의 양태와 연관시켜 세 가지로 구분했다. 이때 창조의 "보존"(conservatio), "협동"(concursus), "조정"(gubernatio)을 "계속되는 창조"라고 하여 하나님의 섭리로 이해했다. Heinrich Schmid, *Die Dogmatik der evangelisch-lutherischen Kirche* (Gütersloh: Verlag von C. Bertelsmann, 7. Aufl., 1893), 117-134.

전(全) 과정은 창조의 걸림돌이 아니라 하나님의 창조 드라마 안에 수용되고 이해될 수 있다 즉, 생물체의 진화는 하나님의 계속되는 창조, 곧 섭리 안에 놓여 있다.

17세기 개신교 루터파 정통주의에서는 하나님의 섭리를 세 가지 개념, 보존(conservatio), 협동(concursus), 조정(gubernatio)으로 설명했는데, 그중에서 협동의 개념을 주목할 필요가 있다. 협동이란 단어가 표현하고 있듯이 하나님은 이 세상에서 일어나는 변화와 행위에 대해 단 하나뿐인 유일한 원인이 아니며, 세상에서 일어나는 모든 사건의 "동반 원인"(Mit-Ursache)이라고 설명하고 있다. 다른 말로 하면 세상에서 일어나는 일들은 "양측에 동시에, 곧 피조물과 하나님께 소급된다"라는 의미이다. 하나님께서 피조물들에게 자유를 주셨기 때문에 피조물들은 제2원인들(causae secundae)로서, 하나님의 섭리의 매개물들로 작동한다.6 만약 섭리하시는 하나님의 작용이 앞서 이미 결정된 것이라면 제2원인들의 작용은 배제되고, 그들의 자유는 제거될 수밖에 없다. 따라서 하나님의 섭리는 "앞선 협동이 아니라 동시적 협동으로, 예정하는 것이 아니라 부드럽게 명령하는 것"으로 보아야 한다.7 섭리의 하나님은 앞에서 모든 것을 다 결정해 놓고 끌어당기시는 분이 아니라 부드럽게 권유하시는 분이다. 그리스도교의 섭리론을 예정론과 구분한 루터파 개신교 정통주의의 언급은 오늘날 생명의 진화를 하나님의 섭리와

---

6 앞의 책, 118.

7 앞의 책, 119: "... non concursus praevius sed simultaneus, non praedeterminans sed suaviter disponens..."

연관해서 이해할 수 있는 유용한 관점과 근거를 제공한다.

2. 진화와 섭리

하나님께서 제2원인들인 피조물들을 활용하신다는 사실은 오늘날 하나님의 섭리를 이해하는 데 있어 매우 중요한 실마리를 제공한다. 지금도 계속되는 하나님의 창조 활동을 섭리라고 할 때, 하나님의 섭리는 피조 세계의 질서를 파괴하거나 중지시키는 이상한 마술적 행위가 아니다. 오히려 하나님의 뜻에 따라 창조된 피조 세계의 질서와 본성을 통해 하나님은 지금도 창조 활동을 계속해 나가신다. 가톨릭 신학은 토마스 아퀴나스와 라너의 신학에 근거하여 하나님의 섭리를 '비개입주의적'으로 설명하려고 하는데, 개신교 신학도 제2원인을 통한 하나님의 계속되는 창조 활동을 주장하는 루터교 정통주의 교의학에 근거하여 이에 동의할 수 있으며, 이를 통해 창조와 진화 사이의 통속적인 오해를 해소할 수 있을 것이다.[8]

기독교 신앙의 하나님은 자신이 만드신 창조 세계 안에서 어떻게 활동하시는가? 창조주 하나님은 자신이 정해 놓으신 규율을 스스로 파괴하거나 범하시진 않으실 것이다. 하지만 동시에 피조 세계를 그저 곁눈질만 하거나 무관심하게 내버려 두시지도 않으실 것이다. 하나님은 창조의 모험을 감행하신다. 우주 만물의 보이는 것

---

8 이에 대한 가능성을 데니스 에드워즈/오경환 옮김, 『신의 활동방식』(서울: 위즈앤비즈, 2012), 특히 117에서 읽을 수 있다.

과 보이지 않는 것의 창조를 시작하신 하나님은 창조 세계 안에서 끊임없이 피조물을 돌보시며 창조의 완성을 향해 지속적인 창조를 이끌고 계신다. 이러한 창조의 모험을 우리는 하나님의 섭리라고 부른다.

그렇다면 구체적으로 하나님은 어떻게 세상의 질서를 파괴하지 않으면서 이 세상 내에서 섭리할 수 있을까? 우주와 자연의 진화라는 보편적 질서를 염두에 두면서 하나님의 섭리를 설명하기 위해 하나님과 세상의 관계를 축구 감독과 축구 경기의 관계로 비유해서 생각해 보자. 축구 경기에는 분명 정해진 규칙이 있다. 하지만 정해진 규칙 내에서 벌어지는 경기의 진행과 결과는 전혀 예측할 수 없다. 질서와 규칙이 있다고 해서 그 결과가 뻔히 예측되거나 정해진 것은 아니다. 경기의 과정 속에는 항상 변수가 있기 마련이다. 또한 축구 감독은 경기에 관여는 하지만, 축구선수처럼 경기장 내에 들어가 뛸 수는 없다. 감독은 작전 지시를 통해 경기에 뛰는 선수들에게 분명 영향을 미친다. 하지만 감독의 작전 지시는 물리적인 것이 아니기 때문에 작전 지시 그 자체가 관측되진 않는다. 작전 지시는 오직 선수들의 바뀐 움직임이나 포지션을 통해서 간접적으로 확인될 수 있을 뿐이다. 물론 그것도 선수들이 그 지시를 잘 실행한다는 전제에서만 말이다. 감독처럼 하나님은 경기하는 선수들과는 거리를 두고 있고 경기장 밖에 있지만, 분명 경기 자체에 참여하고 있다. 경기라는 자연법칙을 파괴하지 않으면서 자연법칙에 관여하고 새로운 일을 가능케 한다. 하나님은 자연 세계의 개별 구성원들과 영적인 차원에서 관계함으로써 자연과 세상의 변화를 적절히 유도하신다. 하지만 '영적인 차원에서의 지시'는 눈으로 확인될 수 없으며, 언제나 간접적인 증거로 제시될 수 있을 뿐이다. 따라서 하나님의 섭리가 구체적으로 어떻게 작동하는지에 관해서는 계속적인 논의가 불가피하다.

실제로 우리가 관찰할 수 있는 대상은 경기장에서 뛰는 선수들이지 감독이나 감독의 작전 그 자체는 아니다. 감독의 작전 자체는 객관적인 관찰 대상이 되지 못하는 것처럼 하나님의 섭리 자체가 결코 물리적으로 관찰되거나 객관적으로 실증될 수는 없다. 물리세계만을 유일한 현실로 인정할 수도 있다. 이는 마치 감독이나 코치가 없이 그저 뛰어다니는 선수들만 있는 동네 축구처럼 진화의 게임에는 이를 조정하는 제3자는 없다고 보는 유물론적 입장이다. 하지만 신앙인들은 동네 축구보다 훨씬 복잡하고 역동적인 자연의 창조적인 게임에 영적인 차원에서 끊임없이 관여하고 활동하시는 창조주를 인지한다. 더 나아가 자연과 역사가 그분의 뜻 안에서 불의와 부정과 파괴를 넘어 질서와 정의와 평화가 실행되는 장이 되기를 희망한다. 이런 점에서 신앙은 자연 세계 안에 활동하시는 창조주에 관한 개방적 인식이면서 동시에 창조주 하나님의 영적 활동에 대한 개방적 수용을 의미한다. 또한 창조의 신앙은 '뜻이 하늘에서 이뤄진 것처럼 땅에서도 이뤄지기'를 바라는 희망이기도 하다. 이 신앙의 폭은 자연과 역사를 포괄하며 창조의 완성까지 이어진다.

창조를 좁은 의미에서 태초의 창조로만 이해할 때, 계속되는 창조와 마지막 창조는 망각된다. 하지만 하나님의 창조는 지금도 계속되며 멈추지 않는다. 마치 새롭게 만들어진 완성품이 이제 서서히 파괴되어가듯이 창조 이후의 세계가 하나님의 손에서 떠나 이제 퇴락의 과정에 놓여 있는 것처럼 생각해서는 안 된다. 창조의 세계는 하나님의 돌보심 속에 보존될 뿐 아니라 하나님의 계속되는 창조 활동과 더불어 창조의 완성을 향해 나아가는 모험의 과정 속에 있다. 창조의 모험적 과정에는 생명체의 변이와 번식, 새로운 종의 탄생과 생명의 풍성과 복잡성이 함께 포함될 것이다. 하나님은 생명을 창조하시고 풍성하게 하신다. 생물의 진화와 함께 드러나는 자연 세계의 복잡성과 생명의 경이로움은 이 세계가 결정성과 폐쇄성의 범주에 갇혀 있지 않으며, 오히려 계속되는 창조의 개방성과 새로움의 범주에 놓여 있음을 일깨워준다. 또한 예측 불가능하고 맹목적으로 보이는 우연성의 계기들은 하나님이 피조 세계와 더불어 펼쳐나가시는 창조의 모험을 지시한다. 진화 이론과의 만남을 통해 기독교 신학은 하나님의 창조가 완결되고 종결된 것이 아니라 지속성과 역동성, 새로움과 미래성을 담고 있다는 사실에 새삼 주목한다.

또한 기독교 창조 신앙의 관점에서 볼 때 자연의 진화는 여타의 종교적 표상 속에 반영되어 있듯이 자연이 무한히 반복되는 순환 속에 있는 것이 아니라, 자연도 유일회적인 역사를 지니고 있다는 사실을 일깨워주고 있다. 자연의 유일회성과 우연성을 말하는 진화는 자연을 정체된 것으로, 특정 법칙에 갇힌 것으로 판단했던 기존의 결정론적 기계론적 자연 이해를 비판하며, 오히려 자연 세계도 하나님의 섭리의 역사성과 창조성을 반사하고 있음을 시사한다. 뿐만 아니라 자연 세계의 진화는 인간을 만물의 영장이나 창조의 정점으로 이해한 인간중심주의를 극복하며 오히려 아직 완성되지 않은 창조의 미래에 시선을 돌리게 한다. 인간과 피조 세계는 질적으로 구분될 필요가 없으며, 위계질서로 파악될 필요도 없다. 흙에서 나왔으니 흙으로 돌아가야 할 운명을 지닌 인간은 하나님의 거대한 창조 활동의 드라마에서 볼 때 자연에 속하며, 자연에서 나와서 자연을 위해 봉사하다 자연으로 돌아가야 하는 창조의 동역자로서의 숙명을 지닌 존재다. 인간은 하나님의 창조 행위 속에 따라서 창세기 1장이 그려주고 있는 하나님의 창조의 말씀—"땅은 푸른 움을 돋아나게 하여라", "물은 생물을 번성하게 하여라", "땅은 생물을 그 종류대로 내어라"—은 진화의 과정을 통해 여전히 실현되며, 이사야 65장과 계시록 21장이 그려주고 있는 새 하늘과 새 땅, 만물의 새로운 창조를 지향하고 있다고 볼 수 있다.

3. 섭리와 우연

스티븐 호킹은 플로디노프와 함께 저술한 책에서 인간에게 자유의지가 있는지, 있다면 언제부터 있었는지를 물으면서 다음과 같이 확신에 찬 대답을 제시한다.

물론 우리는 우리의 행동을 스스로 선택할 수 있다고 느끼지만, 생물학의 분자적 토대에 관한 우리의 지식은 생물학적 과정들이 물리학과 화학의 법칙들에 의해서 지배되며 따라서 행성의 궤도와 마찬가지로 결정되어 있음을 보여준다. 신경과학의 최근 실험들은, 알려진 과학 법칙들을 따르는 우리의 물리적인 뇌(physical brain)가 우리의 행위를 결정하는 것이지, 그 법칙들과 별개로 존재하는 어떤 행위자가 우리의 행위를 결정하는 것이 아니라는 생각에 힘을 실어준다. ⋯ 따라서 우리는 생물학적 기계일 따름이고 자유의지는 착각에 불과한 것인 것 같다.[9]

이러한 결론은 뇌수술을 받은 환자에게 뇌의 특정한 부분에 전기자극을 줄 때 환자의 손과 발이 움직이는 욕구를 느낄 수 있게 만들 수 있다는 실험 결과에 따른 것이다. 즉, 인간의 자유로운 행동과 자유로운 욕구는 실제로는 뇌의 특정 부분에 가해진 전기적인 자극의 결과에 불과하다는 것이다. 하지만 구체적으로 어떤 메커니즘에 의해 인간의 행동이 결정되는지를 정확히 파악하는 것은 여전히 어렵다는 사실도 인정한다. 사실 우리는 다음과 같이 물을 수 있다. 정말 전기자극이 욕구를 일으키는가? 그렇다면 보다 근원적으로 전기자극이 일어나게끔 하는 그 무엇은 무엇인가?

과학의 결론은 최종적이지 않으며, 또 다른 물음을 낳게 된다. 우리는 실험을 위해 의도적으로 뇌의 특정 부분에 전기적 자극을 주지만, 실제로 어떤 동기와 과정을 거쳐 뇌의 특정 부분에 전기적 자극이 가해지는지 알지 못한다. 뇌와 행위 사이의 관계를 인과율적으로 포착하려고 할 때, 인과율적 시각에 포착되지 않고 빠져 있는 과정은 혹시 없는가? 혹시 우리의 시야가 너무 협소하지는 않은

---

9 스티븐 호킹·레오나르드 블로디노프/전대호 옮김, 『위대한 설계』(서울: 까치글방, 2010), 41.

가? 자유의지의 문제는 한참 달아오른 뇌과학 연구와 그리고 최근 뜨거운 이슈인 인공지능의 문제와 연관해서도 신학이 깊이 고민해야 할 주제일 것이다.

현대 과학은 한편에서는 뇌와 같은 몸의 일부가 마치 기계적인 인과율에 따라 작동하는 것처럼 단정 짓기도 하며, 다른 한편에서는 생물체의 진화와 관련해서는 전적 우연성이 지배적이라고 말하기도 한다. 즉, 생명체의 진화와 관련해서 다음과 같은 물음이 종종 제기된다. 자연의 전개와 변화과정은 우연적인가 필연적인가?

자연의 운동에는 어떤 법칙이 존재하는가? 오늘날 진화생물학자들 중에는 진화의 방향은 미리 정해져 있지 않다고 말하는 이들이 있다. 이들에 따르면 진화의 전개 과정은 전적으로 우연적이다. 다시 말하면 진화가 어떻게 전개될 수 있을지 예측하는 것은 불가능하다. 노벨 생물학상을 수상한 자크 모노는 널리 언급되는 그의 저서『우연과 필연』에서 이러한 관점을 다음과 같이 여과 없이 드러낸다. "순전한 우연, 우연 그 자체, 놀라운 진화 체계의 근본인 절대적·맹목적 자유."[10]

동물학자이며 베스트셀러 작가인 리처드 도킨스는 진화를 유전자 단위에서 설명하면서 이렇게 말한다. "모든 생명의 근본적인 단위의 원동력은 자기복제자이다." 더 나아가 "자기복제자는 최초로 우연히 작은 입자들이 마구 부딪쳐서 출현한다. 자기복제자가 일단 존재하게 되면 그것은 스스로의 복제를 한없이 만들어 나갈 수 있다."[11] 그에 따르면 자기복제자의 탄생도 우연이고 자기복제자의

---

10 한스 큉/서명옥 옮김,『한스 큉, 과학을 말하다』(왜관: 분도출판사, 2011), 197에서 재인용.

복제과정도 우연적이다. 자연의 우연성은 창조와 섭리를 전적으로 배제하는 것처럼 보인다. 모든 것이 우연적이라면, 과연 섭리의 자리는 어디일까?

하지만 우리는 먼저 "여기서 우연이란 무엇인가"를 물어야 한다. 여기서 우연이란 정말 생각지도 못한 것의 출현, 전혀 가능성 없는 것의 실현을 의미하는가? 그렇지 않다. 자연과학의 우연(contingency)은 여러 가능한 것들 중에서 어떤 하나가 실현됨을 의미한다. 아무런 조건이나 제약적 상황 없이 생뚱맞게 엉뚱한 것이 발생한다는 것을 뜻하진 않는다. 주사위를 다섯 번 던져서 모두 5라는 숫자가 나올 확률은 극히 적지만, 우연히 그렇게 될 수도 있지 않겠는가. 내일 날씨가 어떨지 우리는 예측할 수 있다. 하지만 그 예측이 항상 들어맞지는 않다. 그런 점에서 내일 날씨는 우연적이다. "콩 심은 데 콩 나고 팥 심은 데 팥 난다"라는 속담처럼 자연의 생성과 변화의 과정 속에 나타나는 우연은 어느 정도의 법칙을 기반으로 해서 일어난다.

런던대학원 경제학과의 통계학과 명예교수인 데이비드 바솔로뮤는 우연을 통해 신의 자리를 제거해 버리는 시도 속에 담겨 있는 오해를 지적한다. 그에 따르면 사람들은 우연을 마치 질서나 목적과는 상충되는 개념으로 생각한다는 것이다. 하지만 실제로 신생아의 성은 우연에 따라 결정되지만 장기적으로 보면 대략 같은 비율을 이루며, 일상의 사건들도 우연적으로 일어나지만 통계학적으로 볼 때 상당히 정확히 예측할 수 있기 때문에 보험 판매가 가능하다.

---

11 리처드 도킨스/홍영남 옮김, 『이기적 유전자』(서울: 을유문화사, 2009), 443.

또한 실제로 생물의 진화가 우연을 통해 일어난다는 사실은 역으로 우연히 새로운 종의 탄생에 기여한다는 것을 의미한다. 이처럼 우연은 질서와 목적을 대체하지 않고, 질서와 목적을 바탕으로 해서 일어난다고 할 수도 있다. 이러한 관점에서는 우연은 신을 제거하는 개념이 아니라 어쩌면 신이 사용하는 도구일 수도 있다.[12]

"신은 주사위 놀이를 하지 않는다"라는 널리 알려진 아인슈타인의 말은 우연을 배제하고자 하는 의도였지만, 앞에서 살펴본 바에 따르면 절반은 맞고, 절반은 틀린 말이라 할 수 있다. 신은 주사위 놀이를 하는지도 모른다. 비록 주사위를 던져서 나오는 숫자가 우연적이지만, 결코 큰 틀을 벗어나지 않는다. 신에 의해 우연적인 사건이 일어나지만, 그러한 우연은 신적 질서를 파괴하진 않는다. 창조 세계에서 우연과 필연, 우연과 법칙은 서로 대립되는 개념이 아니다. 우연은 넓은 의미에서 질서를 가능케 하는 동력으로 기능한다. 거대한 우주의 드라마 속에서 개별 연기자들의 개성 있는 연기가 이 우주의 드라마를 더욱 빛나게 만들 수 있다. 더구나 우리가 살아가는 세계는 닫힌 결정론의 세계가 아니라 열린 세계라고 한다면, 우연성이 만들어 내는 창조의 드라마는 더욱 흥미로울 수밖에 없다. 하나님이 쓰신 우주의 드라마는 이미 완성된 것이 아니라 새로운 등장인물들의 출현과 함께 새롭게 전개되고 있다.

한스 큉(Hans Küng)은 "자연법칙은 우연을 통제한다"는 노벨 화학상 수상자인 독일의 물리화학자인 만프레트 아이겐의 말을 인

---

12 러셀 스태나드 엮음/이창희 옮김, 『21세기의 신과 과학 그리고 인간』(서울: 두레, 2002), 181-184.

용하여 우연과 필연, 불확정과 확정 사이의 양자택일은 잘못된 선택이라고 말한다. 그에 따르면 신의 주사위 놀이는 규칙의 범위 안에서 일어난다.[13]

과학이 세밀하고 부분적인 영역의 물리적·생물학적 과정을 다룬다면, 신학은 이것과 완전히 분리되진 않지만 보다 포괄적이고 거시적이며, 형이상학적인 관점에서 이러한 사건들을 대하고자 한다. 즉, 물리적·생물학적 과정에서 우연적으로 보이는 사건들도 신학의 시야에서는 하나님의 창조 활동 밖에 놓여 있지 않다. 하나님의 창조 활동은 우연을 배제하지 않으며, 노랑과 색깔이 같은 범주에 놓일 수 없듯이 우연은 하나님의 섭리와 양자택일의 범주에 놓이지 않는다.

물론 신학은 단순히 형이상학적 차원에서 사물의 질서를 논할 뿐 아니라 세계와 인간 실존이 이와 더불어 제기하는 문제들에 깊이 관심하지 않을 수 없다. 왜냐하면 그리스도교 신학의 중심 주제인 하나님은 이 세상의 창조주이시며 동시에 구원자이기 때문이다. 우연적 사건들은 우리에게 예기치 못한 치명적인 아픔을 제공하기도 한다. 하지만 동시에 이를 통해 새로움의 기회들이 싹튼다는 사실도 인정해야 한다. 하나님은 우연적 사건들을 통해 질서가 파괴되도록 하시는 것이 아니라 새로운 질서를 구축해 나가신다. 창조의 하나님을 신앙한다는 것은 곧 모든 우연성 가운데서도 이를 선한 창조로 이끄시는 하나님의 섭리를 신앙함을 의미한다.

창조는 과거의 일로 기억될 뿐 아니라 지금 여기서 일하시는 하

13 한스 큉/서명옥 옮김,『한스 큉, 과학을 말하다』, 198-200.

나님의 행위를 지시하며, 계속된 창조를 통해 새로운 미래를 열어 주실 하나님의 미래에 대한 전망을 지시한다. 우리가 신앙하는 하나님은 창조의 하나님이시다. 그분은 과거에도, 현재에도 그리고 앞으로도 창조의 하나님이시다. 사랑으로 온 우주를 창조하신 하나님은 창조 세계 안에 시작된 우연과 자유의 놀이에 함께 참여하여 세상 모든 일에 함께 연동하시는 섭리의 하나님이시며, 이 섭리의 하나님은 또한 세상의 고통을 자신의 책임으로 짊어지시며, 창조 세계를 영광의 나라로 추동하시는 창조의 하나님이시다. 섭리와 구원은 창조의 완성을 위한 과정으로서의 창조이며, 이런 점에서 기독교 신앙의 하나님은 언제나 창조의 하나님으로 신앙되어야 할 것이다.

4. 자연과학과 창조 신앙의 합리성

진화론에 직면하여 기독교 신앙은 성서를 새롭게 이해해야 한다. 더 이상 성서를 과학책으로 취급해서는 안 된다. 성서는 진화론을 배격하기 위해 기록된 책이 아니다. 진화론에 대한 반대는 근본주의자들의 관심사일 뿐 성서의 관심사는 아니다. 성서의 내용은 우주가 어떻게 만들어졌는지, 우주와 세계에 대한 객관적인 그림을 보여주지 않는다. 성서는 이 세상을 사랑하시는 하나님과 그의 창조 세계와 우리가 근본적으로 관계해야 함을 제시하고 있다. 성서는 하나님과 세계 그리고 인간에 대한 객관적인 자료를 주지 않는다. 성서는 발생론적 질문을 갖지 않는다. 즉, 우주와 세계 그리고 인간이 어떻게 탄생되었으며, 인간은 무엇으로 만들어졌는지에 대해 묻지 않는다. 오히려 성서의 질문은 철학적이라고 할 수 있다. 곧 세계는 본질적으로 무엇이며, "무엇이 인간을 인간되게 하는가"라는 물음이 중심에 놓여 있다.[14] 인간을 흙으로 만들었다는 것은 인간이라는 생물체가 어떤 물질로 구성되었는지를 말하는 것이 아니라 인간의 본질이 땅(자연)에 속해 있으며, 한 줌의 흙, 먼지와 같이 유한하고 보잘것없음을 암시한다. 이런 점에서 신앙의 이름을 앞세워 성서를 과학책으로 생각하고 성서의 문자주의에 입각하여 진화론을 부정하는 것은 허락될 수 없는 학문적 월권행위일 뿐 아니라, 직접적으로는 성서의 창조 신앙 자체에 대한 경건한 오해이다. 진화론에 대한 찬반은 과학적 논쟁에 의해 다뤄져야 하는 것이지 신앙에 의해 판단되어서는 안 된다.

자연과학은 창조 신앙을 파괴하기보다는 신앙의 관점을 미신이나 주술에서 해방시켜 합리적인 통찰로 이끈다. 기독교 신앙은 근대세계의 합리성을 넘어서지만 그렇다고 해서 주술이나 미신 또는 광신과 맹신이 되어선 안 된다. 하나님은 요술램프의 요정도 아니며, 마술사도 아니며, 자의적인 폭군도 아니다. 하나님은 아무 생각 없이 주사위를 던지면서 세상을 움직이는 그런 분이 아니다. 하나님은 자연법칙을 파괴하지 않으시며, 자신이 창조하신 세계를 사랑하신다.

---

14 Walter Neidhart/Heinrich Ott, *Krone der Schöpfung?*, 44에서 오트는 진화론은 "발생론적"이며, 신학적 인간론은 "현상학적"이라고 한다.

하지만 다른 한편 기독교 신앙은 합리주의에 예속되어서도 안된다. 신앙은 과학자들이 발견한 세상의 합리성과 법칙성을 존중하지만, 그렇다고 하나님이 이러한 합리성에 갇혀 버리지 않는다는 사실도 고백한다. 자유로운 인격을 창조하신 하나님은 자유로운 분이시다. 하나님은 세상의 합리성에 예속되는 노예가 아니라 역으로 세상의 창조주이며 주님이시다. 기독교 신앙이 말하는 로고스는 계산적, 도구적 합리성을 넘어서며 종교적 체험과 윤리적 책임을 포용할 수 있는 우주적 로고스이다.[15] 이러한 로고스(logos)는 종교적 체험과 신화(mythos)의 언어를 배제하지 않는다. 이런 점에서 기독교 신앙은 합리성을 배제하지 않지만 또한 합리성에 매달리지도 않는다. 신앙은 하나님의 창조 활동을 파악하고자 하는 과학의 합리성을 부정하지 않으면서도 거기에 예속되지 않는 하나님의 자유로운 창조역사를 고백하고 희망한다.

맥그라스는 자신의 책 『기독교 변증』에서 기독교 신앙의 합리성을 논하면서 벌린 경(Sir. Isaiah Berlin)을 인용하여 확신의 세 가지 범주를 제시했다. 첫째, 경험적 관찰을 통해 확립될 수 있는 확신, 둘째, 논리적 추론을 통해 확립될 수 있는 확신, 셋째, 둘 중 어느 것으로도 증명이 불가능한 확신.[16] 그리고 그는 이렇게 덧붙인다.

셋째 범주는 인간의 문화를 형성하고 인간의 실존을 규정하는 가치와 이상

---

15 Paul Tillich, *Systematic Theology I* (Chicago: The University of Chicago Press, 1951), 53.
16 알리스터 맥그래스/전의우 옮김, 『기독교 변증』 (서울: 국제제자훈련원, 2014), 127.

을 포함한다. 달리 말하면 인간의 삶에 이유와 방향과 목적을 주며 이성이나 과학으로 증명이 불가능한 신념을 포함한다."[17]

신앙의 합리성은 경험과 이성의 합리성을 부정하기보다는 이를 넘어선다. 삶의 차원에서 가장 궁극적이며 가장 소중한 의미와 이유를 갖게 하는 확신, 곧 창조주 하나님에 대한 신앙을 통해 그는 자신의 삶 전체가 괴물이 아니라 선물임을 발견한다. 자연 세계뿐 아니라 우리의 삶 속에도 예기치 못한 사건들이 발생한다. 때로는 이로 인해 세계와 삶이 파괴의 위협을 받는다. 삶이 괴물로 변할 때도, 창조 신앙은 이런 우발적인 사건조차도 창조주 하나님의 창조적 모험 안에 놓여 있음을 고백한다. 창조 신앙은 창조의 완성을 희망하며 다음과 같이 말한다. 우연적이고 예기치 못한 괴물이라도 창조주 하나님이 주신 삶의 선물을 결코 완전히 파괴하진 못할 것이다.

5. 서로 다른 두 차원

신앙인은 하나님을 창조주로 고백한다. 하나님은 혼돈과 흑암 속에서도 빛을 창조하신다. 이 고백은 신앙의 삶과 밀접한 관련이 있는 구체적이며 실존적인 고백이다. 하나님의 창조에 대한 신앙은 삶을 위협하는 구체적 상황 속에서 새로운 빛을 던져주실 하나님을

---

17 앞의 책, 128.

신앙하는 고백이다. 따라서 우주진화론 또는 생물학적 진화론이 과학적 사실이라고 해도 이 때문에 창조 신앙이 부정되는 것은 아니다. 창조 신앙은 현실을 대하는 인격적이고 실존적인 차원에 속한다. 이것은 과학적 사실보다 더 깊은 차원에 속한다. 예컨대 아토피가 심한 아이가 오랜 시간 고생하다가 드디어 치료약을 통해 치료를 받았다고 하자. 아토피를 의학적으로 치료한 것은 명백한 사실이다. 하지만 이것이 피부병으로 고생한 아이에 대한 부모의 사랑과 돌봄을 배제하는 것은 아니다. 아이의 치유에서 부모의 사랑과 돌봄은 의학적 치료와 배타적인 양자택일의 관계에 있지 않다. 신앙인의 관점에서는 이 세상의 전개와 변화는 하나님의 사랑과 돌봄 때문에 가능하다. 창조주 하나님의 자연 세계에 대한 사랑과 돌봄의 역사를 과학자의 수준에서는 진화라는 말로 설명한다. 이처럼 과학과 종교의 언어는 실재 이해에 있어서 서로 다른 두 차원에 속한다.

현대 과학에 의하면 세계는 기계론적으로 이해되기보다는 개방적이고 복합적으로 파악된다. 진화의 과정은 미리 짜놓은 프로그램처럼 이해되지 않는다. 일종의 법칙들에 따라 전개되지만, 그러한 법칙들이 상호작용하는 가운데서 새로운 현상들이 우발적으로 일어난다. 하지만 자연 세계에 대한 개방적이고 복합적인 진화론적 이해 때문에 하나님의 섭리가 불필요하거나 배제될 필요는 없다. 자연과학은 자연 세계의 구성 요소와 이들의 진화 과정을 밝혀낼 수 있지만, 진화 과정의 궁극적 의미와 방향을 확정할 수는 없다. 마치 장기 게임에 대해 전혀 모르는 사람도 장기 게임을 한참 동안 면밀하게 관찰할 때, 장기의 말들이 어떤 규칙에 따라 움직이게 되는지를 알아낼 수가 있다. 하지만 이를 통해 장기 두는 사람의 마음까지 알아낼 수 있을까? 자연과학자들이 우주와 생명의 진화 과정을 추적하고, 어떤 과정을 거쳐 생물체가 오늘날의 형태에 이르게 되었는지 밝혀낼 수 있다고 하더라도 이를 통해 그들이 우주와 생명의 역사가 갖는 궁극적 의미와 향방까지 규정할 수는 없을 것이다. 자연과학자가 자신들의 관찰과 실험 그리고 추정을 통해 '신의 마음'을 운운할 때 그들은 벌써 자연과학자의 자리에서 신학자의 자리로 슬그머니 자리 이동을 했다는 사실을 기억할 필요가 있다.[18]

6. 자연과학과 신학의 관계를 위한 제언

자연과학과 기독교 신학의 창조적인 만남을 위해 반드시 거쳐야 할 단계들은 무엇이 있을까?[19] 무엇보다도 신학과 과학의 창조적인 만남을 위해서는 과학 이론과 과학주의에 입각한 세계관 사이를 구분해야 한다. 19세기 다윈의 진화론이 오늘날 정상과학의 공통분모로 등장하면서 진화론에 내재해 있는 명제들이 신의 존재와 유신론적 기초 신념을 위협하는 것으로 인식되고 있다. 존 호트(John

---

18 리처드 도킨스 외/김명주 옮김, 『왜 종교는 과학이 되려 하는가』(서울: 바다출판사, 2017). 이 책은 주로 지적 설계론을 비판하면서 지적 설계론이 종교이지 과학일 수 없음을 꼬집는다. 하지만 오늘날 과학의 이름으로 무신론의 전도사 역할을 하고자 하는 이들에게 이 책의 제목을 뒤집어 질문해도 좋을 듯하다. "왜 과학은 종교가 되려 하는가?"
19 이 단락의 본문은 박영식, "자연과학과 기독교 신학의 창조적 만남을 위해," 「신학과 선교」 36 (2010): 1-17에 발표된 내용 중 일부를 옮긴 것이다.

Haught)는 진화론의 특징을 우연성, 잔인한 투쟁, 맹목성의 세 가지 요소로 요약한다.[20] 이러한 진화론의 요소들은 사회와 역사의 변화에도 작용하는 요인으로 이해되어 자연뿐 아니라 인간의 사회와 문화, 역사도 전적으로 우연의 산물이며, 궁극적인 목적이나 방향 없이 잔인한 투쟁의 과정을 통해 약육강식의 논리로 전개되어야 한다는 생각이 조용하지만 급속도로 번져나가고 있다.

그러나 우리는 실재 세계에 대한 자연과학적 설명 자체와 그 설명에서부터 유도되어 나오는 세계관적 방향 설정 사이를 구분할 수 있어야 한다. 즉, 과학으로서의 진화론과 일종의 윤리적 가치로서의 진화주의는 구분되어야 한다는 것이다. 소여성에 대한 설명이 당위성을 담지할 수는 없다는 말이다. 실재 세계에 대한 담담한 서술이 실재 세계에서 어떻게 살아가야 하는지를 말해주는 것은 아니다. 과학으로서의 진화론이 진화론적 세계윤리를 정당화시킬 수 있는 논리적인 기반이 될 수는 없기 때문이다. 인간은 동물이라는 생물학적 주장을 확장시켜 동물처럼 살아야 한다는 도덕적인 주장으로 전개할 수는 없듯이 과학적 관찰과 연구 결과에서 짜내고 구성해 놓은 세계관적 원리를 일상생활에 적용하려는 시도는 비논리적이며 무책임하다. 기독교 신앙이 제시하는 삶의 원리들, 예컨대 사랑과 정의, 나눔과 섬김은 적자생존이나 약육강식을 강조하는 과학적 이데올로기에 대한 비판적이며 대안적인 삶의 원리가 될 수 있다. 그러나 모든 과학적 세계관이 기독교적 가치들과 대립되는 것은 아니다. 약육강식의 세계관은 기독교적 가치관과 대립적이지만,

---

20 존 호트/구자현 옮김, 『과학과 종교, 상생의 길을 가다』(서울: 코기토, 2003), 76-77에서 인용.

태양 중심적 세계관은 처음 주장되었을 때와는 달리 오늘날엔 기독교적 가치관과 대립될 필요가 없다. 우리는 과학으로서의 진화론을 존중하면서도 진화론적 세계관을 반성과 책임감 없이 인간세계 전반에 적용하려는 시도에는 반대해야 할 것이다.[21] 어쩌면 사회진화론적인 세계 이해는 일찌감치 기독교의 구원론이 전제하고 있는 죄된 인간과 타락한 세계에 대한 구체적인 한 단면과 상응하는 것으로 이해될 수 있다.

두 번째 단계는 창조와 진화는 실재 세계에 대한 대립이나 갈등이 아니라, 서로 상이한 이해의 차원으로 이해되어야 한다. 진화론이 생명의 현상세계를 생물학적이며 물리학적인 시야에서 다룬다고 한다면, 창조 신앙은 현상세계를 존재하게 하는 그 근원적인 힘에 대한 신학적 시야에서 언급되는 개념이다. 이처럼 동일한 사태에 대한 다층적인 차원의 논의[22]라는 점을 염두에 두지 않으면 과학과 신학의 대화뿐 아니라, 실재 세계의 다차원성과 복합성이 훼손될 위험에 처하게 될 것이다.

이 점에서 굴드가 주장하는 NOMA(Non-Overlapping-Magisteria)가 함축한 의미를 비판적으로 수용해야 할 것이다. 실재에 대한 다차원성을 염두에 둘 때 신학과 과학의 본래적인 시야는 구분되어야 하며, 그렇다고 서로에게 무의미하게 따로 떼어져 독립될 필요는 없을 것이다. 또한 대상에 대한 이해뿐 아니라 대상 자체에 있어서도 과학과 신학은 다르다. 과학이 현상세계에 대한 있는 그대로의

---

21 김균진, "진화론과 창조 신앙은 모순되는가?", 「조직신학논총」 9 (2003), 8-31.
22 이와 관련해서 존 호트/김윤성 옮김, 『다윈 안의 신』 (서울: 지식의 숲, 2005)를 참조.

서술을 추구한다면, 신학은 현상세계에 대한 의미론적 해석과 더불어 아직 오지 않은 세계에 대한 종말론적 진술을 담고 있다는 점에서 과학의 한계 너머를 지시한다. 과학자의 시각은 과거와 현재만을 포착하지만, 신학자의 시각은 이와 더불어 오지 않은 미래까지 염두에 둠으로써 우연과 맹목성조차도 거대한 하나님의 역사적 섭리의 연관성 안에서 의미를 가지게 될 것임을 희망할 것이다. 그리고 이 희망의 유효성은 과학의 시각에서는 판단의 범주 밖에 놓여 있을 수밖에 없다.

세 번째 단계로는 신학은 과학으로서의 진화론과 진화주의적 세계상을 구분하는 한편, 실재 세계에 대한 과학적 해명을 신학적으로 수용하여 현실 세계에 대한 신학적 해석에 기여할 수 있어야 한다. 예를 들면 생명의 기원에 대한 생물학적 연구나 우주의 기원에 대한 천체물리학적 연구들을 적극적으로 수용하여 하나님의 창조를 보다 구체적으로 이해하고 설명할 수도 있다. 예컨대 물리학의 빅뱅이론을 무로부터의 창조와 연관해서 이해할 수도 있을 것이다.[23] 그러나 이런 단편적인 비교를 넘어 19세기 이후에 전개되고 있는 생명과 우주의 진화에 대한 생각들을 신학 형성에 도입하기도 한다. 예컨대 진화론은 하나님의 계시사와 구원사를 역동적으로 이해할 수 있는 시야를 제시해 줄 수도 있다. 하나님은 인류 역사 속에서 점진적으로 자신을 계시하시면서 생명체의 진화에 발맞춰 자신의 구원사를 이끄신다고 생각할 수 있다. 이때 하나님 자신은 어제

---

23 한스 페터 뒤르·클라우스아비히·한스 무휄러·볼프하르트 판넨베르그·프란츠 부케티츠/여상훈 옮김, 『신, 인간 그리고 과학』(서울: 시유시, 2003), 20 이하.

나 오늘이나 동일하시지만, 하나님과 하나님의 구원에 대한 우리의 이해는 점점 발전해 가며 심화되어 간다고 할 수 있을 것이다. 뿐만 아니라 과학적 개념들을 통해 전통적인 신학 개념들을 우리 시대에 적합한 학문적 개념으로 대체하면서 그 이해의 명료성을 더 높이는 시도들도 엿보인다.[24] 이러한 측면에서 새로운 자연과학적 결과들을 성서 해석의 유연성을 통해 신학 내에 수용하고 양자의 새로운 공존을 모색하는 시도가 자연과학과 신학 양자의 발전을 위해서도 반드시 요구되는 사안이다. 따라서 자연과학의 그늘 아래 놓인 오늘날의 세계 속에서 성서의 창조 신앙을 과연 어떻게 이해하고 풀어낼 수 있는지가 관건이다. 무엇보다도 과학과 종교의 충돌의 원인이 되는 종교적 언어상징에 대한 몰이해를 극복하고, 창조 신앙에 대한 창의적 해석을 제시하는 것이 중요하다.[25]

이처럼 과학 이론과 과학주의적 세계관을 구분하고, 과학과 신학이 비록 동일한 실재 세계를 대면하지만, 그 접근법과 독법이 상이하다는 점을 염두에 두면서도 과학 이론이 열어주는 실재 세계에 대한 해명을 통해 신학적 진리를 보다 명료하게 구명해 나가도록

---

24 이와 관련해서 오늘날 많은 신학자를 언급할 수가 있다. 여기서는 대표적인 사상가들만 간략하게 언급한다. 진화론을 신학에 적극적으로 도입하여 하나님의 구원사와 계시사를 진화론적으로 구축한 인물로는 떼이야르 샤르뎅(Teilard Chardin)을 들 수 있다. 또한 판넨베르크(W. Pannenberg)의 점진론적 계시 이해는 오늘날 과학적 용어와 연구들을 신학에 적극적으로 활용할 수 있는 기반을 마련해 놓았다. 특히 그는 힘에 대한 장(場)이론을 통해 성령의 활동을 설명하고자 한다. 또한 존 호트(J. Haught)도 카오스와 복잡성의 과학 이론을 신론에 적용시키고자 한다. 파울 틸리히(Paul Tillich)는 자신의 조직신학 제3권에서 생명의 다(多)차원성을 서술하면서 진화론적 세계 이해에 대한 자신의 신학적 견해에 편입시켜 놓고 있다.

25 이화여대의 양명수 교수도 과학과 종교의 충돌 원인을 종교상징에 대한 몰이해로 본다. 이에 대해서는 최재천 엮음,『과학 종교 윤리의 대화』(서울: 궁리, 2006), 188-199를 참조

노력한다면 과학과 신학은 진리 탐구에 있어 서로에게 유익한 동반자가 될 수 있을 것이다. 물론 이때 과학과 신학, 양자를 마구 섞어서 이 맛도 저 맛도 아닌 비빔밥을 만드는 대신에 양자의 한계와 가능성, 삶에 대한 기여와 독특한 관점을 서로 이해하고 배우면서 각자의 자리에서 각자에게 생산적인 만남과 배움의 기회를 가지는 태도가 중요하다.26 과학이 그 관측과 실험, 연구가 축적되어 갈수록 실재 세계에 대한 자신의 이해가 변화되고 심화되어 가야 하듯이 신학도 마찬가지로 창조주 하나님과 실재 세계에 대해 보다 정밀하고 구체적이며 이해 가능한 언어적 접근을 시도해야 할 것이다. 과학과 신학의 만남은 이런 면에서 양자를 더 심화시키며 서로에 대한 오해를 넘어 각자의 고유한 영역에 대한 존중과 배움의 장이 될 수 있을 것이다.

---

26 한스 큉은 다윈의 진화론을 통해 통합적이고 포괄적인 과학적인 무신론적 세계상이 형성된 것처럼 보인다고 진단하면서 이 새로운 상황 속에서 세 부류의 신학자들이 등장했다고 한다. 1) 대부분의 신학자들은 새로운 진화적 세계 이해를 진지하게 수용하지 않고 예전의 신앙을 지키려고 한다. 2) 몇몇 신학자들은 새로운 세계 이해를 환영하면서 이전의 신앙을 보존하려고 하지 않는다. 3) 옛 신앙을 새로운 세계 이해 안으로 설득력 있게 옮겨오는 신학자는 거의 없다. 한스 큉은 샤르댕의 시도를 환영하면서 진화적 세계 이해가 "옛 신앙을 위한 새로운 기회"라고 한다. 이와 더불어 한스 큉은 신학의 심화를 기대한다. 하나님은 세계 저편에 계신 분이 아니라 세계와 세계의 발전 한가운데 있는 분으로 이해해야 하며, 창조는 더 이상 발전의 대립개념이 아닌 발전을 가능케 하는 것으로 이해해야 하고, 인간은 동물이나 그의 역사와 행동과 무관한 독립적인 실재가 아니라 하나님과의 독특한 관계 안에 있는 몸-영의 존재로 이해되어야 한다. Hans Küng, *Existiert Gott? Antwort auf die Gottesfrage der Neuzeit* (München: Piper, 1978), 384-387.

7 장
창조와 악의 문제

기독교 신앙은 하나님이 창조주이심을 고백하며, 창조주 하나님
은 이 세상을 선하게 아름답게 창조하셨다(창 1:31)고 고백한다. 그
렇다면 하나님의 선한 창조 세계에 왜 악이 존재하는가? 악은 도대
체 어디서 왔는가? 혹시 하나님은 악도 창조하셨는가?(사 45:7) 하
나님은 악을 대적하고 심판하지 않으시는가?(시 1:5, 5:4, 34:16; 약
4:7) 그런데 선하신 하나님은 왜 악을 허용하시는가? 악인이 세상
을 지배할 때 하나님은 무엇을 하시는가? 우리에게 닥치는 모든 고
통의 배후에는 하나님이 계신 것인가? 하나님은 고통이라는 악을
우리에게 주시는 분이신가? 이런 질문들은 기독교 신앙에 오랜 가
시처럼 박혀 있다.

고통과 악의 문제에 직면하여 하나님의 존재와 그분의 선함과 전
능하심을 옹호하려는 신학적, 철학적 시도들을 신정론(神正論, the-
odicy)이라고 부른다. 철학자 라이프니츠(G. W. Leibniz, 1646~1715)
가 '신정론'이라는 용어를 처음 사용했지만,1 신정론적 질문은 훨씬

이전에 존재했던 정원의 철학자 에피쿠로스(Epikuros, 주전 341~270)에게로 소급된다.

> 신은 악을 제거하시기를 원하지만 그렇게 할 수 없든지, 아니면 그렇게 할 수 있지만 원하지 않든지, 그것도 아니면 신은 악을 제거할 수도 없고 그렇게 하기를 원하지도 않든지, 아니면 그는 그렇게 할 수 있으며 그렇게 하기를 원한다. 만약 그가 원하지만 할 수 없다면, 그는 나약해서 신에게 적합하지가 않다. 만약 그가 할 수 있는데 하기를 원치 않는다면, 그는 나쁘며 이는 또한 신에게 낯선 것이다. 만약 그가 원하지 않고 할 수도 없다면, 그는 나쁘면서 약하고 그래서 또한 신이 아니다. 하지만 만약 그가 오직 신에게 적합한 것을 원하고 할 수 있다면, 도대체 악은 어디서 오며 그는 왜 악을 제거하지 않는가?[2]

물론 우리가 당면하는 악에는 인간의 범죄로 인한 악도 있고 자연적 재해로 인한 고통도 있다. 우리 자신의 잘못으로 인해 당하는 고통도 있고, 타인에게 가하는 고통도 있다. 어떤 고통들은 더 큰 선을 위해 감내해야 하는 것이기도 하지만, 어떤 것들은 아무런 유익을 주지 못하는 것들도 있다. 남에게 추천할 수도 없고, 어떤 방식으로 정당화할 수도 없는 고통들, 이것이야말로 삶을 파괴하며 하

---

1 그 작품의 원제는 이렇다. G. W. Leibniz, *Essais de Théodicéé sur la bonté de Dieu, la liberté de l'homme et l'origine du mal*(1710). 우리말 번역으로는 이근세 옮김, 『변신론. 신의 선, 인간의 자유, 악의 기원에 관하여』(서울: 아카넷, 2014)가 있다.

2 Lactantius, *De ira Dei*, 13, 19f; Jan Bauke-Ruegg, "Gottes Gerechtigkeit? Hinweise zur Theodizeeproblematik," *Zeitschrift für Theologie und Kirche,* 102 (2005), 333-351, 336에서 재인용.

나님의 존재에 치명타를 가하는 악이다. 이에 대해 과연 신학은 어떤 답변을 줄 수 있을 것인가?3

1. 다양한 답변들

임마누엘 칸트(Immanuel Kant, 1724~1804)는 1791년에 "모든 철학적 신정론은 실패했다"고 선언하는 글을 작성한다.4 18세기는 "신정론의 세기"5라고 할 수 있는데 칸트는 이 시대에 있었던 신정론에 대한 다양한 철학적 해명들이 철학적으로 지탱될 수 없음을 천명한 것이다. 하지만 칸트의 '실패' 선언과는 달리 고전적인 해답들은 21세기를 살아가는 오늘날에도 여전히 다양한 변형으로 등장한다.

1) 이원론적 해법

신화적 이원론은 영지주의나 마르시온주의 그리고 조로아스터교 등에서 볼 수 있다. 여기에서는 기독교의 전통적인 유신론이 근

---

3 아래의 범주화는 Armin Kreiner, *Gott im Leid* (Freiburg/Basel/Wien: Herder, 2005)를 참조했다. 또한 데이빗 그리핀/이세형 옮김, 『과정신정론』 (서울: 이문출판사, 2007); 존 힉/김장생 옮김, 『신과 인간 그리고 악의 종교철학적 이해』 (파주: 열린책들, 2007); 김용성, 『하나님 이성의 법정에 서다』 (서울: 한들, 2010) 참조.

4 Immanuel Kant, "Über das Misslingen aller philosophischen Versuche in der Theodicee," *Akademische Ausgabe von Immanuel Kants Gesammelten Werken* Bd. VIII, Berlin 1900ff, 253-271.

5 C.F. Geyer, "Das Jahrhundert der Theodizee," *Kant-Studien* 73 (1982): 393-405.

거한 형이상학적 일원론 대신에 이원론이 중심에 놓인다. 초기 기독교를 크게 위협했던 영지주의[6]는 중재자를 통해 하늘로부터 주어지는 참된 지식과 인식을 뜻하는 '그노시스'를 통해 육체의 감옥 속에 붙잡혀 있는 영을 깨워야 한다고 가르친다. 그노시스를 소유한 자에게는 자유와 구원이 있으며, 물질과 욕망에 사로잡혀 참된 자신을 깨닫지 못하는 무지에 놓인 자는 어둠 속에 있다. 자유와 구원을 가져다주는 그노시스는 신적 본성에 속하는 인간의 영혼 속에 신적 '불꽃'을 일으켜 물질 세계에 사로잡혀 있는 무지와 노예 상태에서 깨어나게 한다. 소위 영과 육의 이원론에 입각한 인간론은 이원론적 우주론과 닮은꼴이다. "우주는 악으로 가득하다"(Corp. Herm. VI 4).[7] 그노시스(지식)와 무지, 빛과 어둠의 싸움은 보편적인 전투로 묘사된다. 구원은 오직 그노시스를 통해서만 가능하다. "그노시스는 직접적으로 깨닫게 하며 구원하는 기능을 한다. 그것은 곧 구원이다."[8] 영지주의에서 참된 신은 창조신 데미우르고스와 구분되며, 데미우르고스는 물질 세계와 함께 악과 어둠의 영역에 속한다.

이런 이원론의 영향 아래에서 초기 교회의 마르시온주의[9]는 구약의 창조신과 신약의 구원의 신을 양분하고, 구약의 창조신은 악

---

6 이집트의 나그 하마디 근방에서 발견된 영지주의 문서는 대개 2~3세기경에 기록된 것으로 추정된다. 영지주의에 관한 내용은 Kurt Rudolph, *Die Gnosis* (Göttingen: Vandenhoec &Ruprecht, 1994) 59 이하 참조.

7 앞의 책, 77에서 재인용.

8 앞의 책, 133.

9 칼 호이시는 마르시온의 주요 가르침이 시리아의 영지주의자 케르돈의 영향을 받았다고 보는 이레네우스의 지적에는 동의하지 않지만, 이원론적 우주론은 영지주의의 아류로 이해했다. 칼 호이시/손규태 옮김, 『세계교회사』 (천안: 한국신학연구소, 2012), 79-81.

을 만든 자이며, 따라서 이 세상의 불완전한 창조에 책임을 져야 한다. 그는 선하지도 전능하지도 않으며, 그의 창조 세계 안에 자신의 부정적인 속성을 그대로 투영해 놓았다고 주장한다. 분노와 악함, 질투와 잔인함은 모두 구약의 창조신과 관계한다. 이에 반해 예수 그리스도에게서 계시된 구원의 신이 있다. 그는 선함과 순수한 사랑으로 세상을 구원할 신이다. 창조의 신과 구원의 신은 서로 다르며 상호 대립된다.

조로아스터교[10]는 아후라 마즈다라는 신에 의해 세상이 창조되었다고 하지만 선과 악이라는 상반된 힘의 투쟁이 역사를 만들어낸다고 본다는 점에서 이원론적 성격을 지니고 있다. 즉, 조로아스터교는 선신에 대항하는 존재인 '앙그라 마이뉴'를 상정한다. 종말론적 성격이 강한 조로아스터교에서 선과 악의 투쟁에서 최후의 승리는 선신의 것으로 돌아간다.

이런 선신과 악신, 선한 원리와 악한 원리의 투쟁을 역사의 과정으로 보는 신화적 이원론의 흔적은 기독교 내부에서도 천사의 타락과 관련해서 등장한다. 신의 자리를 탐하는 타락한 천사장이 부하 천사들을 이끌고 하나님께 반역을 일삼는다. 세상의 악은 천사의 타락과 더불어 타락한 인간 때문에 일어난다.[11] 타락한 천사장은

---

10 조로아스터교는 페르시아의 자라투스트라의 종교를 뜻하며, 자라투스트라가 그리스어로 '조로아스트레스'로 번역되면서 오늘날 널리 조로아스터교로 널리 알려져 있다. 이하 조로아스터교에 대해서는 이길용, 『이야기 세계종교』 (서울: 지식의날개, 2015), 89-99 참조

11 기독교 신학에서 천상 세계의 위계(Hierarchy)에 관한 생각은 5~6세기경의 디오니시우스 아레오파기타(Dionysius Areopagita)에게서 유래했고, 아우구스티누스는 이와 연관해서 베드로후서 2장 4절에 근거하여 자신의 저서 『신의 도성』(De civitas dei, 11.9; 11.33)에서 천사의 창조와 타락을 언급한다. 하지만 루터와 칼빈은 천사의 존재는 인정했지만,

사탄이라 명명되며 최후의 심판으로 멸망하기까지 이 세상에서 악한 일을 저지른다. 하지만 왜 창조주 하나님은 천사의 타락을 막지 못했을까? 아니 선한 천사가 어찌하여 하나님께 대항할 악한 생각을 품게 되었을까? 이런 질문은 악의 원인을 하나님이 아닌 천사와 피조물의 타락에서 찾으려는 시도들에 반하여 결국 악의 원인을 하나님께 되돌려 놓는다.

플라톤은 『티마이오스』에서 우주 창생의 신화를 말하는데, 그에 따르면 조물주인 데미우르고스가 시작 없는 물질(질료)에 형상을 부여함으로써 세상을 만든다. 이처럼 플라톤에게 만물의 시작은 기존에 있던 질료에 형상을 부여하는 일이며 자의(恣意)적인 작업이 아니라 이성(logos)과 필연(ananke)에 따라 행하는 작업이다. 즉, 신의 창조는 강압적인 힘으로서의 전능에 의한 것이 아니라 나무의 결에 따라 나무를 다듬어 집을 짓는 건축자의 솜씨에 비유될 수 있다. 이처럼 플라톤이 상상한 세계 건축자로서의 신의 모습은 오늘날 화이트헤드의 과정 사상을 거쳐 과정신학자들을 통해 재구성된다. 이들에 따르면 신은 무로부터 세상을 창조한 것이 아니라 이미 주어져 있던 혼돈의 질료로부터 세상을 빚어냈다. 또한 신은 전능한 힘을 통해 세상을 단번에 만들어 낸 것이 아니라 피조물을 '설득'하고 '유혹'하여 세상을 형성해 나간다.[12] 플라톤에게서 시작 없는 물질이 전제되어 있듯이 과정신학의 입장에서 세상을 빚어내는 창

이런 천상 세계의 세세한 질서를 수용하진 않았다. Rochus Leonhardt, *Grundinformation Dogmatik* (Göttingen: Vandenhoeck&Ruprecht, 4. Aufl., 2009), 258-260.

12 존 캅·데이비드 그리핀/류기종 옮김, 『과정신학』 (서울: 황소와소나무, 2002).

조주의 솜씨에 저항하는 악은 이미 전제되어 있다고 할 수 있다. 그렇다면 하나님이 창조하지 않은 물질(원질)도 있다는 이야기가 된다. 과연 기독교 신앙은 이것을 어떻게 수용할 수 있을까?

2) 고전 신정론의 답변

이원론적 해법과는 달리 고전 신정론에서는 철저히 일원론에 근거하여 악의 문제를 해결하려고 했다. 고전 신정론에서 전개되는 다양한 해법들을 간략하게 다음과 같은 키워드를 중심으로 분류해 요약한다.13

(1) 선의 결핍: 기독교 신학자 아우구스티누스는 이원론적 세계관을 거부하고 전능하신 하나님께서 세상을 무로부터 창조(creatio ex nihilo)하셨다고 가르쳤다. 세상은 전능하신 하나님의 창조 행위의 결과이며, 창조 이전에는 홀로 하나님만 존재했다. 선하신 하나님의 창조의 결과물인 피조 세계의 모든 것은 선하다. 그렇다면 악은 어떻게 발생하게 되었으며 악이란 무엇인가? 이에 대한 해답으로 아우구스티누스가 제시한 개념이 바로 존재의 결핍이며, 곧 선의 결핍(privation boni)이다. 즉, 악은 그 자체로 존재는 아니다. 여타의 피조물처럼 실체가 아니다. 하지만 피조물에 기생하여 발생한다. 존재 자체이신 하나님이 존재의 충만이며 선함 자체라고 한

---

13 고전 신정론에 대해서는 박영식, 『고난과 하나님의 전능』(서울: 동연, 2012); 『그날, 하나님은 어디 계셨는가』(서울: 새물결플러스, 2015) 참조

다면, 여타의 존재들은 하나님의 존재에 비해 덜 존재하는 실체들이라 할 수 있다. 이에 반해 악 그 자체는 어떠한 실체도 아니며, 존재도 아니다. 오히려 존재의 결핍이다.

이러한 견해는 아우구스티누스뿐 아니라 아퀴나스와 여타의 많은 기독교 신학자, 철학자들이 취했던 입장이다. 악은 적극적인 의미에서 존재의 세계 안으로 들어오지 못한다. 왜냐하면 모든 존재하는 것은 신으로부터 나왔고, 모든 존재하는 것은 선하기 때문이다. 비록 그 선한 정도가 다르다고 할 수 있을지라도 존재하는 한, 모든 것은 선하다. 그렇다면 선이 아닌 악은 존재의 범주 밖에 놓여 있을 수밖에 없다. 이를 통해 신의 선한 창조를 지지하는 한편 악의 현실성을 우회해서 넘어가고자 한다.

물론 아우구스티누스가 악의 현존을 부정하거나 악의 현실적인 경험을 부정한 것은 아니다. 즉 악은 꿈이나 환각이 아니다. 분명 악도 현존한다. 그러나 악은 선의 결핍으로 현존한다. 마치 어둠이 빛의 결핍이며, 병이 건강의 결핍이듯이 그렇게 악은 선의 결핍으로 존재한다. 이처럼 악은 그 자체로 실재하는 것이 아니라 존재에 기생하며, 존재의 부패, 왜곡, 타락으로 현존한다. 이를 통해 악은 결코 선을 이길 수 없다고 보았다. 예컨대 사과(=존재)는 선하다. 하지만 사과가 썩어, 있어야 할 자리에 사과의 일부가 사라지고 없을 수 있다. 여기 없어진 부분이 곧 악이다. 하지만 만약 사과가 통째로 썩어서 완전히 없어졌다고 가정해 보자. 사과가 없어졌으니 악이 승리했다고 말할 수 있겠는가? 악이 승리했다면 그 악은 어디에 있는가? 결국 사과의 부패로 인해 사과가 완전히 사라지듯이 악의 승리는 결국엔 일체의 소멸, 즉 악 자체의 소멸로 귀결된다. 따라서 악은 결코 선을 이길 수 없다. 악은 선에 기생할 뿐이다.

(2) 선의 도구와 장식: 아우구스티누스에게서 나타난 '선의 결핍인 악'의 개념은 선과 존재의 우위성을 전제로 하고 있다. 여기서 악은 선에 기여한다는 사상이 도출된다. 악이 존재에 기생한다면 악은 그 자체로는 존재할 수 없으며, 결코 존재와 선에 대해 승리할 수 없다. 아우구스티누스처럼 아퀴나스나 라이프니츠도 악을 선의 결핍으로 보면서 결국 악은 보다 더 높은 선을 향해 나아가는 계단이나 도구로 이해한다. 이런 생각은 로마서 8장 28절과 결합하여 고통과 악도 결국엔 '합력하여 선'이 된다는 주장으로 이어진다.

또한 악이 선의 도구라는 생각은 공간적으로나 시간적으로 확장되어 하나님이 만드시고 이끄시는 우주와 역사는 악이라는 얼룩에 의해 더욱 아름답게 꾸며진다는 소위 미학적 신정론으로 이어진다. 개인의 아픔과 고통이 거시적인 시점에서는 더 큰 선과 아름다움을 장식하며, 아담의 범죄로 인해 더 큰 구원자가 필요하게 되었다는 식의 변증이 과연 오늘날에도 통용될 수 있을지 의문이다.

(3) 정의의 실현: 악은 두 가지 형태로 나타나는데, 한편에서는 인간의 범죄로서의 악, 즉 인간이 저지르는 악이 있고, 다른 한편에서는 인간이 당하는 악, 즉 고통으로서의 악이 있다. 명료하게 도식화되지는 않았지만, 대체적으로 아우구스티누스나 아퀴나스, 라이프니츠는 인간의 범죄로 인한 악, 즉 도덕악(malum morale)과는

달리 자연적 재난이나 질병 등 인간의 자유로운 의지와 상관없이 일어나는 자연악(malum physicum)을 하나님의 징벌로 이해한다. 그런데 하나님의 징벌로서의 악은 인간이 범한 원초적이며 근원적인 악에 대한 하나님의 정당한 처벌이기에 실제로는 악이 아니라 정의의 실현이라고 할 수 있다. 비록 그것이 인간의 편에서 볼 때는 악이며 고통이지만, 하나님의 편에서 보면 정의의 구현이며, 선의 실행이다. 따라서 자연악은 악이 아니며, 오직 인간에 의한 범죄인 도덕악만 진정한 의미에서 악이라고 주장한다. 하지만 이러한 변증에 대해서도 반론이 제기될 수 있다. 일단 도덕악과 자연악 사이의 경계가 모호할 때가 있다. 오늘날의 숱한 질병과 재난이 그동안 인간이 행한 악의 결과물이라고 보는 견해도 무시할 수 없기 때문이다. 그런데 도덕악의 결과물인 자연악이 특정한 악인에게만 주어지지 않는다는 것이 문제다. 특정한 바이러스에 의한 전염병이 누군가의 잘못에 의해 퍼뜨려지게 되었다고 가정할 때 그 전염병은 소위 악인만 걸리지 않는다. 하나님의 징벌로 읽을 수 있는 자연재난도 악인에게만 일어나지 않는다. 오히려 악인에게 재난이 미치지 않을 때도 있다. 그렇다면 자연악을 과연 하나님의 정의롭고 선한 보응이라고 할 수 있을까?

(4) 자유의지의 왜곡: 악의 본질이 아니라 악의 기원에 대해 말할 때 고전 신정론은 악의 유래를 하나님에게 돌리지 않는다. 악은 하나님으로부터 온 것이 아니다. 즉, 하나님은 악의 창시자도 작인도 아니다. 악은 하나님께서 피조물에게 부여한 자유의지에서 발생

한다. 물론 자유의지는 선하다. 다만 자유의지의 왜곡에서 악이 발생할 뿐이다. 이로써 악에 대한 모든 책임은 인간에게서 찾아야 한다. 하지만 이것에 대해서도 의문이 제기된다. 하나님은 자유의지의 타락을 왜 방임하셨는가? 인간이 자유의지로 타락해서 그로 인해 고통과 악이 발생할 줄 알고 계셨다면, 하나님은 이를 막아서야 하지 않을까? 여기에는 자유의지와 예정, 예지 사이의 지난한 줄다리기가 놓여 있다.

2. 라이프니츠의 변신론[14]

악의 문제는 신학사의 난제 중 하나이다. 도대체 악은 어디서 오는가? 하나님이 우주 만물의 창조주라면 피조 세계는 선하고 아름다울 수밖에 없는데, 도대체 악은 어디서 온 것일까? 선한 신과 악한 신을 가정하는 이원론적 세계관에서는 이 문제를 아무런 어려움 없이 해결할 수 있다. 하지만 기독교의 유일신 신앙은 창조주 하나님 외에 다른 어떤 신도 허용하지 않으며, 더구나 창조주와 동등한 위치에 있는 악한 신을 알지 못한다. 창조주와 구원자를 서로 다른 존재로 생각했던 영지주의의 이원론이나 마르시온주의는 기독교 신앙에서 이단으로 정죄받는다. 그렇다면 선하신 한 분 하나님으로부터 창조된 이 세상에 도대체 어떻게 악이 발생할 수 있는가? 악이

---

14 아래의 글은 서울신학대학교 기독교영성연구소가 발행한 「삶과 영성」 2 (2015): 31-35에 실린 본인의 글을 옮겼다.

란 무엇이며, 악은 어디서 오는가?

악의 본질과 기원에 대한 물음을 내려놓는다고 하더라도 왜 하나님은 악을 제거하지 않는지, 왜 하나님은 악을 막지 않으셨는지 묻게 된다. 왜냐하면 기독교 신앙은 전능하시며 선하신 하나님을 고백하고 있기 때문이다. 악의 본질과 기원에 대한 물음이 악의 형이상학으로 전개된다면, 후자의 질문은 이와 더불어 하나님에 대한 질문으로서의 신학의 형이상학을 구성한다. 형이상학적 신학은 한편에서는 악의 존재를, 다른 한편에서는 신의 속성을 해명해야 하는 부담감을 안게 된다.

이와 관련된 고전적인 물음은 앞서 언급했던 주전 4/3세기의 정원의 철학자 에피쿠로스(주전 341~270)에게로 소급된다. 그는 1) 하나님의 전능과 2) 하나님의 선함 그리고 3) 악의 현존이라는 세 명제 사이의 논리적인 모순, 곧 트릴레마를 제시하며 전통적인 유신론의 약점을 적실하게 꼬집었다. 에피쿠로스의 물음과 관련해서 논리적 탈출구는 크게 3가지 측면에서 제시될 수 있다. 즉, 1) 전능을 제거하거나 그 의미를 변용하거나 2) 선함을 제거하거나 그 의미를 변용하거나 3) 악을 제거하거나 그 의미를 변용해야 한다. 전통적으로 기독교 신학이 취했던 방법은 악을 제거하거나 그 의미를 변용하는 것이었다. 신정론의 해법을 신학사나 철학사에서 살펴보면 전통적인 해법은 주로 악의 변용이라는 방법을 취해 왔고, 현대 신학에서는 적잖게 전능의 변용에 주목한다고 할 수 있다.

악의 변용에 관심을 기울였던 신정론의 역사는 아우구스티누스와 아퀴나스 그리고 라이프니츠로 이어진다. 본 논문에서는 라이프니츠의 이론에 주목하면서 고전 신정론에 내재한 논리적인 장치들을 추적해 가고자 한다.

'신정론'(theodicy)이란 용어의 창시자인 라이프니츠에 따르면, 악은 도덕악(malum morale)과 자연악(malum physicum)으로 구분되며, 여기에 형이상학적 악(malum metaphysicum)이 덧붙여진다. 도덕적 악은 누군가에게 고통을 가하는 인간의 죄를 의미한다. 물리적 악은 인간이 당하는 고통을 뜻한다. 형이상학적 악은 인간과 세계의 불완전성을 의미한다.[15] 그런데 도덕적 악은 자유의지로 인해 일어나는 악이기 때문에 신에게 직접적인 책임을 돌릴 수 없으며, 물리적 악은 도덕악을 범한 인간에게 가하는 신의 정당한 징벌로 이해되었기 때문에 악이라고 할 수 없다.[16] 피조 세계의 불완전성을 뜻하는 형이상학적 악은 무로부터 세상을 창조하신 신의 지혜와 최선의 결과로 이해된다. 다시 말하면 형이상학적 악은 피조물의 근원적인 한계를 의미하며, 신이 피조 세계를 자신과 동일하게 만들 수는 없었기 때문에 피조 세계에 부여해야만 했던 한계성을 의미한다.[17]

이처럼 라이프니츠가 이해한 것에 따르면 형이상학적 악과 물리적 악은 오늘날 우리가 문제 삼고 있는 심각한 의미에서의 악이 되지 않는다. 그에게 형이상학적 악이나 물리적 악은 신의 정의와 지혜로움에 따라 부여되거나 시행된 선함과 정의의 결과물에 지나지

---

15 고트프리트 빌헬름 라이프니츠/이근세 옮김, 『변신론』(서울: 아카넷, 2014), 166(제1부 21절).
16 앞의 책, 168(제1부 23절).
17 앞의 책, 175(제1부 21절).

않는다. 하지만 정말 인간에게 닥친 재난이 범죄에 대한 신의 정당한 징벌이라고 할 수 있는가? 체르노빌의 원전 사고, 중국 쓰촨성의 대지진과 서남아시아의 쓰나미, 일본 후쿠시마의 원전 사고 그리고 세월호 참사, 아이티 대지진과 네팔의 대지진을 신의 정당한 징벌이라고 해야 옳은가? 특히 우리는 어린아이의 죽음과 같이 무고한 자의 죽음을 주목할 때 고통이 신의 징벌이라고 판단하는 것이 얼마나 잔인하며 또한 어처구니없는 관념인지 알 수 있다. 만약 고통을 범죄에 대한 신의 정당한 징벌로 파악한다면 욥의 고통도 인과응보적 논리 안에서 이해되어야 한다. 하지만 욥기는 오히려 인과응보에 기초한 신학적 판단을 고발하고 있는 것이 아닌가? 더 나아가 이런 식의 논리에 따르면 예수의 죽음도 그를 십자가에 매달았던 유대 지도자들의 관점에 부합하게 신에 의한 정당한 처벌로 이해되어야 한다. 모든 고통이 신의 징벌이라는 이러한 신학적 판단은 십자가에 달려 죽은 예수를 하나님이 주와 그리스도가 되게 하셨다(행 2:36)는 초기 기독교의 신앙고백에 따라 더 이상 유지될 수 없는 관념이 되었다.

신에 대한 라이프니츠의 이러한 변증은 사실 새로울 것이 없었다. 이미 그는 아우구스티누스나 아퀴나스와 같은 신학자들의 전통을 결론적으로는 그대로 답습하고 있는 셈이다. 중세 신학의 전통은 인간의 범죄는 자유의지의 왜곡에 의해 일어난다고 본 반면, 자연적 재앙이나 질병과 같이 겉보기에 자유의지와는 무관하게 발생하는 고통에 대해서는 신의 징벌로 이해했다.[18] 물론 오늘날도 이

---

18 이에 대해서는 박영식, 『고난과 하나님의 전능』(서울: 동연, 2012), 제2부 1장과 2장 참조.

러한 생각을 그대로 답습하는 사람들이 있다. 그들은 살아있는 현실을 자신들의 정형화된 신학적 사변 속에 구겨 넣고 있는 셈이다.

어쨌든 우리는 여기서 한 걸음 더 나아가 도덕적 악은 어떻게 이해할 수 있는지 물어볼 필요가 있다. 도덕적 악이 비록 자유의지의 왜곡에 의해 일어난다고 하더라도 신은 자유의지의 왜곡을 허용한 것이 아닌가? 라이프니츠에 따르면 도덕적 악을 원천적으로 봉쇄하기 위해서는 인간에게 자유의지가 부여되지 않았어야 했다. 하지만 인간에게 자유의지가 부여되지 않았다면, 이는 도덕적 악을 행할 가능성을 지닌 인간을 창조하는 것보다 더 악한 일이 될 것이다. 신은 도덕적 악의 가능성을 허용했을 뿐 도덕적 악을 원했다는 것은 아니다.[19]

다시 말하면 신은 인간에게 자유의지를 허락했고, 자유의지는 선과 악을 선택할 자유를 뜻한다. 신은 인간이 자유의지를 가지고 선을 선택하기를 원하셨지, 악을 선택하라고 그에게 자유의지를 주신 것은 아니다. 하지만 인간은 그러한 신의 뜻과는 달리 악을 선택했다는 것이다. 이쯤 되면 이런 질문도 던져볼 수 있다. 그렇다면 신은 왜 인간이 자유의지를 가지고 악을 선택할 것을 알지 못하셨는가? 모든 것을 예지하시는 신은 인간이 범죄할 줄을 모르고 계셨다는 것인가? 범죄할 줄을 모르셨다면 그것은 모든 것을 예지하는 신의 속성에 부합하지 않는다. 아우구스티누스나 아퀴나스뿐 아니라 라이프니츠도 신의 예지를 부정하지 않는다. 그들은 신이 인간이 범죄할 줄을 알고 계셨다고 말한다.

---

19 고트프리트 빌헬름 라이프니츠/이근세 옮김, 『변신론』, 168(제1부 23절과 24절).

사람들은 모든 피조물과 자신들의 행동에서 실재적인 것은 신으로부터 기인하기 때문에 죄 자체에서의 모든 실재성 또는 행위의 실체라고 불리는 것은 신의 산출이라고 논박한다. 이로부터 그들은 신이 죄의 물리적 원인뿐 아니라 또한 도덕적 원인이라는 결론을 도출해내고자 한다. 신은 매우 자유롭게 행동하며, 어떤 일과 그것이 가져올 수 있는 결과에 대한 완전한 인식 없이는 아무것도 하지 않기 때문이다.[20]

간추려 말하면 다음과 같다.

… 신의 허용 없이 일어나는 일은 아무것도 없기 때문에 신을 비난하고 도덕적 원인으로 간주하기에 충분하다고 사람들은 재차 말할 것이다.[21]

이에 대한 라이프니츠의 대답은 이렇다. 첫째, 죄 없는 세계보다 현재의 세계가 더 최상의 세계라고 말한다.[22] 그 근거는 무엇인가? 악이 현존하는 지금의 세계가 죄 없는 세계보다 더 최상의 세계라는 낙관은 경험적 근거를 갖지 않는다. 오히려 그 근거는 신앙적이다. 즉, 이 세상을 만드신 분은 가장 지혜로우시며, 가장 선하신 분이기 때문에 그분이 만드신 세상은 최상의 세계이며, 따라서 그분이 만들지 않은 죄 없는 세계보다 그분이 만드신 현존의 세계가 더

---

20 앞의 책, 144-145(제1부 3절).
21 앞의 책, 145(제1부 4절).
22 앞의 책, 153(제1부 10절): "죄도 없고 불행도 없는 세계를 상상할 수 있고 그런 세계에 대한 소설이나 유토피아, 세바람베스 같은 것들을 만들어 낼 수 있는 것은 사실이다. 그러나 이러한 세계도 선에서 우리의 세계보다 매우 뒤떨어진다."

최상의 세계일 수밖에 없다고 역설한다.

그렇다면 그는 여기서 합리적 논증을 포기하고 신앙고백적 주장을 하고 있는가? 라이프니츠 자신은 그렇게 생각하지 않았다. 그는 자신의 이러한 신앙고백이 철저히 이성적이며 합리적이라고 생각한다. 왜냐하면 라이프니츠에게 신은 가장 합리적인 존재이기 때문이다. 또한 신이 만든 세계도 합리적이며 모든 것이 조화롭게 이뤄진 세계라는 것이다. 그래서 설령 이 세상에 악이 있다고 하더라도 그것은 이성적인 신이 만드신 합리적인 세계를 파괴하는 악이 아니라 오히려 이 세계를 더욱 아름답게 꾸미는 장식에 불과하다고 본다. 우리는 이를 미학적 신정론이라 부른다.[23]

그렇다면 인간의 범죄도 신이 만드신 최상의 세계를 장식하기 위해 기획된 것인가? 라이프니츠의 대답은 "그렇다"이다. 이를 그는 가톨릭교회가 부활절 전날 부르는 찬송가를 인용하며 일깨워준다.

오, 아담의 죄는 진정 필요했구나./ 그리스도의 죽음이 그 죄를 사했으니./ 오, 축복의 죄(felix culpa)여,/ 이토록 위대한 구세주를 오시게 할 만하구나.[24]

다시 말하면 라이프니츠에게 인간의 범죄는 오히려 위대한 구세주, 즉 가장 위대한 선함을 불러오는 데 사용되었다는 것이다.

여기서 한 걸음 더 나아가 그는 이제 인간의 범죄가 신의 예지에

---

23 앞의 책, 155(제1부 12절).
24 앞의 책.

도 불구하고 순전히 자발적으로 일어났으며, 신이 강제한 것은 아니라고 말한다. 그에 따르면 신의 예지와 인간의 자유는 대립되지 않는다. 물론 신이 예지했다면 반드시 그렇게 될 수밖에 없다는 점을 그도 인정한다. 하지만 그럼에도 "예견된 것이 필연적"인 것은 아니라고 말한다. 결과로 봐서는 필연적이지만, 그 일이 일어나기 전에는 여전히 가능성으로만 있다고 주장한다. 이를 그는 "가정적 필연성"이라고 말한다.[25]

라이프니츠의 말을 풀어보면 이렇다. A는 오른쪽 길과 왼쪽 길 중에 선택할 수 있는데, 신은 그가 오른쪽 길을 갈 것을 알고 계셨다. 결과적으로 A는 오른쪽 길로 간다. 하지만 신이 미리 알고 계셨다는 것과 그가 오른쪽 길로 갔다는 결과 사이에는 어떤 강제성이 놓여 있는 것이 아니다. A는 분명 왼쪽 길을 갈 수도 있었다. 하지만 그는 오른쪽 길을 자유롭게 선택했을 뿐이다. 신은 다만 그가 그렇게 할 것은 미리 알고 계셨을 뿐이다.[26]

신의 예지와 인간의 자유의지를 양립 가능한 것으로 보려는 시도는 이미 아우구스티누스나 아퀴나스에게서 분명하게 나타난다.[27] 아우구스티누스나 아퀴나스 그리고 라이프니츠는 신의 예지와 인간의 자유의지의 양립 가능성을 옹호함으로써 인간의 범죄에 대한 책임을 신에게 돌리지 않으려고 한다. 즉, 신은 인간이 죄를 범할 것을 알고만 계셨지 죄를 범하도록 강제하지 않으셨고, 인간

---

25 앞의 책, 179(제1부 37).
26 앞의 책, 184(제1부 43).
27 특히 이에 대해서는 우리말로 번역된 아우구스티누스의 『자유의지론』(성염 역주, 왜관: 분도출판사, 2006) 참조.

은 여전히 자유로운 선택을 통해 죄를 범했을 뿐이라고 본다.28

결국 고전 신정론은 인간의 범죄에 대해서도 신은 책임이 없으며, 물리적 악에 대해서도 신은 책임이 없다고 진단한다. 더 나아가 라이프니츠에게서 뚜렷하게 등장하듯이 세상에서 경험되는 고통은 가시 돋친 악이라 말할 수 없으며, 오히려 선을 이루는 수단이나 장식품에 불과하다. 고전 신정론은 이렇게 웅변하고 있다. 세상은 아름답기만 하다. 세상에는 물론 고통이 있지만 이 고통은 선을 더욱 갈망하게 만들며, 세상의 선을 더욱 인식하게 만든다. 이토록 아름답고 선한 세상을 만드신 하나님을 찬양하라. 고전 유신론의 지지자들에게 세상은 조화롭고 질서정연하며, 약간의 균열이 있지만 오히려 그것 때문에 더 아름답게 비춰질 곳이다.

하지만 그들의 낙관론은 오늘날도 여전히 지탱될 수 있는가? 지진으로 수천 명이 하루아침에 목숨을 잃게 되는 이 세상을 아름답다고 찬양할 수 있는가. 어린 학생들이 속절없이 바다에 잠겨야만 했던 세월호 참사를 목도하면서 정부의 무능과 자본주의의 끝없는 욕망을 '복된 범죄'(felix culpa)라고 말할 수 있는가. 이런 낙관론은 성서 속에도 등장하는 피맺힌 울부짖음을 너무 쉽게 간과해 버리고 있는 것이 아닌가. 라이프니츠가 『신정론』(1710)을 출간한 이후 1755년 11월 1일, 25만 명의 인구가 밀집해 있던 가장 경건한 도시 리스본을 거대한 해일이 강타한다.29 이날의 대참사와 함께 유럽의

---

28 하지만 나는 신의 예지와 피조물의 자유의지 사이의 양립 가능성 주장을 궤변으로 생각한다. 신의 예지는 결정론으로 귀결될 수밖에 없다. 라이프니츠의 결정론에 대해서는 박제철, 『라이프니츠의 형이상학』(서울: 서강대학교 출판부, 2013), 8장 결정론 참고
29 토마스 롱/장혜영 옮김, 『고통과 씨름하다』(서울: 새물결플러스, 2014), 23 이후.

지성인들은 더 이상 고전 신정론이 제시하는 낙관론에 머물러 있을 수 없었다.[30] 제2차 세계대전과 6백만의 유대인 학살을 목도하면서 고전 신정론에서 자맥질하던 기존의 유신론에 깊은 좌절을 경험해야만 했고 소위 '아우슈비츠 이후의 신학'을 제기하기 시작했다.[31] 이제 우리는 더 이상 서구신학의 높은 봉우리에 우뚝 솟아 있던 고전 신정론에서 유유자적하며 세계를 관망할 수만은 없다. 왜냐하면 전 세계를 강타하는 부조리한 고난의 파도에 고전 신정론이라는 전망대는 완전히 쓸려가 버렸기 때문이다.

3. 질문과 실천의 신정론으로

세계대전과 유대인 학살이라는 끔찍한 사태에 책임을 회피할 수 없는 독일인의 한 사람으로서 위르겐 몰트만은 '아우슈비츠 이후의 신학'(Theologie nach Auschwitz)을 언급하면서 기존의 유신론적 체계를 고수하는 것은 불가능하거나 신성모독이 될 수 있다고 진단

---

30 볼테르/이봉지 옮김, 『캉디드 혹은 낙관주의』 (파주: 열린책들, 2009). 원서는 1759년에 출간되었다. 볼테르는 이 책에서 라이프니츠를 대변하는 팡글로스라는 철학자를 등장시켜 독자들의 비웃음을 사게 한다. 그는 세상의 모든 일을 해명하지만 그 자신은 아무런 이유도 없이 교수형으로 목숨을 잃게 될 뻔하다가 해부학 의사에게 넘겨져 해부당한 채로 살아간다. 자신의 비참한 인생에도 불구하고 팡글로스는 이렇게 말한다. "내 생각은 항상 처음과 같아. 나는 철학자니까. 내가 한 말을 부인할 수야 없지. 라이프니츠는 결코 틀릴 수 없어."(185)

31 Richard Rubenstein, *After Auschwitz* (Indianapolis, New York & Kansas City: The Bobbs-Merrill Company, 1966); Hans Jonas, "Der Gottesbegriff nach Auschwitz. Eine jüdische Stimme," *Philosophische Untersuchungen und metaphysische Vermutungen* (Frankfurt: Insel, 1992), 190-208; Jürgen Moltmann, *Umkehr zur Zukunft* (München: Kaiser, 1970).

한다.[32] 몰트만은 고대 그리스의 형이상학을 토대로 구상된 신은 무감정의 원리에 지배되는 존재이며 이러한 신 이해는 이제 아우슈비츠 이후의 시대엔 더 이상 지탱될 수 없다고 진단한다. 고통당하는 인간의 상황에 대해 아무런 동요도 느낄 수 없는 불변하는 존재로서의 신은 정녕 고통당하는 인간에게 구원의 손길도 자비의 마음도 내비칠 수가 없기 때문이다. 이제 우리는 신정론이라는 고전적 주제와 더불어 새로운 신학적 사유 가능성을 모색해야 되지 않을까?[33]

아래에서 우리는 고통과 악의 문제 앞에서 고전 유신론을 옹호하고 변증하는 신정론에 대한 두 가지 입장을 살펴볼 수 있다. 불신앙으로서의 신정론은 신비로서의 신정론과 연결된다.

1) 불신앙으로서의 신정론: 신정론이 고난과 악의 현실 앞에서 신과 그의 성품에 대한 합리적인 판단과 해명을 요구하는 질문이라면, 이는 곧 신에 대한 '판단'을 의미한다. 하지만 인간이 어찌 하나님을 '판단'한단 말인가? 신이 인간의 심판대에 불려 나와 자신의 정당성을 변호받아야 하는가? 신의 정당성을 묻는 것도, 이에 대한 변호도 모두 교만한 인간의 행위이며 불신앙에 속한다고 볼 수 있다. 여기에서는 신정론에 대한 질문 자체가 거부당한다. 오히려 인간을 판단하고 이 현실의 궁극적인 의미를 밝히실 분은 신 자신이

---

32 Jürgen Moltmann, *Der gekreuzigte Gott. Das Kreuz Christi als Grund und Kritik christlicher Theologie* (München: Chr. Kaiser, 1972), 266.
33 Franz Mußner, "'Theologie nach Auschwitz.' Eine Programmskizze," *Kirche und Israel* 10 (1995): 8-23, 21.

다. 이 신의 섭리와 계획을 인간이 판단하려고 하는 일체의 시도 자체가 이미 교만이며 불신앙이다. 물론 인간은 질문할 수 있다. 그러나 그 질문에 대한 답변은 오직 신 자신에게서만 주어진다. 만약 인간의 질문이 신의 영역을 침범하는 월권행위가 된다면 이 질문은 합법성을 잃게 된다. 신이 인간을 판단하고 심판할 뿐 인간이 감히 신을 판단하고 심판할 수는 없기 때문이다. 인간은 신 앞에서 자신의 유한성을 인지할 뿐이며, 신적 초월성과 무한성을 유한성의 영역 아래에서 판단하려고 하는 태도는 불신앙이며 신에 대한 심판이다. 이러한 태도는 루터의 『노예의지론』에서 발견된다.[34]

2) 신비로서의 신정론: 존엄하신 하나님에 대해 인간이 따져 물을 수 없고, 대신 변호할 수도 없다는 사실은 설령 우리의 지식이 많이 쌓인다 해도 여전히 계속된다. 신정론은 삼위일체처럼 신비에 속한다. 여기에는 신 자신의 신비만이 아니라 신과 세상과의 관계가 신비에 속한다. 신은 전능하시며 선하시지만, 이 세상에는 악이 난무하고 있다. 현실적으로 볼 때 신이 악을 허용하시거나 용인하신다고 볼 수도 있다. 그러나 그 이유에 대해서는 우리는 알 수 없다. 그것은 신적 비밀에 속하기 때문이다. 다만 우리는 이것을 받아들여야만 한다. 궁극적으로 신정론의 질문은 더 이상 질문될 수 없는 또는 질문되어서는 안 되는 것으로 판단된다. 인간은 신의 감추어진 계획과 섭리 앞에 그저 침묵하고 있어야 할 뿐이다. 신앙의 미

---

34 루터/이장식 옮김, "노예의지론," 지원용 편집, 『루터선집』 제6권, 교회개혁자(II) (서울: 컨콜디아사, 1982), 31-321.

덕은 침묵이며 기다림이다. 신앙은 답변을 주거나 질문을 제기하는 것이 아니다. 신에 대한 인간의 질문은 궁극적으로는 불손하며 침묵될 수밖에 없다. 신비로서의 신정론은 곧 '침묵의 신정론'이다. 신정론적 질문이 침묵해야 할 뿐 아니라 그 대답도 역시 침묵 외에 다른 것이 아니기 때문이다. 모든 것은 신적 비밀에 속하는 것으로 유한한 인간의 측면에서는 아무것도 모른다고 말할 수밖에 없다.

위의 두 답변은 악의 현실 앞에서 신의 '정당성'을 그대로 유지하면서 신정론의 물음 앞에선 인간의 이성의 한계를 인정한다. 신정론은 겉으로는 신의 정당성을 말하고자 하지만, 실제로는 신의 정당성을 옹호하는 인간 이성의 우월함을 증명하고자 한다. 이런 점에서 신정론(theodicy)은 곧 이성의 정당화를 주장하는 이정론(理正論, logodicy)이라는 비판은 옳다.[35] 따라서 신정론의 답변은 인간의 우월감과 교만의 표현이며, 전적으로 불신앙이다. 결국 인간은 신의 신비 앞에서 침묵할 수밖에 없다.

하지만 모든 것을 신적 신비로 돌리고 인간은 그저 이를 감내해야만 한다는 식의 답변은 때로는 무책임하다. 당면한 고통과 악의 현실 앞에서 하나님이 어디 계신지를 인간은 묻지 않을 수 없다. 고통의 신음 속에서 제기되는 물음과 항변조차 틀어막아야 할 것인가? 즉, 기존의 유신론적 답변은 자명성을 잃지 않고 그대로 유지되는 대신 신의 초월성 앞에서 의문을 제기하는 인간의 무례함과 무

---

35 이와 함께 신정론은 세계의 정당성을 주장하는 이론(cosmodicy)이라는 비판도 옳다. 왜냐하면 신의 정당함을 변호하려는 인간 이성은 그 근거를 이 세상의 조화와 질서, 이 세계 내적 질서의 정당성에서 찾기 때문이다. 신의 정당성을 주장하는 신정론은 이성의 정당성을 주장하는 이정론(理正論)이며 동시에 세계의 정당성을 주장하는 세정론(世正論)이 된다.

의미성만 지적되어야 하는가? 신앙인은 정말 침묵하고만 있어야 할 것인가? 수많은 억울한 희생과 죽음 앞에서 신앙인은 신의 전능하심과 선하심을 긍정하며 고난의 의미와 이유에 대해 침묵하고만 있어야 하는가?

그렇다면 침묵의 결과는 무엇인가? 신앙인에 의해 유도된 신의 침묵은 결국은 무신론에게 그 자리를 허용하며, 불필요한 비난과 비판을 용인할지도 모른다. 신의 침묵은 동시에 세상에 대한 신의 무관심으로 해석될 수도 있다. 침묵의 신정론은 세상과 무관한 신의 실재성을 암묵적으로 허용하는 꼴이 될 수도 있다. 또한 신정론의 침묵은 악의 현실 앞에서 신앙의 이름으로 위장한 맹목적인 굴종을 야기하지 않는가? 불의와 부정이 난무하는 현실 앞에서 침묵의 신정론은 그저 침묵하며 고난을 감내하게 할 뿐이며, 결국은 현실 순응적 이데올로기로 귀결되지 않을까? 진정 신앙의 미덕은 침묵이며 기다림인가?

악과 고통의 현실 앞에서 신의 전능하심과 선하심을 침묵으로 변호하는 것은 오히려 신학적 사유의 허약성을 드러내는 것이며, 무신론적 주장을 묵인하는 것이 된다면 사유하는 신앙인은 이 침묵을 깨뜨리고 악과 고통의 현실에 대해 신의 현실을 변호할 수 있어야 할 것이다. 이때 무엇보다도 문제가 되는 것은 신의 선하심과 전능하심에 대한 이해의 문제이다. 신의 선함과 전능함이 무엇을 의미하는지 신학은 악과 고통의 현실 앞에서 진지하고도 현실적으로 사유해야 할 것이다.

3) 하나님의 사랑과 전능: 하나님은 사랑이시다(요일 4:16). 사랑은 긴 시간을 요구한다. 사랑은 오래 참는다고 했던가. 하나님이 우리를 참아내는 것에도, 우리가 신의 사랑을 이해하는 것에도 긴 시간이 필요하다. 현재까지 받아들이기 어려웠던 것들이 시간이 어느 정도 지난 후엔 사랑이었음을 이해하게 되는 경우가 있다. '하나님은 사랑'이라는 신앙의 고백은 그런 점에서 종말론적 기다림과 현재적 긴장을 내포하고 있다. 무의미한 고통과 악이 우리를 삼켜버릴 때 우리는 하나님이 사랑이라는 사실에 쉽게 동의하기가 어렵다. 하지만 고통의 긴 터널을 빠져나오게 될 때 우리는 뒤돌아보면서 이 모든 순간에도 하나님은 여전히 사랑이셨음을 고백할 수 있게 된다. 더구나 하나님께서 우리가 고통당할 때, 고통당하는 우리와 함께 아파하고 계셨다는 사실을 알게 될 때 우리는 그분의 사랑이 함께 하는 고통임을 알게 된다. 아들 예수의 죽음을 아들 예수보다 더 아프게 경험하신 그분은 우리의 아픔을 우리보다 더 깊이 경험하심으로써 우리를 홀로 내버려두지 않으신다.

신앙은 하나님의 전능을 고백한다. 하지만 전능을 마술적인 힘으로 이해해서는 안 된다. 하나님은 마술사나 도깨비방망이가 아니다. 하나님의 전능을 말할 때 논리적으로나 현실적으로 불가능한 일도 해낼 수 있는 그런 능력으로 생각하지 않았으면 한다. 하나님은 네모난 삼각형을 만들거나 절대로 뚫리지 않는 방패와 모든 것을 뚫을 수 없는 창을 동시에 만들어 내지 않으신다. 하나님은 결코 괴물이 아니다. 하나님은 사랑이시다.

따라서 하나님의 전능은 그분의 사랑과 모순되지 않으며, 사랑을 파괴하지 않고 사랑을 성취하는 힘이다. 사랑은 상대를 강제하거나 굴복시키지 않는다. 그런 점에서 하나님의 전능은 힘이 미치는 대상을 억지로 굴복시키거나 마음대로 조정하지 않는다. 즉, 고난이라는 상황을 마술적으로 사라지게 만든다든가, 고통의 가해자를 강제적으로 제압하여 범죄와 같은 행동을 못 하도록 미리 차단해 버리는 그런 물리적 힘이 아니다. 이러한 힘들은 슈퍼맨이나 스파이더맨, 아이언맨 등과 같이 영화와 TV에 등장하는 힘센 영웅들에게서 볼 수 있다. 하지만 이러한 힘들은 악당을 제거한다고 하면서 또한 얼마나 파괴적인가.

하나님의 힘을 우리는 이러한 슈퍼 파워에 빗대어 생각할 때가 많다. 하지만 하나님의 힘을 그런 물리적 강제력으로 이해할 때, 그것은 피조 세계의 자율성을 파괴해 버린다. 이미 아우구스티누스도 『자유의지론』에서 하나님은 강제하지 않으신다고 말했다. 인간에게 자유의지가 있다면 그리고 피조 세계에도 자유가 부여되어 있다면 하나님은 인간의 자유의지를 강압적으로 제압하지 않으실 것이다.

그렇다면 하나님의 전능은 무엇인가? 우리는 사랑의 전능에 대해 말할 수 있을 것이다. 하나님은 사랑의 힘으로 역사하신다. 사랑을 통해 세상을 다스리시며, 사랑을 통해 사람을 움직이신다. 사랑이신 하나님은 자신의 본성에 반하는 힘을 행사하지 않으신다. 하나님의 힘은 사랑으로 역사하는 힘이다.

성서에 나타난 하나님의 전능에 대한 고백들은 결코 추상적이지 않으며 아주 구체적인 고난의 현실과 맞물려 있다는 사실에 주목할 필요가 있다. 하나님이 무엇을 할 수 있는가를 묻는 추상적이고 관념적인 질문이 아니라 하나님이 아니면 안 된다고 하는 절박하고 구체적인 상황 속에서 신앙인은 전능하신 하나님께 기도하고 있는 것이다. 모든 것을 가능케 하실 전능하신 하나님께서 구체적으로 바로 이 고통의 상황을 뚫고 일어서게 하신다는 신앙이 여기에 놓여 있다.[36]

4) 실천적 신정론: '침묵의 신정론'이 신정론에 대한 이론적 답변의 어려움과 한계를 인지하고 있다면, '실천적 신정론'은 이를 넘어 악에 저항하는 행동을 통해 하나님의 정의를 희망한다. 악과 고통의 현실 앞에서 신에 대해 변호하는 것이 인간의 유한성으로 인해 어렵거나 불가능한 것이라고 한다면, 더 이상 이런 질문으로 시간을 허비하지 말고 악에 대항하는 행동을 통해 정의와 선을 구현하는 것이 무엇보다 중요하다. '침묵의 신정론'이 여전히 유신론적 신앙을 붙잡고 있다면, 아직 실현되지 않은 하나님의 미래적 정의를 희망하는 '실천적 신정론'은 더 이상 유신론적 신앙에 매달리지 않는다. 이제 하나님은 저 과거에 있지 않고 미래에 있으며, 하나님의 정의가 실현될 하나님의 나라도 미래에서 현재로 진입하고 있다.

'실천적 신정론'은 신앙적 입장에서 시도되기도 하지만, 무신론적 입장에서도 수용될 수 있다. 무신론적 입장에서는 신에 대한 이론적인 변명을 하기보다는 신 없는 현실을 그대로 직시하면서 보다

---

36 통속적인 전능의 개념으로서의 만능과 신학적 의미의 전능을 구분해야 한다. 박영식, "나는 전능하신 하나님을 믿습니다,"「한국기독교신학논총」 88 (2013): 85-112.

나은 내일 또는 불의와 부정으로 얼룩진 현재와는 전혀 다른 "타자에 대한 목마름"(호르크하이머)을 갖는다. 다른 한편 신앙적 입장에서 실천적 신정론은 신의 성품과 악의 현존 사이의 논리적 모순이 아니라 신적 활동과 악의 현존 사이의 실제적 모순을 주목한다. 그리고 이 모순적인 현실의 극복을 미래에서 현재로 돌입해 들어오는 하나님의 창조적 현실에서 희망하며, 이 희망과 더불어 하나님의 창조적 미래를 맞이할 준비를 한다.

실천적 신정론은 현실 세계의 반(反)생명적 사태에 저항과 더불어 고통당하는 이들에 대한 공감을 요구한다. 알랭 드 보통은 자신의 책,『무신론자를 위한 종교』에서 유신론자뿐 아니라 무신론자에게도 종교는 필요하다고 역설한다. 그에 따르면 "몸속에 깊이 뿌리박힌 이기적이고 폭력적인 충동에도 불구하고, 우리가 함께 살아야 한다는 필요성"과 "직업상의 실패, 꼬인 인간관계, 가족의 죽음, 자신의 노화와 사망 등에 대한 우리의 나약함에서 비롯되는 끔찍스러운 고통에 대처해야 할 필요성" 때문에 종교는 무신론자에게도 여전히 필요하다는 것이다.[37]

여기서 특히 우리가 주목하는 것은 '끔찍스러운 고통'에 어떻게 대처할 것인가 하는 문제이다. 신앙인이나 무신론자 모두에게 당면한 이 과제는 '공감'과 '위로'라는 키워드로 답변할 수 있는데,[38] 교회 공동체야말로 공감과 위로의 공동체이며, 그 근거를 교회 공동체는 자신이 신앙하는 하나님이 바로 '십자가에 달리신 하나님'(몰

---

37 알랭 드 보통/박중서 옮김,『무신론자를 위한 종교』(서울: 청미래, 2011), 13.
38 제레미 리프킨/이경남 옮김,『공감의 시대』(서울: 민음사, 2010).

트만)으로서 인간 고통의 심연을 몸소 체험하며 함께 고통당하고 함께 울부짖고 계신 분이라는 점에 찾는다. 우리를 구원하시는 하나님은 고통을 제거함으로써 무감각의 세계로 이끄는 분이 아니라 오히려 고통당하는 자와 함께 고통을 감내하심으로써 고통을 넉넉히 짊어지고 극복할 힘을 주시는 분이다.

이때 기독교 신학의 구원은 벗어던짐이나 빠져나옴을 뜻하는 해방적 성격보다는 함께 머물고 함께 느끼는 '거주와 공감'의 성격을 지닌다. 하나님의 거주하심(쉐히나)에 대한 신학적 강조와 더불어 이제 '공감의 신학'이 제시되어야 한다는 주장도 깊이 새겨야 한다.[39] 자율성의 시대에는 공감이 해방보다 우선적이다. 해방이라는 키워드는 여전히 해방되어야 할 객체와 해방시키는 주체 사이의 간격을 전제하며, 해방의 대상자는 수동적인 것으로 규정된다. 이에 반해 공감의 키워드는 주체와 객체 사이의 간격이 소멸되는 사건의 시점을 중시한다. 더 나아가 공감의 사건은 스스로 일어설 수 있는 힘을 준다는 점에서 수동성과 더불어 주체성이, 타율성과 더불어 자율성이 강조된다. 물론 여기서 말하는 공감의 주체성과 자율성은 고통의 수렁 깊이에 내려오시는 하나님과 만나는 사건을 통해서 형성된다는 점에서 주체 외의 세계를 대상화하는 근대적 주체성과 자율성과는 전혀 다르다.

하나님이 창조하신 이 세계에 여전히 고통과 악이 현존한다. 하

---

39 장영주, "캐서린 부스의 '교감신학(Theology of Sympathy) 이해," 「한국조직신학논총」 38 (2014): 235-271. 장영주는 영어 empathy를 공감으로, sympathy를 교감으로 번역하였고, 공감을 교감에 이르는 전 단계로, 교감은 공감의 확장으로 이해한다.

지만 창조의 하나님은 고통과 악이 현존하는 세계를 버려두지 않으시고, 자신의 아픔으로 끌어안으시며, 눈에서 모든 눈물을 닦아주실 새 창조의 미래를 열어주실 것이다(계 21:4). 신앙은 미래적 창조의 희망 안에서 현재의 고통과 악에 저항하며 부르짖는다. 창조의 하나님이시여, 현재의 아픔을 찢고 새 창조의 빛을 비춰주옵소서.

8장
자연악과 신학의 문제

악(malum)을 고전적으로 인간에 의한 범죄인 도덕악(malum morale)과 자연재해와 질병과 같은 자연악(malum physicum) 그리고 피조 세계의 불완전성으로서의 형이상학적 악(malum meta-physicum)으로 구분한다. 전통적으로 기독교 신학은 자연악을 도덕악에 대한 하나님의 징벌이라고 강조해 왔다. 하지만 오늘날 이러한 해명은 그대로 통용되기 어렵다. 자연악과 관련해서 우리는 하나님의 창조와 창조 세계를 새롭게 이해해야 하며, 고전 유신론과 다르게 하나님을 새롭게 해명해야 할 과제를 안고 있다.

1. 자연악과 창조

하나님의 선한 창조, 아름다운 창조를 고백하는 사람에게 자연재난이나 질병 같은 자연악의 문제는 심각한 걸림돌이 된다. 왜 하나님은 자연악을 막지 않으시며 이런 재난을 허용하시는 것일까?

우리는 앞서 하나님께서 이 세상을 단번에 창조하신 것이 아니라 점차적으로 진화해 나가는 방식으로 창조했다고 보는 유신진화론의 입장을 소개했다. 유신진화론 가운데도 세부적으로는 상이한 견해 차이가 있을 수 있겠지만, 이 입장에 있는 이들은 자연 세계에 일어나는 질서와 법칙과 더불어 예기치 못한 우연성을 하나님의 창조 행위의 필연적 결과로 받아들인다. 즉, 하나님의 창조는 질서와 우연을 포함하는 세계의 창조이며, 이로 인해 자연 세계의 점진적인 전개 과정 속에서 자연악과 같은 일들이 일어날 수도 있다고 본다.

만약 하나님의 창조가 피조 세계의 자율성과 우연성을 허용하지 않는다면, 창조 이전에 결정된 하나님의 영원한 결의에 따라 시간 안에서 일어나는 모든 일들이 앞서 결정되었다면 피조 세계에 진정한 의미에서 자유란 존재할 수 없을 것이다. 예컨대 자신의 행위가 이미 결정된 것임에도 이를 의식하지 못한 채 자신은 자유하다고 느끼는 주관적이며 심리적 의미의 자유는 있을 수 있겠지만, 진정한 의미의 존재론적 자유는 그에게 존재하지 않는다. 마치 소설 속 주인공이 '나는 자유롭다'라는 생각을 하고 실제로 자유롭게 행동하더라도 그의 자유로운 선택은 소설가가 기록한 것과 조금이라도 다른 어떤 것을 선택할 수 없다. 그의 심리적 자유는 존재론적으로는 이미 결정된 것이다. 하지만 하나님의 창조는 피조 세계를 심리적인 착각 속에 빠뜨리지 않는다. "생육하고 번성하여 땅에 충만하라"는 하나님의 창조 명령은 피조 세계의 자율성과 역동성을 긍정하는 표현이다. 하나님의 창조가 사랑으로 시작되었다면 그리고 여타의 사랑과 마찬가지로 창조의 사랑도 피조 세계의 자율성을 전제로 할 수밖에 없다면, 하나님이 창조하신 세계에는 자율성과 우연성이 포함될 수밖에 없다.

하나님께서 세상을 창조하실 때 창조와 더불어 하나님은 스스로를 제한하시며(케노시스) 이를 통해 피조 세계에 자율성을 허용하신다. 하나님의 자기 제한(빌 2장)을 우리는 하나님의 창조적 사랑으로 받아들인다. 마치 힘이 센 아빠가 어린 자신의 자녀와 권투 놀이를 하기 위해 자기 힘을 빼고 아이의 수준에서 함께 놀이하는 것과 같이 하나님은 창조와 더불어 피조 세계의 진정한 자유를 위해 그리고 그 자유 안에서 하나님과 진정한 사귐을 갖도록 자신의 힘을 제한하신다. 그렇다면 하나님의 힘의 제한은 구체적으로 무엇을 뜻하는가?

폴킹혼에 따르면 하나님의 케노시스는 세 차원에서 생각해 볼 수 있다.[1] 첫째, 하나님께서 무시간성으로서의 영원성 속에 머물러 계시지 않고, 피조 세계의 시간성 속에 들어오셨다는 의미로 생각해 볼 수 있다. 둘째, 하나님은 전능을 통해 피조 세계의 힘을 무력화하기보다는 자신의 힘을 상대화하여 다양한 힘들과 연동하신다. 셋째, 모든 것을 다 아시는 하나님의 전지는 시간성의 수용을 통해 "절대적 전지함"에서 현존하는 모든 것을 안다는 의미로 "현행적인 전지함"으로 자기를 제한한다.[2]

---

1 존 폴킹혼/신익상 옮김, 『과학으로 신학하기』, 114-115.
2 앞의 책, 115.

하나님의 창조가 우연성을 허용한다는 사실과 더불어 하나님께서 자신이 창조하신 자연 세계에 어떻게 개입하시는지에 대한 물음도 중요하다. 하나님은 자신이 설정해 놓으신 자연법칙과 자연 세계의 우연성에 모순되거나 이를 폐기하는 일을 하실 것인가? 아니면 한번 정해 놓은 것에서 뒤로 물러서 아무런 개입도 하지 않는가? 극단적인 예정론이나 이신론(理神論)의 입장에서 보면 창조의 시작과 함께 하나님은 이제 자연 세계에 전혀 개입하실 필요가 없다. 하지만 성서는 하나님께서 세상의 사건에 깊이 관여하고 계시다는 사실을 말하고 있다. 하나님은 자연 세계의 법칙들과 모순되지 않는 어떤 방식으로 자연 세계에서 일하시는가?

유신진화론자인 러셀(Russell)은 자연 세계에 대한 하나님의 행위를 초자연적인 간섭 행위와 구분하고자 '비간섭적 방식'(non-interventionist manner)이라고 표현한다.[3] 하지만 '비간섭적'이란 말이 하나님께서 자연 세계에 아무런 영향도 안 미친다는 뜻은 아니다. 그에 따르면 하나님의 특별한 행위는 미시세계 즉, 양자 세계에서 일어나며, 이는 하나님의 직접적인 행위다. 우리가 관측하는 세계 안에서 일어나는 사건들은 양자 세계를 매개로 일어나는 간접적인 신적 행위들이다.[4]

러셀이 양자역학의 불확실성을 하나님의 섭리와 연관시켰다면, 폴킹혼은 카오스 이론의 예측 불가능성에 주목하여 무질서 가운데

---

3 Robert John Russell, *Cosmology: From Alpha to Omega* (Minneapolis: Fortress Press 2008), 112.
4 앞의 책, 152

서 패턴과 질서를 말하고자 한다.

> 카오스 체계의 미래 행위가 완전히 우연적인 것은 아니다. 그것은 일종의
> 질서 있는 무질서이다.[5]

이와 관련해서 폴킹혼은 인격적인 신관과 신의 섭리에 관심을
둔다. 그에게 하나님은 불변하는 원리가 아니라 끊임없이 활동하시
는 분인데, 이러한 하나님의 행위는 단순히 자연법칙과 동일시되어
서도 안 된다.[6] 폴킹혼에 따르면 자연은 예측 불가능성을 담지하고
있는 역사의 범주로 파악되며, 이때 자연 안에 놓여 있는 예측 불가
능성을 하나님은 "존재론적 기회들"로 활용하신다.[7] 여기서 하나님
의 섭리는 자연법칙을 파괴하는 직접적 개입의 방식이 아닌 "순수
한 정보 주입"이라는 간접적 방식으로 이해될 수 있는데, 순수 정보
주입을 폴킹혼은 "순수한 영의 활동"에 대한 과학적 표현으로 이해
한다.[8]

이처럼 구체적으로 하나님께서 어떻게 자연 세계에 역사하는지
에 대해서는 자연과학자들과 신학자들 간의 대화를 통해 앞으로 더
욱 발전된 세밀한 견해들이 제시될 수 있을 것이다. 이와 더불어 우
리가 자연악의 문제와 관련해서 하나님의 케노시스라는 신학적 관

---

5 John Polkinghorne, "God in Relation to Nature: Kenotic Creation and Divine
   Action," John Polkinghorne, *Faith, Science & Understanding* (New Haven and
   London: Yale University Press, 2000), 121.
6 앞의 글, 105.
7 앞의 글, 112.
8 앞의 글, 124.

점에서 보다 깊이 생각해 볼 점들이 있다. 첫째, 자연악은 하나님의 창조와 더불어 허용되었다고 할 수 있지만 의도되지는 않았다는 점이다. 마치 서로에 대한 사랑 안에서 생명을 잉태하고 이를 잘 키우고자 결심한 부부를 향후 아기에게 우연적으로 발생하는 모든 질병에 대한 원인으로 규정할 수 없듯이 피조 세계가 당면한 자연악의 원인을 하나님 자신에게서 찾아서는 안 된다. 여기서 우리는 원인과 근거를 구분하고자 한다. 하나님의 창조 행위는 자연악의 원인은 아니다. 물론 하나님의 창조에 포함되는 피조 세계의 자율성과 우연성 때문에 자연악이 발생한다는 점에서 하나님의 창조 행위는 자연악이 태동할 수 있는 존재론적 근거일 수는 있지만, 발생론적 원인이라고 할 수는 없다. 즉, 하나님은 자연악을 일으키고자 피조 세계를 창조하지 않으셨다. 다만 자연악은 피조 세계의 자율성과 우연성을 근거로 해서 일어난다.

둘째, 진정 아이를 사랑하는 부모는 그 아이의 아픔을 자신의 아픔으로 받으면서 아이에 대한 책임을 다하듯이 하나님께서도 이 세상의 아픔을 끌어안으며 세상의 고통을 자신의 책임으로 짊어지신다. 예수 그리스도 안에서 보여주신 하나님의 사랑은 바로 이 점을 극명하게 보여준다. "세상 죄를 지고 가는 어린양"이라는 표현은 바로 하나님의 대리적 고난을 적실하게 드러내 보인다. 자연악과 관련해서 우리는 "하나님 왜?"라는 물음을 던질 수 있다. 그리고 그 책임을 하나님께 돌릴 수 있다. 앞서 말했듯이 엄밀한 의미에서 그 원인을 하나님 자신에게 돌릴 수는 없지만 하나님은 기꺼이 그 책임을 스스로 짊어지신다. 그분은 단순히 세상을 만든 제작자가 아니라 사도신경의 고백처럼 창조주이신 아버지 하나님이시기 때문이다. 자녀를 고통스럽게 만드는 질병의 원인은 예컨대 정체불명의 바이러스에서 찾을 수 있지만 사랑의 아버지는 그 고통에 대한 책임을 포기하지 않는다. 자녀의 고통을 자신의 고통으로 끌어안고 계신 아버지 하나님의 고통은 고통당하는 자의 눈에서 모든 눈물을 닦아주실 마지막 창조(creatio nova)까지 지속될 것이다.

셋째, 하나님의 자기제한과 더불어 우리는 마지막 창조까지 피조 세계의 고통은 제거되지 않는다는 사실을 인정해야 한다. 십자가와 부활, 창조의 제6일과 제7일 사이의 시대를 살아가는 우리는 피조 세계의 고통이 마술처럼 사라질 것이라고 생각해서는 안 된다. 그렇다면 이것은 무엇을 의미하는가? 또한 하나님 자신도 이 고통의 수렁 깊이 들어와 함께 아픔을 겪는다는 사실은 무엇을 의미하는가? 무병장수나 죽음의 제거가 현대인의 마지막 소원인지 모르나 그것이 곧 성서적 구원은 아니다. 성서적 의미에서 '잘 산다(well-being)는 것은 오랫동안 살았다(old aged-being)는 의미가 아니라 충만한 생명의 삶을 의미한다. 마찬가지로 질병과 고통 없는 삶이 물론 편안한 삶이겠지만, 신학적 관점에서 볼 때 질병과 고통이 하나님과의 사귐을 단절시키지 못하며, 생명으로 충만한 삶을 불가능하게 만들진 못한다. 우리가 살아가는 삶에서 피할 수 없는 재난과 고통은 하나님과 더불어 수용하며 극복되어야 할 대상이지 제거하거나 피해야 할 대상이 아니다. 하나님과 더불어 고통을 인정하고 수용할 때 우리는 고통당하는 자를 또한 도울 수 있다. 그들의 고통은 그들의 잘못 때문이 아니라 피조 세계의 모든 피조물이 당면할 수밖에 없는 고통의 하나라는 점에서 '고통의 연대'가 가능해진다. 하나님은 바로 이 고통의 연대 안으로 들어오셨고, 이를 통해 우리로 하여금 자신의 고통뿐 아니라 타자의 고통에 참여하게 하시며 함께 고통을 극복하게 하신다.

2. 고통과 신론의 변형

세상에서 경험하는 악의 문제에 직면하여 우리는 창조의 하나님을 포기해야 하는가? 아니면 창조의 하나님을 참으로 새롭게 이해해야 하는가? 창세기에 따르면 하나님께서는 자신이 만드신 피조 세계를 보고 "보시기에 좋았다"(창 1:25, 31)고 말씀하셨다. 하지만 피조 세계에 넘치는 악의 문제에 직면한 사람들은 진정 피조 세계가 정말 좋은 그런 세계인가를 되묻게 된다. 앞서 보았듯이 라이프니츠는 "이보다 더 좋은 세계는 없다"는 표현을 통해 창조 세계의 완벽함을 논증하려고 했지만, 실제로 성서의 고난 받는 이들은 하나님께 "어찌하여 멀리 계시며 어찌하여 환난 때에 얼굴을 숨기시는지"를 묻는다. 우리는 시편 10편과 13편 그리고 22편 등에서 이런 부르짖음을 어렵지 않게 듣게 된다.

하지만 이들이 부르짖는 그 방향은 하나님에게 있다는 사실을 염두에 둘 필요가 있다. 즉, 이들은 고난과 세상의 악에 직면하여 우리가 살고 있는 피조 세계의 선함을 옹호하기보다는 이 세상을 창조하시고 섭리하시는 하나님의 공의와 정의를 갈구하고 있다. 이러한 물음의 방향은 우리에게 다음과 같은 물음을 던진다. "악이 가득한 이 세상에서 네가 믿고 있는 하나님은 도대체 누구인가?"

악의 문제를 하나님과 연관시켜 생각할 때 우리는 먼저 오랫동안 기독교 신학 내에 머물렀던 고대 그리스의 형이상학적 신론과 결별해야 한다. 고전 유신론이라 불리는 신론에서 떠남으로써 우리는 비로소 성서가 말하는 창조의 하나님을 다시 발견할 수 있기 때문이다.

고대 그리스의 형이상학적 신론은 플라톤에게서 출발한다. 그는 기존의 신화론적인 신이해를 비판하고, 신의 본질에 대한 규정을 제시한다. 그에 따르면 신은 선하며 불변한다.[9] 신의 선함은 세상에서 일어나는 모든 선한 일의 근원을 의미하며, 신의 불변성은 세상의 가변성과는 대조를 이루며 신의 완전성을 지시한다.

플라톤의 신론은 그의 제자인 아리스토텔레스에게 계승되면서 더욱 첨예화되어 이후 기독교 신학의 하나님 이해와 접목하게 된다. 하지만 악의 문제에 직면하여 기존의 고전 유신론은 아무런 해답을 제공할 수 없으며, 오히려 고전 유신론의 해체를 통해 드러나는 성서의 하나님만이 고통의 문제에 대한 실마리를 제공한다.[10]

---

9 플라톤/박종현 역주, 『국가』 (서울: 서광사, 1997), 171-182(379a-383c); Wilhelm Weischedel, *Der Gott der Philosophen* (Bd. I (Darmstadt: WBG, 1971), 49.

10 박영식, "고전 유신론과 기독교 신학," 「한국조직신학논총」 43 (2015): 49-76; 이와 관련하여 철학자 하이데거의 말을 곱씹어 볼 필요가 있다: "신학이 그리스도 신앙의 신학이든 철학의 신학이든, 이러한 신학을 그것의 근원적인 유래로부터 경험하고 있는 사람이라면, 그는 오늘날 사유의 영역에서 신에 대하여 침묵하는 것이 좋다. 그 까닭은 형이상학의 존재 신론적 성격이 (앞으로의) 사유를 위해서는 의문스러운 것이 되었기 때문이다. 그것은 어떤 무신론적 근거에서가 아니라 오히려 어떤 사유의 경험으로부터 그런 것이다." 마르틴 하이데거/신상희 옮김, 『동일성과 차이』 (서울: 민음사, 2000), 46-47.

따라서 우리가 작별을 고해야 하는 신은 아래와 같다.

첫째, 제1원인(prima causa)으로서의 신과 작별해야 한다. 아리스토텔레스에 의하면 신은 부동의 원동자이며, 모든 운동하는 것들의 제1원인이다.[11] 세상의 모든 것에는 원인이 있는데, 원인의 원인들을 역으로 소급해 가면 최종적으로는 자기 외에 다른 그 무엇이 원인이 될 수 없는 제1원인에 도달하게 된다. 그리고 제1원인은 다른 무엇으로부터 원인을 받지 않아 움직이지 않지만, 다른 여타의 것을 움직이게끔 하는 부동의 원동자(the unmoved Mover)가 된다. 아리스토텔레스에 따르면 이 제1원인은 신(theion)이라고 불리며, 다른 모든 가변적인 존재와는 달리 불변하는 존재, 모든 존재자 중 존재자, 자기원인(causa sui)이다.

하지만 이처럼 신이 완전한 존재, 불변하는 존재, 아무런 영향을 받지 않는 제1원인으로 규정되면 다음과 같은 문제가 발생한다. 신은 자기 밖의 그 무엇으로부터 영향을 받을 수 없기에 신은 더 이상 이 세상의 아픔에 함께 아파할 수가 없다. 이 세상에서 일어나는 일에 아무런 영향도 받지 않는 존재는 세상의 아픔을 "듣고 보고 구원하러 오시는"(출 3:7) 하나님일 수 없다. 오히려 성서의 하나님은 이 세상의 그 고통을 보고 고통스런 부르짖음을 듣고 그 근심을 아시는 분이며, 이들을 구원하고자 하시는 하나님이다. 성서의 하나님은 철학자들의 제1원인처럼 옴짝달싹 못하는 부동의 존재가 아니라 이 세상의 아픔에 반응하며 고난을 이겨낼 힘을 주시는 하나

---

11 이러한 내용은 아리스토텔레스의 『형이상학』 1071b 5이하에 나온다. 여기서는 조대호 역해, 『아리스토텔레스의 형이상학』 (서울: 문예출판사, 2011), 277 참조.

님이시다. 자신이 만든 피조 세계를 보고 기뻐하시는 창조의 하나님은 피조 세계의 구원을 보고 그 기쁨을 이기지 못하시는 하나님이시다(습 3:17).

둘째, 동일한 맥락에서 결정론적 예정론과 결별해야 한다. 시간이란 변화를 전제로 하지만 부동의 존재인 신의 자리에는 시간과 변화가 있을 수 없다. 따라서 신은 시간이 없는 영역, 곧 무시간성(timelessness) 속에 머물러 있는 항존적이며 영원한 존재이다. 신의 영원성과 불변성은 피조물의 시간성과 가변성과 대조를 이룬다. 시간성과 가변성과는 무관한 신이 세상과 관계할 수 있는 자리는 시간 이전의 영원일 뿐이다. 따라서 신은 영원 속에서 시간 속에 일어나는 모든 일을 앞서 예정한다. 세상의 시간성 속에서 일어나는 모든 일은 신의 영원성 속에서 영원한 현재로 포착되며, 이미 영원 안에서 신이 예정한 그 순서대로 일어난다.

하지만 모든 일이 신의 예정대로 일어난다면, 세상에 일어나는 고통과 악에 대한 모든 원인과 책임도 하나님 자신에게 돌아갈 수밖에 없다. 인간에겐 아무런 선택의 자유가 없으며, 피조 세계에 일어나는 모든 일에도 진정한 의미에서 자유의 선택이나 우연이란 주어질 수 없다. 심지어 하나님 자신도 자신이 영원부터 예정한 그 일에 갇혀 있다. 그에게도 자유는 존재하지 않는다.

하지만 성서는 회개와 돌이킴을 촉구하는 하나님의 음성을 담고 있을 뿐 아니라 하나님 자신의 후회(창 6장)도 언급하고 있다. 성서가 증언하는 하나님의 후회하심은 결정론적 예정론과 대립된다. 성서에 따르면 인간의 돌아섬은 하나님의 돌아보심을 전제로 한다.

악한 세상을 버리지 않으시고 지속적으로 돌아보시는 하나님 때문에 인간의 회개가 가능하다. 성서의 하나님은 자신이 만드신 피조 세계를 돌보시는 하나님이며, 끊임없이 돌아보시는 하나님이시다. 왜냐하면 이 세상은 하나님이 창조하신 피조물이기 때문이다.

피조 세계는 하나님 자신은 아니지만, 그렇다고 하나님과 무관한 단순한 세상이 아니다. 창조주 하나님의 사랑으로 빚어낸 세상이며, 그 사랑이 머물러 있는 곳이다. 더구나 기독교 신앙이 고백하는 창조주 하나님은 '아버지'이시다. 하나님과 세상의 관계는 제작자와 작품의 관계와는 질적으로 다르다. 왜냐하면 그분은 창조주 하나님 아버지이시기 때문이다. 아버지로서의 하나님의 피조 세계에 대한 통치는 추상적 세계원리가 아니라 "아버지처럼 보살피시는 하나님의 통치"를 의미한다.[12]

우리가 신앙하는 창조주 하나님은 누구신가? 고통과 악의 문제에 대해 창조주 하나님은 무엇을 하시는가? 우리는 하나님의 창조와 더불어 피조 세계가 실존하게 되었음을 믿는다. 피조 세계의 실존은 그 존재의 근원이 하나님께 있음을 뜻하는 동시에 피조 세계에 자율성이 부과되었다는 사실도 의미한다. 마치 부모에게서 태어난 갓난아기의 탯줄을 끊음으로써 비로소 그 아이가 하나의 독립된 실존으로 자라갈 수 있는 가능성을 부여받게 되듯이 그리고 부모의 사랑 속에서 실제로 독립된 개체로서 성장하게 되듯이 피조 세계도 하나님의 사랑 속에서 실존을 얻게 되며, 실존하게 되는 그 순간부터 독립된 존재로 성장해야 할 자유의 운명을 부여받는다. "생육하

---

12 칼 바르트/윤응진 옮김, 『교회 교의학』 III/3 (서울: 대한기독교서회, 2016), 49.

고 번성하여 땅에 충만하라"는 창조 명령은 곧 자유와 생명의 충만을 허락하는 사랑이다. 하지만 이러한 실존의 자유로 말미암아 하나님과 하나님의 질서에 대한 반항과 저항이 발생하며 피조 세계 안에서 서로를 향한 반목과 대립이 발생한다. 하지만 창조주 하나님은 자신이 만드신 피조 세계의 주님으로서 그리고 피조 세계의 아버지로서 피조 세계를 버리지 않으시고 돌보신다. 피조 세계에 실존을 부여하는 태초의 창조에서부터 하나님의 마지막 창조에 이르기까지, 곧 피조 세계 전체가 자신의 실존을 통해 하나님께 감사와 찬양과 영광을 돌릴 수 있을 그날까지 하나님의 통치는 지속되며, 이 하나님의 통치를 우리는 섭리, 곧 계속되는 창조라고 부른다.

제1원인을 비판했던 우리는 창세기 1장에 기술된 창조의 사건을 태곳적 이야기나 제1원인에 관한 사변적 형이상학과 연결하지 않고 오히려 피조 세계의 미래와 하나님의 미래적 창조에 관한 희망으로 이해하고자 한다. 이때 창조는 현실과 무관한 신화도, 생생한 땅의 현실을 망각한 형이상학적 사변이 아니라 바로 지금 여기서 희망되고 있는 미래적 사건이 된다. 땅이 혼돈하고 공허하며 흑암이 깊음 위에 있는 상황은 곧 피조 세계의 실존이 야기하는 고통과 악을 지시한다. 하지만 창조주 하나님은 이 세계와 무관한 분이 아니라 가장 위험한 바로 그 수면 위에 운행하고 계신다. 혼돈의 세계는 하나님의 질서 안에 놓이게 되고, 하나님은 혼돈 속에서 질서를 창조하신다. 창조주 하나님에 대한 신앙은 고통과 악이 최후의 마침표가 아니라 새로운 시작이 될 수 있음을 알린다. 창조주 하나님은 어둠에서 빛을, 혼돈에서 질서를, 무의미에서 삶의 의미를 창조하신다. 창조주 하나님은 아버지로서 그리고 그 아들 안에서 피조 세계의 실존적 상황에 깊이 통감하며 실존의 연약함을 몸소 아시며, 성령 안에서 자유와 해방의 날을 향해 함께 신음하신다. 창조의 하나님에 대한 신앙은 고통 가운데서 함께하시는 임마누엘 하나님에 대한 신앙이며 동시에 새롭게 열린 하나님의 미래적 가능성에 대한 신앙이다. 창조를 시작하신 하나님이 피조 세계의 실존을 돌보시며 결국엔 참으로 보시기에 아름다운 세계를 완성하실 것이라는 믿음이 바로 창조 신앙이다.

3. 악의 문제와 그리스도인의 영성

오늘날 엄밀하게 말해 자연악과 도덕악은 깔끔하게 분리될 수 없다. 자연재해라고 생각되는 많은 재난 이면에는 인간의 무관심과 도덕적 해이, 그동안 적재되었던 자연훼손과 갖가지 병폐들이 놓여 있기 때문이다. 예컨대 세월호 사건의 경우 겉보기에는 바다에서 일어날 수 있는 많은 재난 사고의 하나처럼 보일 수도 있다. 하지만 그 이면에는 자연악으로 넘겨버릴 수 없는 수많은 도덕악이 겹겹이 쌓여 있음을 알 수 있다. 악의 이면을 파헤쳐 그 원인이 무엇인지를 밝히는 것도 중요하지만, 더 중요한 것은 이로 인해 고통당하는 자들에게 그리스도인들이 할 수 있는 최소한의 일은 무엇인가를 고민하고 실천하는 일이다. 아래에서 세월호 사건과 같은 시대의 아픔 속에서 우리 시대에 필요한 영성은 무엇인지를 제안하고자 한다.[13]

1) 침묵과 경청의 영성

신학은 하나님에 대한 언설로서 말로 하는 작업이다. 신학자는 분명하게 말해야 하고 설교자는 강단에서 확신에 찬 목소리로 말해야 한다. 하지만 고통당하는 자 앞에서 신학은 무슨 말을 할 수 있을까? 제3자의 입장에서 객관적으로, 이론적으로 내뱉은 신학자의 언설은 고통당하는 자의 얼굴 앞에서 수치스럽게 된다. 깊은 고통의 신음을 앓고 있는 자는 누군가로부터 듣기보다는 들어줄 누군가를 필요로 한다. 자신의 신음 소리를 들어주길 바랄 뿐이다.[14]

욥의 고난과 그의 친구들을 생각해 보자. 욥의 처음 세 친구는 욥과 함께 깊이 통곡하며 아무런 말도 하지 않았다.[15] 이 침묵을 깨뜨린 자는 욥의 친구들이 아니라 사실 욥 자신이었다. 욥은 "나에게는 평온도 없고 안일도 없고 휴식도 없고 다만 불안만이 있다"(욥 3:26)라고 절규한다. 그가 물음을 제기한 것이 아니다. 그는 고통과 절망을 토로하고 있을 뿐이다. 하지만 욥의 통곡을 듣고 그들의 친구들은 자신들이 신의 변호사로도 된 듯이 나서서 욥에게 답변을

---

13 아래의 글은 서울신학대학교 기독교영성연구소가 발행한 「삶과 영성」 2 (2015): 39-41에 실린 본인의 글을 옮겼다.

14 "내 하나님이여 내 하나님이여, 어찌 나를 버리셨나이까. 어찌 나를 멀리하여 돕지 아니하시오며 내 신음 소리를 듣지 아니하시나이까"(시 22:1).

15 "그 때에 욥의 친구 세 사람이 이 모든 재앙이 그에게 내렸다 함을 듣고 각각 자기 지역에서부터 이르렀으니 곧 데만 사람 엘리바스와 수아 사람 빌닷과 나아마 사람 소발이라. 그들이 욥을 위문하고 위로하려 하여 서로 약속하고 오더니 눈을 들어 멀리 보매 그가 욥인줄 알기 어렵게 되었으므로 그들이 일제히 소리 질러 울며 각각 자기의 겉옷을 찢고 하늘을 향하여 티끌을 날려 자기 머리에 뿌리고 밤낮 칠 일 동안 그와 함께 땅에 앉았으나 욥의 고통이 심함을 보므로 그에게 한마디도 말하는 자가 없었더라"(욥 2:11-13).

하고자 했다. 이로 인해 욥의 고통은 더욱 배가 되고, 위로받아야 할 욥은 범죄자 취급을 당한다. 친구들은 욥의 상한 '얼굴'을 보고 말하지 않았다.16 욥은 하나님과 변론하고자 하지만(13:3) 친구들이 나서서 그와 논쟁을 벌이게 된다. 욥은 결국 이렇게 말한다. "너희는 잠잠하고 나를 버려두어 말하게 하라. 무슨 일이 닥치든지 내가 당하리라"(13:13). 고통당하는 자 앞에서 우리는 침묵해야 하며, 고통당하는 자의 말이 허공을 떠돌지 않도록 경청하는 자가 되어야 한다. 고난과 관련하여 우리는 침묵과 경청의 영성에 대해 말하지 않을 수 없다. 어떤 이는 언어가 인간의 고유성에 속한다고 하지만, 실제로 침묵과 경청이 인간에게 고유한 특징일 것이다. 동물들은 도무지 침묵하거나 경청할 줄 모른다. 인간만이 영적인 깊이에서 침묵하고 경청할 수 있다.

물론 나는 여기서 고통당하는 자의 신음을 침묵으로 돌리거나 고통당하는 자의 부르짖음에 대해 무덤덤하게 묵묵부답으로 응대하는 그런 류의 과묵함을 말하는 것이 아니다. 침묵의 영성은 무엇보다도 하나님의 신비 앞에서의 침묵을 의미한다. 이 침묵은 그동안 너무 많이, 너무 허황되게 떠들었던 자기 자신에 대한 깊은 숙고와 회개를 동반한다. 동시에 내가 내뱉은 말로 인해 더 깊이 상처받을 수밖에 없었던 고통의 당사자들 앞에서의 회개를 의미한다. 모든 말은 침묵을 전제하고, 침묵으로 시작하여 침묵으로 돌아간다.

---

16 욥의 말을 들어보라. "낙심한 자가 비록 전능자를 경외하지 않더라도 그의 친구로부터 동정을 받는다"(욥 6:14). 하지만 "너희는 고아를 제비 뽑으며 너희 친구를 팔아 넘기는구나. 이제 원하건대 너희는 내게로 얼굴을 돌리라. 내가 너희를 대면하여 결코 거짓말하지 아니하리라. 너희는 돌이켜 행악자가 되지 말라"(6:27 이하).

더구나 신학적 언설은 언제나 그 깊이에서 침묵을 기반으로 하고 있다. 하나님에 대한 인간의 말보다 하나님의 침묵이 더 분명하고 또렷한 메시지를 줄 것이라는 기반 위에서만 신학은 가능하다.

2) 기억과 공감의 영성

기억은 약자의 가장 강한 무기이다. 과거는 기억에 의해 보전되며 이해되고 재해석된다. 악은 자신의 흔적을 재빨리 지워 망각하게 함으로써 다시금 악에 빠져들게 만든다. 하지만 기억의 영성은 악의 이러한 교묘한 술책을 간파하고 자신을 증인으로 세운다. 악의 망각에 대항하여 증인으로 자신을 세우는 일은 분명 위험한 일이다. 예수의 제자들은 이를 알았고, 모두 줄행랑을 쳤다. 하지만 멀리서라도 지켜보고 있던 여인들 덕분에 예수의 수난 전승은 오늘날 우리에게도 전달될 수 있다. 예수의 삶과 그의 죽음에 대한 "위험한 기억"은 결국 예수의 부활로 이어졌고, 오늘날 곳곳에서 예수의 생명으로 악에 저항할 수 있는 가장 강한 무기가 되고 있다.

기억은 단순히 과거의 복원만을 의미하지 않는다. 우리는 슬픔의 사건을 기억함으로써 눈물 흘리는 자들과 본질적으로 우리가 '하나'임을 새삼 깨닫게 되는 것이다. 아픔의 기억은 아파하는 사람의 얼굴을 통해 나 자신을 보게 하고, 나와 아파하는 자가 서로 남남이 아님을 알게 한다. 여기서 기억의 영성은 곧 공감의 영성으로 이어진다. 이때 기억의 영성의 초점은 과거의 어떤 일이 아니라 그 사건 안에 놓여 있는 사람에게로 향한다. 애통하는 사람을 놓쳐버린 기억은 또다시 애통의 재생산을 가져올지도 모른다. 하지만 아파하는 자를 향한 기억은 아파하는 자와의 공감에 이르고 보다 인간적인 세상을 향한 도약을 가능케 한다.[17]

3) 저항과 실천의 영성

2014년 침몰 직전에 세월호에는 "가만히 있으라"는 안내 방송이 울려 퍼졌다. 이제 가만히 있으라는 요구는 세월호가 아니라 세월호를 기억하고자 하는 이 땅의 양심 있는 자들의 귓가에도 들려온다. 그만 울어라, 그만 슬퍼하라, 그리고 '희생자들이 원하는 가족의 모습으로 돌아가라.' 이 모든 말들은 콘크리트처럼 딱딱하게 굳어버린 심장의 소리일 뿐 아니라 진정 위로의 말이 무엇인지를 알지 못하는 무지한 자의 폭언이다.[18] 하지만 이러한 무감정의 악령들은 슬픔과 위로의 몸짓으로 자신들을 변장하고 나타나 진실을 되살리고자 하는 양심의 운동을 짓눌러 버린다. 특정 집단의 이익을 위한 법과 질서가 당연히 해체되어야 하지만, 마치 생명의 꿈틀거림이 보편적인 법과 질서에 대한 파괴인 것인 양 선전한다. 하지만 모든 생명은 가만히 있을 수 없다. 더구나 부조리한 고통의 희생자

---

17 케임브리지 대학교의 정신병리학 교수인 사이먼 배런코언은 형이상학적인 악의 개념 대신에 '공감의 침식'이란 용어를 사용하자고 말한다. 그에게 공감의 부재는 곧 악의 주요 원인이다. 홍승효 옮김, 『공감제로』 (서울: 사이언스북스, 2011).

18 상처의 극복은 오랜 시간을 요하며 자신의 힘으로 일궈내는 것이지, 다른 사람에 의해 강요될 수 있는 것이 아니다. 그런데 언제든 찾아오라고 했던 그가 제대로 한번 만나주지도 않았으면서 이제 일상으로 돌아가라고 말한다. 무슨 권리로 아픈 사람에게 이제 그만 울라고 할 수 있는가?

들은 부조리한 고통의 근원에 저항하며, 부조리한 희생을 통해서 도리어 악을 폭로한다.

"선으로 악을 이겨라"(롬 12:21). 성서는 악에 직면하여 가만히 있으라고 말하지 않는다. 부르짖어야 한다고 말한다. 더 나아가 대항해서 싸워야 한다고 말한다. 저항은 행동을 요구한다. 기도가 곧 노동이라는 베네딕트 수도회의 표어를 우리 시대는 다음과 같이 말할 수 있을 것이다. 기도가 곧 행동이고, 행동이 곧 기도이다. 행동 없는 기도는 공허하고, 기도 없는 행동은 맹목적이다. 왜냐하면 본질적으로 기도는 자신의 소원을 비는 것이 아니라 하나님의 뜻이 하늘에서와 같이 이 땅에서도 이루어지기를 추구하기 때문이다(마 6:10). 아파하는 사람과 함께 아파하며, 그 아픔을 기억하는 것에서 악을 폭로하고 악에 대항하는 저항의 영성에 주어진 분명한 지침은 "선으로 악을 이겨라"이다. 선으로 악을 이긴다는 것은 계란으로 바위 치기를 뜻하지 않는다. 거대하고 교묘한 악에 맞서 분명하고 단호하게 행동해야 함을 뜻할 뿐 아니라 악으로 미끄러져 들어가지 않도록 선에 깊이 뿌리박는 철저함을 요구한다. 악에 대항하는 것 자체가 선이며, 이 선이 왜곡되지 않도록 선함을 유지하기 위해서는 무엇보다도 마음의 평정과 행동의 간결함이 요구된다.

4) 예수의 영성

앞에서 언급한 침묵과 경청의 영성, 기억과 공감의 영성, 저항과 실천의 영성은 사실 예수의 영성으로 요약된다. 그리스도인이란 예수의 정신으로 살아가는 사람이다. 예수의 정신, 예수의 영, 예수의 얼로 살아가는 자가 곧 그리스도인이다. 예수는 당대의 버림받은 이방의 땅 갈릴리에서 경제적으로, 정치적으로, 종교적으로 버림받은 자들에게 "하나님 나라가 왔다"는 메시지를 선포하셨다. 그는 고통당하는 자들이 부르짖는 소리를 가로막지 않았고, 그들의 탄식 소리에 귀 기울였다. 그는 사람들이 무엇을 원하는지 먼저 물었고, 즐겨 들었다. 세리와 죄인의 친구가 되어 버림받은 자들 편이 되어 줄 뿐 아니라 그들 안으로 들어갔다. 그는 먼저 듣지 않고, 일방적으로 강요하거나 외부자의 입장에서 판단하지 않았다. 그는 버림받은 무리들과 함께 했고, 그들과 함께 종교와 정치의 모순이 점철된 예루살렘으로 돌진했는데 자신의 죽음을 예감했지만 비굴하지 않았고, 도망치지 않았고, 도리어 당당하게 앞장서 걸어갔다(막 10:32). 끝내 십자가에서 버림받음을 통해 모든 버림받은 자들과 같이 되었고 악의 잔인함을 폭로했다. 하지만 초기의 신앙 공동체는 사람들로부터 버려진 예수에게서 역설적으로 선으로 악을 이긴 하나님의 아들을 보았고(막 15:39), 사람들이 저주하며 십자가에 못 박아 죽인 그 예수를 "하나님이 주와 그리스도가 되게 하셨다"(행 2:36)며 선의 승리를 선언했다. 예수를 뒤따르는 공동체는 집집마다 모여 그의 희생을 기억하며, 떡을 떼며, 그분의 고난에 동참하며, 고난의 길이 승리의 길임을 고백했다.

예수의 시대(눅 13:1-5)나 우리 시대나 여전히 부조리한 시대적 아픔이 존재한다. 이 앞에서 우리는 형이상학적인 사변을 통해 고통의 원인을 해명하거나 고통당하는 자의 잘못들을 들춰내서 그들을 질책하려는 태도를 수정해야 할 것이다. 질문의 방향은 이제 내 자신에게로 향한다. 왜 이런 일이 일어났는가에서 내가 그들에게 무엇이 되어야 하는가를 물어야 한다. 예수의 물음은 이것이다. "누가 강도 만난 자의 이웃이 되겠느냐"(눅 10:36).

9 장
피조 세계의 고통과 하나님의 돌봄[*]

1. 다시 신정론의 물음으로

코로나 사태로 인해 온 세계가 어려움을 당하고 있다. 기독교 신학은 이러한 자연적 재해나 재앙에 대해 무엇을 말할 수 있을까? 또한 그리스도인은 이에 대해 어떻게 생각하고 어떤 행동을 취할 수 있을까? 자연적 재해와 재앙은 인간의 범죄와 어떤 관계가 있을까? 이러한 재앙은 하나님의 심판이라고 말할 수 있을까? 더 나아가 하나님께서는 이러한 고난의 현실에 대해 무엇을 하시는가? 하나님의 섭리에 대해 그리스도인은 어떻게 말하고 생각할 수 있을까?

이러한 물음들은 우리로 하여금 다시금 신정론의 논의에 참여하게 하며, 신정론의 한계와 의미를 되짚어 보며, 신학적이며 희망적인 응답을, 그러나 정직한 답변을 제시하게 만든다. 인간이 살아가

---

[*] 이 글은 박영식, "피조 세계의 고통과 하나님의 돌봄," 「신학과 선교」 58 (2020): 43-72에 게재된 논문을 약간 다듬었음을 밝힌다.

는 세계에는 고통이 존재하며, 하나님이 만드신 피조 세계에는 악이 존재한다는 사실을 부정하긴 어렵다. 고통은 무엇이며, 악은 무엇인가? 고통과 악은 동일시될 수 있는가? 우리가 당면한 고통과 악의 문제는 실체의 그림자나 허상에 불과한 것은 아닐까? 선하신 하나님께서 세상을 만드셨다면, 세상에 존재하는 모든 것은 선할 수밖에 없는데, 도대체 악은 어디서부터 왔단 말인가? 설령 창조 세계에 악이 있다고 하더라도 하나님이 전능하시다면 악을 없앨 수 있지 않은가? 그런데 왜 악은 존재하는가? 정말 하나님이 선하시다면 악을 원하지 않을 것이다. 그런데 왜 하나님은 악을 허용하는가? 그리스도교 신학은 일찍이 에피쿠로스(Epikuros, 주전 341~270)가 제기한 신의 전능과 선함 그리고 악의 현존이 야기하는 트릴레마의 문제[1]에 대해 다양한 답변을 제시해 왔다.

　신학사에서는 이와 관련해서 다양한 대답들이 제시되었는데, 가장 대표적인 대답들은 이미 아우구스티누스에 의해 준비되었다고 할 수 있다.[2] 아우구스티누스는 자신의 다양한 저서에서 신정론의 문제를 다루고 있는데, 일관적으로 제시되고 있는 답변은 무엇보다도 악의 본질에 대한 해명이다. 아우구스티누스에 따르면 "악은 선의 결핍"(privatio boni)이다.[3] 아우구스티누스는 이 규정을 통해

---

1 에피쿠로스의 질문은 초기의 그리스도교 사상가인 Lactantius(250~350)가 저술한 *De ira Dei*, 13, 20에서 등장한다. 에피쿠로스의 질문이 지닌 의미와 현대적 변용과 논의에 대해서는 박영식, 『고난과 하나님의 전능』(서울: 동연, 2019), 28-52.
2 아우구스티누스를 비롯하여 아퀴나스와 루터, 라이프니츠의 대답에 대해서는 박영식, 『고난과 하나님의 전능』, 56-174 참조.
3 Augustinus, *Enchiridion* 11; Walter Sparn, *Leiden-Erfahrung und Denken, Materialien zum Theodizeeproblem* (München: Chr. Kaiser Verlag, 1980), 184에

선이 악에 대해 존재론적으로 우위에 있음을 드러낸다. 그렇다면 악은 선의 존재에 기반해서만 발생할 수 있다. 하지만 악은 선의 결핍이기에, 달리 말하면 결핍으로서만 악은 있다고 할 수 있기에 그 자체로는 실재하지 않는다. 만약 사과라는 선한 존재가 없다면, 썩는 일도 없을 것이다. 먼저 선이 존재해야 하며, 존재하는 것은 선하다. 이런 점에서 악은 선에 기생한다고 말할 수 있다. 즉, 악은 그 자체로는 생존할 수 없고 생존하기 위해서는 숙주가 있어야 하는 바이러스처럼 존재에 기생한다. 악은 존재가 아닌 비존재이며, 존재에 기생함으로써만 실존한다.4 이를 통해 아우구스티누스는 악이 하나님으로부터 유래한 것이 아님을 말하고자 할 뿐 아니라 결코 악이 선을 이길 수 없다는 점을 분명히 한다. 설령 사과가 온통 썩고 상해서 다 없어져 버렸다고 해보자. 그렇다면 아무것도 없기에 악도 실존한다고 할 수 없다.

그렇다면 하나님이 만드신 존재의 세계에 도대체 어떻게 악이 등장하게 되었을까? 악의 발생 원인에 대해 아우구스티누스는 자유의지의 왜곡을 말한다. 하나님께서 피조물에게 수여한 자유의지 자체는 악이 아니지만, 자유의지를 하나님의 뜻에 반하여 사용한 것이 악의 원인이다. 악의 원인을 자유의지 왜곡과 관련해서 해명하는 것은 아우구스티누스 이후에도 여전히 유효하게 수용된다. 그렇

서 재인용.

4 아우구스티누스에게 존재(ens)와 선(bonum)은 다른 것이 아니다. 왜냐하면 하나님이 만드신 모든 것은 선하기 때문이다. 따라서 아우구스티누스 이후에 악의 문제를 언급할 때, 흔히 악을 무(Nichts)로 명명하거나 바르트처럼 아무것도 아닌 것(das Nichtige)으로 정의하는 경우가 있는데, 이런 일은 악을 하나님이 만든 피조적 존재로 말하기도 어렵고, 그렇다고 단순히 존재하지 않는 것으로 취급하기도 어렵기 때문에 생기는 일이다.

다면 자유의지는 어떻게 해서 왜곡될 수 있었을까? 자유의지를 왜곡시키는 요인은 자유의지 밖에 있는 악한 그 무엇이 아닐까? 하지만 자유의지 밖에 있는 악한 그 무엇은 어떻게 해서 악하게 되었을까? 역시 자유의지의 왜곡 때문에 그렇게 되었다고 답할 수 있을 것이다. 그렇다면 최초로 발생한 자유의지의 왜곡은 어떻게 일어난 것일까? 아우구스티누스는 천사의 타락에 대해 말한다. 그러나 분명한 것은 자유의지를 가진 존재의 타락은 그 원인을 밖에서 찾을 수 없다. 의지가 자유롭다면, 그 의지의 왜곡은 궁극적으로 의지에서 그 원인을 찾을 수밖에 없다. 아우구스티누스는 "악한 행위의 작용인은 악한 의지이지만 악한 의지의 작용인은 무다"[5]라는 답변을 통해 자유의지를 타락시키는 원인에 대한 논쟁에 종지부를 찍는다.

악의 기원과 악의 본질에 대한 아우구스티누스의 해명은 한편에서는 악의 책임을 하나님께 돌릴 수 없다는 점을 분명히 하며, 다른 한편에서는 악은 결코 선을 이길 수 없다는 점을 명확하게 한다. 그렇다면 하나님은 악에 대해 무엇을 하시는가? 아우구스티누스가 자유의지의 타락과 왜곡으로 악이 발생한다고 했는데, 후에 라이프니츠(G.W. Leibniz, 1646~1716)는 이를 '도덕악'(malum morale)이라고 부른다. 하지만 인간이 살아가는 세상에는 어떤 나쁜 인간이 저지르는 악만 있는 것은 아니다. 인간의 악한 행위와는 무관하게 일어나는 자연재해나 질병과 같은 것이 있다. 이처럼 인간의 행위와는 거리가 멀어 보이는 재앙을 라이프니츠는 '자연악'(malum

---

5 A. Augustinus, *De civitate Dei* 12.6; 성염 역주, 『신국론』(왜관: 분도출판사, 2004), 1257.

physicum)이라 불렀다.6 언뜻 보기에 자유의지의 남용과 무관해 보이는 자연악은 왜 발생하는 것일까? 아우구스티누스에 따르면 자연재해를 비롯하여 질병과 같은 자연악은 하나님의 정의의 실현, 곧 도덕악에 대한 처벌로서 이해될 수 있다. 따라서 자유의지의 남용으로 일어난 도덕악에 대해 하나님은 자연악을 통해 이들을 처벌하심으로써 정의를 실현하시기에 이 세상의 악에 대한 책임을 하나님께 돌릴 수는 없다.

더 나아가 아우구스티누스는 죄를 지을 수밖에 없는 존재들과 그에 대한 처벌로서의 고통은 하나님께서 창조하신 우주 전체의 아름다움에 기여한다고 보았다. 설령 고통과 악이 우리가 보기에는 아름답지 못하지만, 그것은 우리가 전체를 볼 수 있는 시야를 갖지 못해서 그럴 뿐이다. 세상 곳곳에서 경험하는 고통과 악은 하나님의 세계 전체를 아름답게 수놓는 장식이 될 것이라는 아우구스티누스의 변론을 우리는 미학적 신정론이라 부른다.7 하지만 이렇게 고통과 악의 문제에 대해 하나님의 선함과 책임 없음을 변호하고, 오히려 악이 실존하는 세계가 창조 세계를 더 아름답게 수놓는다는 미학적 신정론이 과연 참혹한 고통 속에서 삶의 의미와 하나님의 존재 유무를 질문하는 이들에게 진정한 위로를 가져다줄 수 있을까?

아우구스티누스가 규정한 악의 본질과 원인에 대한 기본적인 착상은 신학적 사유 모델의 주류를 형성하여 루터와 칼뱅, 웨슬리에

---

6 G. W. Leibniz, *Die Theodicee* (1710), übers., von A. Buchenau, *Philosophische Werke* Bd. 4 (Leipzig: Verlag von Felix Meiner, 1925), I. 21.
7 이에 대해서는 박영식, 『고난과 하나님의 전능』, 78, 각주 37 참조.

게 각기 다르게 변용되지만, 기본 흐름은 그대로 이어진다. 하지만 신학적 정합성이 현실성을 담보하는 것은 아니다. 과연 우리가 현실적으로 경험하는 악이 '선의 결여'로 소극적으로 정의할 수 있을 정도로 가벼운 것인가? 오히려 우리가 선이라고 부르는 것을 '악의 결여'라고 볼 수 있지는 않은가? 전쟁과 테러, 범죄와 불의에 의해 희생당하고 고통당하는 자의 눈으로 볼 때 세상은 온통 카오스이며, 선은 고통과 악이 잠시 멈춘 찰나의 순간일 뿐이다. 수백, 수천만 명의 사람들이 대량 학살을 당하는 현실은 단지 선의 그림자일 뿐인가? 쓰나미와 지진에 의해 삶의 터전을 잃어버린 어린아이들도 자신들이 지은 죄에 대한 대가를 받는 것인가? 그렇다면 더 큰 불의와 부정, 거짓을 행하고도 탄탄대로로 살아가는 자들은 하나님의 보호하심 속에 있다고 해야 하는가?

아우구스티누스의 모델은 철학자 라이프니츠에 의하면 보다 정교하게 다듬어진다. 그는 앞서 언급했듯이 악을 도덕악(malum morale), 자연악(malum physicum) 그리고 형이상학적 악(malum metaphysicum)으로 나눠 설명한다.[8] 인간에 의한 도덕악과 인간과 무관하게 일어나는 자연재해에 해당되는 자연악, 이 둘 모두 근원적으로는 형이상학적 악에 의존한다. 형이상학적 악이란 하나님께서 자신과 동일하게 완전하고 무한한 존재를 만드신다면, 완전한 존재인 신이 둘이 되는 모순에 직면하기 때문에 어쩔 수 없이 이 세상은 불완전하고 유한한 것으로 만들 수밖에 없었다는 착상에서

8 한글 번역으로는 고트프리트 빌헬름 라이프니츠/이근세 옮김, 『변신론』(서울: 아카넷, 2014). 이에 대한 서평으로는 이석재, "라이프니츠의 변신론," 「철학과 현실」 90 (2011): 244-252.

비롯된다. 신은 우리가 상상할 수 있는 모든 세계를 만들 수 있는 분이다. 하지만 그는 가장 지혜롭고 선하신 분으로서 그가 만들 수 있는 가능한 세계 중에 가장 좋은 세계를 만드셨을 것이다. 라이프니츠는 하나님의 선함과 지혜로움으로부터 이와 같은 결론에 도달한다. 그렇다면 신이 만든 세계, 곧 우리가 지금 살아가고 있는 세계는 신이 만드실 수 있는 세상 중에 최상의 세계이다. 따라서 설령 이 세상 속에서 어떤 악을 경험하더라도, 그것은 최상의 세계를 구성하기 위한 필수적 요소로서 이해되어야 한다. 우리가 살아가는 세상 외에 하나님이 만드실 수 있는 세상은 우리가 지금 살아가고 있는 이 세상보다 더 악한 세상일 뿐 더 선한 세상일 수는 없다. 왜냐하면 가장 지혜롭고 선하신 하나님은 최상의 세계를 만드셨기 때문이다. 라이프니츠의 신정론은 이런 기본적인 구도 안에서 전개된다. 라이프니츠의 신의 속성에 대한 변호는 동시에 신이 만든 세상에 대한 변호를 의미한다. 고통과 악의 문제에 직면하여 신을 변호하는 일은 고통과 악이 일어나는 세상에 대한 변호로 이어진다. 신의 정당성을 고발하는 증거였던 세상의 사건들은 이제 신을 고발하는 날카로운 가시를 상실한 채 오히려 신의 정당성을 옹호하는 찬란한 장식으로 변모해 버린다. 하지만 라이프니츠의 이러한 세계 이해는 1755년에 일어난 리스본의 대지진에 의해 완전히 무너지고 만다.[9]

---

9 리스본의 대지진은 1755년 11월 1일 만성절 축일에 일어났다. 지진과 해일로 인해 수만 명의 사상자를 냈고, 많은 수도원과 교회도 붕괴되었다. 이로 인해 지진연구가 본격화되기도 했다. 재앙을 신의 벌로 해석하던 신학적 진단과는 달리 리스본의 홍등가였던 알파마는 피해를 입지 않아 이에 대해 당대 지식인들의 논쟁이 제기되었다. https://de.wikipedia.org/wiki/Erdbeben_von_Lissabon_1755, 2020.07.01;

2. 신정론의 한계와 의미

앞서 보았듯이 여러 시도들이 제시되었지만, 신정론의 물음은 여전히 가장 까다로운 질문으로 남아 있다. 오늘날에도 다양한 답변이 제시되고 있지만 신정론의 질문, 곧 하나님의 정의와 정당성을 묻는 질문은 계속된다. 신정론의 물음은 가장 실존적인 물음이다. 인간이 당면한 가장 개인적이며 가장 주체적인 경험에서 제기되는 질문이며, 어떤 방식으로도 감추거나 덮어둘 수 없는 아픔이 야기하는 질문이기 때문이다. 이에 반해 고전적인 신정론의 답변은 매우 사변적이다. 신의 존재와 선함과 전능함, 그분의 예지와 지혜로움을 전제해 놓고서 이에 대립되는 듯한 고통과 악의 현존을 해명해 보려는 사변적인 수수께끼 놀이를 전개하고 있는 셈이다.

하지만 우리는 이제 이렇게 답변할 수 없다. 부조리한 고통 앞에서 하나님의 지혜와 선함과 전능을 변호하고자 하는 모든 신정론의 시도는 고통 중에 있는 욥을 몰아세우던 친구들의 말처럼 허망한 것이 될 것이다. 욥은 자신의 고통을 그 깊이에서 이해해 달라고 부르짖고 있다. 하지만 친구들은 욥의 가장 개인적이며 주체적인 고통을 일반화해 버림으로써 욥의 고통을 가중시킨다. 욥은 친구들이 제시한 일반적인 답변을 몰라서 물음을 제기하는 것이 아니다. 욥도 알고 있다. 그러나 기존의 합리성이 붕괴되어 버린 상황에 처해

볼테르의 풍자소설인 이봉지 옮김, 『캉디드 혹은 낙관주의』(1759) (파주: 열린책들, 2009)와 칸트의 논문, "모든 철학적 신정론의 실패"("Über das Misslingen aller philosophischen Versuche in der Theodicee"(1791), *Akademische Ausgabe vom Immanuel Kants Gesammelten Schriften*, Bd. VIII, Berlin, 1900ff, 251-271) 참조

있는 욥에게 그들이 들려주는 합리적인 답변은 부조리하기만 하다. 기존의 합리성이 붕괴된 현장에서 욥이 듣고 싶은 말, 욥에게 해명이 되는 말은 합리성의 토대 위에서 해명될 수 있는 답변들이 아니다. 욥은 창조 세계의 합리성과 신적 섭리의 합리성을 단순히 부정하는 것이 아니라 그보다 더 깊은 차원을 들여다보고 있는 셈이다. 결국 욥기가 보여주듯이 창조 세계 안에서 일어나는 고통과 악의 문제에 대해서는 오직 하나님 자신만 대답하실 수 있다. 하지만 하나님의 대답은 인간의 질문에 대한 합리적인 대답은 아니다. 인간이 기대하던 세상의 로고스가 무너져 버린 부조리의 상황 속에선 로고스 차원의 대답은 더 이상 통용될 수 없다.

욥기 말미에 하나님이 들려주는 창조 세계의 이야기(욥 38-41장)는 합리적 로고스의 차원보다 더 깊은 차원을 열어놓는다. 창조 세계에 내재해 있는 거대한 위험에 경계를 설정하며 파괴적 위험을 통제하시는 하나님의 지속적인 창조 행위 앞에서 욥은 입을 다물고 하나님 경험의 새로운 차원에 돌입한다. 하나님은 세상의 아름다움이나 합리성을 변호하지 않으셨다. 오히려 창조 세계에 가득한 위험과 위협을 여과 없이 드러내시며, 그런데도 그 가운데서 하나님 자신이 일하고 있음을 역설하고 있다.

신정론의 물음에 대한 최종적 답변은 인간의 로고스에 의해서가 아니라 하나님 자신의 창조 행위를 통해 주어질 것이다. 하나님만이 고통 중에 있는 자들을 치유하신다. 논리적이고 합리적인 절차를 통해서가 아니라, 파괴적이고 혼돈한 세상 한가운데서 이를 붙들고 헤집고 새로운 차원으로 이끌어 가시는 하나님 자신의 창조 행위를 경험하게 함으로써 하나님은 욥과 같이 고통당하는 자들을 다시 일어서게 하실 것이다.

고전적인 신정론의 논의를 간략하게 살펴본 후 그리스도교 신학이 악과 관련해 강조할 점이 몇 가지 있다. 첫째, 악의 현존에도 인간과 피조물의 자유는 철회될 수가 없다. 고전적인 답변에 따라 악의 기원이 인간의 자유에 있다고 하더라도, 악의 제거를 위해 자유가 폐기될 수는 없다. 자유가 없는 세계는 사랑이 없는 세계이기 때문이다. 사랑은 오직 자유를 기반으로 해서만 가능하다. 따라서 인간과 피조 세계의 자유가 존속하는 한, 악은 제거의 대상이 아니라 극복의 대상으로 남아 있다. "왜 악인이 형통하는가?"라는 물음은 하나님께 던져야 할 질문이 아니라 하나님의 창조 명령을 위임받은 우리 자신이 대답해야 할 질문과 과제에 해당된다. 선으로 악을 이기며, 하나님의 정의가 실현되는 역사를 일구어 나가는 것이 사랑과 정의의 하나님에 대한 우리의 신앙이다.

둘째, 그리스도 신앙에 주어진 약속에 따르면 악은 이미 그리스도의 죽음과 부활을 통해 정복되었으며, 종말에 완전히 제거될 것이다. 그리스도의 십자가와 부활은 종말에 최종적으로 악을 정복하고 승리하실 하나님의 약속의 선취적 사건이다. 겉보기엔 악이 승리한 것처럼 보이지만, 하나님은 사망의 권세를 깨뜨리고 그리스도를 죽음의 왕국에서 일으키셨다. 그리스도의 부활뿐 아니라 그의 오심 자체가 복음의 승리이며(요일 3:8), 십자가의 죽음과 더불어 지옥에까지 복음이 선포된다(벧전 3:19). 신약성경은 그리스도의 고난과 죽음과 부활의 사건을 분리시키지 않고 연결하며, 그리스도의 고난에 참여하는 그리스도인의 고난을 희망과 영광과 연결시킨다(롬 8:17-25; 살전 4:13-18; 특히 벧전 1:3, 11, 3:14-15, 4:12-14, 5:1). 비록 여전히 우리에겐 고난과 악의 위협이 있지만, 그리스도 안에서 역사하신 생명의 영이 우리를 죄와 사망에서 해방시키며(롬 8:1-2), 최후 승리를 가져다줄 것이다.

그리스도인들은 그리스도 안에서 나타난 하나님의 승리에 대한 희망의 지평 안에 서 있다. 따라서 그리스도인의 공동체는 그리스도의 파루시아와 함께 악의 완전한 소멸과 복음의 완전한 승리를 희망하는 공동체여야 한다. 고전적 신정론의 문제는 피고인으로 고소당한 하나님을 신학자들이 변호하려고 한다는 점에 있다. 피조물이 창조주를 변호하는 상황은 결국 피조물 자신의 자기합리화와 우월 과시에 지나지 않는다. 그는 실상 하나님을 변호하는 것이 아니라 자신의 논증을 합리화하며, 하나님 비방자와는 달리 하나님을 옹호하고 있는 자신의 우월성을 과시하고 있는 셈이다. 하지만 하나님은 인간에 의해, 비록 그들이 탁월한 신학자라고 하더라도, 그들에 의해 변호될 수 없다. 창조 세계를 향한 하나님의 토브 선언은 하나님 자신에 의해 완성될 것이다. 오히려 우리는 고난 속에서 하나님의 존재를 의문시하는 자들 앞에서 하나님을 합리적으로 변론하고 이를 통해 그들보다 우월한 이성을 드러내기보다는 오히려 고통당하는 그들과 연대하며, 하나님 자신이 그들에게 응답하도록 기도의 질문을 던져야 할 것이다. 또한 고난당하는 자들과 연대할 뿐 아니라 하나님의 정의가 이 땅에 실현될 수 있도록 그리스도 안에서 선취된 승리를 붙잡고 악과 투쟁하며 살아가는 것이 신앙인의 과제와 책임이라 할 수 있다.

더 나아가 그리스도인들은 이제 이 세상의 모든 고통을 단순히 인과응보의 논리로 해석해서는 안 된다. 성경은 인간이 직면한 고통이 인간의 범죄와 악과 연결되어 있음을 간과하지 않는다. 하지만 자신이 지은 죄 때문에 고통을 당한다는 인과응보의 논리가 항상 적용되진 않는다. 예컨대 욥의 고난과 예수 그리스도의 고난, 그리고 그리스도의 고난에 참여하는 선한 그리스도인들의 고난은 예외적 상황을 마련한다. 그리스도는 자신의 죄로 인한 고통을 받은 것이 아니라 우리를 위해 버림받음과 죽임의 고통을 감당하셨다. 그리스도의 고난에 참여하는 선한 그리스도인들도 마찬가지로 타자를 위한 고난에 참여한다. 이방인 욥에게 주어진 고난도 인과응보의 논리로 해명될 수 없었다. 그렇다면 고난에 직면한 자를 향한 그리스도인의 태도는 비난과 정죄가 되어서는 안 될 것이다. 오히려 "우는 자와 함께 울라"(롬 12:15)는 말씀처럼 그리스도인들은 위로의 하나님께서 이들의 상한 마음을 치유하시도록 이들의 친구와 동료로, 하나님의 사람으로 곁에 머물러 줄 수 있어야 한다. 하지만 하나님의 창조 세계와 생명을 파괴하는 악에 대해서는 "악에게 지지 말고 선으로 악을 이기라"(롬 12:21)는 말씀처럼 끊임없이 대항해야 할 것이다.

3. 피조 세계와 하나님의 섭리

1) 보존과 협동

창조 세계를 위협하는 요소들이 있음에도 하나님의 창조 활동은
계속된다. 그리하여 우리는 하나님을 '살아계신 하나님'이라 고백
한다. 살아계신 하나님은 만물을 그리스도 안에서 통일시키시며,
그리스도의 발 아래 굴복케 하실 것이다(엡 1:22-23). 만물이 하나
님께로부터 나와서 하나님께로 돌아가는 그날까지 피조 세계는 하
나님의 창조적 섭리 아래 놓여 있다. 따라서 성경은 살아계신 하나
님께서 만유의 아버지이시며, 만유 위에 계시고, 만유를 통해 일하
시고, 만유 안에 거하심을 고백한다(엡 4:6).

만유 안에 거하시며 만유를 통해 일하시는 하나님의 섭리는 구체적
으로 어떻게 설명될 수 있을까? 이미 앞서 언급했듯이 개신교 정통주의
는 '보존'(conservatio), '협동'(concursus), '통치'(gubernatio)의 개
념을 통해 섭리를 구체화했다.[10]

보존은 피조 세계가 전적으로, 그리고 매 순간 하나님께 의존해
있음을 뜻하며, 역으로 하나님께서 매 순간 피조 세계를 품고 돌보
신다는 것을 의미한다. 심지어 피조물이 하나님의 품을 떠나려고
할 때에도, 고통과 악에 의해 파괴되고 절멸될 위기에 놓여 있을 때
에도 하나님은 우리의 존재와 피조 세계를 내버리시지 않으며 오히

---

10 보존, 협동(협력), 통치에 대한 탁월한 현대신학적 해석으로는 판넨베르크/신준호·안회철,
『조직신학 II』(서울: 새물결플러스, 2018), 83-126 참조.

려 보존하신다. 하나님은 아들을 내어주시기까지 사랑하신 이 세계를 품고 보호하시며 또한 새롭게 하신다. 그리스도교 신학에서는 존재하는 모든 것은 기본적으로 하나님께 근거해 있다. 하나님께서 보존하지 않으신다면, 모든 것은 무로 돌아갈 뿐이다.

오늘날 세상의 질서와 자연의 법칙성은 언급할 때 우리는 섭리의 보존 개념과 이를 연결시켜 이해할 수 있다. 하나님은 창조주이시며 동시에 세상에 부여한 질서와 법칙을 유지하고 보존하시는 분이다.

이와 같은 관점에서 우리는 하나님의 창조가 제6일로 끝났다고 보지 않는다. 6일간의 창조를 유지하고 보존하며 안식하시는 제7일도 하나님의 창조 활동에 속한다. 창조와 섭리, 태초의 창조와 계속되는 창조는 여기서 연결된다. 태초의 창조와 계속되는 창조, 태초의 창조와 보존 행위는 한 분 하나님의 활동에 속하며, 보존은 창조주 하나님의 신실하심을 지시한다.

신실하신 하나님은 피조 세계를 유지, 보존하실 뿐 아니라 피조 세계와 함께 일하신다. 보다 정확하게 표현하자면 하나님의 활동에 피조물이 참여하게 하신다. 피조물과 함께하시는 하나님의 활동은 '협동'이라고 표현했다. 예컨대 이 세상의 아픔과 눈물을 닦아 주시며 치료하시는 하나님의 구체적인 방법을 우리는 '협동'에서 찾을 수 있다. 즉, 고전적 개념으로 말하자면 제1원인이 되시는 하나님은 제2원인들을 통해서 일하시는데, 제2원인들을 통한 하나님의 섭리를 우리는 '매개적 섭리'라고 부를 수 있다. 제2원인들 중에는 창조의 동역자로서의 인간의 역할이 중요하지만, 하나님은 인간 외에 다른 피조물들을 통해서도 역사하신다.

하나님의 섭리가 매개적이라고 할 때, 하나님은 매개적 존재 뒤에서 관망하는 분으로 생각해서는 안 된다. 하나님은 매개적 존재를 통해서 일하신다. 달리 말하면 하나님은 우리를 통해 일하신다. 하나님의 뜻을 이 땅에서 성취하고자 노력하는 자들을 통해 하나님은 일하신다. 그런 점에서는 우리는 하나님의 창조의 동역자이다(고전 3:6-9).

매개적 섭리는 하나님의 자기제한(kenosis)[11] 또는 적응(acco-mmodation)[12]과도 연결된다. 하나님은 섭리의 매개물에 자신을 제한하거나 맞추신다고 말할 수 있다. 만약 아버지가 아이에게 즐거움을 주기 위해 야구 놀이를 한다고 할 때, 아버지는 설령 그가 야구 선수라고 하더라도 야구 놀이의 대상이 되는 아이의 힘과 재능에 맞춰 놀이를 할 수밖에 없다. 이것을 무시하고 일방적으로 자신의 실력과 힘만 뽐내게 된다면, 아이에겐 아무런 즐거움을 선사하지 못하게 된다.

빌립보서 2장 5절 이하의 찬송은 그리스도의 자기 비움을 통해 삼위일체 하나님의 자기제한을 분명하게 서술하고 있다. "하나님과 동등됨을 취하기보다는 자기를 비워 종의 형체"로 오신 그리스도의 자기 비움은 전적으로 우리를 위한 모범적 행위일 뿐만 아니

---

11 오늘날 하나님의 케노시스에 대한 강조는 몰트만, 폴킹혼, 과정신학 등에서 볼 수 있으며 또한 대표적으로 제디스 맥그리거/김화영 옮김, 『사랑의 신학』(서울: 대한기독교서회, 2011)에서 분명하게 나타난다.

12 고형상, "'하나님의 케노시스'(divine kenosis)의 신학적 문제점과 대안으로서의 '하나님의 맞추심'(divine accommodation)," 「신학논단」 97 (2019): 7-39는 케노시스 개념의 대안으로서 칼뱅이 기독론에서 제시한 적응 개념을 소개한다. 하지만 우리는 케노시스와 적응의 차이를 본문에서 다루진 않을 것이다. 대신 이러한 개념들은 '협동'과 함께 이해되어야 하며, 이로써 하나님의 섭리는 피조물의 자유를 폐기시키지 않는다는 점을 언급하고자 한다.

라, 피조 세계를 향한 삼위일체 하나님의 근본적인 태도라고 할 수 있다. 협동의 관점에서 하나님의 섭리를 생각할 때, 하나님의 힘은 매개의 대상이 되는 피조물에 제한되거나 거기에 맞춰 작동할 수밖에 없다. 이것은 하나님과 피조 세계의 상호작용을 의미한다. 하나님은 물을 불처럼, 불을 물처럼 사용하지 않으시며, 매개가 되는 대상의 속성과 특징에 맞춰 일하신다. 이처럼 하나님의 섭리는 피조물의 특성과 그에게 부여된 자유를 폐기하지 않는다. 협동의 개념은 하나님께서 피조 세계에 활동하는 방식이 결코 일방적인 강요나 결정주의적인 폭력이 아니라는 사실을 함축하고 있다.

2) 섭리의 방식

창조주 하나님은 피조 세계에 부여한 질서와 법칙을 보존하시며, 피조물을 매개로 하여 일하시며, 비록 여전히 죄와 허물로 얼룩져 있다고 할지라도 자신이 창조한 피조 세계를 궁극적으로 영광의 나라로 이끌어 가신다. 그리스도교 신앙은 종말론적 희망의 실현을 섭리의 통치 개념 안에 두고 있다. 보존하고 협동하시는 하나님은 곧 통치하시는 하나님, 피조 세계를 종말론적 완성으로 이끄시는 하나님이다.

그런데 우리는 앞서 협동의 개념을 언급하면서 하나님의 섭리 방식은 매개적이라고 했다. 그렇다면 구체적으로 이것을 어떻게 이해할 수 있을까? 하나님의 섭리는 단순한 신앙의 고백일 뿐인가? 아니면 객관적인 현실인가? 전통적으로 하나님의 섭리는 일반적 섭리와 특별한 섭리로 구분된다. 예컨대 자연법칙은 일반 섭리에 속한다. 이때 하나님은 자연법칙을 통해 일하신다고 말할 수 있기 때문에 자연법칙 내에서 일어나는 일들은 하나님의 주권 아래 있다고 할 수 있다. 그러나 출애굽 사건과 그리스도의 탄생과 같은 특별한 사건은 특별 섭리에 속한다. 언뜻 보기에 자연법칙에서 어긋나거나 벗어나 있는 것 같은 기적적 사건들을 특별 섭리라고 부를 때, 우리는 과연 특별 섭리가 어떻게 가능한지를 묻게 된다. 물론 피조 세계에서 일어나는 많은 일들은 소위 자연법칙의 범위 안에서 발생하며 해명될 수 있다. 하지만 모든 사건은 과학적으로 설명 가능한 범주 안에서만 발생하는 것인가? 과학적으로 해명될 수 없는 사건들은 주관적인 착시현상에 불과하며 전혀 객관성을 가질 수 없는 것들로 생각되어야 하는가? 예컨대 복음서가 증언하고 있는 예수의 기적들을 어떻게 이해할 수 있을까?

계몽주의 전통에 서 있었던 17~18세기의 학자들 중에는 복음서에서 기적을 제거하고 예수의 도덕적 메시지만이 진정성이 있는 것으로 보았다. 그들에게 기적은 비현실적인 것이고 철저히 주관적인 것으로 이해되었다. 19세기 슐라이어마허도 기적이란 객관적 사건에 대한 주관적인 종교적 감성의 표현에 지나지 않는다고 보았다.[13]

---

13 Friedrich Schleiermacher, *Glaubenslehre* (1830/31), hr. von Martin Redeker (Berlin/New York: Walter de Gruyter, 1999), § 14; 『종교론』(서울: 대한기독교서회, 2002), 105 이하: "기적은 오로지 사건에 대한 종교적인 이름일 따름이다. 사건에 대한 종교적 견해가 곧 지배적인 견해가 될 수 있다는 사실에 곧바로 부합하는 모든 사건과 가장 자연적인 사건이 기적인 것이다. 나에게는 모든 것이 기적"이다(106-107); 슐라이어마허의 기적에 대한 자세한 해제는 심광섭, 『공감과 대화의 신학』(서울: 신앙과지성사, 2015), 369 이하 참조.

그에게 기적이란 자연법칙과 모순되는 어떤 특별한 사건이 아니라 일상적이고 반복적으로 일어나는 사건들 자체에 대한 종교적 수사일 뿐이다. 20세기 루돌프 불트만은 신학적 기획으로서 비신화화(Entmythologisierung)를 주장하며, 계몽주의 전통처럼 기적으로 제거하는 것이 아니라, 실존론적으로 재해석하는 것을 의미했다. 사건의 실제적 역사성보다는 사건의 의미성을 중시하는 불트만에게서 하나님의 역사적 행위는 여타의 객관적 역사들 사이에 놓여 있는 또 하나의 객관적 사건이 아니다. 그에 따르면 역사 속에서 일어나는 하나님의 행위는 인간의 자기 해석에 변화를 가져오는 실존적 사건이지, 객관적이고 일반적으로 관찰 가능한 어떤 특출한 사건으로 생각해서는 안 된다.[14] 하나님의 사건은 객관적으로 관찰 가능한 물리적 사건과 분리되지 않는다. 오히려 그 안에서 일어난다. 하지만 불트만은 하나님의 사건을 신앙의 주관적 인식과 강하게 연결시킴으로써 하나님의 행위가 객관성과는 상관없는 주관적 인식과 고백일 뿐이라는 오해를 불러일으켰다. 그렇다면 앞서 우리가 언급한 하나님의 매개적 섭리는 사건의 객관성과는 무관한 단지 주관적인 신앙적 표현에 불과한 것일까? 하나님은 존재론적으로 피조 세계 안에서, 역사와 자연 안에서 일어나는 사건의 추동자는 아니신가? 만유의 창조주 하나님께서 피조 세계 안에서 섭리하신다고 말할 때, 이 고백이 실제로 하나님은 피조 세계와 무관하게 아무런 일도 하지 않는다는 뜻이 아니듯이, 이 고백은 하나님께서 피

---

14 Rudolf Bultmann, "Zur Frage des Wunders," *Glauben und Verstehen I* (Tübingen: J.C.B. Mohr, 9. Aufl., 1993), 214-228.

조 세계에서 일어나는 대부분의 일에서는 손을 떼고 있다가 어떤 특정한 일에만 개입하신다고 말하는 것도 아니다. 만유의 창조주 하나님은 만유 안에서 만유를 통하여 일하신다. 이는 하나님께서 세상의 모든 일에 관여하시며 물리 세계의 법칙과 원리를 통하여 일하신다는 것을 의미한다.

따라서 오늘날 과학신학자들은 기적을 포함한 하나님의 섭리를 객관적인 물리적 사건에 대한 주관적인 표현만으로 취급하진 않는다.[15] 그렇다고 하나님의 섭리를 물리법칙에 상반되는 현상으로 보지도 않는다. 예컨대 로버트 존 러셀은 자신의 주장을 NIODA(Non-Interventionist Objective Divine Action)라고 정의하며, 하나님의 섭리적 활동을 단지 주관적 해석으로 보거나 역으로 물리법칙에 모순되게 개입하는 행위로 설명하는 방식을 반박한다. 그에 따르면 하나님의 섭리는 객관적인 물리적 사건과 무관하지 않으며 또한 물리법칙과 모순되지 않는다. 그는 양자역학에 의존하여 사건의 '존재론적 비결정성'을 말하며, 물리 세계 내에 일어나는 현상들이 계속되는 창조를 가능케 하는 하나님의 섭리와 부합한다고 주장한다. 달리 말하면 기계론적인 고전물리학에 근거해서 물리적 사건들이 인과율적으로 결정되며, 이전에 없던 새로운 사건은 원천적으로 불가능하다고 보는 닫힌 세계관을 비판한다. 그는 이러한 17, 18세기의 자연과학과 계몽주의의 닫힌 세계관이 섭리에 대한 견해를 포기하도록 만들었다고 말한다. 러셀은 오히려 하나님의 섭리를 양자

---

15 예컨대 폴킹혼은 그의 책, 『양자물리학 그리고 기독교』(서울: 연세대학교출판부, 2009), 65 이하에서 기적과 부활의 객관성을 논증한다.

수준에서 이해하고자 한다.16 하나님은 특별한 양자 사건 안에서 활동함으로써 특별한 사건을 일으키신다. 양자 수준에서 일어나는 사건들은 일반적인 물리현상에도 영향을 미치지만 또한 특별한 물리현상도 불러올 수 있기에 양자물리학에서 신학적 함의를 끌어낼 수 있다면, 자연을 "개방적인 시간적 과정"으로 파악하여 "인간뿐 아니라 신적 행위자의 진정한, 물질적인 영향도 함께 생각할 수 있는 존재론"을 구상해 나갈 수 있을 것이라고 본다.17

그렇다면 하나님은 미시세계의 사건들을 통해 세계를 통치하시는가? 러셀이 하나님의 섭리를 주관주의적으로 설정하는 것에 반대하여 섭리의 객관성을 확보하려고 한 의도에는 동감할 수 있지만, 하나님의 섭리를 미시세계의 물리적 사건으로 환원시켜 버린 것은 아닌가 하는 의심이 든다. 하나님의 섭리의 실재성을 우리는 고백하면서 하나님의 섭리가 시간적으로 공간적으로 전체적이라고 말할 수밖에 없다. 하나님의 섭리는 어떤 특정한 시공간에 한정되지 않는다. 피조 세계 전체가 하나님의 섭리 안에 놓여 있으며, 그 종말론적 완성에 이르기까지 하나님의 섭리는 멈추지 않을 것이다.

앞서 설명한 보존, 협동, 통치의 개념과 연결해 보면 이렇게 말할

---

16 Robert John Russell, "Does 'the God who acts' really act? New Approaches to Divine Action in Light of Science," *Theology Today* 54 (1997): 43-65, 51; "Five Key Topics on the Frontier of Theology and Science Today," *Dialog: A Journal of Theology*, vol. 46 (2007): 199-207; *Cosmology form Alpha to Omega: Theology and Science in Creative Mutual Interaction* (Minneapolis, MB: Fortress, 2007), Ch. 4-6.

17 Robert John Russell, "Does 'the God who acts' really act? New Approaches to Divine Action in Light of Science," 47.

수 있을 것이다. 창조주 하나님은 피조 세계를 보존하시며, 피조 세계의 자연법칙을 파괴하지 않으신다.[18] 동시에 피조 세계에 존재하는 것들을 통해 새로운 사건을 이끄시며, 궁극적으로 창조의 완성인 새 창조에 이르도록 이끄신다. 계속되는 창조를 통해 새로운 사건이 일어난다는 것은 놀라운 일이다. 살아계신 하나님은 우리가 살아가는 현재적 사건들과 연동하며, 새로운 사건을 추동하신다. 따라서 우리가 살아가는 세계는 과거의 반복이 아니다. 하나님의 섭리로 인해 현재의 고통과 아픔은 지속되지 않으며, 현재의 악에 직면하여 하나님은 피할 길을 예비하신다. 피할 길을 예비하심(provide)이 곧 섭리(providentia)이다. 하나님의 섭리는 막다른 골목에서 새로운 출구를 열어놓는다. 이로써 우리의 삶의 공간은 닫힌 세계가 아니라 개방된 세계가 된다. 과거와 현재와 미래는 물론 연속성을 지니고 있지만, 현재와 미래가 과거의 반복이나 재현은 아니듯이 피조 세계의 물리적 법칙과 원리가 우리에게 알려진 것 외에는 더 이상 없다고 말할 수 없다. 이 세상은 하나님의 계속되는 창조와 더불어 미래를 향해 개방되어 있으며, 과거가 현재와 미래를 포괄하는 것이 아니라 하나님의 미래가 과거와 현재를 포괄할 것이다.

이와 더불어 우리는 소위 자연악에 대해서도 재정립을 할 필요가

---

18 전통적으로 그리스도교 신학은 "은총은 자연을 파괴하지 않으며 오히려 자연을 전제하고 완성한다"고 말해 왔다. 하지만 저명한 종교철학자 리처드 스윈번은 『신은 존재하는가』 (서울: 복 있는 사람, 2020), 7장에서 기적은 자연법칙을 위반하거나 중단시키는 신적인 개입으로 보았다. 자연법칙을 위반하거나 중단시키는 행위가 자연법칙 자체를 파괴하는 것이 아니라고 한다면, 그의 주장도 전통적인 명제에 포함될 수 있을 것이다.

있다. 하나님이 다스리는 세계에 여전히 예기치 못한 재난과 무질서가 발생한다. 자연악이 왜 발생하는지, 자연악의 원인에 대해 서구의 신학과 철학은 오래전부터 물어왔다. 그리고 이 물음에 대한 대답은 피조 세계에 부여된 '자유'를 통해 어느 정도 합리적으로 해명되었다.[19]

그러나 실상 신학의 진정성 있는 답변은 하나님의 섭리하심을 통해 현재의 고난과 피조 세계의 고통이 극복될 것이라는 데 있다. 적어도 영광의 나라가 도래하기 전까지 여기서 말하는 극복은 제거가 아니다. 피조 세계가 존속하는 한, 예기치 못한 혼란과 파괴적 재난은 분명 계속될 것이다(롬 8:18-22). 고난의 극복이란 비유하자면 전쟁의 포화 속에서도 부모의 품에 안겨 있는 아기의 평화로움을 의미한다. 신앙은 고난 가운데서 새로운 길을 예비하시며 열어놓으시는 하나님의 섭리하심으로 인해 현재의 고난 상황 속에서도 미래에 나타날 영광을 바라보고 소망한다. '가시밭의 백합화'가 상징하듯, 고난이 짙게 드리울수록 이 소망은 더욱 아름답게 빛이 난다. 섭리 신앙은 고난의 현실을 부정하지 않는다. 오히려 고난 속에서 하나님의 섭리하심을 역설한다. 로마서 8장의 사도 바울도 고통과 악의 제거가 아니라 극복을 말한다. "누가 우리를 그리스도의 사랑에서 끊으리요. 환난이나 곤고나 박해나 기근이나 적신이나 위험이나 칼이랴"(롬 8:35). 위협은 여전히 존재한다. 그러나 신앙은 영광

---

19 자유의지를 가진 피조물의 타락으로 인해 도덕악이 발생했다는 전통적인 견해는 오늘날 피조 세계 내에 존재하는 자유 또는 자기결정권(존재론적 비결정성)으로 인해 자연악이 발생할 가능성을 이야기하는 '자유과정 신정론'으로 전개되곤 한다. 자유의지의 타락에 주목하여 신을 변론하고자 하는 시도를 '자유의지 신정론'이라고 부른다.

의 나라를 희망하며 넉넉히 이긴다.

4. 돌보시는 하나님

창조와 섭리의 하나님을 우리는 '돌보시는 하나님'이라고 표현할
수 있다. 돌봄이라는 단어는 일상적으로 쉽게 사용되는 개념이지
만, 신학적으로는 섭리와 연결되며 심오한 의미를 갖는다. 섭리는
앞서 보았듯이 전통적으로 계속되는 창조와 동일한 개념으로 사용
되며, 우리는 여기서 섭리의 본질적 의미를 일상적 개념인 돌봄으
로 풀어쓰고자 한다. 특히 돌봄이라는 단어는 계속되는 창조 속에
내재해 있는 섭리의 스펙트럼, 즉 보존, 협동, 통치(이끄심)를 모두
포괄할 수 있다. 섭리의 하나님은 곧 돌보시는 하나님이다. 또한 돌
봄의 개념은 무엇보다도 부모와 자녀의 관계를 연상시킨다. 만유의
아버지 되시는 하나님은 만유를 돌보시는 하나님이다. 부모가 자녀
를 챙기듯이 하나님은 만유를 보존하신다. 부모가 자녀의 말에 귀
를 기울이듯이 하나님은 피조 세계와 협동하신다. 부모가 자녀를
인도하듯이 하나님은 만유를 영광의 나라로 이끄신다.

교회는 오래전부터 창조주 하나님을 전능하신 '아버지'로 고백해
왔다. 전능이라는 힘의 개념은 때로는 파괴적이고 강압적인 폭력으로
이해될 수 있지만, 그리스도교의 신앙고백은 전능한 힘에 대한 고백
이 아니라 전능하신 '아버지 하나님'에 대한 고백이었다. 전능하신 아
버지는 자녀를 돌보시며 책임지시는 사랑의 아버지를 의미한다.[20]

돌보시는 하나님은 곧 돌아보시는 하나님이시다. 하나님의 돌아 보심은 과거를 품으시며, 현재를 살피시고, 미래를 전망하시는 섭 리적 행위를 구체적으로 표현한 것이다. 아이를 돌보는 부모는 아 이의 주변을 살피게 되며, 아이의 과거와 현재, 미래를 자신의 시야 앞에 둔다. 우리 앞에서 우리를 이끄시는 하나님은 또한 우리를 돌 아보시는 하나님으로서 우리의 과거와 현재, 미래를 총체적으로 살 피시며 관계와 관심의 끈을 놓치지 않으시는 분이시다.

더 나아가 세상을 돌보시는 하나님은 피조 세계의 아픔을 치유하 시는 하나님이시다. 앞서 미래를 열어주시는 하나님과는 달리 인간 과 세계는 자기 자신을 자기 속에 폐쇄하거나 밖을 향해 자신을 개 방하기보다는 자기중심적으로 타자를 끌어당김으로써 세상에 부 여된 질서와 조화를 파괴한다. 자기 속으로 기어들어가는(incurvatus in se) 인간의 본성은 서로에 대한 돌봄과 돌아봄을 거부하며, 오직 시선을 자기에게만 고정하여 피조 세계를 향한 하나님의 토브 선언 에 저항하며 타자와 자신에게 깊은 상처를 준다. 성경은 곳곳에서 '목이 곧은 백성'이라는 표현을 사용한다.

그러나 하나님의 섭리, 돌보심과 돌아보심 덕분에 상처 있는 피 조 세계는 치유받을 수 있는 새로운 전망을 얻게 된다. 돌보시는 하 나님은 삼위일체적 페리코레시스(perichoresis) 안에 있는 서로를 향한 사랑의 사귐을 피조 세계를 향해서도 개방하신다. 성부 하나 님께서 성령 안에서 그 아들의 상처와 아픔과 죽음에 깊이 참여하

---

20 전능에 대한 신학적 이해 가능성에 대해 박영식, "나는 전능하신 하나님을 믿습니다,"「한국 기독교신학논총」 88 (2013): 85-112 참조.

시며, 성자 예수께서 아버지 하나님에 대한 온전한 순종 안에서 이 세상의 상처와 아픔과 파괴를 몸소 겪으셨다. 또한 성령은 말할 수 없는 탄식으로 피조물의 절규를 대신하신다. 피조 세계의 아픔을 삼위일체 하나님은 자신의 아픔으로 받으시며, 이 세상을 향해 페리코레시스적 돌봄을 베푸신다. 자기 속으로 폐쇄해 들어가고자 했던 세계는 하나님의 개방성과 돌아보심을 통해 끊임없이 삼위일체적 사귐으로 초대받고 있다. 창조의 하나님은 범죄로 인해 자신을 은폐하고자 하는 아담의 속성을 품은 피조 세계를 돌아보시며, 그리스도 안에서 드러난 자기희생적 개방성을 통해 피조 세계를 자기폐쇄적 본성에서 해방시켜 페리코레시스적 사귐으로 부르신다(롬 5:12 이하, 8:1-2; 고전 15:21-22).

이처럼 하나님께서 세상을 돌보신다는 사실은 하나님께서 세상과 멀리 떨어져 계신 분이 아님을 역설하고 있다. 돌봄이란 무엇보다도 관계적인 개념이다. 돌보시는 하나님은 우리와 관계하시는 분이시다. 이때 관계란 상호성을 의미한다. 돌봄은 일방적일 수 없다. 돌보는 이는 돌봄의 대상이 되는 이를 예의주시한다. 돌보시는 하나님은 돌봄의 대상이 되는 세상을 깊이 통찰하시며 세상의 아픔에 귀를 기울이신다. 또한 이 세상의 회복과 구원에 미소 짓는다(습 3:17). 하나님은 세상과 함께 웃고 세상과 함께 우신다. 하나님은 창조의 영을 통해 피조 세계에 가까이 계시며, 피조 세계 안에서 피조 세계를 통하여 피조 세계를 아름답게 완성해 나가신다.

예수께서는 하나님의 나라를 선포하실 때, "하나님 나라가 가까이 왔다. 회개하고 복음을 믿으라"(막 1:14)고 말씀하셨다. 하나님 나라의 가까이 오심은 시간적으로나 공간적으로 '이미 가까이 다가와 있음'을 의미한다. 그리스도교 신앙의 창조주 하나님은 '항상' 그리고 '이미' 가까이 계신 분이시다. 예수의 하나님 나라 선포는 창조 세계를 하나님의 영광의 나라로 이끄시고자 하는 하나님의 섭리적 행위의 명백한 실현을 선언하신 것이다. 하나님 나라의 가까이 오심은 추상적이거나 이념적인 개념이나 구호가 아니라 성령 안에서 활동하시는 예수 그리스도의 사역을 통해 구체적으로 실현(realization)되었다. 이로써 하나님의 나라와 지상의 세계가 서로 평행선을 긋고 있거나 분리되어 있지 않으며, 하나님의 창조적 섭리를 통해 하나님 나라가 이 세상 속의 구체적인 현실로 실재함을 보여주신 것이다.

하나님의 돌아보심은 동시에 피조 세계의 반향, 곧 회개를 촉발한다. 하나님은 교만한 자를 물리치고 겸손한 자에게 은혜를 베푸신다(잠 3:34; 마 23:12; 벧전 5:5). 이는 곧 하나님의 돌아보심에 상응하는 피조물의 돌이킴을 촉구하는 말씀이다. 자기 속에 갇혀 있지 말고 하나님의 돌아보심을 향해 돌이키라는 말씀이다. 이런 점에서 가까이 와 있는 하나님 나라에 대한 예수의 선포도 회개를 촉구한다. 하나님 나라는 이미 가까이 와 있다. 그렇다면 우리는 하나님의 다가오심에 대해 스스로 자신을 폐쇄하고 차단하는 독단과 독선적 태도에서 돌이켜 자신을 개방함으로써 창조주 하나님과의 화해와 사귐으로 들어가며 하나님의 토브 선언이 온전히 성취될 영광의 나라를 소망하게 된다(롬 5:1-2). 이를 통해 서로를 배제하고 상처를 주던 피조 세계의 상처와 아픔은 치유의 길로 들어설 수 있게 된다.

이 세상과 가까이 계시며, 이 세상의 시공간 속으로 돌입하여 세상을 돌보시는 하나님은 세상의 시공간과 다른 무시간적 영역에 머물러 계신 분이 아니며, 이 세상의 고통과 무관하게 열락(悅樂)하는 존재도 아니다. 또한 무기력하게 세상의 고통을 관망하는 존재도 아니다. 세상을 창조하신 아버지로서의 하나님은 아들 예수 그리스도 안에서 세상의 폭력과 고통과 죽임과 죽음에 깊이 참여하셨고, 성령 안에서 신음하며 탄식하며 기도하는 자들을 도우신다. 하나님은 현재의 답답한 고통을 넘어 미래의 구원적 지평을 개방하시는 분이시다. 또한 새로운 희망의 기운 속에서 새 힘을 얻을 수 있도록 지금 여기서 피조물을 돌보시는 아버지로서의 하나님이시다. 우리가 믿는 하나님은 깨어지기 쉽고 파괴되기 쉬운 피조 세계를 돌보시는 하나님이며, 연약한 인간을 돌아보시는 하나님이시다. 또한 그 하나님은 앞서 갈 길을 열어놓으시는 분이시다. 하지만 하나님은 홀로 앞으로 내달리시는 분은 아니라 항상 우리를 돌아보시며 우리의 보폭에 맞춰 함께 걸어가신다. 마침내 창조의 하나님은 그리스도 안에서 충만케 된 하나님의 나라를 피조 세계 안에서 피조 세계를 통해 완성하시는 분이시다(엡 4:6; 고전 12:6; 골 1:15 이하).

성경은 이러한 하나님의 돌보심의 손길이 의로운 자를 넘어 죄인과 악인에까지 미친다는 사실을 숨기지 않는다. "하나님은 악인과 선인, 의로운 자와 불의한 자에게 해와 비를 내리신다"(마 5:45). 동생을 죽인 가인을 하나님은 그저 내버리시지 않으셨다. 아브라함과 사라에게 쫓겨난 하갈도 하나님은 돌보신다. 유산을 받아 먼 곳으로 떠난 둘째 아들을 문밖에서 기다리는 아버지는 다름 아닌 하나님 자신이시다. 심지어 하나님은 이름 없는 들풀과 작은 새들까지도 돌보신다. 결국 이 하나님이야말로 "모든 사람의 눈에서 눈물을 닦아주실 하나님"(계 21:4)이시다. 이 하나님이 거주하는 곳에는 "생명나무가 있으며 그 나무의 잎사귀들로 만국은 치료"(계 22:2) 받게 될 것이다. 창조의 하나님은 피조 세계의 아픔을 치유하심으로 세상을 돌보시며 궁극적으로 창조를 완성하실 것이다.

창조주 하나님께서 세상 만물을 돌보신다는 사실은 창조주 하나님과 그분의 창조를 이해하고 경배하는 우리로 하여금 돌봄의 사명을 주신다. 인간은 이제 창조주 하나님의 돌보심을 받는 대상을 넘어 창조 세계를 돌보는 창조의 동역자 역할을 감당해야 한다. 하나님의 창조 세계가 참으로 생명으로 풍성할 수 있도록, 반목과 대립을 넘어 삼위일체 하나님의 사랑을 닮아 그 사랑을 담아낼 수 있도록 돌봄을 실천하는 공동체가 바로 교회가 되어야 한다. 오만과 독선, 혐오와 파괴를 일삼는 세상 속에서 자신을 개방하고 초월하여 존재하는 것들을 돌아보고 돌보는 삶이야말로 창조주 하나님의 형상을 담아내는 일이라 할 수 있을 것이다. 자기 자신뿐 아니라 다른 모든 존재를 돌보는 삶은 곧 상처받은 세계를 치유하는 삶이다. 하나님에게서 시작된 창조와 돌봄과 치유는 피조 세계가 영광의 나라에 이를 때까지 창조주 하나님과의 사귐 안에 있는 모든 피조물과 함께 계속될 것이다.

10장
나는 창조의 하나님을 믿습니다

1. 창조의 하나님

기독교 신앙이 믿고 있는 하나님은 어떤 존재인가? 신에 대한 통속적인 이해과 설명은 과연 기독교적이라고 할 수 있는가? 기독교 신앙의 하나님 이해를 보편적으로 통용시키고자 기독교 신학은 그 시초에서부터 이미 널리 통용되고 있던 철학자들의 신을 수용하게 되었고, 그 결과 기독교화된 형이상학적 신(神)을 제시하게 되었다. 철학자들의 신과 기독교의 하나님은 과연 동일한가? 아니면 서로 양립할 수 없이 이질적인가?

플라톤과 아리스토텔레스가 생각한 신은 선하고 불변하는 존재로서, 만물의 근원으로 이해되었다. 특히 아리스토텔레스는 신을 세상의 모든 운동의 제1원인으로 설정했다. 만물의 움직임이 시발점이지만, 제1원인으로서의 신을 움직이는 더 근원적 존재는 있을 수가 없다. 따라서 신은 움직여지지 않으며 또한 불변자이기에 스스로 움직이지도 않는다. 하지만 그로 인해 만물이 움직여진다고 보았다.

이러한 철학적 사유가 만들어 낸 신의 이미지는 서구 기독교의 역사 속으로도 유입되어 성서의 하나님을 가변적인 피조물과는 달리 불변하는 존재로 이해하는 데 도움을 준다. 성서의 하나님이 불변하는 존재라면 하나님은 그 무엇에 의해 변화되거나 움직여지는 존재가 아니다. 불변한다는 것은 변화가 없다는 점에서 완전함과 연결된다. 완전하신 하나님은 변화될 수 없다. 왜냐하면 완전한 존재가 변화한다면 불완전하거나 덜 완전한 상태로 변화되는 것을 뜻하기에 완전한 존재는 변화될 수 없다. 이처럼 완전과 불변의 철학적 이념을 통해 철학자들의 신은 무감정한 존재로 자리 잡게 된다. 감각적 존재가 무엇 때문에 아파한다는 것은 결국 무엇에 영향을 받는다는 의미가 되고, 무엇에 영향을 받는다는 것은 자신의 상태가 변화됨을 뜻하기 때문에 완전하고 불변하는 존재는 무감정의 원리에 지배를 받는다.

그렇다면 완전하고 불변하는 존재로 파악된 철학자의 신은 피조물의 아픔에 함께 아파할 수 있는가? 이 하나님은 과연 피조물을 사랑할 수 있는가? 캔터베리의 대주교 안셀무스(1033/4~1109)에 따르면, 하나님은 그럴 수 없다. 하나님은 자비로우시지만 고통을 당할 수 없으며, 불쌍한 우리를 주목하시지만 우리의 불쌍함에 마음 아파하시지 않는다. 결론적으로 안셀무스는 하나님은 자비하지만 동시에 어떠한 비참함에도 연민을 느끼지 않는다는 점에서 자비하지 않다고 말한다.[1]

성서의 하나님과 그분의 창조를 단순히 세계에 내재해 있는 어떤 원리로 환원시켜서도 안 된다. 그런 점에서 성서의 하나님과 그분의 창조 활동을 고대 그리스의 아르케 또는 세계 근원과 동일시해서는 안 된다. 세계로부터 추론되거나 요청되는 철학자의 신은 결국 세계의 일부일 수밖에 없으며, 세계를 초월해 존재하며, 그렇기 때문에 거룩한 자유 안에서 세상을 창조하고 사랑하시는 성서의 하나님일 수 없다.[2]

하지만 성서는 하나님을 세상의 창조주라고 말한다. 창조주 하나님은 세상을 창조하신 후 세상과 무관하게 계신 분이 아니라, 자신이 만든 세상을 돌보시며 세상의 아픔을 자신의 책임으로 끌어안으시는 분이시다. 따라서 창조의 하나님은 세상과는 질적으로 다른 차원의 존재이지만, 그렇다고 세상과 자신을 분리시키시는 분은 아니다. 하나님은 자신의 창조 행위와 더불어 세상과 자신을 연결시키며, 세상의 아픔을 자신의 아픔으로 받아들이며 피조 세계에 하나님의 뜻이 실현되고 성취되게 하신다.

창조는 단순히 과거 어느 시점의 행위가 아니라 세상을 하나님 자신에게 상응하도록 빚어내시는 하나님의 지속적인 사랑의 행위로 이해되어야 한다. 이 사랑의 행위 안에서 하나님은 불변하는 존재, 동감할 수 없는 존재로 묘사될 수 없으며 오히려 세상의 타락에 대해 자신의 행위를 후회하시는 분으로 묘사되기도 한다(창 6장).

---

1 안셀름/공성철 옮김, 『프로슬로기온』(서울: 한들출판사, 2005), 8장.
2 20세기 신학자 바르트는 이러한 사실을 누구보다 강하게 주장했다. Karl Barth, *Dogmatik* III/1(Zürich: TVZ, 5. Aufl., 1988), 10 이하.

창세기 6장에 묘사된 후회하시는 하나님의 모습은 철학자들의 불변하는 신과는 전혀 다른 모습이다. 하나님은 자신의 결정 속에 갇혀 있는 고집스런 존재가 아니라 사랑 때문에 자신의 결정을 돌이키기도 하시는 자비로운 분으로 묘사된다. 세상의 타락에 대해 하나님은 자신의 창조 행위를 후회하시며 심판을 결의하시지만, 또한 그 심판을 후회하시며, 새로운 세계를 약속하시며 시작하신다 (창 8:20 이하). 창세기 6장 이하에서 전개되고 있는 하나님의 모습은 세상을 향한 하나님의 사랑을 보여준다. 즉, 창조주 하나님은 또한 아버지 하나님이시다. 자신의 자녀가 행한 잘못 때문에 자녀를 내다 버리는 아버지가 어디 있겠는가? 물론 세상에는 그런 아버지들도 있다. 하지만 하나님 아버지는 그런 분이 아니시다. 그분은 상한 갈대도 꺾지 않으시며, 꺼져가는 등불도 끄지 않으시는 분이시다(사 42:3). 그분은 모든 민족의 아버지로서, 심지어 언약의 백성이 인정하지 않는 자들의 아버지이시기도 하다(사 63:16). 따라서 자비로운 창조주 하나님은 세상을 품고 사랑하시는 어머니와 같은 분으로 묘사되기도 한다(사 44:24, 66:13).

따라서 사도신경에 따라 우리가 하나님을 "하늘과 땅의 창조주 아버지"로 고백하는 것은 성서적이다. 창조주 하나님은 우리를 기르시는 아버지 하나님이며, 아버지 하나님은 세상을 창조하신 창조의 하나님이시다.

2. 창조와 구원

그리스도교의 신앙 전통에 따르면, 우주와 인류의 역사는 창조와 더불어 시작한다. 하지만 인류의 역사는 하나님에 대한 불순종으로 인해 타락의 역사를 걷게 되며 인간과 인간, 인간과 피조 세계 사이의 반목과 파괴의 역사로 얼룩진다. 하지만 하나님은 창조 세계를 포기하지 않으시며 예언자들을 보내셨고, 이들을 통해 하나님의 뜻을 실현하시길 원하셨다. 뿐만 아니라 하나님은 자신의 아들을 통해 이 세상을 사랑하시며 구원하시려는 하나님의 의지를 몸소 보여주셨다. 인류가 하나님께 불순종하며 반목과 폭력의 역사를 이어가는 가운데서도 하나님의 구원의 의지와 역사는 계속 진행되며, 급기야 인류의 역사는 심판과 정화의 시간을 거쳐 하나님께서 모든 불의와 사망을 꺾으시고 모든 눈물을 닦아주실 창조의 완성에 이르게 된다.

이처럼 그리스도교의 역사에 관한 전망은 하나님의 창조와 함께 시작하여 구불구불한 질곡과 수난을 거쳐 종국엔 창조의 완성에 이른다. 하나님은 역사의 창조주이시며, 구원자와 화해자이시며 또한 완성자이시다. 여기서 우리는 창조와 구원이 단절되고 분리된 서로 다른 두 사건이 아님을 알 수 있다. 이 세상을 창조하신 하나님이 곧 이 세상을 구원하시는 하나님이시다. 마르시온주의는 구약의 하나님과 신약의 예수 그리스도를 분리시켜 창조주와 구원자를 분리시키고자 했지만, 초기의 그리스도교는 이를 이단으로 정죄했다. 왜냐하면 창조의 하나님은 곧 구원의 하나님이시기 때문이다. 우리는 창조와 구원을 서로 대립되는 개념처럼 이해하기보다는 하나님의 연속적인 활동으로 이해한다. 인간의 측면에서 보면 창조 세계는 인간의 타락에 의해 더렵혀졌지만, 하나님에게는 오직 하나의 세계밖에 없다. 하나님의 측면에서 보면 인간에 의해 더렵혀진 세계는 곧 하나님 자신이 창조하신 그 세계 외에 다른 세계가 아니다. 하나님이 구원하시고자 하는 그 세계는 곧 하나님 자신이 손수 만드신 세계이며, 하나님이 사랑하시는 그 세계이며, 하나님이 완성하실 그 세계이다. 따라서 창조의 하나님은 구원의 하나님이며, 하나님의 구원은 하나님의 창조 활동과 분리되지 않는다.

창조는 더 이상 태곳적에 있었던 유일회적인 하나님의 활동으로 이해될 것이 아니라 세상을 향한 하나님의 사랑의 시작과 지속으로 이해되어야 한다. 하나님과 세상의 관계는 사랑으로 규정된다. 세상은 하나님의 사랑 안에 포섭되며, 하나님과 사랑의 사귐 안에 놓이게 된다. 하나님의 창조 활동과 더불어 이제 세상없이 하나님을 생각할 수 없듯이 하나님 없는 세상도 존재할 수 없다. 하나님은 창조를 통해 세상을 향한 사랑을 보이셨으며, 그 사랑 안에서 세상의 모든 피조물이 자기 존재의 근거와 가치, 목적을 획득하길 원하신다.

하지만 세상은 하나님의 사랑을 부자유와 억압으로 왜곡하고 저항한다. 하나님의 사랑을 왜곡하고 거부함으로써 피조물 간의 대립과 반목, 투쟁과 파괴가 일어난다. 이 모든 행위는 하나님의 사랑과 단절하고 자기 존재의 기반을 자기 자신에게 두려는 피조물의 힘겨운 고집으로 이해할 수 있다. 하나님 없이 스스로의 힘으로 서고자하는 피조 세계는 사랑 없는 자유를 갈망하며, 왜곡된 자유 안에서 자기중심적으로 활동한다.

　하지만 하나님은 세상을 향한 사랑을 포기하지 않으며, 이 세상이 "은총의 나라"에서 "영광의 나라"가 되기까지 구원 활동을 지속하신다. 하나님은 본질적으로 사랑이시다. 하나님은 세상이 하나님을 등진다고 해도 세상을 향해 얼굴을 드시고 복을 내리시며, 상한 갈대를 꺾지 않으시며, 꺼져가는 촛불을 끄지 않으시며, 상처를 싸매어 고쳐주시는 분이시다. 피조 세계는 하나님 없는 세상을 추구하며, 사랑 대신 미움을, 참된 자유 대신 서로 간의 대립을 일으키지만, 그럼에도 하나님은 세상을 향한 사랑을 거두지 않으신다. 따라서 이 세상은 하나님의 긍휼과 자비, 돌봄과 이끄심 안에 있는 은총의 나라이며, 미래에 완성될 영광의 나라를 향해 열려있다. 하나님은 선인뿐 아니라 악인에게도 해를 비추시며 비를 내리신다. 세상은 여전히 하나님이 활동하는 장소이며, 더 나아가 하나님이 거주하는 장소이다. 하나님은 성전에 한정되어 거하시는 것이 아니라 온 세상을 자신의 거처로 삼으실 것이다(계 21:3). 그렇게 하나님은 이 세상을 영광의 나라로 만드시며, 온 세상이 하나님 안에서 함께 안식하기를 원하신다. 창조는 시작되었고, 안식은 아직 약속으로 남아있다(히 4장). 하나님의 창조와 더불어 시작된 이 세상은 하나님의 지속적인 창조 활동의 장이며, 창조의 완성을 향해 열려 있다.

　따라서 하나님의 창조는 완결된 것이 아니라 영광의 나라(regnum gloriae)를 향해 나아가며, 피조 세계 안에서 이루어질 하나님과 피조물의 완전한 안식을 지향하고 있다. 이사야 11장에 표현대로 이리와 어린 양, 표범과 새끼 염소, 송아지와 새끼 사자와 살진 짐승이

어린아이와 함께 노는 세계 그리고 요한 계시록에 표현된 금은보화로 장식된 세계는 하나님의 영광으로 빛나는 창조의 완성인 영원한 안식을 상징하고 있다.

따라서 창조는 시작되었지만 또한 약속으로 우리에게 주어졌다. 성서는 창조에서 시작하여 창조로 완성되는 하나님의 창조 사역에 대해 증언한다. 창조주 하나님에 대한 신앙은 아직 완성되지 못한, 아직 안식에 들지 못한 이 세상 안에서 창조 활동을 쉬지 않으시며, 이 세상을 은총의 나라에서 영광의 나라로 이끄실 하나님의 구원 사역에 대한 신앙과 희망이다. 창조 신앙은 단순한 사변이 아니라 희망이다. 따라서 창조 신앙의 고백은 하나님의 창조에 대한 희망적 기도이며 실천적 참여라 할 수 있다. 그것은 하나님 없는 미움과 반목에서 돌아서 하나님과 함께 사랑의 사귐에 참여함을 의미하며, 독존과 방종 대신에 하나님 안에서 참된 자유와 사귐을 누리는 것을 의미한다. 따라서 창조주 하나님에 대한 신앙고백—"나는 전능하신 아버지, 천지의 창조주를 믿습니다"—은 단순히 과거를 돌아보는 고백이 아니라 하나님께서 세상을 새롭게 하실 때까지 지속되어야 할, 약속의 미래를 향한 희망을 담고 있는 고백이다.

3. 창조의 하나님과 창조 세계

오늘날 생태계의 파괴에 직면하여 그 원인을 기독교 신학에서 찾는 이도 있다. 물론 잘못된 신학은 잘못된 세계를 만들도록 자극한다. 노아의 세 아들 셈과 함과 야벳으로부터 온 인류가 나왔다는 가정하에서 셈을 백인종, 함을 흑인종, 야벳을 황인종으로 분류하여 성경 구절을 자의적으로 해석하는 이들도 있다. 이들의 잘못된 성서 해석과 신학적 전제는 성서에 나오는 함의 저주가 곧 흑인들의 노예화와 직결된다고 보았고, 백인들에 의한 흑인들의 노예화를 정당화시키는 구실로 작동하기도 한다. 마찬가지로 "땅을 정복하라. 다스리라"는 창조 명령을 인간의 자연에 대한 지배를 정당화하는 구절로 해석할 때 무차별적이고 인간중심적인 자연 파괴를 낳을 수밖에 없다.

하지만 우리가 앞서 보았듯이 성서에 표현된 땅의 통치(dominum terrae)는 결코 오늘날 우리가 생각하는 정복과 착취, 파괴를 의미하지 않는다. 이는 오히려 황폐하고 생명력 없는 땅을 생명이 충만한 땅으로 개간하고 가꾸라는 의미를 담고 있다. 더구나 '하나님의 형상'으로서의 인간은 결코 인간의 자연에 대한 우월한 능력과 자질을 지시하지 않는다. 성서는 오히려 인간도 여타의 동물들과 마찬가지로 흙에서 나왔다고 말하고 있고, 결국엔 흙으로 돌아간다고 규정하고 있다. 오랫동안 기독교 신학은 하나님의 형상을 인간에게 속해 있는 능력과 자질로 생각해서 인간의 언어능력이나 책임감, 도덕적 자질, 이성적 능력을 하나님의 형상으로 이해하려고 했다. 또한 이러한 생각 속에는 인간과 동물 사이의 차별성을 부각하고자 하는 의도도 전제되어 있다. 하지만 성서는 그렇게 말하지 않는다. 하나님이 하나님의 형상으로 인간을 창조하셨다는 것은 인간을 향한 하나님의 특별한 관심과 사랑을 의미한다. 하나님은 흙에 불과한 인간에게서 하나님 자신이 이 세상과 맺는 아름다운 돌봄의 모습을 인간과 자연의 관계 속에서 보시고자 하신다. 그런 점에서 하나님의 형상으로서의 인간은 하나님을 대리하는 존재이지만, 결코 세상의 지배자로서가 아니라 하나님께서 세상을 돌보시듯이 그렇게 자연 세계를 돌보는 존재로 창조되었다.

자연에 대한 인간의 착취가 극에 달하는 시점에서 기독교 신학자들 중에는 창조적 상상력을 발휘하여 창조 세계를 하나님의 몸으로 표현하곤 한다. 하나님은 자연의 아픔에 함께 아파하신다는 뜻이다. 하지만 이러한 은유가 지나치면 범신론에 빠지고 만다. 히브리 성서는 고대 근동의 신화와는 달리 창조 세계가 신적인 존재로부터 유출되거나 신성을 함유하고 있다고 말하지 않는다. 오히려 이 세상의 어떤 것도 신적인 것을 숭배해서는 안 되며, 이 세상의 그 무엇으로 하나님의 자리에 놓아서도 안 된다. 즉, 자연은 숭배의 대상이 아니며, 하나님의 몸이 아니다.3

하지만 자연은 하나님을 반사하는 매개라고 할 수 있다. 이것은 자연에 내포된 특성이라기보다는 하나님께서 자연을 특별히 사용하시는 방식이라고 할 수 있다. 전통적으로 말해온 '자연계시'는 자연이 하나님을 계시한다고 오해되어서는 안 된다. 자연은 매개일 뿐이다. 계시의 주체는 하나님이시다. 분명 근대 과학의 관점에서

---

3 세계를 하나님의 몸이라는 은유로 표현하는 샐리 맥페이그도 이러한 위험을 직시하고 주의를 환기시키고 있다. 샐리 맥페이그/정애성 옮김, 『어머니·연인·친구』(서울: 2006), 133: "그렇지만 몸의 모델은 일원론적이고 범재신론적이라는 묘사가 거의 정확할 것이다. 그것이 말하는 하나님과 세계의 관계는 만물의 기원이 하나님에게 있고 하나님 밖에는 어떤 것도 존재하지 않지만, 그렇다고 하나님이 만물로 환원되지 않는 것이다."

보면 자연은 관찰과 실험의 대상이다. 하지만 신앙의 시각에서 자연은 하나님의 놀라움과 아름다움, 그분의 영광을 반사하는 거울일 수 있다. 하나님은 창조 세계를 통해 자신의 활동을 드러내실 수 있으며, 자신의 위엄과 능력을 알릴 수 있다. 따라서 우리는 자연 세계 속에 반사되는 하나님의 아름다움에 감탄하며 그분을 찬양하는 것이지 자연 자체를 찬양하거나 숭배해서는 안 된다.

그러나 동시에 자연 세계가 하나님의 피조물이며 하나님의 작품이라면, 하나님은 당신의 작품이 파괴되는 것에 대해 마음 아파하실 것이다. 그런 점에서 이 세계를 하나님의 몸으로 은유하는 것은 타당하다. 하나님은 창조 세계의 아픔을 자신의 아픔으로 끌어안으신다. 하나님께서 세계 창조를 통해 자신이 누구인지 우리에게 계시하셨다면, 하나님은 존재론적으로는 이 세계에 대해 독립적이지만 계시와 인식에 있어서는 이 세계와 불가분의 관계에 있다. 즉, 창조 세계라는 매개 없이 하나님을 인식하기란 결코 쉬운 일이 아니다. 매개 자체는 결코 하나님이 아니다. 하지만 우리는 매개 없이 하나님을 직접적으로 인식할 수 없기에 하나님의 계시는 언제나 매개적이며 간접적이다. 그렇다면 창조 세계인 자연이 하나님을 진정으로 매개할 수 있도록 자연을 돌보고 가꾸는 일은 어떤 의미에선 하나님을 드러내는 일에 봉사하는 것이다. 하지만 자연을 파괴함으로써 우리는 하나님을 드러낼 수 있는 매개체를 망가뜨릴 수도 있다. 우리는 모든 사람이 하나님 앞에서 하나님의 형상으로서 자연 속에 비춰는 하나님의 얼굴을 볼 수 있기를 희망한다.

4. 창조의 모험과 미래

창조주 하나님과 피조 세계의 관계를 설정할 때 20세기 신학은 주로 양자 사이의 존재론적 간격을 고집해 왔다. 하나님을 자연의 일부로 생각한다면 다신론에 빠지게 될 것이며, 하나님을 자연 자체로 이해한다면 범신론에 빠지게 될 것이다. 따라서 하나님의 창조적 힘을 주장하는 기독교 신학은 하나님을 자연적 힘에 종속시켜 버리는 철학적 일원론이나 하나님과 자연을 대립시키는 형이상학적 이원론을 주장하지도 않는다.[4]

그렇다면 창조주 하나님은 피조 세계와 어떻게 관계하시는가? 은유로 말하자면 하나님은 자연을 품고 계신다. 하나님의 창조는 우주와 자연의 진화를 포용한다. 진화는 하나님의 창조에 의해 추동되며 진화의 과정은 하나님의 창조적 생명력을 반사하는 우주와 자연의 과정이라고 할 수도 있다. 그러나 우주와 자연의 진화 과정에는 하나님의 창조적 생명력에 대한 반사와 더불어 왜곡과 굴절이 일어난다. 따라서 하나님의 창조와 진화는 동일시되어서는 안 된다. 하나님은 우주와 자연에 생명력을 부여하셨지만, 이를 방치하시는 분도 아니며, 이를 자신의 창조력과 아무런 제한 없이 동일시하시는 분도 아니다. 하나님은 우주와 자연의 생명력을 자신의 계속적인 창조 안에서 새롭게 방향을 설정하신다.

이처럼 하나님께서 우주와 생명의 기나긴 역사 속에서 끊임없이

---

4 G. Ebeling, *Dogmatik des christlichen Glaubens* I (Tübingen: J.C.B. Mohr, 3. Aufl., 1987), 279.

창조의 활동을 하신다는 사실은 이 세계가 신적인 힘에 의해 처음부터 결정되어 있다는 사실과 모순에 부딪힌다. 고전적인 형이상학적 신학에 따르면, 하나님은 영원에 이르는 시간 안에 일어나는 모든 사건을 영원 전부터 이미 결정해 놓으셨다. 하나님에게는 시간의 흐름이 없다. 시간 안에 종속되는 모든 것은 상대적이며 일시적인 존재일 뿐이다. 그러나 영원하신 하나님은 시간의 흐름을 초월하여 존재하신다. 그분은 모든 시간의 덧없음에서 벗어나 계신다. 그분은 시간 안에 일어나는 일에 관여하실 때, 직접 시간 안으로 들어오시는 것이 아니라 이미 영원 전부터 결정하신 그 결정 안에서 시간적 사건에 관여하신다. 영원과 시간은 만나지 않는다. 하나님의 시간은 영원이며, 피조물은 시간 속에 머물러 있다. 이 하나님의 시간인 영원은 흐르지 않으며 움직이지 않는다. 멈춰 있다. 하나님의 시간인 영원 안에서 하나님은 모든 시간이 멈춰 있는 현재를 경험한다. 그분에게는 흘러가 버린 과거도, 흘러갈 현재도 오지 않은 미래도 없다. 오직 모든 것이 현존할 뿐이다. 이렇게 고전적인 형이상학적 신학은 하나님의 영원성과 예정론을 결합시켜 놓았다. 하나님은 이미 자신의 영원 안에서 세상의 모든 일을 결정해 놓으셨다. 이것이 하나님이 세상에 관여하는 유일한 길이다. 이 세상 안에 일어나는 모든 일은 하나님의 영원한 결의에 따라 일어날 뿐이다. 이렇게 우리가 하나님과 세상의 변화를 연관지을 때 하나님은 세상의 모든 일에 대한 불가항력적인 통치력을 가지신 분이 된다. 그분의 결정은 결코 바뀌지 않으며, 세상의 모든 변화를 앞서 결정한다. 그분은 모든 것을 결정하고 결정한 대로 이루신다는 점에서 전능자라고 할 수 있다. 그러나 과연 이런 하나님을 우리는 사랑의 하나님이라고 부를 수 있을까? 이 세상 속에서 인간과 자연이 겪는 말할 수 없는 고통에 대해 과연 모든 것을 예정하신 하나님은 사랑의 위로를 전할 수 있을까? 또한 고통에서 구원받게 될 미래를 말할 수 있을까? 모든 것을 결정해 놓은 영원의 하나님은 시간적 존재의 아픔을 이해할 수 있을까? 또한 하나님의 결의와 예정 안에 갇혀 버린 이 세상의 미래를 참으로 미래라고 할 수 있을까? 시간적 제약 속에 살고 있는 피조물에게 미래는 감추어져 있다고 할 수 있지만, 진정 하나님 자신에게는 미래가 없는 셈이다. 왜냐하면 그에겐 모든 것이 현존할 뿐이기 때문이다.

우리는 고전적 형이상학의 유신론과 결별하고, 진정한 사랑의 하나님과 하나님의 미래를 복원하고자 한다. 사랑의 하나님은 염려하고 아파하며 돌보시는 하나님이다. 그분의 염려와 동감과 돌봄이 단순한 몸짓이 되지 않고 진심이 되기 위해서는 하나님에게도 알 수 없는 미래가 필요하다. 그러지 않고는 그분의 사랑은 쇼에 불과하게 된다. 하나님은 영원 안에 갇혀 있는 분이 아니라 세상의 피조물들과 함께 호흡하며 우주의 미래를 자신의 미래로 짊어지는 시간의 모험 속에 들어오신다. 그분은 시간적 변화가 가져오는 새로움을 긍정하면서도 동시에 하나님 자신의 미래를 향해 이들을 돌보시며 이끄신다. 하나님은 모든 것을 예측, 예정하고 계신 존재가 아니라 예측할 수 있는 우주의 미래를 스스로 활짝 열어놓으신 분이시다.

이런 점에서 과학자이며 신학인 폴킹혼의 생각은 옳다. 그에 따르면 하나님을 우주와 역사의 미래를 마음대로 구상하고 재단하는 "우주의 폭군"으로 생각하는 것은 하나님을 무관심하게 방치해 두는 방관자로 생각하는 것만큼이나 그리스도교 신학과 거리가 멀다.[5]

신과 창조 세계의 관계에 관해서 기독교 신학이 받아들일 수 없는 두 가지 극단적인 견해가 있다. 하나는 우주를 신의 인형극장으로 보는 견해인데, 그 견해에 따르면 창조주가 일일이 줄을 잡아당겨 오직 창조주의 조절에 맞추어 모든 창조계가 춤을 춘다. 하지만 사랑의 하나님이 그와 같은 우주의 폭군일 수는 없다. 그렇다고 해서 신이 우주가 잘 돌아가도록 준비해 놓고, 그리고 나서는 우주를 내버려두는 무관심한 관객일 수도 없다. 우리는 이 두 가지 극단 사이에 놓인 바른 견해를 찾아야만 한다. 우주의 역사는 어떤 굽힐 수 없는 신의 계획이 펼쳐지는 것이 아니다. 진화하는 우주는 많은 부분이 스스로 구현되도록 창조주가 허락한 세계라고 신학적으로 이해해야 한다.

무수한 가능성들이 열린 공간에서 실현되는 창조의 모험과 관련해서 폴킹혼은 하나님을 즉흥 연주자로 묘사한다. 곧 자신이 창조한 보편적인 질서라는 기본 악보를 토대로 순간순간 일어나는 새로운 일들과 연동하여 새롭게 아름다운 하모니를 만들어 내는 즉흥 연주자라고 말한다.[6]

창조의 모험과 더불어 잊지 말아야 할 점이 하나님의 섭리다. 비

---

5 존 폴킹혼/우종학 옮김, 『쿼크, 카오스 그리고 기독교』(서울: SFC, 2009), 71.
6 존 폴킹혼/이정배 옮김, 『과학시대의 신론』(서울: 동명사, 1998), 83.

록 우주와 생명과 역사의 진화가 수많은 가능성들 안에서 실현되고 전개되는 모험의 성격을 갖고 있지만, 그 과정은 언제나 하나님의 사랑의 계속적인 돌보심과 이끄심 안에 있다. 하지만 돌보시며 이끄시는 하나님의 섭리는 결정론적으로 필연적인 결과로 귀결되지 않기 때문에 그 결과를 아무도 예측할 수 없다.7 하지만 그리스도교 신앙은 인류와 역사와 우주의 궁극적 미래가 하나님의 섭리 안에 있으며, 궁극적으로 창조의 완성에 도달하리라는 약속을 희망하고 기대한다. 역사 한 가운데서 일어난 그리스도의 부활은 인류의 미래에 대한 선취적 사건이며, 죄와 사망의 깊은 수렁에서 모든 만물을 새롭게 하실 하나님의 궁극적 미래에 대한 예시이다. 우주와 자연, 인류의 역사는 미래를 향해 개방되어 있다. 창조의 하나님은 이 역사의 개방성 속에 스스로 모험을 걸고 계신다. 그리스도교 신앙은 창조의 하나님과 함께 창조의 궁극적 완성을 희망하며, 이 창조의 모험에 참여한다.

이런 점에서 수차례 강조되었듯이 창세기의 창조 이야기가 과학적 정보를 주기 위한 목적으로 기술되었다고 생각해서는 안 된다. 물론 창조 이야기는 단순하게 고대인들의 자기이해를 반영하고 있는 표현으로만 축소되어 이해되어서도 안 된다. 자기이해라고 하는 차원이 자칫 인간중심적으로 이해될 때, 텍스트를 그저 인간 자신의 생각이나 정신의 반영으로만 취급하게 된다. 그러나 창조 이야

---

7 폴킹혼은 예측 불가능한 창조의 모험과 관련해서 전능, 전지, 활동에 있어서 하나님의 케노시스 (자기 제한)을 말한다. John Polkinghorne, "God in Relation to Nature: Kenotic Creation and Divine Action," John Polkinghorne, *Faith, Science & Understanding* (New Haven and London: Yale University Press, 2000), 125-126.

기가 과학이 아니듯이 또한 단순히 인간학으로 축소되어서도 안 된다. 성서의 창조 이야기는 하나님과 인간 사이에 일어난 창조적이며 역사적인 드라마에 대한 고백이다. 우리는 창조 이야기를 통해 "인간이 누구인가", "나는 누구인가"라는 질문에 대한 대답만을 보는 것이 아니라 하나님이 누구인지, 그분이 세계와 어떻게 관계하시는지를 배우게 된다.

하나님과 세계, 하나님과 인간의 근원적인 드라마를 창조로 표현하고 있는 성서는 세계의 기원과 생명의 기원을 기술하고 있는 것이 아니다. 성서의 창조 기사는 더 이상 과거를 캐묻는 고고학적 연구의 결과물이 아니다. 오히려 창조 기사는 세계 안에 활동하시는 하나님의 영원한 현재에 대한 물음과 그 답변이다. 혼돈스럽고 어두컴컴한 이 세계 안에서 하나님은 과연 무엇을 하시는가? 비존재의 위협이 들끓고 있는 세계 안에서 하나님은 무엇을 하고 계신가? 이 광활한 우주에 나라고 하는 인간은 고향도 집도 부모도 없는 고아인가? 나와 세계, 이 우주는 무의미의 심연 속으로 추락해 버리고 마는 것일까? 과거의 어두운 그림자는 파도처럼 밀려와 현재를 지배하며 미래까지 덮쳐버리는 것은 아닐까? 과연 해 아래 새로운 것은 없는 것일까? 세계는 과거의 반복에 불과한가? 새로운 생명, 새로운 삶의 탄생은 가능한가?

성서는 창조의 드라마를 통해 이에 대한 대답을 제시하고 있다. "빛이 있으라!", "흑암이 깊음 위에 있으나 하나님의 신은 수면 위에 운행하신다", "생육하고 번성하여 땅에 충만하라!" 흑암이 드리운 비존재의 세계 안에 빛이 탄생하는 사건, 그것이 바로 창조다. 창조

는 미래를 향해 나아가는 하나님의 영원한 현재적 활동을 표현한
다. 창조는 과거의 회복이 아니다. 오히려 예기치 못한 새로움의 시
작을 의미한다. 그래서 창조는 모험적이며 미래적이다. 창조는 닫
힌 현재를 열어 오지 않은 미래를 시작하게 한다. 창조의 이야기는
언제나 현재를 넘어 미래의 가능성을 지시하는 하나님의 가능성,
하나님의 모험을 지시한다.

5. 진화를 품은 창조

20세기 위대한 신학자들 가운데 칼 바르트(Karl Barth, 1886~
1968)와 불트만(Rudolf Bultmann, 1884~1976)은 창조와 진화의
문제를 신학과는 상관없는 별개의 문제로 생각했으며, 무관심과 침
묵으로 일관했다. 물론 이들이 자연과학의 연구 결과에 무지했다는
말은 아니다. 적어도 자연과학의 결과물을 그리스도교 신학과 연관
시키지 않았으며, 어떤 의미에서는 의도적으로 도외시한 듯하다.
예컨대 4권으로 묶어 출간된 불트만의『신앙과 이해』[8]나 13권으로
출간된 바르트의『교회교의학』[9]의 색인 목록에는 창조라는 단어는
나오지만, 진화라는 단어는 등장하지 않는다.

---

8 R. Bultmann, *Glauben und Verstehen* 1-4 (1933-1965)의 개념어 색인 목록은
Glauben und Verstehen 4 (Tübingen: J.C.B. Mohr, 1993, 5. Aufl.), 236 이하에서
확인할 수 있다.

9 총 13권으로 출간된 바르트의『교회 교의학』(1932-1967) 개념어 색인 목록은 Helmut
Krause가 편집한 *Kirchliche Dogmatik*의 색인집(*Registerband*) (Zürich: Evz-Verlag,
1970) 참조.

불트만은 현대의 과학적 세계상과 성서의 신화론적 세계상을 극단적 대립으로 보았으며,[10] 성서의 메시지를 실존론적으로 해석할 때에야 비로소 기독교 신앙의 핵심이 현대인에게 이해될 수 있다고 말한다. 그에게 "창조주 하나님과 그분의 통치"에 관한 구절은 "인간의 실존적 자기이해 안에서만 정당한 근거"를 가질 수 있다.[11] 창조 신앙은 인간존재의 실존론과 연관되지만, 과학은 물리적 세계에 대한 객관화된 표현이기에 서로 별개의 영역에 속하며, 신학이 주목하고 해석해야 하는 성서의 신화론적 언어를 과학의 방법론이나 관점에서는 전혀 해석할 수 없으며, 단순히 이를 제거하려고 할 뿐이라고 보았다.[12]

바르트도 역시 하나님의 창조와 관련해서 세계의 피조성과 신의 섭리를 인간이 자연 세계에 대한 관찰을 통해서 알 수 있는 사실로 여겨서는 안 된다고 보았다. 즉, 하나님의 창조, 하나님의 섭리, 세계의 피조성은 전적으로 신앙으로만 인식될 수 있을 뿐이다. 그는 창조의 사실을 어디서 알게 되었는지를 물을 수는 있지만, 창조의 진위 여부를 어떻게 알 수 있는지를 물어서는 안 된다고 보았다. 그에게 하나님 창조의 사실성은 오직 교회의 선포와 교리 전통 안에서 확인되어야만 한다. "창조의 구절은 오직 신앙의 조항(articulus fidei)"[13]으로 이해되어야 하며, "창조와 창조주 그리고 피조물에

---

10 R. Bultmann, *Glauben und Verstehen* 4, 158.

11 앞의 책, 135.

12 앞의 책, 133: (역사학과의 차이를 염두에 두면서) "신화에 대한 태도에 있어서 자연과학과 근본적인 차이가 있다. 자연과학은 신화를 제거한다."

13 Karl Barth, *Kirchliche Dogmatik III/1* (Zürich: TVZ, 5. Aufl., 1988), 22.

대한 인식은 신앙의 인식"14이다. 창조에 관한 "부동의 근거는 이 구절이 성서에 있다는 사실이다."15 그리고 성서 신뢰성의 근거를 바르트는 다시 성서가 예수 그리스도를 증언하고 있다는 사실에서 찾는다. 바르트에게서 자연 세계로부터 하나님의 창조를 인식하거나 추론할 길은 없다. 바르트에게 소위 자연신학(theologia naturalis)과의 완전한 결별은 자연과학과 신학의 분리를 가져왔다.

> 신학이 창조주의 작품이라고 서술해야만 하는 것 저편에서 자연과학은 자유로운 공간을 가진다. 또한 비밀스럽게 이교적인 영지주의와 종교론으로 전개되지 않고 정말 자연과학인 그런 자연과학이 자신의 주어진 한계를 가지는 곳에서 신학은 자유롭게 움직일 수 있고 그래야만 한다.16

자연과학과 신학의 경계선을 명확하게 함으로써 양자 모두에게 소득이 되는 부분이 분명히 있다. 어쭙잖게 과학이 종교의 영역을 넘본다든가, 종교가 과학이 되려고 하는 움직임은 분명 경계해야 한다. 하지만 자연과학과 신학이 서로 대화하고 만날 수 있는 접점이나 지평이 전혀 없이 마치 하늘과 땅 사이의 거리만을 유지한다면 이 또한 서로에게 유익하지 못할 것이다.

바르트와 불트만에게 신학의 주제는 하나님이지 세계가 아니다. 신학은 하나님에 대해 말하려고 한다. 세계가 어떻게 태동되었으

---

14 앞의 책, 30.
15 앞의 책, 24. 바르트는 성서가 창조와 창조주, 피조물에 대해 말할 때도 진정 예수 그리스도를 증언하고 있다고 보았다. 바르트는 창조론을 기독론적으로 정초시키고자 한다.
16 앞의 책, Vorwort.

며, 언제 기원했고, 어떻게 전개되었는지를 묻는 것은 신학과 신앙의 관심사가 아니다. 방법론에서도 신학은 성서의 권위에 의존하며, 성서의 권위가 의존해 있는 살아계신 하나님의 계시 사건을 토대로 삼는다. 이에 반해 과학은 과학적 검증 절차와 데이터들을 토대로 한다. 과학과 신학은 서로 다른 영역에 속하며, 과학의 대답에 신학이 끼어들 이유가 없다. 과학이 세계의 발생과 진화의 과정에 주목한다면 신학은 오로지 구원의 문제에만 집중한다.

하지만 동시대인이었던 예수회 신부이면서 고생물학자였던 떼이야르 샤르뎅(Teihard de Chardin, 1881~1951)은 우주의 기나긴 역사를 진화라는 용어로 파악하며, 진화의 신학적 의미를 발굴해 냈다. 그는 진화를 적극적으로 신학의 주제로 수용하였으며, 진화는 아무런 방향도 목적도 없이 일어나는 변화의 나열이 아니라 나름의 법칙과 목표가 있다는 것으로 보았다. 샤르뎅이 파악한 진화의 과정과 법칙은 다음과 같이 여섯 가지로 요약된다.[17]

1) 중심화의 법칙: 원자 이전의 단계에서 원자로 그리고 분자로, 단세포로 그리고 다세포로 진화되는 과정은 진화의 방향이 잘게 부셔지는 세분화의 과정이 아니라, 다양한 요소들을 하나로 묶고 엮는 과정으로 진행되고 있음을 보여준다.

2) 내면화의 법칙: 이렇게 진행되는 진화는 인간에게 이르러 진

---

[17] Günther Schiwy, *Ein Gott im Wandel. Teilhard de Chardin und sein Bild der Evolution* (Düsseldorf: Patmos, 2001), 53-58.

화가 산만하고 의미 없이 일어나는 사건이 아니라 그 안에 나름의 법칙과 방향을 갖고 있다는 사실을 의식하는 단계에 이른다. 그런데 이러한 의식화는 비록 인간에게서 분명하게 드러나지만, 이미 진화의 과정 안에 내재하는 법칙으로 자리하고 있다는 것이 샤르뎅의 주장이다. 즉, 우주의 모든 요소는 그 나름대로 의식을 가지고 있다. 따라서 정신과 물질은 결코 분리되지 않는다. 모든 물질은 그 내면에 정신을 함축하고 있다.

3) 다양화의 법칙: 중심화의 법칙이 단순히 다양화를 단순화시키는 것으로 이해해서는 안 된다. 구심점을 갖는 진화의 과정 속에서 개개의 구심점들이 다양화된다.

4) 인격화의 법칙: 샤르뎅에게 개별적인 것과 인격적인 것은 구분된다. 개별적인 것은 주변적인 것과 구분됨을 의미한다면, 인격적인 것은 바로 자기 자신이 됨을 의미한다. 이처럼 진화는 인격화의 법칙, 즉 생명체가 자기 자신이 되어가는 과정이다. 우주는 진화하면서 인격적인 것을 지향하고 있다. 물론 이러한 인격화는 인간에게서 가장 두드러지게 나타난다.

5) 사랑의 법칙: 인격적인 것의 계속적인 발전은 인격적인 사랑을 통한 통합을 지향하게 된다. 샤르뎅에게 유기체 이전의 단계에서는 엄격한 의미에서 사랑이 아직 존재하지 않는다. 왜냐하면 이들은 아직 중심이 자기 안에 완성되지 않았기 때문이다. 그럼에도

그는 다양한 원자들이 하나의 분자로 결합되려고 하는 것, 그것도 사랑이 아니냐고 반문한다. 최초의 원자 혹은 최초의 생물체에 숨어있는 내면적인 결속의 감정이 점점 사랑의 형태로 변형되어 2천년 전부터는 모든 인류에 대한 사랑을 말하기 시작했다고 본다. 이 사랑의 법칙은 진화의 원동력이다.

6) 불가역성의 법칙: 각각의 진화의 단계는 고유하며 독특하다. 진화는 거꾸로 되돌릴 수 없다.

샤르뎅은 이처럼 진화에는 방향이 있다고 보는데, 진화의 최종적인 목적으로 불리는 "오메가 포인트"를 그는 "하나님"이라고 말한다. 그리고 그에게 신은 진화의 목적지이면서 동시에 진화를 가능케 하는 힘으로 물질 안에 육화되어 스스로 진화하는 신이다. 따라서 신은 처음과 끝, 곧 알파와 오메가이다.

오늘날 존 호트와 같은 평신도 신학자도 하나님의 창조가 우주와 생명체의 진화를 수용할 수 있다고 본다. 더 나아가 진화를 수용함으로써 세계의 자기 생성적 발전과 그 과정의 우연성도 긍정할 수 있어야 한다고 지적한다. 창조가 진화를 품는다면 이 세계는 하나님의 간헐적인 간섭에 의해 좌우되는 세계가 아니라 그 스스로 자율성을 지니고 있어야 한다. 물론 이러한 우주적 진화는 창조에 의해 가능케 되었다.

하지만 신학적 관점에서 볼 때 이것은 신과 세계가 서로 구분되어 어느 정도 독립되어 있음을 지시한다. 즉, 신은 세상을 쥐락펴락하는 존재가 아니며, 이 세상은 자율적이며 자기 생성적인 진화의 과정 속에서 전개된다. 만약 세계의 자율성을 긍정하지 않고, 신과 세계의 절대적 결속을 주장한다면 세계는 신의 일부분이 되며, 신 자신의 연장(延長)에 불과하게 될 것이다. 이는 범신론적 견해가 될 것이다. 신적 결정론에 근거한 세계 이해는 실제로는 범신론에 불과하다.

하지만 그리스도교 신앙은 신과 세계 사이의 존재론적 구분을 전제한다. 신은 세계가 아니며, 세계는 신이 아니다. 신과 세계의 구분은 신의 독립성을 암시할 뿐 아니라 세계의 자율성도 암시한다. 세계의 자율성은 곧 세계의 불확실성으로 이어지며 진화론이 말하는 우연성, 무작위성과 연결된다. 따라서 신과 세계의 구분을 긍정하고 세계 내의 신의 무자비한 폭력이 아니라 사랑을 긍정하는 그리스도교 신앙은 세계의 우연성, 자율성, 비결정성을 긍정할 수 있다.

더욱이 그러한 자유 범위를 남겨두는 것은 신의 세심한 관심이 없다는 것을 의미하지 않고 피조물의 타자성의 측면에서 신적 사랑이 거칠게 침범하지 않는다는 것을 의미한다. 신은 우주가 상대적으로 자유롭게 존재하도록 허용하는 모험을 한다. 그리고 생명의 이야기에서 세계의 본질적 '자유'는 진화의 원재료를 구성하는 무작위적 변이, 즉 유전적 돌연변이를 통해 나타난다. 그러므로 일정한 정도의 우연은 신에 대한 우리의 이해와 잘 맞는다.[18]

---

18 존 호트/구자현 옮김, 『과학과 종교, 상생의 길을 가다』(2003), 96-97.

우리가 하나님의 창조가 사랑이며 사랑은 자유를 허용한다는 사실을 숙고한다면, 창조의 하나님은 쥐락펴락하는 절대권력을 통해서가 아니라 세심한 배려와 기대를 함께 담고 있는 모험적 사랑을 통해 세계의 진화를 추동하는 분으로 이해할 수 있다.

더 나아가 호트는 과학과 종교가 서로를 적대시하는 이유를 '독법'의 문제에서 찾았다. 소위 '깊이'의 차원을 상실한 문자주의에 사로잡힐 때 과학과 종교 양쪽 모두 상대를 오해할 뿐 아니라 그 자신의 본래적인 역할도 오해하게 된다.

> 우주는 적어도 어떤 점에서는 이런 책에 비견할 만하다. 만일 그렇다면 자연과학이 아무리 우주를 특정한 차원에서 읽는다 하더라도 거기에는 여전히 무언가가 남아 있을 것이다. 마찬가지로 종교도 역시 과학이 찾아내지 못한 차원들을 찾아낼 수 있을 것이다. 하지만 거기에는 여전히 읽혀지지 않은 많은 부분이 남아있다. 그렇다면 우주를 여러 가지 방식으로 읽는 방법을 배우면 우리 모두가 풍성해질 것이라는 결론에 이르게 된다. 하지만 성서적 문자주의와 우주적 문자주의가 길을 가로막는다.[19]

우주라는 거대하고 다채로운 역사책을 읽고 이해하기 위해서는 다양한 방식의 해석법이 필요하다. 우주의 이해를 위해서는 다차원적인 독법이 필요하며, 서로 상이한 차원의 해석들은 우주라는 하나의 실재에 대한 다양한 시각과 견해들로 정리될 수 있다. 하지만 다차원적인 다양성을 파괴하고 오직 하나의 해석만이 옳다는 배타

---

19 존 호트/김윤성 옮김, 『다윈 안의 신』, 50.

적인 관점을 주장할 때 여기에 우주 이해의 치명적인 오류와 오해가 발생한다. 호트에 따르면 오늘날 이런 독단주의는 과학에서도 그리고 종교에서도 일어난다.

> 과학이라는 학문은 자연을 해독하는 데 능숙하다. 하지만 과학은 해체된 자연의 표면 아래 놓인 더 깊은 의미를 탐지할 준비가 되어 있지 않다. … 우리는 고도의 과학 지식에 이르렀지만, 역설적이게도 우리의 새로운 지식이 야기할 수도 있는 '우주적 문자주의'에 사로잡히지 않아야 한다는 문제에 부딪히게 되었다. 다윈주의처럼 자연을 과학적으로 이해하는 것에만 얽매인다면 우리는 모두 우주적 문자주의자가 되고 말 것이다.[20]

> 성서적 문자주의가 성스러운 문헌의 더 깊은 이해를 막는다면, 반대로 우주적 문자주의는 자연 자체의 깊이라는 광대한 영역에 대한 깊은 이해를 막는다.[21]

호트는 문자주의에 입각하여 과학과 종교의 차원을 혼동해 버린 혼성적 독법 때문에 양측 모두에게 유익한 대화가 이루어지지 않는다고 보았다. 이와 관련해서 도킨스가 DNA 연구를 통해 생명의 본질을 읽는 것을 혼성적 독법의 한 예로 들었다. 즉, 특정 차원의 독법을 통해 생명의 전체적 의미를 해석하려는 도킨스의 시도는 마치 다섯 살배기 어린아이가 자기 나름대로 어떤 소설을 읽고서 이해한

---

20 앞의 책, 51.
21 앞의 책, 52-53.

우에 자기가 읽고 이해한 것이 유일한 독법이며, 전체적인 의미 파악이라고 믿는 것과 같다고 말한다. 호트가 볼 때 도킨스의 주장 곧, "생명을 이해하는 데에는 오직 한 가지 차원의 독법만 있을 수 있으며, 형이상학이나 세계관이 발언할 수 있는 유일한 길은 과학과 섞이는 것뿐"[22]이라는 주장은 우주적 문자주의의 독선적 태도에 불과하다.

이에 반해 종교적 문자주의는 "자연의 깊이를 부정하는 태도"에 있다. 즉, "자연의 겉모습에서 나타나는 '설계'의 이면을 뚫고 들어가 생명의 기나긴 투쟁이라는 복잡다단한 진화의 이야기를 들여다보려 하지 않는 그런 종교적 사고"가 문제라고 지적한다.[23] 그러나 호트는 자연 또는 우주를 '설계'라는 관점에서 읽기보다는 "자연의 약속", "미래를 향한 생명의 그 생생한 개방성"의 관점에서 읽을 것을 제안한다.[24]

결국 창조와 진화는 혼성적 독법 때문에 대립적이거나 양자택일의 문제로 오해되곤 한다. 하나님의 창조에 관한 신학적 시야와 우주와 생물의 진화에 관한 자연과학적 시야는 비록 교차하거나 중첩되는 부분이 있다고 하더라도 근원적으로 서로 다른 차원에 속한다. 이 두 차원은 서로를 배제하거나 대립할 필요가 없으며, 우리가 경험하고 살아가는 현실의 실재를 더 풍성하게 비춰지는 이해의 빛이라고 볼 수 있다.

---

22 앞의 책, 64.
23 앞의 책, 66.
24 앞의 책, 71.

11장
하나님의 섭리와 인간의 자유

하나님께서 온 우주를 창조하시고 또한 섭리하신다고 할 때, 이 것은 인간 또는 피조물의 자유에는 어떤 의미를 줄까? 간혹 하나님 의 섭리와 인간의 자유는 양립 불가능하다고 생각하는 경우가 있지 않은가? 이런 경우에는 섭리를 예정의 연장선에서 이해하며 창조 와 더불어 피조 세계는 신이 미리 지정해 놓은 프로그램이 실행될 뿐이라고 생각하지 않는가? 하지만 과연 그런가? 창조는 프로그램 의 작성이며, 섭리는 예정의 연장선일 뿐인가? 피조물의 삶은 미리 짜놓은 프로그램의 실행일 뿐인가? 이 질문은 섭리와 예정, 악의 문제 그리고 피조 세계의 자유라는 주제를 중심으로 맴돈다. 이제 까지 주장해온 창조신학의 관점에서 이러한 문제와 관련된 신학적 답변을 제안하고자 한다.[1]

---

1 아래의 논문은 박영식, "하나님의 섭리와 인간의 자유," 「한국기독교신학논총」 65 (2009): 159-179에서 그 내용의 일부를 삭제하고 수정하여 옮겼다.

1. 문제 제기

신이 모든 것에 관여하며 모든 것을 결정한다는 생각은 오래전부터 있었다.[2] 근대 무신론과 고전 유신론은 서로 상반되는 방향으로 나아가지만, 그 근원에서는 동전의 양면처럼 짝을 이루고 있다고 할 수 있다. 곧 무신론은 유신론을 일단 전제하고 전제된 유신론을 반박함으로써 무신론으로 되돌아온다.[3] 특히 근대 무신론은 신의 섭리와 연관하여 인간의 자유를 내세우면서 신의 존재를 부정한다. 예컨대 실존주의 철학자 사르트르(Jean-Paul Sartre)는 "신이 없다면 모든 것이 허용된다"라는 도스트예프스키(Dostojewski)의 말을 이어받아 여기에 이렇게 덧붙인다. "신이 존재한다면, 인간은 아무것도 아니다." 왜냐하면 "인간은 자유이기 때문이다."[4] 사르트르는 인간의 자유, 곧 자유로운 인간의 이름으로 신의 존재를 부정한다. 신이 존재한다면 인간은 자유하지 못하며, 인간이 자유하다면 신은 존재하지 않는다.

기독교 신학은 플라톤과 신플라톤주의 그리고 아리스토텔레스

---

2 신이 인간의 운명을 결정하며, 인간은 비록 자의적으로 행동하는 듯하나 결국 이 운명을 거역할 수 없다는 생각은 이미 주전 5세기의 소포클레스의 비극, 『외디푸스 왕』에서도 등장한다. 예영수, "결정론과 자유의지론," 「한신논문집」 10 (1993): 191-228, 199.

3 이러한 생각은 융엘(E. Jüngel)의 책, *Gott als Geheimnis der Welt* (Tübingen: Mohr Siebeck, 7. Aufl., 2001)에서도 확인된다. "신의 필연성에 대한 모든 증명은 근대 무신론의 산파이다. 각각의 무신론에 대해 결정적인 것은 바로 무신론이 반박하던 신 이해인데, 이 신 이해로 인해 무신론의 반박은 가능하게 되었다. 어떤 무신론도 하늘에서 떨어지지 않는다"(23).

4 Horst Georg Pöhlmann, *Der Atheismus oder der Streit um Gott* (Gütersloh: Gütersloher Verlagshaus, 1977), 151. 푈만은 자유의 이름을 내세운 무신론자로 사르트르와 까뮈를 언급한다.

의 철학적 사유에 기초하여 기독교 신앙을 이해하고 체계화시켜 나갔는데, 이때 형성된 기독교 신학의 고전 유신론은 신의 섭리를 통해 신의 세계 내적 활동을 주장하면서 이를 신적 본질인 완전성과 전능성에서 파생된 개념인 예지와 예정과 연관시켰다. 그러나 이런 고전 유신론의 입장을 수용한다면 인간의 자유에 대해 언급할 여지는 거의 없는 듯 보인다. 인간의 자유 또는 창조 세계의 자유를 긍정하면서도 신의 섭리를 주장할 수 있는 길은 없는 것일까?

본 논문은 고전 유신론의 섭리 신앙 안에서 제시된 신의 예지와 예정 그리고 인간의 자유 사이의 양립 가능성을 비판적으로 검토하고, 근대 정신의 탄생 이래로 인간의 자유와 자율성, 주체성이 강조되고 있는 시점에서 예지와 예정의 개념은 현실적으로 더 이상 수용되기 어렵다는 점을 직시하고자 한다. 또한 예지와 예정에 내포되어 있는 결정론적 입장이 성서적 하나님 이해와 모순될 수밖에 없음을 드러내고, 고전 유신론의 형이상학적 틀에서 벗어난 창조적이며 역동적인 신의 섭리에 대한 신학적 단초를 제시하고자 한다.

2. 고전 유신론의 해결책

초기의 기독교 신학은 고대 그리스 철학으로부터 많은 영향을 받아 자신의 신학적 언설을 모든 사람에게 타당한 보편적 진리로 형성해 나갔다. 특히 고대 그리스 철학은 만물의 근원(아르케)을 추구하면서 한편에서는 원질에서, 다른 한편에서는 제1형상에서 그

해답을 찾으려 했는데, 플라톤에 의해 신은 만물에 형상을 부여하는 만물의 제작자로 제시될 뿐 아니라 일종의 비신화론적인 철학적 신론의 고유한 형태가 정형화되기 시작한다. 곧 신은 영원하고 불변하는 존재이며, 온전히 선한 존재라는 것이다.[5]

아우구스티누스도 플라톤의 철학적 규정을 따라 신을 최고의 선이면서 영원불변하는 존재로 상정한다. 또한 플라톤의 선의 이데아론과 플로티누스의 유출설의 영향하에 아우구스티누스에게서도 존재의 세계는 온전히 선한 존재인 신에게서 나와 신에게로 향하여 가는 과정 속에 있으며, 존재론적 구조와 관련해서는 지고의 선을 추구하는 것이 모든 존재에 내재하는 본성에 부합하는 것으로 이해되었다. 그러나 아우구스티누스에게 신은 단순히 주어진 원질에 형상을 부여하는 만물의 제작자가 아니라, 무로부터 세계를 창조하는 전능한 존재로 파악된다. 전능한 존재인 신은 만물의 생성 과정을 앞서 알고 있을 뿐 아니라, 이 과정에서 일어나는 모든 일을 이미 결정해 놓았다.

그렇다면 이때 도대체 이 세상에 경험되는 악은 어디에서 나왔는가 하는 질문이 제기되지 않을 수 없다. 모든 것이 지고의 선으로부터 나왔고 또 지고의 선을 추구하는 것이 존재의 본성이라면 도대체 악은 어디에서 나왔단 말인가? 마니교의 이원론으로부터 대답을 얻으려고 했던 아우구스티누스는 신의 전능성 개념에서 이원론의 한계를 발견한다. 이제 기독교인으로서 아우구스티누스는 악의 발생 원인을 신에게나 신이 창조한 피조물의 본성에서가 아니

---

5 Oswald Bayer, *Theologie* (Gütersloh: Gütersloher Verlagshaus, 1994), 22-24.

라, 피조물에게 주어진 자유의지의 남용에서 찾았다. 만일 자유의
지를 신이 부여하지 않았더라면 죄악을 행하지 않았을 것이라는 반
론에 대해 아우구스티누스는 자유의지의 본래적인 목적은 선을 행
함에 있다고 답변한다. 그렇기 때문에 자유의지를 부여한 신 자신
에게 죄악의 책임을 돌릴 수는 없다.[6]

시간 안에 일어나는 모든 사건을 영원 안에서 관조하고 결정하
는 신의 예지가 과연 악의 출처를 인간의 자유의지에서 찾아야 한
다는 명제와 양립할 수 있는가? 현실적으로 선을 추구해야 할 인간
의 자유의지가 욕망의 뒤틀림 속에서 존재의 질서를 전복하는 악을
행한다고 하더라도, 전지한 신이 이 모든 사실을 알고 있었다면 그
리고 더 나아가 이를 예정하고 있었다면 악의 주동자는 역시 신이
아닌가 하는 의문이 남는다. 아우구스티누스의 고향 친구인 에보디
우스는 다음과 같이 질문한다.

> 인간이 범죄하리라는 것을 예지하신 이상 하느님이 예지하시는 바가 이루
> 어짐은 필연적이라는 것입니다. 그토록 불가피한 필연성이 등장하는 때에
> 무슨 수로 자유로운 의지가 존재한다는 말입니까?[7]

여기서 보듯이 예지와 예정은 다른 것이 아니다. "하느님이 만일

---

6 아우구스티누스/성염 옮김,『자유의지론』(왜관: 분도출판사, 1998), 149-152: "인간은 자유
  로운 의지를 지니고 있어야 한다. 그것 없이는 올바르게 행동하지 못할 것이다. 그렇지만
  하느님이 인간에게 자유로운 의지를 주신 것은 또한 (그것을 통해서) 범죄도 저지르게 하려고
  주신 것으로 믿어서는 안된다"(152).
7 아우구스티누스/성염 옮김,『자유의지론』(1998), 277.

우리 의지를 예지하신다면, 그 의지는 하느님이 예지하시는 그대로의 의지일 것이다."8 그러나 아우구스티누스는 하나님이 예지하신 대로 의지한다고 하더라도 그것을 의욕하는 것은 역시 인간 자신의 의지일 뿐이라고 말한다. 아우구스티누스의 답변이 다소 길더라도 인용해 본다.

누가 범죄하리라고 그대가 미리 안다고 해서 곧 그가 범죄하게 그대가 강요하는 것은 아니다. (그대가 확실히) 미리 안다면 그는 틀림없이 범죄할 것이지만… 그렇지 않다면 그렇게 되리라고 예지하는 것이 못 된다… 그대의 예지가 그를 범죄하도록 강요하는 것은 아니다. 다른 사람이 자기 의지로 무엇을 행할지 그대의 예지로 그대가 (미리) 안다고 해서 이 둘이 상충되는 것은 아니듯이, 하느님께서도 아무도 죄짓도록 강제하지 않으신 채로 인간들이 자기 의지로 범죄하리라는 것을 예지하시는 것이다.9

결국 하나님이 예지하셨다고 하더라도 "죄악은 (당사자의) 의지에 의해 범해졌고, 또한 (하느님의) 예지에 의해서 그렇게 이루어지도록 강제받지 않는 이상, 하느님으로부터 벌을 받지 않고서 넘어가는 일이 없어야 한다는 바로 그 사실이 (하느님의) 정의에 해당한다."10

아우구스티누스는 신의 예지와 인간의 자유의지 사이에는 인과

---

8 앞의 책, 289.
9 앞의 책, 291.
10 앞의 책, 293.

적 필연성이 성립되지 않는 듯이 말하고 있다. 그 근거로 신의 예지는 강제성이 없으며 단지 알고 있을 뿐이라고 한다. 따라서 어떤 외부적인 요인에 의해 강요되지 않은 인간의 의지적 결정은 자유롭다는 것이다. 그러나 고전 유신론의 틀에서 보면 신의 예지는 인간이 무엇인가를 짐작하는 것과는 달리 미래의 일을 단순한 예측만 하는 것이 아니라 무엇이 일어날지를 앞서 결정하는 필연성을 지니기 때문에 예정이라고 말해야 옳다. 즉, 어떤 특정한 행위 A가 겉으로 보기에는 의지에 의해 행해진다고 하더라도 이러한 의지적 선택에는 A가 아닌 B를 행할 수 있는 가능성이 신적 예정에 의해 앞서 차단되어 버렸다고 할 수 있다. 그렇다면 다른 무엇을 할 수 있는—A 말고 B를 행할—선택의 자유가 없는 의지의 결정을 자유로운 의지의 결정이라고 할 수 있을까?[11] 또한 신의 예지가 강제성이 없다는 아우구스티누스의 주장은 미래의 사건에 대해 아무런 강제성을 가지지 못하는 인간의 예측과 신의 예지를 동일시한다는 인상을 주고 있는데, 실상 이것은 아우구스티누스의 본의가 아니다. 그에게 예지는 분명 예정이다. 아우구스티누스에게 신의 예지는 곧 예정이라는 사실은 앞서 인용한 것에서도 잘 드러난다: "하느님이 만일 우리 의지를 예지하신다면, 그 의지는 하느님이 예지하시는 그대로의 의지일 것이다." 그러나 이 말은 강제성 없는 예지에 대한 자신의 논지에 분명 모순된다. 물론 인간의 의지는 신이 무엇을 예지하고 결정했는지를 모르기 때문에 아무런 강제성을 느끼지 못한 채 자유롭게

---

11 이를 "대안가능성의 원리"라고 부른다. 권수현, "자유의지와 윤리적 책임," 「사회와 철학」 15 (2008), 1-26, 8.

결정한다. 그러나 형이상학적으로 정초된 고전 유신론의 관점에서는 예지되고 예정된 특정한 선택 외에 다른 어떤 선택도 일어날 수 없다는 점에서, 자유로운 듯한 인간의 의지적 결단은 선택의 자유가 없는 결단일 뿐이다. 가시적으로는 강제성이 없지만, 본질적으로 형이상학적인 필연성이 놓여있는 셈이다. 곧 예정 신학의 견지에서 볼 때는 의지의 근본적 원인은 신 자신에게 돌아갈 수밖에 없으며, 신의 예지가 인간의 자유에 대해 결코 아무런 강제성이 없다고 할 수 없기 때문에 신의 예지와 예정 그리고 인간의 자유 사이의 양립 가능성을 주장한 아우구스티누스의 논증은 실패라고 할 수밖에 없다.[12]

신의 예지와 인간의 자유 사이를 조화하려는 시도는 아우구스티누스의 사상적 단초를 더욱 체계화시킨 아퀴나스에게서도 나타난다. 아퀴나스는 인간의 자유를 인정하면서도 신이 인간의 의지조차도 움직인다는 성서 구절을 인용하기도 한다.[13] 그렇다면 과연 이렇게 신적 존재에 의해 움직여지는 인간의 의지가 자유하다고 할 수 있을까? 아퀴나스에게 신의 예지와 예정 그리고 인간의 자유는 어떻게 양립할 수 있는지를 묻게 된다.

아퀴나스는 종종 신의 섭리와 관련해서 인간에게는 자유가 없다는 견해를 언급하지만, 인간의 자유가 부정될 때 윤리적인 책임도

---

12 Jan Rohls, *Geschichte der Ethik* (Tübingen: J.C.B. Mohr, 1991), 116-123에 따르면 인간의 자유를 긍정했던 초기 아우구스티누스의 견해는 펠라기우스와의 논쟁을 거치면서 자유의지의 포기로 이어졌고, 그의 저서 *Civitas Dei* (신국론)에서는 예정론으로 기울어져 신은 자의적인 폭군으로 그려지고 있다.

13 Brian Davies, *The Thought of Thomas Aquinas* (Oxford: Clarendon Press, 1993), 174-175.

인간에게 돌릴 수 없기에 인간의 자유는 긍정되어야 한다고 보았다. 더 나아가 "신은 상대적인 방식으로, 곧 각 사물의 존재 방식에 맞추어서 모든 것을 변화시키기 때문에 결과들은 우연적인 방식으로 우연적인 원인에 의해 일어난다."[14] 다시 말하면 아퀴나스에게 신의 섭리는 우연적 원인들을 허용하는 듯 보인다. 이런 우연적 원인들은 자유로운 피조물들로 인해 발생한다. 그러나 이것이 신의 섭리에 대한 부정으로 귀결되진 않는다. 자유로운 인간은 자신의 자유 안에서 제1원인인 신의 섭리가 이끄는 그 변화에 동참한다. 따라서 신의 섭리로부터 벗어났다는 의미에서 인간이 자유로운 것이 아니라, 오히려 신의 섭리로 인해 인간은 자유하다고 말할 수 있다. 그러나 인간은 자유하며 지성이 없는 피조물들처럼 결정된 필연성이 아닌 비결정적인 우연의 가능성에 놓여 있다. 아퀴나스에 따르면 물론 비결정적인 우연성도 궁극적으로는 제1원인인 신에게 그 원인이 돌아간다. 그러나 적어도 인간의 자유는 그 본성에 반하는 외적인 요인에 강제되지 않았다는 점에서 자유하다고 할 수 있으며, 이런 점에서 신적 섭리와 인간의 자유는 양립 가능하다고 보았다.[15] 앞서 언급한 우연성과 섭리, 자유의 관계를 보다 정확히 규명하기 위해서는 아퀴나스의 신 개념을 주목할 필요가 있다.

아우구스티누스는 플라톤과 신플라톤주의에 따라 그리고 아퀴나스는 아리스토텔레스의 철학을 도입하여 신학을 전개했다. 이때

---

14 앞의 책, 175에서 재인용. *De malo* 6.
15 앞의 책, 175-178. 브라이언 데이비즈는 신은 인간들 "위에" 작용하는 것이 아니라고 말한다. 오히려 신은 인간들을 그들 자신으로, 곧 자유로운 행위자로 존재하도록 한다고 결론짓는다.

아우구스티누스의 신 이해는 아퀴나스에 의해 더욱 개념적으로 세련되고 체계화되었다고 할 수 있다. 신을 제1원인으로 상정한 아리스토텔레스를 따라 아퀴나스는 신을 "제1동자"로 개념화한다. "모든 것 중에서 최고의 것인 제1동자[최초로 움직이는 자]가 존재해야 하며, 우리는 이를 신이라고 부른다."16 또한 신은 "제1원인"이라고 불린다.17 존재하는 모든 것들은 궁극적으로 신에게 그 원인이 있다. 또한 아우구스티누스와 마찬가지로 아퀴나스에게서 신은 불변하며 영원하다. 신의 불변성과 영원성은 세계 내적 존재들과의 존재론적 차이를 뜻하며, 가변성과 시간성에서의 초월을 의미한다. 따라서 시간적 흐름 속에 있는 과거와 현재, 미래의 사건들은 신의 영원성 안에서는 모두 영원한 현재로 서 있을 뿐이다.18 따라서 신은 미래적 사건에 대해서도 알고 있을 뿐 아니라 또한 모든 것을 직접 결정한다.19 그러므로 우연이란 없다. 신의 예지와 관련해서

---

16 토마스 아퀴나스/박승찬 옮김, 『신학요강』 (파주: 나남, 2008), 41; 제1동자에 대해 좀 더 상술하자면, 실제로 신은 움직이는 자가 아니다. 아퀴나스에게나 아리스토텔레스에게나 제1원인은 움직이지 않는다. 다만 다른 존재자들을 움직이게 할 뿐이다. 그렇다면 움직이지도 않으면서 어떻게 다른 존재자들을 움직일 수가 있을까 하는 문제가 발생한다. 이에 대해 아리스토텔레스는 "사랑받음으로써"라고 대답했다. 완전한 존재인 신은 여타의 존재자들에게 사랑의 대상이며, 따라서 여타의 존재자들은 신에게로 이끌린다. 이로써 존재론적 질서가 설정된다. 아퀴나스도 "모든 움직임의 제1원리인 것은 전적으로 부동적이어야 한다"(42)고 말한다.

17 앞의 책, 195.

18 앞의 책, 237: "우리는 마치 망대의 높이에 위치한 어떤 이가 여행자들의 지나감 전체를 동시에 직관하는 것처럼, 신이 자신의 영원성에서 시간의 흐름을 인식하는 것을 고찰한다." 이러한 관점은 앞서 아우구스티누스의 신 관념에서도 두드러진다. 선한용, 『시간과 영원』 (서울: 대한기독교서회, 2002), 64-72.

19 토마스 아퀴나스/박승찬 옮김, 『신학요강』 (2008), 238: "모든 중간 원인들이 제1원인의 힘 안에서 작용한다는 측면에서, 신은 또한 그 실행에서도 모든 결과와 어떤 의미에서 직접적으로 관계를 맺는다." 물론 아퀴나스는 제1원인인 신과 다른 제2원인들에 대해서도 말한다.

세상에 일어나는 사건들이 우연적일 수 없다. 아퀴나스도 궁극적으로는 이를 시인하고 있다. 그에 따르면 인간이 우연히 직면하게 되는 악의 경험조차도 신적 예지의 관점에선 필연에 속한다.[20] 뿐만 아니라 아퀴나스에 의하면 신은 인간의 자유로운 행위를 예지할 뿐 아니라 그 의지조차도 움직인다.[21] 비록 아퀴나스가 아우구스티누스와 마찬가지로 인간의 자유에 대해 말하며 우연의 가능성을 언급하곤 있지만, 세상에 일어나는 모든 일들이 이처럼 신의 예지와 관련하여 필연에 속한다면, 우연이란 인간의 착각에 불과하다. 아퀴나스의 주장과는 달리 신적 예지와 필연성의 관점에 따르면 피조물에게 우연과 자유란 없다는 것이 논리적으로 귀결된다.

3. 종교개혁자들의 선택

아우구스티누스와 아퀴나스는 도덕적 행위의 책임성을 강조하면서 신의 섭리와 더불어 인간의 자유를 옹호했다. 그러나 인간의 자유에 대한 긍정은 앞에서 살펴보았듯이 신의 예지와 예정과는 상충될 수밖에 없다는 결론에 도달한다. 이들과는 달리 종교개혁자

그러나 사물들을 지시하는 제2원인들은 궁극적으로는 신의 도구로 규정된다.

20 우연은 아퀴나스에게 악의 문제를 설명하는 중요한 개념으로 자리한다. 예컨대 아퀴나스는 물을 마시기 위해 냇가에 간 사람이 거기에 숨어있던 강도들에게 강탈당하고 살해되는 예를 우연이라고 말한다. 그러나 우연은 인간에게만 해당되는 개념이며, 모든 사건을 받치고 있는 제1원인에게는 해당되는 개념이 아니다. 이에 대해서는 레오 엘더스/박승찬 옮김, 『토마스 아퀴나스의 형이상학』 (서울: 가톨릭출판사, 2003), 521-522를 참조.

21 토마스 아퀴나스/박승찬 옮김, 『신학요강』 (2008), 229: "신만이 인간의 의지를 움직인다. 그리고 이것은 자연스러운 것이다."

루터(Martin Luther, 1483~1546)와 칼뱅(Jean Calvin, 1509~1564)
은 인간의 자유와 신의 예지와 예정의 차원 사이에 발생하는 모순
성을 긍정하는 데 조금도 주저하지 않는 듯 보인다. 고전 유신론이
자유와 우연 그리고 이로부터 파생될 수 있는 악의 원인을 신에게
돌리는 것을 주저한 반면, 종교개혁자들은 심지어 악의 원인을 신
의 전능 속에 포괄시켜 해소해 버림으로써 새로운 대안을 제시하고
있다. 곧 전능한 신의 결정 앞에서 인간은 자신의 자유를 주장할 정
당성을 가질 수 없다는 논리다.

　루터에게 인간의 자유로운 선택의지에 대한 가르침은 구원을 위
한 신적 은총의 필요성을 위협하는 것으로 여겨졌다. 에라스무스의
『자유의지론』(*Diatribe de libero arbitrio*, 1524)에 대한 반박으로 루
터는 『노예의지론』(*De servo arbitrio*, 1525)을 기술하였고,[22] 여기
에서 루터는 신의 전적인 자유와 전능, 예정을 앞세워 인간이 내세
울 수 있는 자유가 없음을 주장한다: "우리는 자유의지의 권리에 의
해서는 아무 일도 할 수 없고 도리어 하나님이 예지하신 바대로 그
리고 그의 오류 없는 불변의 계획과 능력에 의해 행위 하도록 인도
하시는 바대로 행동하게 된다는 점을 인정하게 된다. 그러므로 우
리는 선택의 자유와 같은 것은 전혀 존재하지 않는다는 사실이 만
민의 마음속에 씌어져 있음을 알게 된다."[23] 또한 루터는 신의 예지
와 인간의 자유를 동시에 주장하려는 것은 아주 어렵고 불가능한

22 에라스무스와의 논쟁에 관해서는 전경연, 『루터신학의 개요』 (오산: 한신대학교출판부,
　2005), 73-88을 참조; 국내에 소개된 루터의 『노예의지론』의 번역본으로는 지원용 편,
　『루터선집』 제6권 (서울: 컨콜디아사, 1982), 31-321을 참조.
23 지원용 편, 『루터선집』 (1982), 215.

데, 이 모순성을 억지로 조화시키려고 하는 시도는 성서의 분명한 메시지를 애매모호하게 만드는 것이라고 말한다.[24]

종교개혁가 칼뱅에게 예정의 교리는 신의 선택에 대한 강조와 더불어 초기의 『기독교강요』(*Christianae Religionis Institutio*, 1536)에서도 이미 등장한다. 칼뱅에게 예정론은 루터와 마찬가지로 가톨릭의 공로와 선행사상을 무력화하기 위해 강조된 것으로 여타의 다른 교의학적 주제보다는 구원론과 긴밀하게 연관되었다.[25] 그러나 점차 발전된 형태에서 섭리와 예지, 예정의 교리는 신론에서 언급된다. 예지와 예정의 교리는 가톨릭의 공로설과 스토아적인 운명론의 극복뿐 아니라 신의 전능과 그의 통치를 강조하기 위해 사용된다.[26] 문제는 신적 주권을 강조함으로써 인간의 자유로운 결정권은 무력화된다는 점이다. 신의 섭리는 단순히 인간과 세계에 대한 신의 역동적인 힘만이 아니라 신의 구체적인 결의와 결정도 포함하고 있다. 따라서 세계 내에 어떤 사건도 우연일 수 없으며, 신의 결의 없이는 아무것도 일어나지 않는다.

---

24 앞의 책, 212; Jan Rohls, *Geschichte der Ethik* (1991), 178에 의하면 루터의 자유의지 부정은 반(反)펠라기우스적인 아우구스티누스의 은총론에 근거하고 있다.

25 존 칼빈/양낙홍 옮김,『기독교 강요』1536년 초판 (서울: 크리스챤다이제스트, 1988), 140 이하.

26 존 칼빈/김종흡 · 신복윤 · 이종성 · 한철하 옮김,『기독교 강요』상 (서울: 생명의 말씀사, 1988), 305 이하; 프랑수아 방델/김재성 옮김,『칼빈. 그의 신학사상의 근원과 발전』(서울: 크리스챤다이제스트, 1999), 328에 의하면 칼뱅은 아우구스티누스와는 달리 예정과 예지 사이의 차이점을 강조했다고 한다. 그러나 필자가 보기에 이 두 개념은 내용상 언제나 교환 가능하다. 신의 단순성 교리에 따르면 신의 예지는 곧 신의 결정과 동일하며 동시적이다. 신에게는 앎과 실행이 하나이기 때문이다.

도둑과 살인자 및 다른 행악자들이 다 하나님의 섭리의 도구이며 하나님께서는 그들을 사용하셔서 자신이 정하신 심판을 수행하신다는 것을 나는 인정한다.[27]

이와 유사하게 강도를 만나 살해된 상인의 죽음에 대해 "하나님께서는 그의 죽음을 선견하셨을 뿐 아니라 또한 작정하셨던 것"이라고 칼뱅은 말한다.[28] 신의 예지는 곧 예정을 의미하며, 신의 예정 속에서 세상의 모든 일이 일어나기 때문에 인간의 자유는 무력하다고 할 수밖에 없다.

아우구스티누스와 아퀴나스는 명시적으로 인간의 자유를 언급하면서 인간 세상에 일어나는 불행의 문제를 신에게 귀속시키려고 하지 않으려고 했던 반면, 루터와 칼뱅은 오히려 신의 결정이 지니는 구속력과 필연성을 강조하면서 악의 출처조차 신에게 돌려버린다.[29] 그러나 아우구스티누스와 아퀴나스 그리고 루터와 칼뱅의 강조점이 서로 다르다 하더라도 이들에게서 신의 섭리와 인간의 자유는 결코 양립될 수 없다는 점에는 변함이 없다. 곧 신의 관점에서 볼 때, 인간에게 자유와 우연은 없다. 그러나 이러한 신학적 주장이 근대 정신의 탄생 이후엔 더 이상 관철될 수 없다는 점이 오늘날 신학이 처한 곤욕스러운 상황이다.

---

27 앞의 책, 332.

28 앞의 책, 320.

29 앞의 책, 315-316. 칼뱅은 출애굽기 21장 13절을 인용하여 "살해자의 손에 사람을 내주는 것은 하나님 자신"이라고 말한다. 또한 앞의 책, 323 이하에서 칼뱅은 예정이 인간의 책임을 약화시키거나 악함을 용인하게 하지 않는다고 항변하지만, 필자가 볼 때는 자신이 설정해 놓은 딜레마의 깊은 골을 드러낼 뿐이다.

4. 하나님의 섭리와 창조 세계의 모험

근대 정신은 데카르트의 코기토(cogito)와 더불어 인간의 주체성과 자율성을 강조한다.[30] 이와 더불어 주체의 자율성과 독립성을 내세우면서 외적인 강제성인 타율에서의 해방을 주장해 왔다. 근대 정신이 인간의 자유를 강조하면서 외부적인 강제에서 인간을 해방시켜 나갈 때 근대 생물학과 역사학, 물리학도 자신의 영역들을 신의 섭리와는 무관한 것으로 이해해 나갔다. 근대의 생물학은 생물체 진화의 결정적인 요인들을 도식화하면서 생물체의 자기 전개를 주장한다. 생물체의 자기 전개와 진화의 과정에는 초자연적인 신적 개입이 허락되지 않는다. 물리학은 물리 세계의 항구적인 운동법칙들을 파악하여 신적 섭리와 무관하게 스스로 그리고 정해진 내적 법칙에 따라 운동하는 세계를 구상한다. 또한 역사는 인간에 의해 결정되고 만들어지는 인간의 장으로 파악되며 역사 내의 초자연적인 개입이나 기적은 철저히 배제된다. 근대 생물학과 물리학 그리고 역사학의 원리는 신의 적극적이고 창조적인 세계 내적 섭리를 부정하는 논리를 담고 있다는 점에서 기독교 신앙과 신학에 도전적이다.

그러나 근대 학문이 설정해 놓은 기계론적 세계 이해는 오늘날 양자역학이나 카오스 이론으로 대표되는 소위 복잡성의 과학으로

---

30 근대 철학의 시조라 할 수 있는 데카르트의 경우 인간의 주체성과 사유의 명증성을 긍정하기 위해 아직 신의 완전성을 담보로 하고 있다. 데카르트/최명관 옮김, 『방법서설. 성찰. 데까르뜨연구』(서울: 서광사, 1983), 29 이하. 그러나 근대 정신사에서 신의 완전성 속에 포함되어 있는 전능성과 전지의 개념은 점차 무력화되어간다. 정기철 교수에 따르면, 데카르트의 코기토는 "형이상학적으로 정초된 신 확실성의 파괴를 위한 첫걸음이었다." 정기철, "근대의 신 사유 문제성," 「한국기독교신학논총」 47 (2006): 103-126, 123.

인해 그 한계를 지적받고 있다. 이에 따르면 근대의 기계론적 세계 이해는 자연과 세계, 역사 내에 발생하는 새로움과 우연성, 예측 불가능성을 제대로 담아내지 못하고 있다. 이제 기독교 신앙은 새로움과 우연성, 예측 불가능성의 개념을 신의 섭리와 연관해서 해명할 기회를 얻은 셈이다.[31]

고전 유신론도 인간의 자유와 관련해서—글자 그대로는 아니라고 하더라도—새로움, 우연성, 예측 불가능성 등의 범주를 염두에 두고 있었지만, 이들을 신적 예지와 예정이라는 필연성 안에서 사유함으로써 이들 개념이 담지하고 있는 강도를 무력화시켜 버렸다고 할 수 있다. 결과적으로 신의 섭리와 인간의 자유라는 길항 속에서 예지와 예정에 대한 교리적 강조는 인간의 자유를 폐기한 셈이 되고 말았다. 그러나 이러한 고전 유신론의 귀결은 오늘날 하나님의 섭리에 대해 언급할 여지를 축소시킬 뿐 아니라 성서적 하나님 이해와 내적 모순성을 드러내고 있다.

첫째, 예지와 예정에 의거하여 자유를 폐기할 경우, 이는 하나님의 사랑과 모순된다.[32] 신이 모든 일을 예지하고 예정한다면, 그래서 인간에겐 실제로 어떤 선택의 자유도 없다면 인간은 신이 조정하는 꼭두각시에 불과할 뿐이다. 이때 인간의 삶은 더 이상 생생한 삶이 아니라 영원한 현재의 반복일 뿐이다. 비록 신이 인형에 불과

---

31 Wolfhart Pannenberg, "Unser Leben in Gottes Hand?", *Glaube und Wirklichkeit* (München: Chr. Kaiser, 1975), 11-17; 김균진/신준호 공저, 『기독교 신학과 자연과학의 대화』(서울: 대한기독교서회, 2004).

32 융엘에 따르면 하나님의 본질에 대한 가장 우선적인 답변은 바로 하나님은 사랑이라는 진술이다. E. Jüngel, *Gott als Geheimnis der Welt* (2001), 430.

한 인간을 사랑한다고 해도 정작 인간은 그 신을 사랑할 수 없을 것이다. 왜냐하면 자유로운 선택이 없이는 사랑이 불가능하기 때문이다. 또한 인간에 대한 신의 사랑도 결국엔 신의 나르시스적인 사랑에 불과한 셈이다. 여기에는 사랑의 사건이 일어날 수 없다.

둘째, 고전 유신론의 논리를 치밀하게 따라갈 때 신은 인간의 인격을 파괴할 수밖에 없으며, 따라서 신도 인격적일 수 없게 된다. 인격성은 서로를 독립된 자유로운 개체로 인정할 때만 성립될 수 있다. 물론 신을 인간과 같다는 의미에서 인격이라고 할 수는 없다. 다만 신이 인간을 자유로운 존재로, 자기 마음대로 조정할 수 없는 독립된 인격적 존재로 대할 때 인간은 신을 인격적인 존재로 상정할 수 있다. 인격성이란 곧 관계에서 파생되는 개념이기 때문이다. 신과 인간이 서로에 대해 침범할 수 없는 고유한 영역이 인정될 때 신과 인간의 관계는 인격적일 수 있다. 그러나 결정론적인 예지와 예정은 신과 인간의 인격적 관계를 파괴한다. 인간과 피조 세계에 대한 신의 전적인 지배력은 창조 세계의 자유와 함께 인간의 인격성을 그리고 신의 인격성을 파괴한다. 그러나 성서의 하나님은 인간과 대화하며, 자유로운 사랑 안에서 서로의 인격을 적극적으로 긍정한다.

셋째, 사랑할 수 없는 신에 대한 생각은 기독교 신앙의 살아계신 하나님 신앙과 모순된다. 즉, 신의 나르시스적 사랑은 신의 자기원인성(causa sui) 때문이다. 자기원인으로서의 신은 누구에게도 사랑을 요구하지도, 할 필요도 없는 존재이다. 그는 스스로 이미 충만하기 때문이다. 그는 외부로부터 아무런 영향을 받지 않기 때문에 자기원인으로서의 신에게 인간은 기도할 수 없다.33 다만 그는 영원불변한 자신의 의지와 본성에 따라 움직일 뿐이다. 고전적 형이상학의 표현에 따르면 그는 자기 밖의 그 무엇에 의해 움직여지지 않는다. 그는 불변하고 무감정할 수밖에 없다. 이러한 신은 창조 세계의 무질서에 대해 책임을 통감하며 후회하고 아파해서도 안 되며, 티끌 같은 인간과 사랑의 소통을 나눌 필요도 느끼지 않는다. 이러한 신은 고통받는 이스라엘 백성의 호소를 듣고 응답한 출애굽의 하나님일 수 없으며, 모든 피조물의 신음에 함께 탄식하는 영의 하나님일 수도 없다.

넷째, 예지와 예정의 신은 인간의 자유를 제약할 뿐 아니라 그 스스로도 자유로운 하나님일 수 없다. 왜냐하면 그는 자신의 불변하는 원리 안에 스스로 갇혀 있기 때문이다. 신의 예지와 예정에 의해 인간사와 세상사에 일어나는 모든 것들이 이미 앞서 파악되고 결정된 것이라고 한다면, 진정한 의미에서 "미래"란 없다고 해야 옳지 않을까.34 이때 신에겐 새로움과 개방성의 미래 대신에 영원한 현재만이 있을 뿐이다. 왜냐하면 신은 미래의 개방성을 향해 자신

---

33 이에 대한 하이데거의 지적은 옳다. "이러한 신에게 인간은 기도할 수도 없고 제물을 바칠 수도 없다. 자기원인 앞에서 인간은 경외하는 마음으로 무릎을 꿇을 수도 없고, 또 이러한 신 앞에서 그는 음악을 연주하거나 춤을 출 수도 없다." 그리고 그는 한발 더 나아가 다음과 같이 제안한다: "철학의 신, 다시 말해 자기원인으로서의 신을 포기해야 하는 신-없는 (gott-los, 신을-떠난) 사유가 어쩌면 신적인 신(der göttliche Gott)에게 더 가까이 있을지도 모른다." 마르틴 하이데거/신상희 옮김, 『동일성과 차이』 (서울: 민음사, 2000), 65.

34 Richard Swinburne, *The Christian God* (Oxford: Clarendon Press, 1994), 130-134 는 미래에 대한 신의 예지와 신의 완전한 자유가 양립할 수 없다는 입장을 견지한다. 신이 필연적으로 그리고 영원하게 온전히 자유하다면 그 자신의 미래 행위에 대해 무지해야만 한다고 주장한다. 왜냐하면 완전한 자유란 앞서 결정된 일에서도 자유로울 수 있어야 하기 때문이다.

의 자유를 행사하기보다는 영원한 결의 안에 놓여 있는 현재를 반복할 뿐이기 때문이다. 고전 유신론이 담지하고 있는 결정론의 관점에서 하나님의 자유와 미래는 폐기되고 만다.

다섯째, 인간의 삶과 역사와 연관할 때, 신적 예정은 인간사의 어두운 질곡을 아무 말 없이 받아내야 하는 숙명론으로 귀결될 위험이 농후하며,[35] 성서의 하나님이 강조하는 자유와 해방, 공의와 정의의 실현을 무색하게 만든다. 다른 말로 하자면 새로움과 변화의 미래는 폐기되고 만다. 그러나 기독교 신앙의 하나님은 숙명론이나 결정론을 용인하지 않으며, 오히려 그 안에서 자신의 자유와 미래를 폐기시켜 버린 자들에게 새로운 가능성과 예기치 못한 미래를 열어놓으신다. 성서의 하나님은 "자기의 작품을 바라보고 앉아서 만족해하는 노쇠한 예술가"가 아니라 쉬지 않고 일하시는 "섭리의 하나님"이다.[36]

그렇다면 하나님의 섭리를 예지와 예정과 구분함으로써 형이상학적으로 정초되었던 기계론적인 예지와 예정 개념 대신에 창조 세계의 자유로운 삶 안에 연동하고 추동하는 창조적이며 역동적인 신적 섭리를 재구상해야 되지 않을까? 인간을 비롯한 창조 세계의 자유로움과 역동성을 배제하지 않고 창조 세계와 변증법적으로 소통

---

35 존 칼빈/김종흡·신복윤·이종성·한철하 옮김, 『기독교 강요』 상 (1988), 318-322. 비록 칼뱅은 스토아 학파의 자연의 숙명론을 신의 주권적 결정과 대비시키고 있지만, 한편에서는 인간의 생각으로는 신적 계획을 알 수 없기에 어떤 일들은 운명적인 것처럼 보인다고 말하고 있다.

36 함석헌 선생에게 하나님의 섭리는 숙명론이나 운명론, 결정론으로 귀결되지 않는다. 왜냐하면 하나님은 생명을 긍정하며 이 생명을 돌보고 기르시는 분이시기 때문이다. 『뜻으로 본 한국역사』 (파주: 한길사, 2007), 60.

하는 하나님의 섭리를 말해야 되지 않을까? 그러나 이러한 신학적 단초는 어디서 찾을 수 있을까? 또한 예지와 예정의 관념은 실재 세계에 대한 객관적인 서술이 아니라 하나님 섭리의 적실성에 대한 실존적 고백이며, 이를 지시하는 신앙의 상징으로 이해되어야 하지 않을까?

실제로 신의 예지와 예정은 더 넓은 의미에서 섭리라는 개념에 속한다. 섭리라는 단어는 원래 앞을 내다본다(pro-videre)는 뜻을 담고 있다. 고전적 형이상학에서 신적 봄과 앎은 분리되지 않는다. 따라서 이때 섭리는 예지와 동의어가 된다. 섭리에서 예지만 강조하게 되면 신은 인간사와 세상사의 방관자로 남게 된다. 세계는 피조물들의 놀이터일 뿐 신은 이를 구경만 하고 있을 뿐이다. 이런 방관자로서의 신을 기독교 신앙과 신학은 거부한다. 그러나 형이상학적으로 정초되었던 예지의 개념은 인간의 예측과는 달리 신적인 앎과 신적인 행위의 합일을 담고 있다. 따라서 신의 예지는 곧 신의 예정과 동일시될 수밖에 없었다. 그러나 초시간적으로 이해된 신의 예정은 인간의 현실적인 과정들을 앞서 규정해 놓음으로써 인간의 자유를 무력화시키고 개방적인 미래를 폐기한다.[37]

개신교 전통에서 하나님의 섭리는 계속적인 창조에 대한 신앙의 관점에서 이해되었다.[38] 성서가 그려주고 있듯이 생명의 역사는 태

---

37 틸리히도 신적 섭리를 방관적 예지와 초시간적 예정의 개념으로부터 분리시킨다. Paul Tillich, *Systematic Theology I*(Chicago: The University of Chicago, 1951), 266.
38 개신교 루터파 정통주의는 창조를 "직접적 창조"(무로부터의 창조)와 "매개적 창조"(피조세계의 질서 부여)로 구분하며, 직접적인 태초의 창조(creatio originalis) 외에도 창조의 "보존"(conservatio), "협동"(concursus), "조정"(gubernatio)을 "계속되는 창조"라고 하여 섭리에 귀속시켰다: Heinrich Schmid, *Die Dogmatik der evangelisch-*

초의 창조로부터 시작하여 새로운 창조를 향해 나아간다. 하나님의 섭리는 이 과정 속에 놓여 있는 계속적인 창조를 의미한다. 세계 창조와 함께 하나님의 창조 사역은 끝나버린 것이 아니라 시작되고 지속된다. 계속되는 창조 안에서 우리는 하나님을 예지하고 예정하는 존재가 아니라 창조 세계와의 소통을 위해 자신을 제한하는 사랑의 모험을 감행하시는 분으로 이해할 수 있는 신학적 단초를 발견한다.[39]

또한 창조와 더불어 일어난 하나님의 자기제한은 신의 본래적인 의지에 반하는 것이 아니라 사랑을 통해 일어난 창조의 논리적 귀결이다.[40] 하나님의 창조와 더불어 생명체들의 자유는 시작되며, 하나님은 창조의 미래를 위한 하나님의 모험에 함께 동참하도록 이들을 초청하고 추동한다.[41] 계속되는 창조 안에는 개별 창조물의 가능태들이 현실화될 뿐 아니라 다양한 가능성들이 현실화되면서 이전의 것들에서 유추될 수 없는 새로운 가능성들이 잉태되고, 여기에서 또다시 새로운 사건들이 일어난다. 이러한 창조의 과정 안에서 하나님은 자유로운 생명들과 함께 사랑의 교제를 나누며, 창조 생명의 역동성과 가능성을 폐쇄하려는 반생명적 위협에 대항하

lutherischen Kirche (Gütersloh: Verlag von C. Bertelsmann, 7. Aufl., 1893), 117-134.

39 현대 과학과 신학의 대화를 진지하게 시도하는 폴킹혼은 예측 불가능한 세계상과 관련하여 "신적 앎의 케노시스"를 주장한다. 폴킹혼/이정배 옮김, 『과학시대의 신론』 (파주: 동명사, 1998), 83.

40 몰트만/김균진 옮김, 『창조 안에 계신 하느님』 (서울: 한국신학연구소, 1987), 100; 몰트만/김균진 옮김, 『과학과 지혜』 (서울: 대한기독교서회, 2003), 98 이하.

41 성서는 이를 "생육하고 번성하여 땅에 충만하라"는 하나님의 명령과 축복으로 표현한다.

여 끊임없이 새로운 가능성을 열어주신다. 곧 계속되는 창조로 이
해된 섭리 신앙은 생명 세계를 삼키고자 하는 어둠의 세력에 대항
하여 꺼져가는 생명의 등불을 돌보시는 지속적인 하나님의 사랑에
대한 신앙이다. 이때 하나님의 창조적이며 역동적 섭리는 창조 세
계의 미래를 결정하는 유일한 요인이 아니다. 오히려 자유로운 창
조 세계의 다양한 요인들과 연동하고 생명의 지속적인 창조를 추동
한다.[42] 창조자 하나님은 섭리 신앙 안에서 새로움과 미래의 추동
자로 이해된다.[43]

이처럼 창조 안에서 이해된 하나님의 섭리는 또한 세계와 미래
에 대한 인식을 전환시킨다. 신은 죽은 자들과 죽은 것들을 창조하
지 않았다. 태초의 창조가 자유로운 생명체들의 창조였다면, 계속
되는 창조인 하나님의 섭리는 생명체들의 자유를 보존하고 또한 이
들이 서로의 자유를 파괴하지 않게끔 조정한다. 따라서 하나님의
창조적 미래를 부정하고 결정론적, 숙명론적 또는 패배주의적 세계
관 속에서 자신의 자유와 가능성을 폐기시키려는 모든 시도는 하나
님의 섭리에 대한 부정을 의미한다. 왜냐하면 섭리에 대한 신앙은

---

42 개신교 정통주의에 따르면, 신은 살아있는 존재에게 자유로운 의지를 준 이상 협동의 섭리에
　서 유일한 원인이 아니다. "오히려 신은 일어나는 모든 것의 동반 원인(Mit-Ursache)이다."
　Heinrich Schmid, *Die Dogmatik der evangelisch-lutherischen Kirche* (1893),
　118; 개신교 정통주의자들에게 창조의 목적은 신의 영광이었다. 그러나 신의 영광은 생명의
　충만을 동반한다. 오히려 생명체의 풍성한 삶(창 1: 11, 20, 22, 24, 28) 그 자체가 창조의
　목적이다. 요한복음 10장 10절과 계시록 21장 6절, 22장 1-5절 참조.
43 섭리의 구체적인 방식과 관련하여 과정신학의 "설득"의 수동성을 비판하면서 새로운 대안으
　로 "능동적 정보 입력"을 제시한 폴킹혼에 대한 논의가 더욱 필요하다고 본다. 이에 대해서는
　폴킹혼/이정배 옮김, 『과학시대의 신론』(1988), 56-87 그리고 전철, "존 폴킹혼의 Active
　Information 연구," 「한국기독교신학논총」 62 (2009), 269-287을 참조.

지금 여기서 불가능한 것을 하나님의 가능성 안에서 희망하는 신앙이기 때문이다. 하나님의 창조적 섭리는 인간과 여타 생명체들에게 끊임없이 새로운 가능성을 열어줌으로써 이들의 자유를 충돌질하고, 이들을 창조의 동력자로 부르신다. 따라서 창조 세계는 거대한 예지와 예정이라는 메커니즘 속에 한 치의 오차도 없이 돌아가는 거대한 기계장치가 아니다. 또한 이 세계는 기존에 일어났던 일들이 마냥 다시금 반복되는 곳도 아니다. 세계는 하나님의 창조적 모험 안에서 예측 불가능한 새로운 미래가 사건화되는 기적의 장소로 인식되어야 한다.[44]

하나님의 섭리는 인간과 창조 생명체의 자유를 부정하거나 제한하는 것이 아니라 오히려 새로운 삶의 가능성들을 폐기하거나 축소시키는 모든 힘에 맞서 인간을 비롯한 창조 생명체의 숨통을 매 순간 열어주시며 아직 실현되지 않은 가능성과 미래를 향해 눈을 뜨게 하는 하나님의 지속적인 창조의 표현이다.

---

44 판넨베르그도 신의 섭리와 관련하여 결정론을 반대하며 신의 자유와 미래성을 옹호한다. *Systematische Theologie I* (Göttingen: Vandenhoeck&Ruprecht, 1988), 420, 451. 그러나 판넨베르그에게서 신의 미래성은 전적으로 개방된 미래나 신의 모험과 연관되지 않는 듯하다. 왜냐하면 그에게 신의 미래성은 미래와 과거, 현재를 포괄하는 신의 영원성의 다른 이름일 뿐이기 때문이다. 앞의 책, 438에 나오는 넬슨 파이크(Nelson Pike)에 대한 비판과 443의 입장을 참조.

12장
창조와 삶의 신학

하나님의 창조를 신앙한다는 것은 결코 추상적이거나 원론적인 주장일 수만은 없다. 창조 신앙은 실제적인 삶의 태도와 깊은 연관성을 갖는다. 아래에서 우리는 창조 신앙이 단순히 자연과학과 대화하는 소재로만 활용되는 것을 넘어 우리 삶의 자세와 향방을 결정하는 중요한 모티브가 된다는 사실을 밝히고자 한다.[1]

1. 문제 제기

구약학자 폰 라드가 구약성서에서 창조는 고유한 독립적인 주제가 되지 못하고 구원신앙에 종속된다고 보았던 것과는 달리 60년대 이후부터 창조는 신학에서 주목받는 주제로 부상하기 시작하면

---

1 아래의 글은 박영식, "창조와 삶의 신학," 「한국조직신학논총」 38 (2014): 85-113을 약간 수정하여 옮김.

서 새롭게 르네상스를 맞이하고 있다.2 이처럼 창조가 신학에서 새롭게 주목받을 뿐 아니라 더 나아가 오늘날 신학의 중심 논제 중 하나로 자리 잡게 된 배경에는 아무래도 자연환경의 파괴에 따른 생태계에 대한 신학적 자각과 더불어3 자연과학의 눈부신 성과에 주목하면서 우주와 생명의 기원을 추구하는 자연과학에 대한 신학적 응답이 출현하고 있기 때문이다.4 특히 우주와 생명의 기원과 전개와 관련한 자연과학과의 대화는 기독교계 내에서는 다양한 방향으로 전개되었고, 자연신학 또는 자연의 신학이라는 이름으로 명명되었다.5 뿐만 아니라 세계대전 이후에 더욱 뚜렷해진 악의 문제에 대한 민감성이 기존의 선한 창조에 대한 신학적 진리 주장에 큰 타격을 입힌 것이 사실이다. 하나님의 선한 창조를 의심하게 만드는 세상 속의 악의 출현은 어떤 의미에서는 기독교 신학의 존폐와 맞물려 있다고 할 수 있다. 왜냐하면 여기서는 단순히 선한 창조만 아니라, 선한 창조주 자신의 존재 여부가 의심되기 때문이다. 오늘날 자연과학의 대화를 통해 기독교 신학은 신정론의 물음에 대해 형이상학적으로 정합성을 갖춘 대답들을 제시하기도 한다.6

---

2 Christoph Schwöbel, *Gott in Beziehung* (Tübingen: Mohr Siebeck, 2002), 131.
3 위르겐 몰트만/김균진 옮김, 『창조 안에 계신 하느님』 (서울: 한국신학연구소, 1987)의 독일어 원서는 1985년에 "생태학적 창조론"이란 부제를 달고 나왔다.
4 이에 대한 다양한 신학적 견해들은 이정배, 『기독교 자연신학』 (서울: 대한기독교서회, 2005)에 잘 정리·소개되었다.
5 Christoph Schwöbel, *Gott in Beziehung* (2002), 132; 이안 바버/이철우 옮김, 『과학이 종교를 만날 때』 (서울: 김영사, 2002), 59-73; 볼프하르트 판넨베르그/박일준 옮김, 『자연신학』 (천안: 한국신학연구소, 2000)의 영어 원제는 『자연의 신학』(*theology of nature*)이다.
6 양자역학을 철학적 형이상학으로 구성한 과정 사상에 기반을 둔 데이빗 그리핀/이세형 옮김, 『과정신정론』 (서울: 이문출판사, 2007)과 카오스 이론과 정보이론 그리고 신적 케노시스에 기반을 둔 John Polkinghorne, *Faith, Science & Understanding* (New Haven and

하지만 이처럼 기독교 신학이 하나님의 창조(행위)와 관련해서 자연과학과 대화하면서 무엇보다도 성서의 창조신학이 유래하게 된 본래적인 삶의 맥락을 망각하고 하나의 추상적이고 사변적인 답변만을 양산하는 것은 아닌가 하는 의심이 든다. 다시 말하면 기독교 신학이 말하는 창조는 우선적으로 인간의 삶 또는 삶의 경험과 깊은 연관성 속에 자리해야 함에도 불구하고[7] 삶의 현실과는 괴리된 우주론적 사변으로 과도하게 빗겨나가는 경향이 없지 않다. 이러한 문제설정을 중심으로 본 논문은 성서의 창조 기사와 연관된 본래적인 자리를 신학적으로 되묻고 결코 포기할 수 없는 창조의 신학적 의미를 붙잡으려고 한다. 모든 신학적 주제들과 마찬가지로 창조도 단순히 형이상학적 우주론과 발생론으로 구상되어야 할 사변이 아니라, 삶의 경험과 깊은 연관성 속에서 삶을 역동하고 추동케 하는 주제로 이해되어야 한다는 것이 본 논문의 주장이다. 이를 본 논문은 창조에 대한 '삶의 신학'적 이해라고 표현한다.[8] 여기서

London: Yale University Press, 2000), 105-129; Armin Kreiner, *Gott im Leid* (Freiburg/Basel/ Wien: Herder, 2005)를 참조.

7 특히 개신교 신학의 전통에서 루터와 슐라이어마허는 신학적 창조 이해와 세계발생론 사이의 간격을 분명히 했다. 루터는 창조주 하나님에 대한 고백을 '내 몸과 영혼, 눈과 귀, 모든 지체, 이성과 감성'의 창조와 연결시킴으로써 창조를 실존화·현재화하면서 인간의 피조물됨에 대한 자의식에 집중시켰다. Martin Luther, "Kleiner Katechismus," *Unser Glaube, Die Bekenntnisschriften der evangelisch-lutherischen Kirchen*, hg. *vom lutherischen Kirchenamt* (Gütersloh: Gütersloher Verlag, 3. Aufl., 1991), 542-543; Friedrich Schleiermacher, *Der christliche Glaube* (1830/1831) (Berlin/New York: Walter de Guyter, 1999), § 40. 195-198.

8 '삶의 신학'이란 용어는 한국 신학계에서 누가 제일 먼저 사용했는지 분명하지 않지만, 영어의 living theology 또는 theology of life와 독일어 Lebenstheologie 또는 Theologie des Lebens에 상응하는 개념으로, 생(生)의 신학 또는 생명신학으로 번역되곤 했다. 본 논문의 '삶의 신학'과 관련해서는 G. Ebeling/정병식 옮김, "신학을 위한 삶—삶을 위한 신학,"

말하는 삶은 인간과 자연을 아우르는 살아있는 모든 생명을 포괄하기보다는 우선적으로 생명 활동을 의식하고 체현하는 인간적 삶을 지시한다. 즉, 단순히 살아있다는 생물학적인 의미를 넘어 자신의 생명을 의식하고 반성하며, 기획할 수 있는 역동적이며 실존적인 삶으로서의 인간의 생명을 의미한다. 신학적 관점에서 부연하자면 삶의 신학은 경험적 삶의 과정 속에 전개되는 자기보존과 자기 전개의 역동성과 그로부터 출현하는 초월성으로서의 계시적 사건을 주목하며, 삶의 자리 안에 침투해 들어와 새로운 삶의 차원을 개방하는 하나님의 활동을 중심으로 다양한 신학적 주제를 삶을 위해 그리고 삶을 향해 해석하고 해명하고자 한다.[9]

　본 논문은 이를 위해 먼저 성서의 창조 의미(II)를 되짚어 보고, 현대 자연과학적 우주론에 근거하여 창조와 신의 존재를 변증하거나 해명하려는 일련의 신학적 시도들이 당면한 문제점을 스티븐 호킹의 우주론과 연관해서 비판적으로 검토하며(III), 창조와 연관된 신학적 문제들을 우주론에서 삶으로 방향 전환하여 삶의 신학적 관점에서 재해석하고자 한다(IV).

「신학사상」 (2003): 89-100과 심광섭, 『신학으로 가는 길』 (천안: 한국신학연구소, 1996) 참조

9 아리스토텔레스의 삶을 신학적 관점에서 전환시켜 구성한 작품으로는 Paul Tillich, *Systematische Theologie III* (Berlin: Walter de Gruyter, 4. Aufl., 1984), 특히 21-133. 무엇보다도 여기서 주목할 것은 틸리히에게 삶은 자연과 초자연의 경계가 와해되고 합몰되면서도 동시에 수직적 초월의 가능성이 함축되어 있는 자리이다.

2. 창조의 성서적 의미 구성

성서는 창조로 시작하여 창조로 끝나는 책이며, 성서의 하나님은 창조의 하나님이다. 이 책의 앞 장에서 언급했듯이 창조가 구약성서 전반에 다양하게 언급되고 있는 반면, 신약성서는 하나님의 창조를 직접적으로 언급하진 않는다. 하지만 이미 전제하고 있다. 뿐만 아니라 성서 전체가 하나님을 창조주로 고백하는 것에 근거하여 기독교 역사는 일찍이 자신의 역사 속에 등장한 마르시온주의와 영지주의를 배격할 수 있었다. 마르시온주의가 창조의 하나님과 구원의 하나님을 대립시켰다면, 영지주의는 물질과 정신의 대립을 통해 물질 영역을 하나님과 무관한 것으로 만들었다. 하지만 기독교 신학은 초기 기독교의 신앙고백(Apostolicum)을 따라 창조와 구원이 대립적이지 않으며 물질과 정신이 모두 하나님의 창조물임을 고백한다.

특히 구약성서가 말하고 있는 창조 기사의 구체적인 자리를 탐색하기 위해 종교사적 연구 결과들을 주목할 필요가 있다. 일찍이 19세기 독일의 종교사학파에서는 창세기 1장에 나타난 창조 기사가 고대 근동의 창조 신화들과 유사하다는 점을 지적했다면, 20세기 들어 구약학자들은 창조 기사의 전승과 형성의 과정 속에서 성서의 기록자들이 당대 자신들에게 익숙한 이야기들, 노래들, 시들을 통해 자신의 고유한 신앙고백을 표현했다는 점을 강조한다.[10]

---

10 B. W. Anderson, *Creation in the Old Testment* (Philadelphia: Fortress/London: SPCK, 1984).

널리 알려졌듯이 창세기 1장의 창조 이야기는 P문서(제사장 문서)에 속하며 포로기 시절을 거치면서 형성되었고, 바빌론의 창조 신화인 에누마 엘리쉬(Enuma Elish)뿐 아니라 여러 다른 신화들과의 연관성도 검토되었다.[11] 하나님의 구원 행위를 전하는 초기 전승에 속한 본문들 속에 바다, 물, 깊음 등의 용어들이 사용되고 있는데, 이것은 고대 근동의 창조 신화에서 혼돈의 세력을 상징하는 단어들과 연관되어 있다. 이스라엘 신앙공동체는 이미 초기의 신앙 전승에서 혼돈의 세력과의 투쟁이라는 고대 근동의 창조 신화를 하나님의 구원 행위와 연결시켜 사용하고 있지만,[12] 바빌론 포로기를 거치면서 자신들의 고유한 창조 신앙을 형성하고 표현했다.[13] 삶이

---

11 Karl Löning/Erich Zenger, *Als Anfang schuf Gott. Biblische Schöpfungs-theologien* (Düsseldorf: Patmos, 1997), 20-28에는 바벨론 외에 다른 지역의 신화들을 담고 있는 토판을 소개하고 설명하고 있다. 거기에 등장하는 이미지들은 창세기 1-3장에 등장하는 이미지들을 이해하는 데 도움을 준다. 강성열, 『고대 근동 세계와 이스라엘 종교』 (서울: 한들출판사, 2003), 19-27. 바빌론의 창조 신화인 에누마 엘리쉬는 니느웨의 앗수르바니팔 왕의 도서관에서 발견된 일곱 개의 토판에 기록된 서사시이다. 기록 연대는 주전 1700년경으로 추정된다. 에누마 엘리쉬는 우주 기원에 대해 설명하려는 형이상학적 목적을 가진 것이 아니라, 함무라비 대왕의 등극과 그에 의한 세계질서의 형성을 신화적 용어로 해설한 것이며, 티그리스와 유프라테스강과 같은 실제적인 자연의 위협을 원시 바다라는 혼돈의 세력으로 상징화하였다. 하지만 그 후 에누마 엘리쉬는 바벨론의 신년 축제인 아키투 축제에 흡수되어 본래의 역사적 배경과는 무관하게 신화화되어 태초의 시간에 일어난 창조와 투쟁의 원형적 사건으로 이해되었다.

12 폰 라트에 따르면 신명기 26장 5-9절, 6장 20-24절, 여호수아 24장 2-13절이 가장 초기의 신앙 전승에 속한다. 강성열, 『고대 근동 세계와 이스라엘 종교』 (2003), 27. 이 책에 따르면 출애굽기 15장의 바다의 노래, 신명기 32장의 모세의 노래, 사사기 5장의 드보라의 노래도 가나안 진입 초기 전승에 속한다.

13 B. Janowski, Art. "Schöpfung II"(2007), 970-972. 물론 예외적으로 이스라엘 신앙공동체가 바빌론에서 포로 생활(주전 6세기) 이전에 형성된 본문들 속에서 창조 신앙을 담고 있는 구절들이 발견되기도 한다. 예컨대 시편 93편을 보면 이스라엘 신앙공동체는 야웨 하나님의 왕권을 찬양하고, 야웨(YHWH)께서 창조 세계에 경계를 정하셨다고 고백하고 있다. Theodor Schneider(Hg.), *Handbuch der Dogmatik, Bd. 1* (2006), 130에는

위협받고 앞을 향한 전망이 닫혀 버린 포로기적 삶의 맥락을 고려해서 창조 기사를 읽으면, 카오스는 하나님의 생명 창조에 대항하는 파멸과 죽음의 위협이며, 하나님의 창조는 이러한 카오스적 혼돈과 위협으로부터 조화와 질서의 삶으로 전환되는 사건임을 알 수 있다. 하나님은 빛을 창조함으로써 흑암을 물리치시며 물의 경계를 정하시고 물(바다)을 생명의 거주지로 바꿔놓는다. 이로 인해 혼돈과 공허로 뒤덮였던 파괴와 죽음의 땅은 삶이 가능한 거주지로 변화된다.14 이제 하나님의 창조는 혼돈에서 벗어나 질서와 조화로 장식된 새로운 삶의 시작에 관한 이야기로 읽을 수 있다. 즉, 성서의 창조는 구체적인 삶의 위기를 극복하는 현실적인 창조-구원이라는 관점을 열어놓는다.15

물론 창세기에 나타난 창조 기사도 전승사적으로 보면 그렇지만, 특히 이사야서에 나타난 창조에 대한 언급은 하나님의 창조와 더불어 이스라엘 백성이 처한 억압적 상황에서의 구원을 구분하거나 분리시키고 있지 않다는 사실을 분명히 하고 있다. 전통적인 교의학의 관점에서 창조와 구원을 분리하여 구원을 창조의 회복으로 이해하거나 창조를 구원의 전 단계로 자리매김하는 것은 적어도 구

시편 24편을 포로기 이전의 창조 시편의 예로 말한다. 그리고 아모스 4장 13절, 5장 8절, 9장 6절, 호세아 8장 14절, 이사야서 1장 2절, 예레미야서 1장 5절, 2장 27절 등을 포로기 이전의 창조 신앙을 담고 있을 가능성이 있는 구절들로 언급한다. 하지만 이 구절들도 전승과 편집의 과정 속에서 포로기 이후의 상황이 반영된 것일 수도 있다.

14 Karl Löning/Erich Zenger, *Als Anfang schuf Gott* (1997), 30-31.

15 월터 브루거만/강성열 옮김, 『창세기. 목회자와 설교자를 위한 주석』(서울: 한국장로교출판사, 2000), 59-65는 창세기의 창조 기사가 "우주의 기원에 관한 추상적인 진술"이 아니라 "신학적이고 목회적인 진술"임을 분명히 하고 있다(60).

약성서의 창조 기사가 전승되고 형성된 맥락에서 적합하지 않다. 즉, 창조와 구원을 연대기적 시간순으로 이해하면 포로기와 포로기 이후에 등장하는 창조 이야기는 해명할 길이 없다. 창조와 구원은 연대순으로 이해되어서는 안 되며, 창조는 위기에 처한 공동체에게 주어질 새로운 삶의 창조로서의 구원으로 이해되어야 할 것이다. 창조와 구원은 공속 관계에 있다는 사실은 성서학적 연구에서도 드러나는데, 독일의 성서학자 뢰닝과 쳉어는 성서 전체의 다양성이 하나의 근본적인 메시지에 놓여 있고, 성서 전체가 창조신학으로 규정되어 있다고 보았다.[16] 이들에 따르면 성서의 창조신학적 진술은 동시에 구원하시는 하나님의 행위에 대한 심층적 차원을 드러낸다. 즉, "성서적 창조 신앙과 성서적 구원신앙은 동전의 양면처럼 서로에게 속해 있다."[17]

창조와 구원은 동근원적 사건으로 삶의 위협과 어둠 속에서 하나님의 창조로 열린 새로운 삶의 미래를 지시한다. 따라서 '창조 이후에 구원'이라는 도식은 추상적이다. 삶의 신학적 관점에서 볼 때 창조는 곧 위협받는 삶에서의 구원을, 구원은 곧 새로운 삶의 창조를 뜻하며, 창조는 저 태곳적 과거가 아니라 위협받고 있는 삶이 희망하게 될 새로운 미래를 지시한다.

---

16 Karl Löning/Erich Zenger, *Als Anfang schuf Gott* (1997), 9.
17 앞의 책, 16.

3. 천체물리학과 신학

과연 성서의 창조는 만물의 기원을 지시하고 있는가? 우주 만물의 기원을 묻는 질문과 관련해서 우리 시대의 가장 탁월한 과학자 중 한 명은 다음과 같이 선언한다. 지금까지 만물의 기원을 사유하고 해명하던 "철학은 이제 죽었다. … 지식을 추구하는 인류의 노력에서 발견의 횃불을 들고 있는 자들은 이제 과학자들이다."[18] 당대의 자연과학자라고 할 수 있었던 고대 그리스 철학자들은 만물의 기원(archē)에 대해 질문했고, 그에 대한 다양한 답변의 가능성을 제시했다. 물론 철학자들 뿐 아니라 여러 민족이 다양한 종교적 신화를 통해 이 질문에 답했다. 하지만 이제 이러한 철학적·종교적 답변들은 그저 흥미로운 이야기에 불과한 것으로 취급될 뿐 객관적 실재와는 무관하다는 것이다.[19]

오늘날 천체물리학은 만물의 기원에 관한 물음에 대해 t=0인 특이점(singularity)을 기점으로 우주의 팽창과 진화를 말하는 빅뱅 우주론으로 답변된다. 표준 모델로 자리 잡은 빅뱅우주론은 아인슈타인의 일반상대성이론과 양자역학 그리고 허블의 적색편이 관측 그리고 그 이후에 윌슨과 펜지어스에 의해 우연히 포착한 마이크로파 우주배경복사에 근거하여 그전에 주장되던 정상우주론(steady state cosmology)을 완전히 대체함으로써 우주가 항상 존재했다는 생각 대신에 우주에도 시작이 있음을 알렸다. 이로 인해 성서와

---

18 스티븐 호킹&레오나르드 믈로디노프/전대호 옮김, 『위대한 설계』(서울: 까치, 2010), 9.
19 앞의 책, 19-28.

신학이 말해 왔던 신적 창조를 빅뱅의 순간과 연관시키려는 시도들이 등장했다.[20] 이들에게 우주의 시작을 언급한 천체물리학적 표준 모델은 신적 창조를 통한 만물의 시작을 말해왔던 기독교 신학과 쉽게 소통할 수 있는 듯 보였다. 천체물리학자 재스트로(R. Jastrow)는 물리학자들이 무지(無知)의 가장 높은 봉우리를 올라갔을 때 이미 일련의 신학자들이 그곳에 있었다며 새롭게 해명된 천체물리학의 우주론이 성서의 창조 신앙과 연관될 수 있음을 재치 있게 표현했다.[21]

호킹도 빅뱅에서 물질만 생성된 것이 아니라 시간과 공간도 생성되었고, 시간과 공간이 여기서 시작되었다고 말한다. 따라서 빅뱅 이전의 시간을 생각하는 것은 무의미하다.[22] 하지만 빅뱅이 시

---

20 Leonardo Boff, *Cry of the Earth, Cry of the Poor* (Maryknoll: Orbis, 1997), 142; William L. Graig, "Richard Dawkins on Arguments for God," William Lane Graig & Chad Meister, ed., *God is good. God is great* (Downers Grove: IVP, 2009), 13-31, 특히 15-20; 물론 몇몇의 보수적 기독교인도 추가할 수 있을 것이다. Norman Geisler and J. Kerby Andersn, in Huchingson, ed., *Religion and the Natural Science*, 202; 존 호트/구자현 옮김, 『과학과 종교, 상생의 길을 가다』(서울: 코기토, 2003), 160. 신재식/김윤성/장대익, 『종교전쟁』(서울: 사이언스북스, 2009), 262에서 신재식은 일련의 신학자들을 언급하면서 빅뱅우주론과 신학적 창조의 깊은 공명 관계를 지적한다.

21 Robert Jastrow, *God and Astronomers* (New York: Norton, 1978), 116: 이안 바버/이철우 옮김, 『과학이 종교를 만날 때』(2002), 81.

22 존 보슬로우/홍동선 옮김, 『스티븐 호킹의 우주』(서울: 책세상, 1990), 78; 스티븐 호킹&레오나르드 플로디노프/전대호 옮김, 『위대한 설계』(2010), 64; 호킹은 우주의 시작이란 개념을 종종 사용하고 있지만, 다른 한편에서 교황이 빅뱅은 우주 창조의 순간으로 하나님의 일이기에 빅뱅 자체를 알아보려고 해서는 안 된다고 말한 것에 대해 '시공간의 시작, 우주 창조의 순간이 없을 가능성'을 교황이 모르고 있었다고 말하기도 한다. 스티븐 호킹/현정준 옮김, 『시간의 역사』(서울: 까치, 1990), 176. 하지만 이러한 혼동을 줄이기 위해서는 그가 '실제 시간'과는 다른 '허수의 시간'(또는 허시간)을 말하고 있음에 주목해야 한다. 이에 대해서는 앞의 책, 208 이하 참조.

간과 공간의 시작이라면, 이는 기독교 신학이 말해왔던 태초의 창조(creatio originalis)의 순간에 상응하는 것이 아닐까. 시간은 공간과 마찬가지로 우주 형성에 원래부터 자리 잡고 있던 배경이 아니라 빅뱅과 더불어 비로소 시작되었으며, 이는 기독교 신학이 창조에 대해 말해 왔던 것과 유사하다. 아우구스티누스에 따르면 시간은 하나님과 함께 영원한 것이 아니라 하나님에 의해 창조된 피조물이다. 따라서 '창조 이전'의 시간에 대해 묻는 것은 논리적으로 불가능하다. 즉, 시간이 시작되기 이전인 빅뱅 이전에 대해 묻는 것이 불가능하듯이 창조 이전에 대해 묻는 것도 무의미하다. 하나님은 시간도 창조하셨고, 시간은 창조로 인해 비로소 시작된다.

'창조 이전의 공간'에 대해서도 기독교 신학 전통은 무로부터의 창조(creatio ex nihilo)를 말했다는 점에서 빅뱅우주론과 상응하는 듯하다. 더구나 기독교 신학이 전통적으로 말해왔던 무(nihil)란 제조되지 않은 물질도 아니며, 창조 이전의 어떤 재료도 아니다. 여기서 무는 말 그대로 '아무것도 없음'을 뜻한다. 이로 인해 무로부터의 창조는 하나님의 전능과 논리적인 상응 관계에 놓인다. 무로부터는 아무것도 나올 수 없기(ex nihilo nihil fit) 때문에 반드시 무로부터 무언가를 나오게 할 수 있는 힘을 가진 존재가 있어야 한다고 추론할 수 있다. 이런 추론에 따라 기독교 신학과 철학은 빅뱅우주론이 전제하는 무를 수용하면서 무로부터의 창조를 가능하게 하는 원인으로서의 창조주를 옹호하고자 한다.

기존의 아퀴나스의 우주론적 증명을 새로운 우주론에 맞춰 변형시킨 크레이그의 추론은 1) 모든 시작은 원인을 가지고 있다는 사실에서 출발한다. 그런데 2) 우주는 존재하기 시작했고, 따라서 3) 우주는 원인을 갖는다고 말한다.[23] 그에 따르면 전제 1)은 일상의 경험에 근거해 확증된다. 또한 전제 2), 즉 우주의 시작은 이미 철학적으로는 시간적으로 끊임없는 후퇴(infinite regress)가 불가능하다는 점에 근거하며, 과학적으로는 빅뱅우주론에 근거한다. 그렇다면 우주는 원인을 갖는데, 이 원인은 시간과 공간의 원인으로서 시간과 공간을 초월해 있는 무시간적이며, 비공간적인 원인이어야 한다. 여기서 크레이그는 한 걸음 더 나아가 우주 발생의 초월적 원인은 인격적이어야 한다고 추론한다. 그에 따르면 비인격적이고 추상적인 실재, 예컨대 숫자 7과 같은 것은 어떤 것의 원인이 될 수가 없기 때문이며, 오직 정신을 지닌 인격적인 실재만이 무시간성과 무로부터 무언가를 시작할 수 있는 원인이 될 수 있기 때문이다. 또한 원인은 결과를 가져오는데, 무시간적인 초월적 원인으로부터 발생한 결과인 우주는 영원하지 않다는 점에 주목하면, 우주의 초월적 원인은 우주를 시간 안에 창조할 것은 자유롭게 선택할 수 있는 인격적 존재여야 한다는 사실에 개연성이 실린다. 그렇지 않다면 원인이 영원하기 때문에 그 결과도 영원해야 할 것이다. 빅뱅우주론과 연관하여 크레이그는 다음과 같이 단언한다. "우주의 인격적 창조주가 존재한다. 그는 원인을 갖지 않으며 시작도 없고 변화도 없고 비물질적이며 무시간적이며 비공간적이고 상상불허의 힘을 지녔다."[24]

---

23 William L. Graig, "Richard Dawkins on Arguments for God"(2009), 14.
24 앞의 책, 17.

평생을 무신론자로 지내다가 최근에 신의 존재 가능성을 고백한 앤터니 플루(Anthony Flew)도 크레이그와 유사한 유추를 통해 신의 존재를 추정한다. 또한 플루는 오늘날 천체물리학에서 말하는 인류 원리(anthropic principle)와 미세 조절(fine tuning)에도 주목한다.[25] 오늘날 물리학자들은 끊임없이 팽창해 가는 광활한 우주에는 천억 개 이상의 별을 가진 은하들이 수천억 개 존재하며, 그 주변엔 수많은 행성이 존재한다는 것을 알고 있다. 하지만 적어도 지금까지 관찰한 결과에 따르면 수많은 은하 중에서 우주의 기원과 유래 그리고 자기 자신의 진화를 파악할 수 있는 지적 존재는 유일하게 이 지구상에만 존재한다. 생명체와 인간이 존재하기 위해 필수적인 특별한 환경 조건들이 우주의 역사에 동반되어야 하는데, 여러 가지 매개변수들은 생명체의 탄생에 적합하게끔 미세하게 조절되어 있다는 사실에 주목하여 물리학자들은 인류 원리나 미세 조절과 같은 개념을 사용하였다. 우주의 미세 조절과 인류 원리에서 신적 존재를 추론하는 것은 그리 어려운 일이 아닐 것이다. 수억 권의 도서가 질서정연하게 분야별로 꽂혀 있어 누구나 쉽게 찾을 수 있다고 했을 때 그것이 우연적으로 그렇게 되었다고 말하는 것보다는 누군가가 이를 세심하게 정돈했다는 주장이 경험상 훨씬 개연성 있는 추론일 것이다.[26]

---

25 앤터니 플루/홍종락 옮김,『존재하는 신』(서울: 청림출판, 2011), 123 이하; 김흡영,『현대과학과 그리스도교』(서울: 대한기독교서회, 2010), 195 이하에 소개된 연세대학교의 이영욱 교수와의 대화도 주목해 볼 필요가 있다.

26 인류 원리는 유신진화론을 주장하는 프랜시스 콜린스/이창신 옮김,『신의 존재』(서울: 김영사, 2009), 77-83에서도 신적 존재의 개연성을 주장하는 근거로 인정을 받는다. 지적 설계론의 대표자도 역시 인류 원리를 환영한다. 윌리엄 뎀스키/서울대학교창조과학연구회

하지만 호킹이 구상하고 있는 대통일이론에 따르면, 빅뱅으로부터 시작되는 우주의 전개는 기독교 신학이 신의 자유로운 사랑의 결과로 생각하는 창조와는 아무런 상관없는 일련의 법칙들에 의해 결정된다. 모든 것은 이미 물리학적 법칙에 의해 결정되고, 그러한 가설 속에서 설령 신이 언급된다 하더라도 실제로 그에게 신은 과학적 법칙의 위대성을 웅변하는 은유에 불과할 뿐이다.[27] 다시 말하면 빅뱅우주론이 우주의 시작을 가정했다고 하더라도 이 시작은 신의 자유로운 행위와는 무관한 자연과학적 법칙에 근거할 수도 있다. 이런 점에서 오늘날 천체물리학이 만물의 기원으로 상정한 빅뱅과 신학적으로 사유된 창조는 아무런 어려움 없이 성급하게 일치될 수 있는 것이 아니다.

더구나 1970년대에 호킹이 제시했던 특이점과 우주의 시작에 대한 주장은 오늘날 여러모로 약화되거나 변화되고 있다. 따라서 스텐저(Victor J. Stenger) 같은 물리학자는 호킹의 특이점과 우주의 시작에 대한 주장에 근거한 크레이그의 신 존재 증명은 근거를 잃었다고 말한다.[28] 왜냐하면 이미 80년대를 넘어오면서 호킹은 아인슈타인의 일반상대성 이론에 양자역학을 통합하여 새로운 우

옮김, 『지적 설계』 (서울: IVP, 2002), 337-342; 신재식/김윤성/장대익, 『종교전쟁』 (2009), 262-264.

27 스티븐 호킹&레오나르드 믈로디노프/전대호 옮김, 『위대한 설계』 (2010), 216에서 호킹은 자연법칙들은 우주가 어떻게 행동하는지 알려주지만, 왜 무가 아니라 무엇이 존재해야 하는지에 대한 질문들에는 답을 주지 못한다고 하면서도 다른 한편 "온전히 과학의 범위 안에서, 어떤 신적인 존재에도 호소하지 않고, 위의 질문들에 대답할 수 있다"라고 주장한다.

28 피터 싱어·마이클 셔머·그렉 이건 외/김병화 옮김, 『무신예찬』 (서울: 현암사, 2012), 281-290.

주론을 구상하여 우주가 하나의 유일한 역사를 갖는 것이 아니라 관찰자에 따라 다른 속도로 진행되는 가능한 모든 시간의 역사를 가진다고 말하기 때문이다. 결론적으로 그는 파인만의 역사총합이론(the sum over histories)과 허시간(imaginary time) 개념에 의존하면서 "역사는 어떤 특이점이나 시작이나 끝을 가지지 않으며, 그 안에서 발생하는 모든 것은 물리학의 법칙에 의해 완전히 결정될 것"이라고 말한다.29

따라서 호킹이 자신의 우주론에서 신이나 창조라는 단어를 여러 번 사용했다고 하더라고 그가 말하는 만물의 기원은 성서적, 신학적 창조와는 전혀 다르며 그가 알고 싶어 하는 '신의 마음'은 살아계신 하나님의 마음과는 전혀 다른 자연과학적으로 규정 가능한 법칙일 뿐이다.30

뿐만 아니라 미세 조절에 의한 인류 원리를 인정한다고 하더라도 그것이 직접적으로 신적 존재를 증명하는 것일 수도 없다. 물론 호킹도 "물리법칙의 미세조정"이 신에 의한 "목적과 설계를 입증하는 압도적인 증거"일 수 있다고 말한다.31 하지만 호킹의 결론적인

---

29 스티븐 호킹/과학세대 옮김, 『시간은 항상 미래로 흐르는가』 (서울: 우리 시대사, 1992), 84; 스티븐 호킹/현정준 옮김, 『시간의 역사』 (1990), 90-92.
30 스티븐 호킹/현정준 옮김, 『시간의 역사』 (1990), 257에서 호킹은 신이 우주의 법칙을 선택할 자유를 가졌다 하더라도 대단한 자유는 아니라고 일축하고는 과학에 의해 "신의 마음"을 파악할 수 있는 "인간의 이성의 최종적인 승리"(259)를 희망한다. 마찬가지로 그의 최근 저서, 스티븐 호킹&레오나르드 플로디노프/전대호 옮김, 『위대한 설계』 (2010)의 결론도 이러한 과학적 이성에 대한 낙관론으로 장식된다. 여기서는 신의 마음이란 단어 대신 "위대한 설계"(앞의 책, 229)라는 개념을 사용하지만, 이는 신과 같은 인격적 존재와는 무관한 "스스로를 창조하는 우주"(228)의 법칙을 뜻한다.
31 스티븐 호킹&레오나르드 플로디노프/전대호 옮김, 『위대한 설계』 (2010), 206.

언급에 따르면 "자연법칙들의 미세조정도 수많은 우주들의 존재에 의해서 설명"될 수 있으며, "다중우주의 개념"을 통해서 "우주를 만든 자비로운 창조주를 들먹일 필요도 없이 물리법칙의 미세조정을 설명할 수 있게 되었다."[32] 부연하자면 인류 원리란 어떤 의미에서 우리 자신이 지금 이러한 조건에서 살아가고 있기 때문에 역으로 추론하는 원리일 뿐이다. 또한 오늘날 제기되는 다중우주론의 입장에서 보면, 우리가 생존하는 우주를 구성하는 특정한 조건들은 다양한 우주들의 기원과 생성을 가능케 하는 무수한 조건 중 하나로서 우연적으로 특정화되었을 뿐이다. 즉, 빅뱅에 의해 거품처럼 다양한 우주들이 생성 소멸하는 과정 속에서 우리가 살고 있는 우주가 자연과학의 법칙에 따라 우연적으로 구성되었을 뿐이며 우리는 이 세계 속에서 살고 있기에 이러한 특정한 법칙이 인간을 지향해서 설계되었다고 생각할 뿐이다.[33]

결국 호킹의 우주론은 그 자신의 말대로 결정론으로 귀결된다. 그는 콘웨이와 그의 제자들이 꾸민 생명 게임의 법칙을 주목하면서 어떤 특정한 초기 조건이 주어졌을 때, 그에 따라 끊임없이 변화해 갈 뿐 아니라 자기복제 능력을 지닌 거대한 모형이 가능하다고 주장한다. "콘웨이의 생명 게임은 매우 단순한 법칙들의 집합조차도 지적인 생명의 특징들과 유사한 것들을 산출할 수 있음을 보여준다."[34]

---

32 앞의 책, 208.

33 앞의 책, 207; 피터 싱어·마이클 셔머·그렉 이건 외/김병화 옮김, 『무신예찬』(2012), 287에서는 만약 다른 상수와 물리법칙이 적용되었다면 다른 생명체가 탄생했을 것이라고 가정하면서, 결국 우주가 인간을 위해 미세 조절된 것은 아니라고 반박한다.

34 스티븐 호킹&레오나르드 믈로디노프/전대호 옮김, 『위대한 설계』(2010), 225.

앞에서 살펴보았듯이 오늘날 천체물리학이 그려주는 우주론에 빗대어 신학적 우주론을 구상하고 이로부터 창조와 하나님의 존재를 지지하려는 자연신학적 시도들은 몇 가지 반성을 가져온다. 첫째, 이러한 신학적 작업들이 무신론적인 전제에 기초하여 우주론을 구상하는 과학자들에 의해 쉽게 손상을 당할 수 있다는 점이다. 즉, 신학이 기대고 있는 과학적 관찰과 개념들은 이들에 의해 전혀 다른 방향으로 해석되어 버릴 수 있다. 더구나 오늘날 우주론은 단순히 관찰과 검증을 넘어 형이상학적 전제와 추론에 영향을 받기 때문에 동일한 사태에 대한 해석에서 신학자와 과학자가 서로 엇갈린 길을 갈 수도 있음을 염두에 두어야 한다.[35] 둘째, 과학 이론에 근거한 신학적 주장은 신앙의 합리성을 추구하지만, 실제로는 합리성만으로는 해명되지 않는 난점을 여전히 남겨둔다. 즉, 단순히 과학적 합리성에 의존하는 것만으로 창조와 창조주에 대한 긍정이 깨끗하게 증명되지는 않는다. 예컨대 미세 조절이 신적 존재의 가능성을 높여준다고 하더라도 우주의 역사 속에 나타난 미세 조절과 신적 존재의 결합에는 신앙적 결단이 동반될 수밖에 없다. 즉, 미세 조절이나 인류 원리가 세계가 신의 피조물이며 신이 존재한다는 직접적인 증거가 될 수 없다는 사실은 분명하다.[36] 이것은 합리성에 기초한 신앙의 문제이지 신앙과 무관한 합리적 논증의 문제는 아니다.

---

35 Volker Weidemann, "Das Inflationäre Universum — die Entstehung der Welt aus dem Nichts," Helmut A. Müller, eds., Naturwissenschaft und Glaube (Bern: Scherz, 1988), 346-365.

36 현우식, 『과학으로 기독교 새로 보기』(서울: 연세대학교출판부, 2006)는 이에 대한 균형잡힌 해석과 더불어 인류 원리에 대응하여 '역인간주의'를 제시한다. 빅뱅우주론과 인류원리에 대해서는 62-75 참조.

셋째, 위에서 살펴본 자연신학적 시도들은 지적인 궁금증을 해소하거나 자극하는 데 도움을 줄 순 있지만, 기독교 신앙에 의존하는 많은 사람이 기대해 왔던 삶의 근본적인 방향정위를 제공하기에는 미약하다.

4. 창조와 삶의 신학

1) 창조와 새로운 삶의 시작

삶의 신학은 창조를 우주론이 아니라 삶의 현실과 연결시킨다. 삶/생명의 고전적 정의가 '가능태에서 현실태로의 이행'이라고 할 때, 삶은 또한 이행의 과정이 성공하지 못할 위험성에 노출되어 있다. 이런 의미에서 삶은 죽음과 전혀 다른 세계에 놓여 있는 것이 아니다. '삶은 강탈'이라는 화이트헤드의 통찰력은 적실하다. 강탈하고 강탈당할 수밖에 없는 삶의 여정 속에서 창조는 무엇을 말하고 있는지를 해명하는 것이 삶의 신학적 과제이다. 즉, 창조와 관련하여 삶의 신학은 위험에 노출된 삶을 주목하면서 삶의 근본적인 방향정위를 창조신학적 관점에서 제공하고자 한다.

앞서 보았듯이 삶의 신학은 창조를 삶의 구원과 직결시킨다. 구체적인 삶의 자리를 직시할 때 창조는 구원을 의미하며, 창조 이야기는 구원의 약속을 환기시키며, 과거가 아니라 미래를 향하게 한다. 창조와 관련해서 성서의 시간은 사건적-카이로스적으로, 역사

저으로, 메시아적으로, 종말론적으로 그리고 영원한 창조의 미래와 관련해서 이해되어야 한다는 지적은 옳다. 이처럼 기독교 신학에서 창조는 삶의 시간 안으로 개입해 들어오신 하나님의 구원 활동을 지시한다.[37]

이처럼 창조를 현재 안으로 돌입해 들어오는 하나님의 미래적 구원 행위와 결부시키는 삶의 신학의 관점에서 창세기 1장 1절에 나오는 "태초에"는 결코 피조 세계의 탄생 이전의 먼 옛날이나 유일회적 시작점을 의미하지 않으며 세계의 시작을 의미하지도 않는다. 오히려 이 시작은 하나님과 하나님의 생명 세계의 "관계의 시작"을 의미하며, "하나님의 삶의 역사 자체를 변화시키고 규정하는 시작"이다.[38] 더 나아가 창조의 시작은 창조주 하나님과 그의 창조 세계가 함께 결합되어 지향하는 "목적"을 향해 있다. 즉, 창조의 시작은 "시간적이고 인과율적으로 규정 가능한 시작"이 아니라 인간과 세계의 시간이 하나님의 시간 속으로 편입되어 들어가 위험과 고난 속에서도 궁극적 의미를 비춰주는 "근원적이며 궁극적인 시간"을 의미한다. 성서의 화자(話者)에게 놀라운 것은 그저 예전에 없는 무엇이 있다는 사실이 아니라, 창조 이전에 있을 수 없었던 새로움이 시작되고 있다는 사실이다.[39]

그렇다면 창조는 단순히 과거의 이야기가 아니다. 오히려 창조-

---

37 위르겐 몰트만/김균진 옮김, 『창조 안에 계신 하느님』(서울: 한국신학연구소, 1987), 142-156; Christoph Schwöbel, *Gott in Beziehung* (2002), 150-155에서 슈베벨은 기독교 창조론의 고유성이 창조 신앙과 구원 신앙의 통합에 있음을 강조한다.
38 Karl Löning/Erich Zenger, *Als Anfang schuf Gott* (1997), 18.
39 앞의 책, 19.

구원의 관점에서는 창조의 시작은 하나님의 창조 행위와 함께 이제 막 시작된 새로운 삶의 시작을 의미한다. 창세기 1장 2절의 고대 신화로부터 채용된 혼돈과 공허, 깊음 등이 삶을 파괴하는 가능성을 암시한다면,[40] 창조의 시작은 삶의 파괴라는 위기 속에 봉착해 있는 세계를 향한 하나님의 구원의 시작을 뜻하며, 카오스적 세계 또는 세계적 카오스에 저항하며 새로운 삶의 질서를 펼쳐내는 하나님의 창조의 시작을 뜻한다. 또한 혼돈과 공허와 흑암 가운데서 하나님의 신이 수면에 운행한다는 것은 삶이 위협받고 있는 그 자리에도 여전히 하나님의 창조 사역으로 인한 새로운 삶의 가능성이 함께 있음을 암시한다. 삶은 이처럼 언제나 파괴와 창조의 길항에 놓여 있는 가능성의 현실화다.

따라서 하나님의 창조는 단순히 피조 세계 전체가 근원적으로 어디에서 파생되었냐 하는, 즉 세계의 기원에 대한 형이상학적 추론으로 읽혀지기보다는 현실적인 삶의 새로운 시작과 희망해야 될 현실 세계의 미래와 연관해서 재해석된다.[41] 이런 점에서 하나님의 창조는 더 이상 태곳적 과거가 아니라 파괴적 과거의 극복으로서의 현재와 새로운 미래를 뜻한다. 과거로부터 파생된 현재의 위험을 넘어 신적 구원의 미래로부터 도래하는 새로운 현실로의 이행의 실현이 곧 삶의 창조라 할 수 있다.

창조를 이처럼 구체적인 삶의 위기로부터의 현실적인 창조와 구

---

40 앞의 책, 30-31; Rolf Rendtorff, *Theologie des Alten Testaments*, Bd.1 (Neukirchen-Vluyn: Neukirchener Verlag, 1999), 12에서는 이 개념들을 이사야 45장 18절에 근거하여 인간이 거주할 수 없는 정황으로 이해한다.
41 데이비스 퍼거슨/전성용 옮김, 『우주와 창조자』 (서울: 세복, 2009), 13-44.

원의 사건으로 이해할 때 흔하게 질문되는 창조냐 진화냐는 양자택일은 무의미하다. 창조주 하나님에 의한 새로운 삶의 창조에 대한 신앙은 진화생물학이 제시하는 생명 진화의 과정을 거부할 이유가 없다. 진화가 예측하지 못한 새로운 종의 탄생을 언급하듯이 삶의 신학에서 창조는 예측하지 못한 새로운 삶의 현실을 지시한다. 다만 여기서 주의해야 할 점은 오히려 창조를 진화에 대립시키거나 성서문자주의에 입각하여 우주적 창조론을 구상하는 일이다. 오늘날 신학자와 과학자들은 그들의 신학적·세계관적 전제 아래 소위 창조론, 지적 설계론, 유신진화론의 세 모델 중 하나를 지지할 수 있겠지만,[42] 앞에서 언급한 창조-구원의 관점은 이런 모델 중 하나를 직접적으로 지지하지 않는다. 왜냐하면 성서적 관점에서 본 창조-구원은 애초에 형이상학적 구상의 결과물도 아니고, 생명체의 기원 문제를 내포하고 있지 않기 때문이다.[43] 오히려 하나님의 창조와 관련하여 더욱 심각한 신학적 질문은 삶의 위기에 처한 인간과 삶의 자리를 어떻게 구원할 수 있느냐 하는 창조-구원의 물음이지 추상적인 우주론의 구상이 아니다.

---

[42] 신재식, 『예수와 다윈의 동행』(서울: 사이언스북스, 2013)은 '진화론적 유신론'의 입장에서 창조와 진화의 공존 가능성을 주장한다.

[43] 김기석, "진화론과 공존가능한 창조 신앙," 「조직신학논총」 33 (2007): 387-420은 성서의 창조 기사가 창조론과 지적 설계론 그리고 유신진화론 중 그 무엇을 선택적으로 지지하지 않는다는 사실을 환기시킨다. 다만 저자가 유신진화론을 지지하는 이유는 '과학공동체에 대한 신뢰' 때문이다. 앞의 책, 409.

2) 무, 혼돈 그리고 삶의 신학

5세기 전반부터 신학은 무로부터의 창조(creatio ex nihilo)를 말해왔다. 하지만 무로부터의 창조는 성서를 통해서는 거의 증빙될 수 없다. 개신교에서는 외경으로 취급하는 마카베오2서 7장 28절에서 그러한 언급을 찾아볼 수 있고 로마서 4장 17절도 이와 연관시킬 수 있지만, 흔들림 없는 신학적 근거가 되기에는 미흡하다. 이에 반해 오늘날 일련의 신학자들은 성서의 창조가 혼돈으로부터의 창조를 말하고 있음을 지적한다. 성서의 창조 이야기가 전승사적으로 혼돈의 세력과의 투쟁을 전제로 한다고 생각할 때, 전통적인 무로부터의 창조 대신에 혼돈으로부터의 창조에 대해 말해야 옳지 않을까?[44] 그럼에도 무로부터의 창조가 갖는 교의학적 중요성을 언급하자면 다음과 같다.

a) 무로부터의 창조는 하나님의 창조 이전에는 그 무엇도 없었다는 사실을 말한다. 즉, 하나님만이 유일한 창조주이시며 우주 만물의 창조주이시다. b) 하나님과 세상과의 관계에서 무로부터의 창조는 세상 만물이 창조주 하나님께 의존적이라는 사실을 말해준다. 세계는 하나님 없이 존재할 수 없다. 이에 반해 하나님은 세상으로부터 독립적이다. c) 하나님의 힘과 관련해서 무로부터의 창조는 하나님의 힘에 어떤 제약도 없음을 암시한다. 하나님의 창조의

---

44 국내 구약학자 중에는 강성열, "창조인가 진화인가? 성서의 창조 신앙 속에 진화는 없는가," 대화문화아카데미 편, 『성서의 역설적 쟁점』(서울: 동연, 2011), 136-138; 또한 과정신학은 혼돈으로부터의 창조를 주장한다. 데이빗 그리핀/이세형, 『과정신정론』(서울: 이문출판사, 2007).

힘에 대항하는 그 무엇은 존재하지 않는다.[45]

비록 이러한 교의학적 중요성을 간과할 순 없지만, 성서 본문 자체가 무로부터의 창조를 절대적으로 옹호하지 않다는 사실도 부정하기 어렵다. 무로부터의 창조 교리로부터 유추되는 사변과는 상관없이 이미 구약성서는 하나님이 유일무이한 창조자이심을 고백하고 있으며 만물이 피조물임을 고백하고 있다. 뿐만 아니라 창세기 2장에서 하나님은 무가 아니라 흙으로 인간과 생물들을 만드셨다고 말한다는 점에서 성서 자체는 무로부터의 창조를 의도적으로 확증하려고 하지 않는다.

더구나 창조의 이야기를 단순히 세계 기원에 관한 객관적인 보도나 과학을 대신하는 이론으로 이해하기보다는 이스라엘 신앙공동체가 현실적으로 당면했던 좌절과 절망의 역사적 정황을 염두에 둘 때 창조 이야기는 혼돈과 흑암, 절망과 좌절의 깊은 수렁 속에서도 하나님께서 새로운 삶을 위해 창조의 빛을 던져 주신다는 구체적인 신앙의 고백으로 읽을 수 있을 것이다. 신정론의 물음과 관련해서 교의학 전통에서 악(malum)으로 규정되는 무(nihil)는 위기에 직면한 삶의 상황에서는 질서 없는 혼돈(chaos)이며, 아무런 새로움의 가능성이 없는 절망의 현실로 구체화된다. 삶의 현실을 들여다 볼 때 무와 혼돈은 서로 분리되지 않는다. 평안했던 삶의 경계를 훌쩍 뛰어넘어 예기치 못한 재앙들이 닥칠 때 우리는 고통을 경험하며 혼란에 휩싸일 뿐 아니라 우리 삶이 마치 끝장나는 무의 심연에 부딪힌다.

---

45 Christoph Schwöbel, *Gott in Beziehung* (2002), 145-146.

전통적으로 무로부터의 창조 교리는 형이상학적 일원론과 결합되기 때문에 인간이 당면한 고통과 악의 원인을 묻는 신정론적 물음에서 필연적으로 만물의 창조주이신 하나님을 악의 원인자로 몰아세워야 하는 어려움에 부딪히곤 한다. 하지만 무로부터의 창조를 물리적 세계의 기원론이나 원인론과 결부시키기보다는 삶의 현실과 연결시킬 때, 무는 곧 삶을 파괴와 죽음으로 몰아세우는 카오스적 상황으로 이해되며, 이때 신정론적 물음은 더 이상 형이상학적 일원론과 이원론 사이의 추상적 양자택일 사이에서 바장이기보다는 파괴적인 무성에 직면한 카오스적 현실을 극복하게 할 하나님의 창조 가능성에 대한 물음으로 전환된다. 곧 혼돈으로 가득한 삶의 한복판에서, 삶의 가능성이 전무(全無)한 상황에서 하나님의 창조 활동에 의해 새로운 삶의 길이 개방된다는 고백은 무로부터의 창조와 혼돈으로부터의 창조의 길항을 넘어선다.

삶의 파괴적인 무질서 속에 일어나는 하나님의 창조 행위는 카오스적 현실을 몰고 온 과거에서부터 유래하는 것이 아니기에 무로부터의 창조이다. 창조의 이야기를 우주 발생론적으로 읽는 대신에 삶 속에서 활동하시는 하나님에 대한 생생한 신앙의 고백으로 읽을 때, 무로부터의 창조는 곧 혼돈으로부터의 창조와 분리되지 않는다. 이때 삶의 신학적 관점에서 하나님의 창조는 기존의 신정론적 물음에 대한 형이상학적 대답을 꾸며내는 것이 아니라, 삶을 파괴하는 고통과 악의 현실을 정복하고 극복하며 새로운 삶의 길을 여시는 하나님의 창조-구원 행위를 지시한다.

그뿐만 아니라 이러한 관점에서 태초의 창조(creatio originalis)

는 계속되는 창조(creatio continua)로 이어진다. 무로부터의 창조는 삶의 혼란을 극복하게 하는 계속되는 창조를 통해 단 한 번에 일어난 사건이 아니라 지속적인 하나님의 창조 행위로 인식될 수 있다. 무로부터의 창조는 태초의 창조와 결합되어 추상적으로 사유될 필요가 없으며, 계속되는 창조 안에서 삶의 혼돈과 위협을 극복하게 하시는 창조주 하나님의 예기치 못한 구원 행위로 경험된다. 이러한 구체적인 삶의 경험 속에서 창조주 하나님은 또한 전능하신 구원자로 고백된다.

5. 삶을 위한 하나님의 창조

성서는 창조로 시작해서 창조로 끝난다. 그런 점에서 성서의 하나님은 창조의 하나님이다. 하지만 성서의 창조 이야기는 단순히 세상 만물의 기원에 대한 형이상학을 제공하지 않는다. 오히려 창조는 무와 혼돈이 사방으로 욱여싸는 삶의 정황 속에서 예기치 못한 새로운 삶의 시작이 하나님의 창조 활동을 통해 가능함을 의미한다. 그런 점에서 하나님의 창조는 새로운 삶의 시작이며, 탈출과 해방으로서의 구원이다.

오늘날 창조와 관련해서 자연신학적 시도가 르네상스를 맞이하고 있지만, 이러한 시도들이 신학적 사변을 양산하며, 지적 호기심을 자극하는 동시에 갖가지 궁금증을 해소하기도 하지만 더 미궁속으로 들어가기도 하며, 무엇보다도 삶을 위한 신학이 되지 못하는 것이 아닌가 하는 의구심을 자아낸다. 신앙과 삶이 분리될 수 없 듯이 신앙의 이해와 해명으로서의 신학 또한 구체적인 삶의 현실과 분리되어서는 안 된다. 이런 점에서 창조에 대한 추상적 사변의 구 성을 넘어 하나님의 창조 행위를 고통과 죽음, 위험과 파괴의 가능 성이 도사리고 있는 삶의 현실과 연관시켜 삶을 위한 신학으로 해 명하는 일이 필요하다. 창조에 대한 삶의 신학적 해석은 성서의 구 체적인 삶의 맥락에 놓여 있는 창조의 의미를 되짚어 보면서 이를 오늘날 삶의 정황과 연관하여 새로운 방향을 제시하는 과제를 수행 한다.

삶의 신학에서 하나님의 창조는 과거가 아니라 미래이며, 새로 운 삶의 가능성을 열어놓는 구원 행위이다. 여기서는 무로부터의 창조가 곧 혼돈으로부터의 창조로 이해되며, 태초의 창조와 계속적 인 창조는 분리되지 않는다. 가능태로부터 현실태로의 이행인 삶은 무에서 새로움의 창조로, 파괴에서 질서와 조화의 창조로 넘어가는 과정이며, 이 삶의 과정을 가능케 하시는 분은 바로 살아계신 창조 주 하나님이시다.

물론 삶의 신학은 오늘날 창조와 관련된 자연신학적 시도들을 환영하지만, 신학이 사변적이고 추상적인 논의에 집착되어 삶의 방 향정위라는 본연의 과제를 망각해서는 안 된다고 생각한다. 삶의 신학은 우주 창조에 대한 사변적 논증이 신앙적 삶을 공고히 하기 보다는 오히려 삶의 구체적인 정황 속에서 경험되는 하나님의 창조- 구원의 사건이 온 인류와 모든 생명체를 두루 포괄하는 보편적이고 우주적인 창조-구원의 고백으로 확장된다고 생각한다. 뿐만 아니라 사변적인 우주론에서 궁금증을 해소하는 자연신학적 시도들보다 위협받고 있는 구체적인 삶의 정황을 주목하며 새로운 삶의 가능성을 향한 방향정위가 더 시급하다고 생각한다. 신학은 삶을 위해 존재한다.

13장
창조와 치유*

1. 창조 세계는 어떻게 이해되어야 하는가?

오늘날 창조 세계는 어떻게 이해되어야 하는가? 이상 기후와 자연재해, 팬데믹 등의 위협은 과학과 의학 기술에 의존하여 인류와 세계의 미래를 낙관적으로 전망하던 기류에 변동을 가져왔다. 인류의 유토피아적 열망은 오랜 뿌리를 갖고 있지만 유토피아라는 단어가 지시하듯이 인간이 꿈꾸던 좋은 세계(eu-topia)는 진정 그 어디에도 존재하지 않는 것(ou-topia)이 아닐까?[1]

18세기에 라이프니츠는 우리가 살아가고 있는 이 세상이 "가능한 세계 중 최상의 세계"라고 말했다. 물론 세계에 대한 낙관적인 전망을 하고 있던 그였지만, 그 역시 최상의 세계를 위협하는 악의 요소

---

* 이 글은 박영식, "창조와 치유", 「한국조직신학논총」 61(2020), 81-110에 게재된 논문을 약간 다듬은 것임을 밝힌다.
1 라이먼 타워 사전트/이지원 옮김, 『유토피아니즘』 (서울: 교유서가, 2010), 11.

를 망각하진 않았다. 하나는 "도덕악"(malum morale)이라 명명되는 인간에 의한 범죄이며, 다른 하나는 "자연악"(malum physicum)이라 명명되는 자연재해와 질병이다. 그럼에도 그는 이러한 악이 존재하는 세상이 "모든 세계 중 최선의 세계"라고 역설한다.[2] 왜냐하면 지혜롭고 선하신 하나님께서 이 세상을 창조하셨기 때문이다. 그에게 우리가 살아가는 세계가 신이 만들 수 있는 세계 중 최상의 세계라는 추론의 근거는 바로 선하고 지혜로우신 하나님이 창조주라는 사실에 있었다.

이처럼 하나님의 창조는 창조 세계를 선하고 아름다운 것으로, 비록 고통과 슬픔이 있으나 긍정적이고 낙관적으로 전망할 수 있는 시야를 열어놓는다. 그러나 오늘날 코로나 바이러스(COVID-19)의 확산과 기후변화로 인한 홍수와 폭염, 기근 등과 같은 자연재해에 직면하여 우리는 여전히 창조 세계의 선함과 아름다움만을 노래할 수 있을까?

우리는 창조 세계의 과거와 현재에 대한 낭만적이고 낙관적인 관점에서 고개를 돌려 인간을 비롯한 모든 피조물이 함께 신음하고 함께 고통당하는(롬 8:22) 세계현실을 직시하며 다음과 같은 질문을 던진다. 하나님이 창조하신 세계가 오늘날 탄식과 신음과 고통으로 점철되었다면, 도대체 소위 선하고 아름다운 창조는 어떻게 이해되어야 하는가? 코로나 바이러스를 비롯하여 지구상에서 경험되는 각

---

2 라이프니츠는 도덕악과 자연악의 근원적인 토대인 "형이상학적 악"(malum metaphysicum)을 덧붙인다. 빌헬름 라이프니츠/이근세 옮김, 『변신론』 (서울: 아카넷, 2014), 제1부 21절. 라이프니츠의 신정론에 관한 신학적 논평은 박영식, 『고난과 하나님의 전능』 (서울: 동연, 2019), 140-174 참조.

궁 사면재해는 진정 하나님의 심판으로 이해되어야 하는가? 자연악은 도덕악과 어떤 관계에 놓여 있는가? 창조 세계의 아픔과 고통에 직면하여 여전히 희망의 근거가 되는 하나님은 누구시며, 하나님은 창조 세계와 어떤 관계에 계신가? 또한 하나님이 창조하신 세계의 궁극적 목적은 무엇이고, 우리의 역할은 무엇인가?

우리는 이러한 질문을 염두에 두면서 먼저 창세기 1장 1절-2장 4절의 제사장 문서의 창조 기사를 창조의 시작과 세계의 기원에 대한 시원론적 보고(報告)로 인식하는 관점에서 전환하여, 하나님에 의해 창조되고 보존되며 통치되고 완성될 창조 세계의 역사에 대한 종말론적 전망으로 이해하고자 한다. 여기서는 창조 이야기의 종말론적 청사진 안에 놓인 창조 세계를 향한 하나님의 사랑과 창조 세계의 궁극적 목적이 무엇인지를 드러낼 것이다. 그런 다음, 하나님의 종말론적 비전에 상응하지 않는 창조 세계의 작금의 현실을 주목하며, 하나님의 창조와 악의 문제를 다루고자 한다. 여기서는 악의 기원과 본질에 대한 질문을 던지기보다는 창조 세계의 역동성과 혼돈의 위협을 라이프니츠가 사용한 개념인 형이상학적 악과 자연악, 도덕악을 통해 조명하며, 자연악과 도덕악의 연관성에 주목하고자 한다. 마지막으로 병들어 신음하는 오늘날 세계의 현실을 염두에 두고서 그동안 자주 사유되지 못했던 '치료자 하나님'과 하나님의 치유(divine healing)를 이것과 연결시키고 창조 세계에 대한 올바른 인식을 위해 '몸으로서의 세계' 개념을 도입하여 창조 세계를 설명하고자 한다. 이를 통해 코로나19로 온 세계가 함께 신음하고 있는 이때에 창조 세계를 향한 하나님의 궁극적 목적이 무엇이며, 하나님의 형상으로서의 인간의 역할과 책임이 얼마나 막중한지를 깊이 성찰할 기회를 얻고자 한다.

2. 창조와 종말

1) 종말론적 전망으로서의 창조 이야기

창세기 1장의 창조 이야기(1:1-2:4)에 따르면 창조를 시작하신 하나님은 자신의 창조 세계를 보시며 "좋다", "매우 좋다"고 말씀하신다.[3] 하지만 과연 기후변화와 생태계의 위협 속에 직면한 우리가 여전히 창조 세계의 아름다움과 선함, 질서와 조화를 찬양하고만 있을 수 있을까? 인간에 의한 폭력과 그로 인해 파괴와 아픔을 겪고 있는 창조 세계의 현실 앞에서 하나님의 '선한 창조'는 어떻게 이해되어야 할 것인가?

최근 구약학자들은 제사장 문서의 창조 기사와 출애굽기의 성막 건축의 언어적, 문학구조적 유사성에 관심을 기울인다.[4] 구약학자 레벤슨은 이러한 유사성을 이스라엘에서 "성전이 소우주, 곧 축소

---

3 창세기 1장에 총 6번 등장한다(1:4, 10, 12, 18, 21, 25). 그리고 31절에는 "매우 좋았다"로 표현된다. 월터 브루그만/강성열 옮김,『창세기. 목회자와 설교자를 위한 주석』(서울: 한국장로교출판사, 2000), 77에 따르면, 여기서 토브(tōb)는 도덕적 의미에서 선함을 뜻한다기보다는 하나님의 마음에 흡족하다는 "심미적인 상태"를 뜻한다. 히브리어 토브(tōb)는 아래와 같이 다양한 의미로 사용된다. 기쁨(삿 16:25), 행복(신 10:13; 전 7:14), 복됨(시 73:28), 건강(출 2:2), 선함(시 23:6, 136:1; 미 6:8), 옳음과 동의(삼상 9:10).

4 존 레벤슨/홍국평·오윤탁 옮김,『하나님의 창조와 악의 잔존』(서울: 새물결플러스, 2019), 157-187 참조.

된 세계로 인식된다는 강력한 증거"[5]라고 주장하는 한편, 제사장 문서의 창조 이야기를 이사야 65장 17-18절의 새 하늘과 새 땅의 창조와도 연결시켜, 새 예루살렘의 "창조"(사 65:18)는 창세기 1장의 창조와는 달리, "동터오는 미래의 질서"와 "종말론적 승리"를 보여준다고 판단한다.[6] 하지만 성막과 성전 재건과 관련된 성서의 본문들이 하나님의 처음 창조와 연관하여 창조주 하나님의 우주적인 종말론적 승리를 가리키고 있다면, 이미 창세기 1장 1절-2장 4절의 처음 창조의 이야기도 창조와 역사 전체를 포괄하는 하나님의 우주적인 종말론적 비전을 담고 있다고 해석할 수 있지 않을까?

구약학자 리처드 미들턴 역시 하나님의 창조와 인간의 성전건축 사이의 유사성은 이미 구약학자와 고대 근동학자들에게는 널리 알려진 인식이라는 사실을 전제하면서, "창조 자체도 원래는 혼돈하고 공허했던 세상(창 1:2)을 하나님이 6일 동안 복잡한 우주로 변형시킨 발전적 기획"이라고 분석한다. 더 나아가 그는 "창조 세계 전체"가 창조주께 경배하는 "우주적 성전", 곧 "하나님의 거주와 통치를 위한 신성한 영역"이라 주장한다.[7]

그렇다면 제사장 문서의 창조 기사는 세계 자체에 대한 기원론적 정보를 제공하기보다는 하나님이 누구시며, 그 하나님과 세계의 관계가 어떠한지를 드러낸다고 할 수 있다. 더 나아가 창조 이야기는, 세계가 하나님이 모든 피조물에게 경배를 받으시는 성전이며 하나

---

5 앞의 책, 168.
6 앞의 책, 173.
7 리처드 미들턴/이용중 옮김, 『새 하늘과 새 땅』(서울: 새물결플러스, 2015), 71, 72.

님이 거주하시는 집이 될 것이라는 종말론적 비전을 담고 있다고 볼 수 있다. 특히 하나님은 6일째 창조를 마치고 지으신 "모든 것"을 보시고 "심히 좋다"고 하셨고, 제7일에 그날을 복 주시고 안식하셨다고 증언한다.[8] 창조의 시작에서 하나님의 안식까지를 담고 있는 제사장 문서의 창조 이야기는 포로기적 상황에서 언급된 창조 구절일 뿐 아니라 신약성서의 종말론적 비전과 연결해서 이해할 때, 그 의미가 더욱 분명해진다.

성서의 첫 창조 기사가 창조 세계를 하나님의 임재와 예배의 장소로 묘사하고 있다면, 계시록에 나타난 새 하늘과 새 땅의 종말론적 비전도 사람들 가운데 계신 하나님의 거주하심(계 21:3)을 언급하고 있다. 또한 창세기의 창조 기사는 '하나님의 형상'으로서의 인간에게 창조의 대리적 권한과 책임(창 1:27 이하)이 주어졌다는 사실을 보여준다. 하지만 이후의 창조 이야기에서 인간은 이를 제대로 수행하지 못했고 오히려 창조 세계가 인간의 죄악으로 온통 물들어 부패하여 하나님의 탄식과 후회(창 6:6)를 불러일으킨다. 이와 관련해서 신약성서는 "보이지 않는 하나님의 형상으로서의 예수 그리스도"를 통해 "하늘에 있는 것들과 땅에 있는 것들, 보이는 것들과 보이지 않는 것들", 곧 창조 세계의 모든 것들이 하나님과 화해(골 1:15)되며, 통일(엡 1:10)되고, 만물이 회복(행 3:21)될 것이라는 종말론적 비전을 제시한다.

---

8 이처럼 창조 이야기는 창조에서 안식까지 완결된 내용을 담고 있지만, 이로써 하나님의 창조가 끝났거나 하나님이 영원한 안식에 들어갔다고 생각하면 성서가 증언하는 하나님과 그분의 창조 활동 전체를 오해하게 된다.

이처럼 창세기 1장의 창조 기사와 창조 세계에 대한 성서의 종말론적 비전은 상응관계에 있다. 더구나 피조물이 여전히 함께 신음하고 함께 진통(롬 8:22)하는 오늘날의 현실을 직시할 때, 이제 성서의 처음 창조 이야기가 보여주는 창조 세계의 '좋음'은 우리에겐 과거가 아니라 미래와 과제에 속한다. 창조 이야기는 성서 전체의 역사와 관련할 때, 더는 태곳적 사건에 대한 회상이나 추억이 아니라, 구원되어야 할 창조 세계의 미래를 보여주며,[9] "안식일, 곧 창조의 잔치"를 전망하는 것으로 기능한다.[10]

17세기의 루터파 정통주의는 하나님에 의해 창조된 세계를 정태적이며, 완결된 것으로 보았기 때문에 범죄로 인해 아담이 "순전성의 상태"(status integritatis)에서 "부패의 상태"(status corruptionis)로, 완전한 상태에서 불완전한 상태로 "타락"했다고 보았다.[11] 하지만 오늘날의 우주진화론과 성서의 종말론적 비전을 염두에 둘 때, 창조 세계의 역사는 자연의 나라(regnum naturae)에서 은총의 나라(regnum gratiae)로, 그리고 영광의 나라(regnum gloriae)를 향해 꿈틀거리며 역동하는 세계로 인식하는 것이 더 나을 것이다. 하나님의 창조는 시작되었으나

---

9 W. H. Schmidt, *Alttestamentlicher Glaube* (Neukirchen-Vluyn: Neukirchener Verlag, 8. Aufl., 1996), 233 이하. 슈미트도 제사장 문서의 삶의 정황을 염두에 두면서 "생육하고 번성하라"(창 1:28)는 말씀이 미래를 향해 있으며, 이스라엘의 창조 신앙은 "구원 신앙의 전제"가 아니라 "결과"라고 말한다(240).

10 위르겐 몰트만/김균진 옮김, 『창조 안에 계신 하나님』 (서울: 대한기독교서회, 2017), 23. "성서의 전통에 의하면 구원을 향한 창조의 방향은 태초부터 주어져 있었다. 왜냐하면 세계의 창조는 안식일, 곧 '창조의 잔치'를 지향하고 있었기 때문이다."

11 Heinrich Schmid, *Die Dogmatik der evangelisch-lutherischen Kirchen* (Gütersloh: Verlag von C. Bertelsmann, 7. Aufl., 1893), 153 이하. 하지만 이러한 상태 적용은 인간론에 집중되어 있다.

아직 완성되지 않았으며, 창조된 세계는 완전한 세계가 아니라 여전히 불완전한 세계이며 하나님의 임재와 안식이 성취될 그 세계의 완성과 목적을 향한 과정 중에 있다.

2) 선한 창조와 하나님의 토브(tōb)

전통적으로 언급되는 '선한 창조'의 신학적 의미는 무엇일까? 칼뱅은 창조 세계를 하나님의 작품들로 가득한 "극장"이라고 표현하고, 또한 하나님의 아름다움을 반사하고 지시하는 장소로 이해했다.[12] 달빛이 햇빛의 반사인 것처럼 세상의 질서와 조화, 아름다움은 하나님의 지혜와 아름다움을 반사하기 마련이다. 하지만 세상의 아름다움 때문에 세상 자체를 신성화 또는 영원화하는 일은 신학적으로 통용될 수 없으며, 오직 하나님께 영광과 찬양을 돌려야 한다.[13]

계시론적으로 표현하자면, 세계 그 자체는 계시의 원천이 아니라 기껏해야 계시의 매개일 뿐이다. 오늘날 과학적 우주론에서 인정하는 물리학적 상수들의 미세조정(fine-tuning)[14]이나 우주진화의 인류원리

---

12 존 칼빈/문병호 옮김, 『기독교강요』 제1권 (서울: 생명의 말씀사, 2020), 408(I.14.20), 또한 198 이하(I.5.1) 참조; 이오갑, 『칼뱅의 신과 세계』 (서울: 대한기독교서회, 2010), 227 이하에 따르면, 칼뱅은 또한 창조 세계를 "학교", "거울", "아름답고 진귀한 옷" 등으로 비유하곤 했다.

13 이와 관련하여 자연세계의 법칙성과 합리성에 대한 신념의 종교적 연원을 생각해 볼 수 있다. A. N. 화이트헤드/오영환 옮김, 『과학과 근대세계』 (서울: 서광사, 1989) 참조. 현대 과학자들이 물리세계의 합리성과 법칙성을 긍정하면서 그 자체만을 신성시하고 신적 근원을 망각하는 오류에 대한 지적은, 존 레녹스/원수영 옮김, 『빅뱅인가 창조인가』 (서울: 프리윌, 2013), 121 이하 참조.

14 스티븐 호킹 · 레오나르드 믈로디노프/전대호 옮김, 『위대한 설계』 (서울: 까치, 2010), 206에서 호킹은 "물리법칙의 미세조정"을 긍정하지만 이를 다중우주와 연결시키며 신의

(anthropic principle)를 토대로 신적 존재를 추론하는 경향이 있지만,[15] 이처럼 자연의 빛(lumen naturae)을 통한 신적 존재의 추론은 기껏해야 '알지 못하는 신'에게 도달할 수 있을 뿐이다.[16] 자연의 빛은 하나님의 영광의 빛(lumen gloriae)의 반사이지만, 은총의 빛에서만 제대로 인식할 수 있고,[17] 종말론적 완성에 도달하지 못한 창조 세계는 아직까지 영광의 빛을 온전히 반사하지 못한다.[18] 이런 점에서 '선한 창조'라는 개념 역시, 창조 세계의 현재만을 묘사하는 것이 아니라 창조 세계의 종말론적 완성과 연관성을 지닌다. 특히 창세기 1장에서 토브는 도덕적 선함이나 미학적 아름다움을 뜻하기보다는 심미적 측면에서 하나님의 계획과 의도에 따라 창조된 피조물이 기능하고 있음에 대한 하나님의 기쁨의 표현으로 이해해야 한다면,[19] 하나님의 기쁨은 인간 창조

존재는 부정한다.

15 William Lane Craig&Chad Meister (ed.), *God is Great, God is Good* (Downers Grove: IVP, 2009), 13-31; 리처드 스윈번/강영안 · 신주영 옮김, 『신은 존재하는가』 (서울: 복 있는 사람, 2020), 특히 4장; 알리스터 맥그래스/박규태 옮김, 『정교하게 조율된 우주』 (서울: IVP, 2014) 참조. 이런 유신론적 접근에 대한 반박으로는 피터 싱어 · 마이클 셔머 · 그렉 이건 외/김병화 옮김, 『무신예찬』 (서울: 현암사, 2012) 참조.

16 현대 무신론의 주요 인물이었던 앤터니 플루(Anthony Flew)가 여러 새로운 발견 중 현대 물리학이 언급하는 우주의 시작과 전개 과정의 미세조절, 자연법칙의 기원에 대한 물음 등을 던지며 유신론자로 지적 회심을 한 후 출간한 저서, 앤터니 플루/홍종락 옮김, 『존재하는 신』 (서울: 청림출판, 2011)를 참조 바람. 하지만 플루가 이 책에서 예수 그리스도의 아버지 하나님을 고백했다고 생각해서는 안 된다. 그의 비유에 따르면 "갑작스럽게 전화 부스에서 벨이 울려 수화기를 들고 물었을 때, 전화를 건 상대방이 누군지 알 순 없지만 누군가가 전화를 건 것은 확실하다"는 정도의 수준에서 그는 어떠한 신적 존재를 생각할 수 있다고 말할 뿐이다.

17 존 칼빈/문병호 옮김, 『기독교강요』 제1권 (2020), 226-228(I.6.1.) 참조.

18 "은총은 자연을 파괴하지 않고 자연을 완성한다"는 고전적 명제는 "영광이 자연을 완성한다"로 수정되어야 한다. 위르겐 몰트만/김균진 옮김, 『창조 안에 계신 하나님』 (2017), 25.

19 월터 브루그만/강성열 옮김, 『창세기. 목회자와 설교자를 위한 주석』 (2000), 77(이 글 각주 3 참조).

와 함께 모든 피조물이 제 기능을 다할 때, 하나님이 복 주신 안식과 함께 절정에 이를 것이다.

그렇다면 하나님의 창조 세계를 그 궁극적인 목적에 다다르게 하는 근거와 동력은 어디에 있는가? 오늘날 신음하는 창조 세계의 현실과 종말론적 창조 세계의 완성 사이의 간격을 메우는 것은 역시 하나님의 창조 활동에 있다. 개혁파 정통주의에 따르면 창조 세계의 궁극적 목적은 하나님의 창조, 곧 계속적 창조(creatio continua)에 의해 이뤄진다.[20]

기독교 신학은 일찍이 하나님의 창조를 '무로부터의 창조'라고 말해 왔다.[21] 무로부터의 창조가 함축하는 의미는 존재하는 모든 것이 하나님에게 절대적으로 의존하여 존재하게 된다는 점에 있다. 따라서 우주의 진화와 관련하여 존재하고 생동하는 창조 세계의 역동성과 생명력은 신학적으로는 하나님의 창조 활동에 근거한 것일 수밖에 없다. 무로부터의 창조는 우주진화의 역사와 연관해서 생각할 때 이미 그 안에 계속적 창조를 내포하고 있다고 할 수 있다. 무로부터의 창조는 창조주 하나님과 창조 세계의 지속적인 관계에 대한 신학적 표명인 셈이다.[22]

제사장 문서의 창조 기사에서 하나님의 '좋음'은 창조 세계를 향

---

20 하인리히 헤페/이정석 옮김, 『개혁파정통교의학』 (고양: 크리스챤다이제스트, 2011), 371. 최근 한국 신학계에는 개혁주의를 표방하면서도 창조과학에 경도되어 '계속적 창조'를 부정하고 이에 대한 언급을 회피하는 비신학적인 경향이 나타나기도 한다.

21 무로부터의 창조(creatio ex nihilo)는 이미 2세기 중반부터 사용되었다고 한다. Theodor Schneider(Hg.), *Handbuch der Dogmatik 1* (Düsseldorf: Patmos, 3. Aufl., 2006), 173; 교부들에게서 무로부터의 창조 교리는 플라톤적 이원론과 마르키온적 이원론을 극복하는 데 결정적으로 중요했다. 이에 대한 현대적 논의와 관련해서는 볼프하르트 판넨베르크/신준호 · 안희철 옮김, 『조직신학 II』 (서울: 새물결플러스, 2018), 49 이하 참조.

22 마크 해리스/장재호 옮김, 『창조의 본성』 (서울: 두리반, 2016), 179.

한 하나님의 지속적이고 근원적인 사랑의 표현이다. 하나님은 창조세계로 인해, 그리고 창조 세계와 함께 기뻐하신다. 창조 과정의 진행의 매 순간을 좋아하신 하나님은 6일째 모든 피조물을 보시며 매우 좋아하신다. 창조를 시작하신 하나님은 계속되는 자신의 창조 활동을 통해 피조물이 하나님의 영광에 참여하며 하나님의 임재 안에서 안식하게 될 매우 좋은 세상을 희망하신다.

3. 창조와 악

1) 창조 세계의 역동성과 혼돈의 위협

창조 이야기는 창조 세계의 종말론적 희망을 노래하고 있지만, 동시에 창조 세계에 내재한 혼돈의 위협을 숨기지 않는다. 창조는 땅의 혼돈과 공허(1:2)를 간과하지 않는다. 빛의 창조는 어둠을 전제로 하며, 땅의 형성은 물을 전제로 하고 있다. 바다는 거대한 물고기[23]로 가득하다. 에덴동산에는 선과 악을 알게 하는 나무가 놓여 있고 뱀의 유혹도 도사리고 있다. 창조 세계는 하나님의 작품이지만 그 자체로 신적 존재나 영원한 실체가 아닌 불완전한 현실이다.

하나님이 창조하신 세계는 정태적이라기보다는 역동적이다. 왜냐하면 창조의 하나님이 창조 세계를 '통해' 창조를 지속하시기 때

---

23 존 레벤슨/홍국평 · 오윤탁 옮김, 『하나님의 창조와 악의 잔존』(2019), 120에서 레벤슨은 창 1:21에 '탄니님'(거대한 바다 짐승들)을 주목하면서 창조 세계에 위협적인 피조물들이 여기서는 비신화화되어 야웨의 주권에 종속되어 있다고 해석한다.

문이다. 하나님은 새로운 것을 창조하실 뿐 아니라 이미 있는 것들을 통해 창조를 이어 가신다.[24] 하나님은 '나누기'도 하고 '모으기'도 하신다. 또한 묻혀 있던 것을 '드러나게' 하신다. 그리고 빛과 어둠을 각각 낮과 밤으로 나누시고 그렇게 명명하신다. 또한 하나님은 만드신 피조물들이 낮과 밤을 '다스리도록', 땅은 식물을 그 종류대로 '내도록' 하신다. 또한 하나님은 만드신 창조의 공간을 생명으로 가득 '채우신다.' 생명체로 채우실 뿐 아니라 생명체가 활발하게 '움직이도록' 하신다. 피조물들은 하나님의 창조 활동에 참여하며, 하나님의 형상인 인간은 창조 세계에 대한 하나님의 통치를 대리한다. 꿈틀거리며 활발하게 전개되는 창조적 힘들은 모두 창조주 하나님에게 종속되며, 하나님의 창조에 포함된다.

하지만 창세기 1장에서 하나님의 창조적 주권 아래 놓여 있는 창조의 힘들이 이어지는 성서의 본문들에서는 창조 세계의 질서를 파괴하며 혼란을 야기하는 힘으로 재차 등장한다. 특히 인간의 범죄와 폭력에 의해 창조 세계는 오염되고 무질서가 팽배한 세상으로 전환된다. 그럼에도 하나님은 이러한 혼돈의 위협을 제압하며 피조물을 보호하고 보존하며,[25] 질서와 조화 속에서 창조 세계에 생명이 충만하도록 창조를 이어 가신다.[26] 예컨대 성서의 세계가 고대

---

24 따라서 루터파·정통주의 신학은 creatio immediata(비매개적 창조)와 creatio mediata(매개적 창조)를 구분한다. Heinrich Schmid, *Die Dogmatik der evangelisch-lutherischen Kirchen* (1893), 111.

25 이러한 관점은 특히 존 레벤슨/홍국평·오윤탁 옮김, 『하나님의 창조와 악의 잔존』(2019)의 핵심 주장이기도 하다. "하나님은 태곳적 혼돈을 말살하지 않았다. 그분은 혼돈에 제한을 두었을 뿐이다"(221).

26 레벤슨은 창조에 대한 기존의 형이상학적 해석(무로부터의 창조)에서 고개를 돌려, 창조를 제의적 차원과 윤리-정치적 차원에서 이해하며, 구약성서의 창조를 혼돈의 제거와 투쟁,

사회에서 가장 큰 위협인 물의 범람, 곧 홍수로 인해 멸절의 위험을 당했을 때, 하나님은 이제는 "물이 모든 생물을 멸하는 홍수가 되지 않을 것"이라는 희망의 약속을 주시며, 이에 대해 "영원한 언약"의 징표로 무지개를 보여주신다(창 9:15-16). 창조의 하나님은 창조 이후 세상을 떠나 버린 이신론의 신이 아니며 또한 창조 세계를 무관심하게 관망하는 존재도 아니다. 창조의 하나님은 곧 혼돈과 무질서의 위협에 옥여쌈을 당한 세상을 보호하고 치유하시며 끝까지 책임지시는 사랑의 하나님이다.

이처럼 형이상학적으로 정초되었던 무로부터의 창조는 혼돈의 위협이 도사리고 있는 현실세계와 맞닿으며 혼돈으로부터의 창조와 결합되며[27] 혼돈으로부터의 창조는 무질서와 혼돈의 반복되는 위협 속에서도 창조 세계를 보존하고 통치하시는 계속적인 창조로 이어진다.[28] 역동하는 창조 세계에 출현하는 무질서와 혼돈으로부

야웨의 주권의 획득으로 해석한다. "창조 신학의 핵심은 '무로부터의 창조'가 아니라, 모든 경쟁자를 누르고 승리하신 하나님의 권위 위에 세워진 안전하고 살기 좋은 질서의 확립이다"(앞의 책, 111).

27 왕대일, 『창조 신앙의 복음, 창조 신앙의 영성』(서울: 대한기독교서회, 2016), 16. "창조 신앙의 속내는 혼돈으로부터의 창조입니다. '아무것도 아닌'(no-thing) 혼돈과 공허를 하나님이 코스모스(cosmos)로 바꿔 놓으셨습니다. 창조는 구원입니다. 창조는 해방입니다."; 박영식, "창조와 삶의 신학", 「한국조직신학논총」 38(2014), 85-113 참조.

28 이미 신학사에서는 무로부터의 창조와 혼돈으로부터의 창조가 결합되어 나타났다. 아우구스티누스는 창세기 1장 1-2절은 영적 무형의 질료 창조로, 3-5절은 지성적 피조물의 창조로, 6-31절은 물질세계의 창조로 해석했다. 이에 대해서는 서원모, "성경해석과 철학 – 아우구스티누스의 창조론을 중심으로", 「중세철학」 22(2016): 43-115 참조; 아우구스티누스 이후의 기독교 신학도 '무로부터의 창조'를 수용하면서도 질료 또는 혼돈으로부터의 창조를 이에 결합시킨다. 이는 칼뱅에게서 그리고 루터파 정통주의 신학나 개혁파 정통주의 신학에게서도 논의된다. 이오갑, 『칼뱅의 신과 세계』(2010), 210-214와 Heinrich Schmid, *Die Dogmatik der evangelisch-lutherischen Kirchen*(1893), 110 이하, 그리고 하인리히 헤페/이정석 옮김, 『개혁파정통교의학』(2011), 289-290, 294-297 참조.

터 야기되는 고통과 탄식은 하나님의 계속적 창조로 인해 창조 신앙의 종말론적 성취를 향한 몸부림이 되며, "보시기에 매우 좋은 세상"에 대한 갈망이 된다.[29]

2) 자연악과 도덕악의 문제

하나님이 창조하신 세계에 이러한 혼돈과 무질서는 왜 발생하는 것일까? 존재론적으로 볼 때, 창조 세계는 영원한 세계가 아니라 무로부터 창조된 세계이기 때문이다. 창조 세계의 모든 존재는 무의 심연 위에서 하나님의 창조 활동과 힘에 의존하여 존속하게 되며 자기 존재를 실현하는 과정 속에 있다고 할 수 있다. 철학자 라이프니츠는 하나님의 창조 세계가 유한할 수밖에 없다는 사실을 염두에 두면서, "형이상학적 악"이라는 개념을 창안했고, "자연악"과 "도덕악"이 여기에 기인한다고 보았다. 선하고 지혜로운 창조주가 만든 세계는 신과 동일시될 수 없기에 "근원적 불완전성"을 지니고 있으며 자연악과 도덕악의 존재론적 토대가 된다.[30] 이것은 일찍이 아우구스티누스나 아퀴나스가 '존재의 결핍'이라는 개념으로 가리

---

29 창조 신앙은 포로기 상황과 연관할 때, 이러한 점이 보다 극명하게 드러난다. W. H. Schmidt, *Alttestamentlicher Glaube* (1996), 242. 슈미트는 이사야 43:19과 48:7, 렘 31:22을 언급하며 다음과 같이 말한다. "창조는 종말론이 된다. 왜냐하면 종말론이 하나님의 창조이기 때문이다. 창조는 사람들이 생각하는 과거일 뿐 아니라 기대하는 미래이다."

30 빌헬름 라이프니츠/이근세 옮김, 『변신론』, (2014), 제1부. 20절, 21절. 비록 라이프니츠가 형이상학적 악이라고 이름을 붙였지만, 이것을 정말 악이라고 할 수 있는지는 의심스럽다. 형이상학적 악이란 결국 창조 세계에 내재해 있는 근원적 불완전성으로서 제약성과 유한성을 지칭하기 때문이다.

키던 것과도 동일하다.[31]

라이프니츠에 따르면 도덕악은 인간에 의해 자행되는 죄를 뜻하며, 자연악은 인간과는 무관하게 일어나는 지진, 홍수, 질병 등을 뜻하는데, 자연악은 도덕악에 대한 벌로서, 그리고 더 큰 악의 방지와 선용을 위해 활용된다.[32] '자연악을 정말 악이라고 할 수 있는가'도 질문할 수 있지만, 그보다도 작금의 현실을 돌이켜볼 때, 자연악(자연재해)과 도덕악(인간의 범죄)은 쉽사리 분리될 수 없을 정도로 깊이 얽혀 있다고 판단된다. 오늘날 자연악과 도덕악의 구분이 무의미한 사건들을 우리는 경험하는데, 예컨대 코로나19와 같은 팬데믹은 단순히 인간과 무관하게 일어난 자연악이라 말하기 어렵다.[33] 그뿐만 아니라 지구온난화와 이상 기후로 인한 각종 재난들도 자연에 대한 인간 폭력의 결과물이 아니라고 말하기 어렵다.[34]

일찍이 기독교 신학은 인간의 범죄에 기인한 도덕악과는 구별되는 자연악의 기원을 물으면서, 자연악을 인간의 범죄에 대한 하나님의 정의로운 심판으로 이해했다. 성서는 지진이나 홍수, 기근과

---

31 앞의 책, 689("신의 정의와 그의 다른 모든 완전성 및 행동과의 조화를 통해 제시된 신의 행동 근거", 70절).

32 앞의 책, 제1부 23절.

33 팬데믹 발생의 근본적인 원인이 오늘날 인간의 자연계에 대한 무분별한 '경계 침범'에 있다고 최재천 교수는 지적한다. 최재천 외 5인, 『코로나 사피엔스』 (서울: 인플루엔셜, 2020), 20-43.

34 샐리 맥페이그/김준우 옮김, 『기후 변화와 신학의 재구성』 (서울: 한국기독교연구소, 2008). 이 책에서 맥페이그는 인간사회의 평등이나 정의와 같은 문제보다 지구의 모든 생명체를 파멸의 위험으로 몰고 있는 기후변화와 지구온난화야말로 "21세기의 가장 중요한 문제"(24), "가장 급박한 문제"(49)라고 역설하면서(24), 이러한 문제의 가장 큰 적은 바로 우리 자신이라고 말한다(40). 또한 최근 발행된 IPCC보고서도 기후위기의 주범이 인간이라고 적시하고 있다.

같은 자연재해를 하나님의 심판과 깊이 연결시키지만(사 30:30; 겔 13:11, 38:22), 때론 지진을 심판과는 상관없는 특별한 사건으로 묘사하기도 한다(마 27:54, 28:2; 행 16:26). 전염병의 경우도 하나님의 심판과 연결되기도 하지만(출 5:3; 민 14:12; 삼하 24:13 등), 때론 전염병에서 구원받아야 한다고 언급되기도 하고(시 91:3, 6), 심판 중 하나님의 자비를 기대해 볼 상황과도 연결된다.[35] 기근의 경우, 모든 기근이 반드시 하나님의 심판(삼하 21:1, 24:13)과 연결되어 묘사된 것은 아니다(대표적으로 창 12:10, 41:30 이하; 행 11:19 이하). 심지어 이방인과 같이 하늘의 징조를 두려워하지 말라는 말씀(렘 10:2)도 등장한다.

언제나 그런 것은 아니지만 성서에서는 인간의 범죄에 대한 하나님의 심판과 자연재해 사이의 연관성이 밀접하긴 하다. 그러나 지금의 팬데믹이나 특정 지역에 일어나는 자연재해를 '특정' 국가나 '특정' 부류 사람들의 잘못에 대한 하나님의 '특별한' 심판이라고 해석할 때는[36] 매우 신중해야 한다. 자연적 재난을 그저 하나님의 심판이라고 한다면, 당장 다음의 의문에 부딪히게 된다. 선인과 악인의 구분 없이 무차별적으로 임하는 이러한 징벌을 과연 정의롭다고 할 수 있는가? 이러한 징벌이야말로 또 다른 악을 만들지 않는가?

우리는 자연재해를 도덕악에 대한 하나님의 정의로운 심판으로 해석해 왔던 기독교 신학의 전통을 인간과 창조 세계 사이의 생태적 공생관계

---

35 월터 브루그만/신지철 옮김, 『다시 춤추기 시작할 때까지』(서울: IVP, 2020), 59 이하.
36 오늘날 코로나 바이러스가 특정한 사람에 대한 징벌일 수 있다는 존 파이퍼의 저서와 오디오북은 큰 반향을 불러일으켰다(https://www.youtube.com/watch?v=UEZkAwy88ZM 참조).

라는 관점에서 재해석하고자 한다. 창조주 하나님은 하나님의 형상인 인간에게 창조된 세계를 "다스리고"(1:26), "정복"(1:28)하고, "맡아 돌보게"(2:15) 하셨다. 이는 인간에게 창조의 궁극적 목적을 이루기 위해 하나님과 함께 창조 세계를 관리하는 막대한 권한과 책임이 주어졌음을 뜻한다.[37] 인간은 자연을 키우고, 자연은 인간을 먹인다(1:27-30)는 점에서 양자 사이에는 생태적 공생관계가 성립한다. 하지만 다른 피조물에 대한 인간의 무분별한 경계 침범과 권한 남용으로 인간과 자연 사이의 생태적 공생관계는 상쟁과 공멸의 위험으로 전환되며, 도덕악은 자연악과 결합된다. 이때 자연악은 우리 스스로 초래한 심판이라 할 수 있다.

브루그만은 오늘날 코로나19와 관련하여 구약성서에 나타난 인간과 자연의 생태적 공생관계를 재조명한다.[38] 가인에 의해 살해된 아벨의 울부짖음이 땅에서부터 흘러나온다(창 4:10-11). 그에 따르면 "땅은 인간이 폭력을 일삼는 무대이자 인간 폭력의 증인"이며, "비통을 초래하는 폭력의 잔여물"을 영원히 담아내는 곳이다.[39] 인간의 파괴와 무질서는 생명의 충만이 아니라 자연의 황폐함을 초래하고, 창조 세계가 함께 신음하고 함께 고통당하는 상황에 이르게 한다.

다른 한편, 라이프니츠의 형이상학적 악을 수용하면서 창조 세

---

37 고대 근동에서 각 단어가 내포하고 있는 의미와 사용에 대해서는 Karl Löning/Erich Zenger, *Als Anfang schuf Gott. Biblische Schöpfungstheologien* (Düsseldorf: Patmos, 1997), 149-155 참조. 땅의 통치(dominium terrae)로 통칭되는 인간에게 주어진 임무를 존 레벤슨/홍국평·오윤탁 옮김, 『하나님의 창조와 악의 잔존』(2019), 204에서는 "하나님과 인간의 양두통치(dyarchy)"로 해석한다. 리처드 미들턴/이용중 옮김, 『새 하늘과 새 땅』(2014), 78에서는 하나님의 통치를 대리하는 역할로 해석한다.
38 월터 브루그만/신지철 옮김, 『다시 춤추기 시작할 때까지』(2020), 133 이하. 저자는 아벨의 죽음, 10가지 재앙, 욥 31장, 돌들의 외침(눅 19:39-40)을 언급한다.
39 앞의 책, 134.

계에 본래적으로 주어질 수밖에 없었던 근원적 제약성[40]으로서의
결핍을 인간의 범죄로 인한 창조 세계의 무질서와 구분할 필요가
있다. 하나님에 의해 시작된 창조 세계는 종말론적 완성의 관점에
서 볼 때, 불완전한 미완성의 세계이며, 유한한 세계이고 상처받기
쉬운 세계이며 죽음과 사멸성의 그늘 아래 놓여 있는 세계이다(롬
8:20). 창조 세계와 그 안에 살아가는 모든 생명체들은 탄생과 죽음
이라는 자연법칙 안에 놓여 있으며, 이로써 유한성의 한 형태인 죽
음은 제거되어야 할 것이 아니라 수용되어야 할 근원적이고 자연적
사태로 이해되어야 한다.

　이러한 관점에서 악은 '흙으로서의 인간'(homo humus)이 자신
에게 부여된 자연적 제약성과 유한성의 수용을 거부하고 자기 존재
의 경계를 무분별하게 확장하는 한편, 타자의 경계를 강압적으로
침범할 때 발생한다. 따라서 자연적으로 주어진 한계성으로서의 죽
음과는 달리, 인간에 의해 자행되는 경계 침범과 폭력 때문에 일어
나는 창조 세계의 파괴적이고 반생명적인 죽음/죽임이 바로 우리
시대가 직면한 실제적인 악이다.

---

40 빌헬름 라이프니츠/이근세 옮김, 『변신론』(2014), 제3부 241절. "우주의 기괴한 현상들과
　외형적 불규칙성"을 라이프니츠는 "형이상학적 악의 예"라고 하는데, 이후 이러한 기괴한
　현상들은 근원적인 질서에 포괄될 수 있는 무질서라고 말한다. 예컨대 우주의 물리법칙에
　의해 발생하는 것들과 자연현상들, 이로 인해 파생된 지구환경이 구체적인 예에 해당될
　것이다. 앞의 책, 제3부 244절 이하 참조.

4. 창조와 치유

1) 치료자 하나님

하나님이 창조하신 세계는 생태적 공생관계 안에서 인간과 자연의 생명이 충만한 '매우 좋은' 세계를 희구한다. 이때에야 비로소 창조 세계는 하나님의 영광을 반사하며, 모든 피조물이 하나님의 영광에 참여하고 안식의 샬롬을 누리게 될 것이다. 하지만 오늘날 우리는 '피조물이 함께 신음하며 함께 고통받는 세계'를 경험하고 있으며, '포스트 아포칼립스'의 도래를 염려한다.

그린피스의 보고에 따르면, 70만 종 이상의 생명체가 살아가야 할 바다와 해양생물들은 불법어업과 플라스틱 오염, 각종 독성물질에 의한 오염으로 생존의 위협을 받고 있다. 기후변화로 인한 빙하의 붕괴와 해수면의 상승, 해류의 변화가 지구 생존의 위험신호로 포착되고 있다. 아마존 열대 우림에는 3백만 종 이상의 생명과 2,500만 종 이상의 나무가 있지만, 빠른 속도로 다양한 종들이 멸종되어 머지않아 100만 종 이상의 생물이 사라질 것이라는 경고가 있으며, 축구장 180개에 달하는 엄청난 크기의 우림이 사라질 것이라는 우려가 있다.[41] 최근 매스컴에서는 원인을 알 수 없는 동물들의 떼죽음도 보도되고 있다.[42] 밤하늘의 별들을 보며 자연의 아름

---

41 https://www.greenpeace.org/korea/report/14958/blog-forest-amazon-biodiversity.
42 2020년 7월 3일 보도에 따르면 아프리카 보츠와나에선 350마리의 코끼리가 떼죽음을 당했고(http://www.hani.co.kr/arti/international/arabafrica/952140.html), 2020년 9월 23일 보도에 따르면 호주 태즈메이니아 섬에서는 돌고래 380마리가 떼죽음을

다음을 노래하고만 있을 수는 없다. 찢기고 파괴된 창조 세계의 신음소리를 외면할 수도 없다. 이미 우리 자신이 함께 신음하고 있기 때문이다. 그런데 이것은 인간 자신이 스스로 초래한 생존의 위협이며,[43] 신학적으로 볼 때는 인류 전체를 향한 하나님의 아픈 경고로 인지해도 무방할 것이다.

지금까지 신학은 창조주 하나님과 구원의 하나님을 말해 왔지만, 이제 창조 세계의 신음과 고통 앞에서 이제 "치료자 하나님"(출 15:26; 사 19:22)을 생각하지 않을 수 없다. 하나님은 인간의 도덕적 질병을 치료할 뿐 아니라(렘 3:22) 인간과 생태적 공생관계에 놓인 오염된 땅도 고치신다(대하 7:14). 치유는 구체적이고 실재적인 사건이다. 예수 그리스도의 치유행위는 피조물의 아픔을 통감하시는 하나님의 가까이 오심을 구체적인 실재가 되게 한다. 예수의 치유 활동은 상대의 아픔을 내 아픔으로 끌어안는 하나님의 긍휼하심(렘 31:20; 눅 7:13)을 드러낸다. 치유하시는 하나님은 몸과 분리된 영혼의 구원자가 아니다. 인간의 몸을 치유하시는 하나님은 그의 삶 전체를 회복시키신다. 하나님은 냉담한 초월자가 아니다. 치유의 하나님은 창조 세계와 몸에 가까이 계신 하나님이다. 가까이 계실 뿐 아니라, 그리스도 안에서 하나님은 세상의 아픔을 자신의 것으로 짊어지신다(사 53:4-5; 벧전 2:24). 하나님은 당신의 영 안에서 피조물의 신음과 아픔을 통감하신다(롬 8:26). 함께 아파하는 하나님만이 "생명나무의 잎사귀로 만국을 치유하시는 하나님"(계

당했다(https://www.yna.co.kr/view/AKR20200923194800009).
43 이승은 · 고문헌, 『기후변화와 환경의 미래』 (서울: 21세기북스, 2019) 참조.

22:2)[44]이 되실 것이다.

2) 몸으로서의 세계

지금까지 하나님의 치유로서 신유[45]를 개인적 차원이나 은사주의적 차원에서만 이해했다면, 이제는 하나님의 치유를 총체적인 삶의 회복과 전(全) 지구적 차원의 구원과 연결시켜야 한다.[46] 특정 부위의 질병일지라도 그것이 몸 전체에 아픔을 수반하듯, 창조 세계의 질병도 전체론적으로 생각되어야 하며, 창조 세계의 치유도 전체론적 사고에서 이해되어야 한다.[47]

우리는 고린도전서 12장 12절 이하에 제시된 그리스도의 몸으로서의 교회를 창조 세계로 확장시켜 '몸으로서의 세계'를 사유하고자 한다.[48] 그리스도의 '몸'은 공유(公有)의 공간이지만, 제 것으

---

44 본문의 성서 구절은 아래에서 가져왔다. 하워드 스나이더 · 조엘 스캔드렛/권오훈 · 권지혜 옮김, 『피조물의 치유인 구원』(서울: 대한기독교서회, 2015), 16-17. 이 책은 피조물의 치유와 구원을 동일하게 이해하면서 성서의 치유가 개인을 넘어, 사회와 자연 전체를 포괄함을 올바르게 지적하고 있다.

45 여기서 말하는 신유(神癒)는 몸의 치유나 믿음에 의한 치유(Faith Healing)가 아니라 하나님의 치유(Divine Healing)를 뜻한다.

46 박영식, "사중복음 신유론", in 최인식 외, 『웨슬리안 사중복음 교의학 서설』(서울: 대한기독교서회, 2018): 175-232, 특히 221 이하.

47 하워드 스나이더 · 조엘 스캔드렛/권오훈 · 권지혜 옮김, 『피조물의 치유인 구원』(2015), 17에는 조엘 그린의 말을 인용한다. "치유는 개인의   말하자면, 한 번에 한 사람씩   회복에 대한 생각을 허락하지 않으며, 우리가 항상 인간 공동체와 우주를 포괄하여 범주화하도록 압력을 가한다. 인간은 자신을 둘러싼 세상으로부터 고립된 채 구원받는 것이 아니다"(17-18).

48 이런 생각은 샐리 맥페이그/김준우 옮김, 『기후 변화와 신학의 재구성』(2008)에서 자극을 받았다. 그녀는 창조 세계의 신음과 고통에 직면하여 우리의 생활방식과 세계에 대한 태도 변화를 위해 하나님이 누구이며, 우리 자신은 누구인지를 반드시 재정립해야 한다고 역설한

로 소유할 수 있는 사유(私有)의 공간도, 공동으로 소유하는 공유 (共有)의 공간도 아니다. 그리스도의 몸은 글자 그대로 비어 있는 공간(空間)이다.[49] 누구의 것이라 주장할 수도 없는 텅 빈 곳이면서 도 모두가 함께 결속되어 있고, 함께 만나고, 함께 나누고, 함께 기 뻐하며, 또한 함께 아파하며, 상호 연동하고 상호 추동하는 사이, 그것을 바울은 '몸'이라 표현했다. 각 지체는 몸에 속해 있으나, 그 누구도 몸 전체를 대신하거나 대체할 순 없다. 바울에 따르면 교회 는 그리스도의 몸이다. 그리스도에게 우리 모두는 공속(共束)되어 있다. 그렇기에 우리 자신이 그리스도를 이루며 그리스도를 드러낸 다. 하지만 진정, 그리스도는 그 누구도 독점적으로 사유화할 수 없 는 공동(空-同)의 몸으로서 우리와 함께 있다.[50]

몸의 사유를 창조 세계와 연관시킬 때, 만물은 분리된 개체가 아 니라 상호 접속(接續)되어 있으며, 창조 세계의 그 어떤 피조물도 창조 세계를 사유화하거나 독점할 수 없다. 창조 세계의 모든 피조 물은 서로 얽힘과 어울림 속에서 연동한다. 비록 우리 스스로 이 세 계를 '단속사회'[51]로 만들어 갈기갈기 찢어 버렸고 인간 자신을 '호

다(51). 먼저, 맥페이그는 서구의 개인주의적 인간관과 신학적으로는 하나님과의 관계만 고려했던 인간관을 비판하면서 우주의 진화 속에서 인간 이외의 우주만물과 존재론적으로, 생태학적으로 얽혀 있는 "생태적 인간관"을 주장한다(67-92). 그런 다음, 인간의 몸이 아닌 "세계로 육화되신 하나님"(God is incarnate in the world, 95)을 말하며, 대담하게 온 우주가 "하나님의 몸"(111)이라고 주장한다.

49 공유(共有)는 어떤 것이 여러 사람에게 속하여 이를 함께 사용함을 뜻한다면, 공유(公有)는 개개인에게 속하지 않는 공공의 것임을 의미한다.

50 "전체가 한 지체로 되어 있다고 하면, 몸은 어디에 있습니까? 그런데 실은 지체는 여럿이지만, 몸은 하나입니다"(고전 12:19-20).

51 엄기호, 『단속사회』(서울: 창비, 2014) 참조.

모 데우스'(Homo Deus, 유발 하라리)로 선언하지만, 실상 하나님의 형상으로서 하나님의 통치를 이 땅에서 대리해야 할 인간은 '호모 후무스'(homo humus)일 뿐이다. 모든 피조물은 땅에 속한 존재, 땅을 기반으로 살아가며 땅으로 돌아가야 하는 후무스적 존재로서 공존한다. 호모 후무스로서의 인간에 대한 인식은 창조 세계와 인간의 유기적 관계를 보다 깊이 있게 사유하도록 안내한다.

이와 연관해서 창조 세계를 집(oikos)의 개념보다는 몸(soma)으로서 인식하는 것이 더욱 절실해 보인다. 하나의 집 안에도 여러 개의 방이 있어 나눠질 수 있지만 하나님의 창조 세계는 실로 그렇지 않다. 국경에 의해, 문화에 의해, 인종에 의해 인위적으로 나누고 경계선을 그어 두지만, 자연은 경계를 모른다. 창조 세계의 피조물은 서로 넘나든다. 분리되어 있는 듯 보이지만 상호 의존적이며 상호 공속적이다. 네 이웃을 네 "몸"처럼 사랑하라는 말씀을 이제 창조 세계를 네 "몸"으로서 사랑하라는 말씀으로 생각해야 한다.52

창조 세계가 하나의 몸으로 생각될 수 있다면, 한 피조물의 질병이 창조 세계 전체로 확산되고, 한 개체의 아픔은 전체의 아픔이 되는 현실을 이해할 수 있을 것이다. 질병과 마찬가지로 창조 세계의 치유도 전체적으로 일어나야 한다. 따라서 창조 세계의 치료적 미래는 "만물의 회복"(행 3:21)과 "만물의 새로움"(계 21:4-5)일 수밖

---

52 여기서 강조되는 것은 일단은 하나님의 몸으로서의 세계가 아니라 창조 세계 자체를 유기적 몸으로 사유하는 것이다. 자연과 인간은 몸으로서 상호 공속적이다. 설령 세계를 하나님의 몸으로 사유한다고 해도, 이를 범신론적으로 이해해서는 안 된다. 왜냐하면 영이신 하나님에겐 몸이 있을 수 없기 때문이다. 다만 하나님께서 창조 세계의 아픔을 자신의 아픔으로 여기신다는 비유적 표현으로, 세계를 하나님의 몸으로 말할 수 있을 것이다.

에 없다.

"만유의 아버지이시며 만유 위에 계시고, 만유를 통하여 일하시고, 만유 안에 계신"(엡 4:6) 하나님에게 창조 세계의 아픔은 하나님의 아픔일 수밖에 없으며, 하나님의 영은 이 피조물의 아픔을 함께 탄식한다(롬 8:19, 26). 이런 점에서 창조 세계는 "하나님의 몸"(샐리 맥페이그)이면서 또한 창조 세계와 생태적 공생관계에 놓여 있는 인간의 몸이기도 하다. 창조 세계의 질병은 곧 인간의 질병이며, 창조 세계의 아픔은 곧 인간의 아픔이다. 함께 신음하는 창조 세계의 한 지체로서 인간은 동시에 창조 세계를 치유하시는 하나님의 동역자(고전 3:9)로 부름받았다.

5. 나가는 말

성서는 창조로 시작해서 창조로 마친다. 처음 창조와 마지막 창조는 종말론적으로 일치하며, 인간과 우주 만물의 창조가 지향하는 궁극적 목적을 알려준다. 창조는 시작되었지만, 아직 완성되지 않았다. 창조를 시작하신 하나님은 계속되는 창조 활동을 통해 창조의 궁극적 목적을 이루실 것이다. 모든 피조물이 하나님의 영광을 반사하며, 하나님의 임재를 경험하고 참된 샬롬과 안식에 이르게 될 위대한 창조의 모험을 하나님은 홀로 감행하지 않으시고, 창조 세계를 통해, 그리고 특히 하나님의 형상으로서의 인간과 함께하신다. 따라서 개신교 정통주의는 계속되는 창조로서의 섭리를 설명하면서, 보존(conservatio)과 통치(gubernatio)의 개념과 더불어 협동(concursus)을 말해 왔다. 인간은 창조 세계에서 하나님의 통치 활동의 대리자로서, 우주적 성소의 제사장으로서, 자연과 더불어 생태적 공생관계를 이루며 살아야 한다.

그러나 우리는 창조 세계에 대한 하나님의 종말론적 비전을 망각했을 뿐 아니라, 하나님이 맡기신 권한을 남용하고 다른 피조물의 경계를 자의적으로 침범함으로써 동료 피조물의 생명을 위협할 뿐 아니라 인류의 멸망까지 고심하는 지경에 이르렀다.[53]

코로나19로 인한 팬데믹 상황에서 여전히 우리는 창조 세계의 아름다움을 낭만적으로 노래하고만 있을 수 있는가? 오히려 창조 세계의 궁극적 목적인 우주적 안식을 희구하는 동시에, 창조 세계의 현재적 신음과 고통에 귀를 활짝 열어야 하지 않을까? 늦었지만 시급하게 개인주의적이고 개체주의적인 사고를 벗어던지고, '몸으로서의 세계'를 인지해야 하지 않을까? 영혼과 개인의 구원자 관념에서 벗어나, 그리스도 안에서 창조 세계의 아픔을 긍휼히 여기시며 질고를 겪으신 치료자 하나님을 깊이 묵상해야 할 때가 아닐까?[54] 모든 피조물이 함께 탄식하고 함께 고통받는 작금의 상황에

---

53 예컨대 유튜브(YouTube)에서 '인류멸망 시나리오'를 검색해 보라. 내셔널지오그래픽에서 제작한 이 영상에는 다양한 인류멸망의 시나리오가 등장하는데, 합성생물학에 의한 새로운 바이러스 생산, 초지능기계의 등장, 전쟁, 기후 재앙, 스스로 진화하는 변종 바이러스의 전파 등이 예견된다.

54 톰 라이트/이지혜 옮김, 『하나님과 팬데믹』(파주: 비아토르, 2020), 119-120에서 저자는 부활절 예배를 교회에서 드리지 못한 상황을 상기시키며, 시인 말콤 가이트의 <2020년 부활절>을 들려준다. 이 시는 개인적으로 디트리히 본회퍼의 <그리스도인과 이방인>을 연상시키는데, 여기서 부활절 예수의 모습을 이렇게 노래한다. "이 희한한 부활절에 예수님은 어디 계시는가? … 문 닫힌 우리 교회에 갇혀 계시지 않았네. … 간호사와 함께 앞치마를 두르시네. 들것을 잡아 들고, 죽어 가는 사람들의 연약한 육신을 다정한 손길로 어루만지시

서, 피조물은 "하나님의 자녀들의 나타남"(롬 8:19)을 더욱 간절히
기다리고 있다. 이제 창조 세계에 대한 폭력적 침범과 권한 남용을
깊이 회개하고 하나님과 함께 창조 세계를 생명이 충만한 성소로
만들어 가야 할 것이다.

네. 소망을 주시네. …병실 바닥을 닦으시고 그분께는 죽음을 뜻했던 광환(corona)의 흔적
을 잡으신다네…."

에 필 로 그

마지막 장에서 뚜렷이 밝혔듯이 이 책에서 나는 창조를 우리의 삶과 밀착시켜 이해하고자 했다. 즉, '창조 vs. 진화'의 잘못 설정된 문제 제기에서 벗어나 성서의 창조가 생명의 진화와 다양한 전개를 배제하지 않으면서도 여전히 하나님의 섭리라는 신학적 개념 안에서 우리의 삶과 밀접하게 관련되어 있음을 말하고자 했다. 예컨대 조르주 르메트르는 교황청 과학원에 소속된 가톨릭 사제였고, 후에 빅뱅으로 명명되었던 우주 기원에 관한 이론을 최초로 제기했던 인물이다. 하지만 르메트르도 인정했듯이 성서의 창조가 빅뱅을 암시하지도 않으며, 빅뱅이 창조의 증거가 될 수도 없다. 성서의 창조는 물리학적으로나 생물학적으로 또는 지질학적으로 읽어야 할 것이 아니며, 삶과 연관해서 읽어야 한다. 이때 하나님의 창조는 시간적으로 태곳적 시간에 머물지 않고 현재와 미래와 연결된다. 또한 공간적으로 하나님의 창조는 태초의 공간을 넘어 바로 지금 여기, 우리의 구체적인 삶 속에서 체험되고 이해된다. 비록 이러한 부분이 이 책에서 여러 차례 언급되지 못했다고 하더라도 지속적으로 강하게 어필하고자 했던 주제였다.

하나님의 창조는 구체적으로 고통당하는 자에게 경험되어야 하며, 멈춰진 시공간 속에서 무료한 실존을 자극하고 깨우는 사건으로 경험되어야 한다. 창조는 가능성이며 역동성이다. 현재 상태를 깨고 새로운 차원을 개시하는 물리적이고 심리적인 차원을 모두 포괄하는 영적 차원의 사건이다. 나는 새로움을 창조하지 않는 하나님을 알지 못한다. 하나님은 매 순간 우리 곁에서 우리의 삶에 새로운 가능성들을 제공하신다. 따라서 우리는 창조의 하나님과 함께 매 순간 창조의 시간 속에 살고 있다고 해야 할 것이다.

창조하지 않는 하나님, 창조를 멈춘 하나님은 진정 그리스도교의 하나님일 수 없다. 하지만 창조를 인간적 차원에서 휴식 없는 고된 노동으로 오해해서도 안 된다. 성서는 한편에서는 하나님은 졸지도 주무시지도 않으신다고 말한다. 하지만 다른 한편 하나님의 안식도 언급한다. 이 두 개념은 서로 모순되는가? 일을 단순히 성과주의의 측면에서 이해한다면 일과 휴식은 상반되지만, 성서적 창조의 관점에서 보면 일과 휴식은 조화를 이룬다. 안식은 하나님의 세계 창조의 목적이며, 하나님의 창조는 피조 세계 전체에 안식을 주는 사건이다. 또한 안식은 또 다른 성과를 내기 위한 잠간 동안의 휴식이 아니라 그 자체가 창조의 한 측면이다. 이스라엘 백성은 반복되는 안식일 축제를 통해 하나님의 창조를 찬양하며, 창조의 순간을 만끽한다. 이러한 안식의 개념은 신약성서에도 예수 부활의 경험을 통해 지속된다. 이제 안식일은 죽은 자를 살리시는 하나님의 창조를 축하하며, 죽은 자의 부활과 함께 완성될 새 창조를 희망하는 시간이 된다. 이런 점에서 창조와 안식은 배타적이지 않으며, 한 사건의 두 측면으로 이해된다.

하나님의 창조에 대한 신앙은 삶의 가능성에 대한 희망을 제시하며, 평화를 약속한다. 사방이 꽉 막혀 있는 답답함 속에서 창조 신앙은 기존의 상황 속에서 새롭게 미래를 열어줄 재료를 발견하게 한다. 창조 신앙 안에서 삶을 위협하는 요소였던 흑암과 공허와 깊음과 혼돈은 새로운 미래의 자원으로 변화된다. 이처럼 창조 신앙은 고된 삶에 기쁨과 평안을 약속하는 버팀목이 된다. 아무쪼록 창조의 하나님이 괴로운 인생길을 걸어가는 모든 이에게 평화와 안식을 주시길 기도하며, 이 책을 통해 창조의 하나님에 대한 인식과 신앙이 더욱 깊어지길 바란다.

참고문헌

강사문.『구약의 자연이해』. 서울: 대한기독교서회, 2005.

강성열. "창조인가 진화인가? 성서의 창조 신앙 속에 진화는 없는가." 대화문화아
　　　카데미 편.『성서의 역설적 쟁점』. 서울: 동연, 2011.

＿＿＿＿.『고대 근동 세계와 이스라엘 종교』. 서울: 한들출판사, 2003.

강영안.『타인의 얼굴 - 레비나스의 철학』. 서울: 문학과지성사, 2008.

고형상. "'하나님의 케노시스'(divine kenosis)의 신학적 문제점과 대안으로서의
　　　'하나님의 맞추심'(divine accommodation)."「신학논단」 97(2019):
　　　7-39.

권수헌. "자유의지와 윤리적 책임."「사회와 철학」 15(2008): 1-26.

그리핀, 데이비드 레이/김희헌 옮김.『위대한 두 진리』. 서울: 동연, 2010.

＿＿＿＿/이세형 옮김.『과정신정론』. 서울: 이문출판사, 2007.

김균진. "진화론과 창조 신앙은 모순되는가?"「조직신학논총」 9(2003): 8-31.

＿＿＿＿.『생태학의 위기와 신학』. 서울: 대한기독교서회, 1991.

김균진·신준호.『기독교 신학과 자연과학의 대화』. 서울: 대한기독교서회, 2004.

김기석. "진화론과 공존가능한 창조 신앙."「조직신학논총」 33(2007): 387-420.

김용성.『하나님 이성의 법정에 서다』. 서울: 한들, 2010.

김흡영.『현대과학과 그리스도교』. 서울: 대한기독교서회, 2010.

남대극. "창세기 1장 1절의 번역과 의미".『구약논단』 2(1997): 7-23.

넘버스, 로널드 엮음/김정은 옮김,『과학과 종교는 적인가 동지인가』. 서울: 뜨인
　　　돌, 2010.

다윈, 찰스/송철용 옮김.『종의 기원』. 서울: 동서문화사, 2009.

데카르트, 르네/최명관 옮김.『방법서설. 성찰. 데까르뜨연구』. 서울: 서광사,
　　　1983.

뎀스키, 윌리엄/서울대학교 창조과학연구회 옮김.『지적 설계』. 서울: IVP, 2002.

도킨스, 리처드/이한음 옮김.『만들어진 신』. 파주: 김영사, 2010.

＿＿＿＿/홍영남 옮김.『이기적 유전자』. 서울: 을유문화사, 2008.

도킨스의 홈페이지. http://www.richarddawkins.net/

뒤르, 한스 페터·아비히, 클라우스·무췰러, 한스·판넨베르그, 볼프하르트·부케
　　　티츠, 프란츠/여상훈 옮김. 『신, 인간 그리고 과학』. 서울: 시유시, 2003.
드 보통, 알랭/박중서 옮김. 『무신론자를 위한 종교』. 서울: 청미래, 2011.
라이프니츠, 고트프리트 빌헬름/이근세 옮김. 『변신론』. 서울: 아카넷, 2014.
라이트, 톰/이지혜 옮김. 『하나님과 팬데믹』. 파주: 비아토르, 2020.
레녹스, 존/원수영 옮김. 『빅뱅인가 창조인가』. 서울: 프리월, 2013.
레벤슨, 존/홍국평·오윤탁 옮김. 『하나님의 창조와 악의 잔존』. 서울: 새물결플
　　　러스, 2019.
롱, 토마스/장혜영 옮김. 『고통과 씨름하다』. 서울: 새물결플러스, 2014.
루터, 마르틴/이장식 옮김. "노예의지론". 지원용 편집. 『루터선집』 제6권-교회
　　　개혁자(II). 서울: 컨콜디아사, 1982.
리프킨, 제레미/이경남 옮김. 『공감의 시대』. 서울: 민음사, 2010.
린드버그, 데이비드 C. & 넘버스, 로널드 L. 엮음/박우석 옮김. 『신과 자연. 기독
　　　교와 과학, 그 만남의 역사』. 상/하권. 서울: 이화여자대학교 출판부,
　　　1998/1999.
마이어, 스티븐 외/이승엽·김웅빈 옮김. 『생명의 진화에 대한 8가지 질문』. 파주:
　　　21세기북스, 2010.
마이어, 에른스트/신현철 옮김. 『진화론 논쟁』. 서울: 사이언스북스, 1991.
　　　　/최채천 외 옮김. 『이것이 생물학이다』. 서울: 몸과마음, 2002.
맥그라스, 알리스터/전의우 옮김. 『기독교 변증』. 서울: 국제제자훈련원, 2014.
　　　　/정성희·김주현 옮김. 『과학과 종교 과연 무엇이 다른가』. 서울: LINN, 2013.
　　　　/정성희·김주현 옮김. 『과학과 종교 과연 무엇이 다른가』. 서울: LINN, 2013.
　　　　/박세혁 옮김. 『과학신학』. 서울: IVP, 2011.
　　　　/김태완 옮김. 『도킨스의 신』. 서울: SFC, 2007.
　　　　/박규태 옮김. 『우주의 의미를 찾아서』. 서울: 새물결플러스, 2003.
맥그리거, 제디스/김화영 옮김, 『사랑의 신학』. 서울: 대한기독교서회, 2011.
맥페이그, 샐리/김준우 옮김. 『기후 변화와 신학의 재구성』. 서울: 한국기독교연
　　　구소, 2008.
　　　　/정애성 옮김. 『어머니·연인·친구』. 서울: 2006.
모어랜드·레이놀즈 편집/박희주 옮김. 『창조와 진화에 대한 세 가지 견해』. 서
　　　울: IVP, 2001.

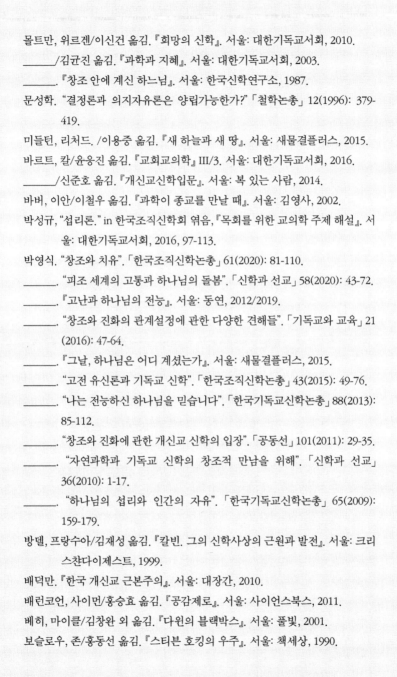

몰트만, 위르겐/이신건 옮김.『희망의 신학』. 서울: 대한기독교서회, 2010.

_____/김균진 옮김.『과학과 지혜』. 서울: 대한기독교서회, 2003.

_____.『창조 안에 계신 하느님』. 서울: 한국신학연구소, 1987.

문성학. "결정론과 의지자유론은 양립가능한가?"「철학논총」12(1996): 379-419.

미들턴, 리처드. /이용중 옮김.『새 하늘과 새 땅』. 서울: 새물결플러스, 2015.

바르트, 칼/윤응진 옮김.『교회교의학』III/3. 서울: 대한기독교서회, 2016.

_____/신준호 옮김.『개신교신학입문』. 서울: 복 있는 사람, 2014.

바버, 이안/이철우 옮김.『과학이 종교를 만날 때』. 서울: 김영사, 2002.

박성규, "섭리론." in 한국조직신학회 엮음,『목회를 위한 교의학 주제 해설』. 서울: 대한기독교서회, 2016, 97-113.

박영식. "창조와 치유".「한국조직신학논총」61(2020): 81-110.

_____. "피조 세계의 고통과 하나님의 돌봄".「신학과 선교」58(2020): 43-72.

_____.『고난과 하나님의 전능』. 서울: 동연, 2012/2019.

_____. "창조와 진화의 관계설정에 관한 다양한 견해들".「기독교와 교육」21 (2016): 47-64.

_____.『그날, 하나님은 어디 계셨는가』. 서울: 새물결플러스, 2015.

_____. "고전 유신론과 기독교 신학".「한국조직신학논총」43(2015): 49-76.

_____. "나는 전능하신 하나님을 믿습니다".「한국기독교신학논총」88(2013): 85-112.

_____. "창조와 진화에 관한 개신교 신학의 입장".「공동선」101(2011): 29-35.

_____. "자연과학과 기독교 신학의 창조적 만남을 위해".「신학과 선교」36(2010): 1-17.

_____. "하나님의 섭리와 인간의 자유".「한국기독교신학논총」65(2009): 159-179.

방델, 프랑수아/김재성 옮김.『칼빈. 그의 신학사상의 근원과 발전』. 서울: 크리스챤다이제스트, 1999.

배덕만.『한국 개신교 근본주의』. 서울: 대장간, 2010.

배런코언, 사이먼/홍승효 옮김.『공감제로』. 서울: 사이언스북스, 2011.

베히, 마이클/김창완 외 옮김.『다윈의 블랙박스』. 서울: 풀빛, 2001.

보슬로우, 존/홍동선 옮김.『스티븐 호킹의 우주』. 서울: 책세상, 1990.

본회퍼, 디트리히/손규태·정지련 옮김.『저항과 복종 ─ 옥중서간』. 서울: 대한
　　기독교서회, 2010.

볼테르/이봉지 옮김.『캉디드 혹은 낙관주의』. 파주: 열린책들, 2009.

부케티츠, 프란츠 M./원석영 옮김.『자유의지 그 환상의 진화』. 서울: 열음사,
　　2009.

_____/이은희 옮김.『진화는 진화한다』. 서울: 도솔, 2007.

브록스만, 존 엮음/김명주 옮김.『왜 종교는 과학이 되려 하는가』. 서울: 바다출판
　　사, 2017.

브루거만, 월터/강성열 옮김.『창세기. 목회자와 설교자를 위한 주석』. 서울: 한
　　국장로교출판사, 2000.

브루그만, 월터/신지철 옮김.『다시 춤추기 시작할 때까지』. 서울: IVP, 2020.

_____/강성열 옮김.『창세기. 목회자와 설교자를 위한 주석』. 서울: 한국장로교
　　출판사, 2000.

_____ 외/차준희 옮김,『구약신학과의 만남』. 서울: 프리칭아카데미, 2013.

사전트, 라이먼 타워/이지원 옮김.『유토피아니즘』. 서울: 교유서가, 2010.

서원모. "성경해석과 철학 ─ 아우구스티누스의 창조론을 중심으로".「중세철학」
　　22(2016): 43-115.

선한용.『시간과 영원』. 서울: 대한기독교서회, 2002.

심광섭.『공감과 대화의 신학』. 서울: 신앙과지성사, 2015.

스나이더, 하워드&스캔드렛, 조엘/권오훈·권지혜 옮김.『피조물의 치유인 구
　　원』. 서울: 대한기독교서회, 2015.

스태나드, 러셀 엮음/이창희 옮김.『21세기의 신과 과학 그리고 인간』. 서울: 두
　　레, 2002.

신상희.『하이데거와 신』. 서울: 철학과현실사, 2007.

신재식.『예수와 다윈의 동행』. 서울: 사이언스북스, 2013.

_____·김윤성·장대익.『종교전쟁』. 서울: 사이언스북스, 2009.

심광섭.『신학으로 가는 길』. 천안: 한국신학연구소, 1996.

싱어, 피터/셔머, 마이클/이건, 그렉 외/김병화 옮김.『무신예찬』. 서울: 현암사,
　　2012.

스윈번, 리처드/강영안, 신주영 옮김,『신은 존재하는가』. 서울: 복 있는 사람,
　　2020.

아우구스티누스, 아우렐리우스/성염 옮김.『자유의지론』. 왜관: 분도출판사, 1998.

아퀴나스, 토마스/손은실 번역 · 주해.『사도신경 강해설교』. 서울: 새물결플러스, 2015.

_____/박승찬 옮김.『신학요강』. 파주: 나남, 2008.

_____/정의채 옮김.『신학대전 1』. 서울: 바오로딸, 2008.

안셀름/공성철 옮김.『프로슬로기온』. 서울: 한들출판사, 2005

앤더슨, 버나드 W./최종진 옮김.『구약신학』. 서울: 한들출판사, 2012.

엄기호.『단속사회』. 서울: 창비, 2014.

양승훈.『프라이드를 탄 돈키호테』. 서울: SFC, 2009.

에드워즈, 데니스/오경환 옮김.『신의 활동방식』. 서울: 워즈엔비즈, 2012.

엘더스, 레오/박승찬 옮김.『토마스 아퀴나스의 형이상학』. 서울: 가톨릭출판사, 2003.

예영수. "결정론과 자유의지론".「한신논문집」10(1993): 1-38.

왕대일.『창조 신앙의 복음, 창조 신앙의 영성』. 서울: 대한기독교서회, 2016.

우종학.『무신론 기자, 크리스천 과학자에게 따지다』. 서울: IVP, 2014.

웨이드, 니콜라스./이용주 옮김.『종교유전자』. 서울; 아카넷, 2015.

위덤, 래리/박희주 옮김.『생명과 우주에 대한 과학과 종교논쟁, 최근 50년』. 서울: 혜문서관, 2008.

윌슨, 에드워드/이병훈 · 박시룡 옮김.『사회생물학』I. II. 서울: 민음사, 1992.

_____/최재천 · 장대익 옮김.『통섭』. 서울: 사이언스북스, 2009.

윤석태, 유환수, 고영구, 김주용 편저.『노아홍수』. 광주: 전남대학교, 1999.

이글턴, 테리/강주헌 옮김.『신을 옹호하다』. 서울: 모멘토, 2009.

이길용.『고대 팔레스타인의 종교세계』. 서울: 프리칭아카데미, 2008.

이석재. "라이프니츠의 변신론",「철학과 현실」90(2011): 244-252.

이승은 · 고문현.『기후변화와 환경의 미래』. 서울: 21세기북스, 2019.

이오갑.『칼뱅의 신과 세계』. 서울: 대한기독교서회, 2010.

이용주. "Wolfhart Pannenberg의 삼위일체신학적 창조론."「한국조직신학논총」31(2011): 351-393.

이은구.『인도의 신화』. 서울: 세창미디어, 2003.

장기영,『개신교신학의 양대 흐름』. 부천: 웨슬리르네상스, 2019.

장대익.『다윈의 식탁』. 파주: 김영사, 2009.

장영주. "캐서린 부스의 '교감신학'(Theology of Sympathy) 이해."「한국조직신학논총」38(2014): 235-271.

전경연.『루터신학의 개요』. 오산: 한신대학교출판부, 2005.

전철. "'자연의 신학'의 현대성 연구".「신학연구」70(2017): 45-73.

_____. "존 폴킹혼의 Active Information 연구."「한국기독교신학논총」62 (2009): 269-287.

정기철. "근대의 신 사유 문제성."「한국기독교신학논총」47(2006): 103-126.

_____. "도킨스의 무신론에 대한 신학 변증".「한국기독교신학논총」64(2009): 143-164.

조대호 역해.『아리스토텔레스의 형이상학』. 서울: 문예출판사, 2011.

지적설계연구회 홈페이지. http://www.intelligentdesign.or.kr.

최재천 엮음.『과학 종교 윤리의 대화』. 서울: 궁리, 2006.

칼빈, 존/김종흡·신복윤·이종성·한철하 옮김.『기독교 강요. 상』. 서울: 생명의 말씀사, 1988.

_____/양낙홍 옮김.『기독교 강요』(1536년 초판). 서울: 크리스챤다이제스트, 1988.

칼슨, 리처드/우종학 옮김.『현대과학과 기독교의 논쟁』. 서울: 살림, 2003.

캅, 존&그리핀, 데이비드/류기종 옮김.『과정신학』. 서울: 황소와소나무, 2002.

콜린스, 프랜시스/이창신 옮김.『신의 언어』. 파주: 김영사, 2009.

쿠퍼, 존/김재영 옮김.『철학자들의 신과 성서의 하나님』. 서울: 새물결플러스, 2011.

쿤, 토마스/김명자·홍성욱 옮김.『과학 혁명의 구조』. 서울: 까치, 2013.

큉, 한스/서명옥 옮김.『한스 큉, 과학을 말하다』. 왜관: 분도출판사, 2011.

판넨베르그, 볼프하르트/박일준 옮김.『자연신학』. 천안: 한국신학연구소, 2000.

_____/신준호·안희철 옮김.『조직신학 II』. 서울: 새물결플러스, 2018.

퍼거슨, 데이비스/전성용 옮김.『우주와 창조자』. 서울: 세복, 2009.

포스터, 존 벨라미&클라크, 블렛&요크, 리차드/박종일 옮김.『다윈주의와 지적 설계론』. 고양: 인간사랑, 2008.

포이어바흐, 루트비히/김쾌상 옮김.『기독교의 본질』(1841). 서울: 까치, 1992.

폴킹혼, 존/우종학 옮김.『쿼크 카오스 그리고 기독교』. 서울: SFC, 2009.

_____/현우식 옮김.『양자물리학과 기독교신학』. 서울: 연세대학교출판부, 2009.

_____/김윤성 옮김.『다윈 안의 신』. 서울: 지식의 숲, 2005.

_____/이정배 옮김.『과학시대의 신론』. 서울: 동명사, 1998.

풍국초/이원길 옮김.『인물과 사건으로 보는 중국 상하오천년사』제1권. 서울: 신원문화사, 2005.

플라톤/박종현 역주.『국가. 정체』. 서울: 서광사, 1997.

플루, 앤터니/홍종락 옮김.『존재하는 신』. 서울: 청림출판, 2011.

피터스, 테드 엮음/김흡영 외 옮김.『과학과 종교. 새로운 공명』. 서울: 동연, 2002.

하이데거, 마르틴/신상희 옮김.『동일성과 차이』. 서울: 민음사, 2000.

하이젠베르크/김용준 옮김.『부분과 전체』. 서울: 지식산업사, 1982.

한국창조과학회 홈페이지. http://www.creation.or.kr.

함석헌.『뜻으로 본 한국역사』. 파주: 한길사, 2007.

해리스, 마크/장재호 옮김.『창조의 본성』. 서울: 두리반, 2016.

헤페, 하인리히/이정석 옮김.『개혁파정통교의학』. 고양: 크리스챤다이제스트, 2011.

현우식.『과학자들은 종교를 어떻게 생각할까』. 서울: 동연, 2014.

_____.『과학으로 기독교 새로 보기』. 서울: 연세대학교출판부, 2006.

호킹, 스티븐/과학세대 옮김.『시간은 항상 미래로 흐르는가』. 서울: 우리 시대사, 1992.

_____/현정준 옮김.『시간의 역사』. 서울: 까치, 1990.

호킹, 스티븐 편저/김동광 옮김.『거인들의 어깨 위에 서서』. 서울: 까치, 2006.

_____ & 믈로디노프, 레오나르드/전대호 옮김.『위대한 설계』. 서울: 까치, 2010.

호트, 존/김윤성 옮김.『다윈 안의 신』. 서울: 지식의숲, 2005.

_____/구자현 옮김.『과학과 종교, 상생의 길을 가다』. 서울: 코기토, 2003.

화이트헤드, A. N./오영환 옮김.『과정과 실재』. 서울: 민음사, 2005.

_____/오영환 옮김.『과학과 근대세계』. 서울: 서광사, 1989.

힉, 존/김장생 옮김.『신과 인간 그리고 악의 종교철학적 이해』. 서울: 열린책들, 2007.

Altner, G. *Schöpfungsglaube und Entwicklungsgedanke in der protestantischen Theologie zwischen Ernst Haeckel und Teilhard de Chardin*. Zürich: EVZ-Verlag, 1965.

Anderson, B. W. *Creation in the Old Testment*. Philadelphia: Fortress/ London: SPCK, 1984.

Barth, K. *Kirchliche Dogmatik III/1*. Zürich: TVZ, 5. Aufl., 1988.

_____. *Kirchliche Dogmatik III/3 .Zürich: TVZ, 1950.*

_____. *Kirchliche Dogmatik IV/3-1*. Zürich: TVZ, 3. Aufl., 1979.

Bauke-Rueck, J. *Die Allmacht Gottes*. Berlin/New York: Walter de Gruyter, 1998.

Bayer, O. *Theologie*. Gütersloh: Gütersloher Verlagshaus, 1994.

Boff, L. *Cry of the Earth, Cry of the Poor*. Maryknoll: Orbis, 1997.

Bultmann, R. *Glauben und Verstehen 1*. Tübingen: J.C.B.Mohr, 9. Aufl., 1993.

_____. *Glauben und Verstehen 4*. Tübingen: J.C.B. Mohr, 5. Aufl., 1993.

Calvin, J. *Institutio Christianae Religionis*(1559); übersetzt von Weber, O. *Unterricht in der christlichen Religion*. Neukirchen-Vluyn: Neukirchener Verlag, 6. Aufl., 1997.

Casper, B. "Das Fragen nach Gott und der 'Gott der Philosophen'". in Strocka, V. M. (Hg.). *Fragen nach Gott*. Frankfurt am Main: Verlag Josef Knecht, 1996: 59-81.

Craig, William Lane & Meister, Chad. ed. *God is Great, God is Good*. Downers Grove: IVP, 2009.

Crüsemann, F. *Bewahrung der Freiheit. Das Thema des Dekalogs in sozialgeschichtlicher Perspektive*. Gütersloh: Kaiser, 2. Aufl., 1998.

Davies, B. *The Thought of Thomas Aquinas*. Oxford: Clarendon Press, 1993.

Ebeling, G. *Dogmatik des christlichen Glaubens I*. Tübingen: J.C.B. Mohr, 3. Aufl., 1987.

Geyer, C.-F. "Das Jahrhundert der Theodizee". *Kant-Studien* 73(1982): 393-405.

Gilson, É. *God and Philosophy*. New Haven: Yale University Press, 1941.

Graig, W. L. & Meister, Ch. eds. *God is good. God is great*. Downers Grove:

IVP, 2009.

Häring, H. *Das Problem des Bösen in der Theologie.* Darmstadt: WBG, 1985.

Heppe, H./Bizer, E. *Die Dogmatik der evangelisch-reformierten Kirchen.*
Neukirchen: Neukirchener Verlag, 1958.

Janowski, B. Art. "Schöpfung II." *RGG*[4]. Bd. 7. 2007: 970-972.

Jonas, H. *Philosophische Untersuchungen und metaphysische Vermutungen.*
Frankfurt: Insel, 1992.

Jüngel, E. *Gott als Geheimnis der Welt.* Tübingen: Mohr Siebeck, 7. Aufl.,
2001.

Kant, I. "Über das Misslingen aller philosophischen Versuche in der
Theodicee", in *Akademische Ausgabe von Immanuel Kants Gesam-
melten Werken* Bd. VIII, Berlin 1900ff: 253-271.

Kreiner, A. *Gott im Leid. Zur Stichhaltigkeit der Theodizee-Argumente.*
Freiburg/Basel/Wien: Herder, 2005.

Küng, H. *Existiert Gott? Antwort auf die Gottesfrage der Neuzeit.* München:
Piper, 1978.

Leibniz, G. W. Die Theodicee(1710), übers., von A. Buchenau, in
Philosophische Werke Bd. 4. Leibzig: Verlag von Felix Meiner, 1925.

Leonhardt, R. *Grundinformation Dogmatik.* Göttingen: Vandenhoeck &
Ruprecht, 4. Aufl., 2009.

Link, Chr. *Schöpfung. Schöpfungstheologie angesichts der Herausforderun-
gen des 20. Jahrhunderts.* Gütersloh: Gütersloher Verlagshaus, 1991.

Löning, K./Zenger, E. *Als Anfang schuf Gott. Biblische Schöpfungstheo-
logien.* Düsseldorf: Patmos, 1997.

Lutherisches Kirchenamt der VELKD. hg., *Unser Glaube. Die Bekenntnis-
schriften der evangelisch-lutherischen Kirche.* Gütersloh: Güter-
sloher Verlagshaus, 1986.

Moltmann, J. *Der gekreuzigte Gott. Das Kreuz Christi als Grund und Kritik
christlicher Theologie.* München: Chr. Kaiser, 1972.

_____. *Umkehr zur Zukunft.* München: Kaiser, 1970.

Mußner, F. "'Theologie nach Auschwitz.' Eine Programmskizze". in *Kirche und Israel* 10(1995): 8-23.

Neidhart, W. · Ott, H. *Krone der Schöpfung? Humanwissenschaft und Theologie*. Stuttgart: Kreuz Verlag, 1977.

Pannenberg, W. "Die Aufnahme des philosophischen Gottesbegriffs als domatisches Problem der frühchristlichen Theologie". in *Grundfragen systematischer Theologie. Gesammelte Aufsätze*, Bd. 1. Göttingen: Vandenhoeck&Ruprecht, 2. Aufl., 1971: 296-346.

_____. *Glaube und Wirklichkeit. Kleine Beiträge zum christlichen Denken*. München: Chr. Kaiser, 1975.

_____. *Systematische Theologie* I. Göttingen: Vandenhoeck& Ruprecht, 1988.

_____. *Systematische Theologie* II. Göttingen: Vandenhoeck& Ruprecht, 1993.

Pöhlmann, H. G. *Der Atheismus oder der Streit um Gott*. Gütersloh: Gütersloher Verlagshaus, 1977.

Polkinghorne, J. *Faith, Science & Understanding*. New Haven and London: Yale University Press, 2000.

Rendtorff, R. *Theologie des Alten Testaments*, Bd. I. Neukirchen-Vluyn: Neukirchener Verlag, 1999.

Rohls, Jan. *Geschichte der Ethik*. Tübingen: J.C.B. Mohr, 1991.

Rubenstein, Richard L. *After Auschwitz*(1966). *History, Theology and Contemporary Judaism*. 2nd ed. Baltimore and London: Johns Hokins University Press, 1992.

Russell, R. J. *Cosmology: From Alpha to Omega*. Minneapolis: Fortress Press 2008.

_____. *Cosmology from Alpha to Omega: Theology and Science in Creative Mutual Interaction*. Minneapolis, MB: Fortress, 2007.

_____. "Five Key Topics on the Frontier of Theology and Science Today." *Dialog: A Journal of Theology*, vol 46 (2007): 199-207.

_____. "Does 'the God who acts' really act? New Approaches to Divine Action in Light of Science." *Theology Today* 54(1997): 43-65.

Schiwy, G. *Ein Gott im Wandel. Teilhard de Chardin und sein Bild der Evolution.* Düsseldorf: Patmos, 2001.

Schleiermacher, F. *Der christliche Glaube*(1830/1831). Berlin/New York: Walter de Guyter, 1999.

Schmid, H. *Die Dogmatik der evangelisch-lutherischen Kirche.* Gütersloh: Verlag von C. Bertelsmann, 7. Aufl., 1893.

Schmid, K.(Hg.). *Schöpfung.* Tübingen: Mohr Siebeck, 2012.

Schmidt, W. H. *Alttestamentlicher Glaube.* Neukirchen-Vluyn: Neukirchener Verlag, 8. Aufl., 1996.

Schneider, Th. (Hg.). *Handbuch der Dogmatik.* Bd. 1. Düsseldorf: Patmos Verlag, 3. Aufl., 2006.

Schwöbel, Chr. *Gott in Beziehung.* Tübingen: Mohr Siebeck, 2002.

Sparn, W. *Leiden-Erfahrung und Denken, Materialien zum Theodizeeproblem.* München: Chr. Kaiser Verlag, 1980.

Swinburne, R. *The Christian God.* Oxford: Clarendon Press, 1994.

Tillich, P. *Die Frage nach dem Unbedingten. Schriften zur Religionsphilosophie: Gesammelte Werke Bd.* V. Stuttgart: Evangelischer Verlag, 1964.

_____. *Systematische Theologie* I. Berlin/New York: de Gruyter, 8. Aufl., 1984.

_____. *Systematische Theologie* III. Berlin/New York: de Gruyter, 4. Aufl., 1984.

Trutwin, W. (Hg.). *Weltreligionen.* Düsseldorf: Patmos Verlag, 1971.

Von Rad, G. *Theologie des Alten Testaments.* Bd. 1. *Die Theologie der geschichtlichen Überlieferungen Israels.* München: Chr. Kaser Verlag, 10. Aufl., 1992.

Wagner, F. *Zur gegenwärtigen Lage des Protestantismus.* Gütersloh: Chr. Kaiser, 2. Aufl., 1995.

Weidemann, Volker. "Das Inflationäre Universum – die Entstehung der Welt aus dem Nichts." in Müller, Helmut A. eds., *Naturwissenschaft und Glaube.* Bern: Scherz, 1988: 346-365.

Weischedel, W. *Der Gott der Philosophen. Grundlegung einer Philosophischen Theologie im Zeitalter des Nihilismus Bd.* 1. Darmstadt: WBG, 1971.